사상의 원점

동아시아에서
동아시아를 생각하다

윤여일 지음

사상의

원점

창비

번역의 사상성·정치성·기능성, 그리고 동아시아

0

이 책에 모은 글들은 2008년에서 2011년 사이에 작성되었다. 길게 이어온 학교생활에서 벗어난 시기며, 이후 한동안은 외국인으로 생활한 시기다. 동아시아라는 문제의식을 만난 시기며, 무엇보다 타께우찌 요시미(竹內好)와 쑨 거(孫歌)의 글을 번역한 시기였다.

글을 옮기려고 그들의 문장을 몇번이고 반복해서 읽었다. 나중에는 내용만이 아니라 말투에도 마음이 끌렸다. 어떤 구절은 전부터 찾아헤매던 표현 같아 반가웠으며, 어떤 구절은 내 마음의 응어리를 대신 토해내준 것 같아 연대감을 느꼈다. 그러다가 그 표현을 골라내려면 그들이 무언가를 그만큼 버렸으리라는 데 생각이 미쳤다. 그 무언가는 행간에 남아 쓰인 것의 주위를 감돌며 글의 보이지 않는 버팀목 역할을 하고 있었다. 그들의 글을 옮기기 전에는 행간에 잠재되어 있는 무언가에 이토록 마음이 머문 적이 없었다. 글이 대신 토해내준 것 같다던 내 마음의 응어리도 그들의 글을 읽고 나서야 그런 것이 내 안에 있었구나 알아차렸다. 결국 5년간 써온 글들은 그들의 책을 번역하면서 생겨났지만 번역서에는 담을 수 없었던 사고와 감정을 나의 문장으로 옮겨본 것에 불과하다. 이 책은 번역서와는 다른 또 하나의 번역행위다.

1부는 '사상의 원점'이라고 제목을 달았다. 「사상의 원점: 루쉰을 단서로 삼아」 「내재하는 중국: 타께우찌 요시미에게 중국연구란 무엇이었나」 「사상이 살아가는 법: 쑨 거의 동아시아 사유를 이해하기 위하여」 세편의 글을 담았다. 나는 타께우찌 요시미의 글을 읽으면서 타께우찌 요시미라는 한 인간이 지니는 사유의 품이 어디서 연원하는지가 궁금했다. 그의 다채로운 면모를 낳은 '사상의 원점'이라 할 만한 것을 힘닿는 대로 해명하고 싶었다. 그러나 그것은 그에게 다가가기 위한 몸짓만은 아니었다. 번역하는 동안 나는 그의 사고방식과 표현법에 깊이 젖어들었다. 번역하던 책을 내려놓으니 사고와 감정의 동맥이 끊긴 듯 내 손으로 표현을 짜낼 힘을 잃고 말았다. 그에게 줄곧 정신적 빚을 지고 있었던 것이다. 나는 내 힘으로 자립해야 했다. 그래서 내 안의 타께우찌 요시미를 대상화해야 했다. 「사상의 원점」은 그 절박함으로 작성했다.

「사상의 원점」에서는 타께우찌 요시미 사상의 원점을 해명하고자 했다. 거기에 이르러야 내 안의 타께우찌 요시미를 대상화할 수 있으리라 생각한 것이다. 그리고 그 작업을 위해 루쉰을 단서로 삼았다. 타께우찌는 루쉰을 계몽가라기보다 문학가로서 이해했다. 타께우찌가 이해한 문학가 루쉰은 선각자가 되기를 포기하고 시대에 반보 뒤처진 존재였다. 또한 타께우찌가 이해한 문학은 응고되지 않은 채로 사상과 정치와 예술을 토해내는 장이었다. 그리고 소설 짓기 같은 창작활동에 나서지 않았지만 타께우찌 역시 자신이 이해한 의미에서 문학적이었다. 비록 그는 연구자이자 평론가로서 저술작업에 매진하고, 안보투쟁, 국민문

6

학 논쟁, 강화문제 등 현실에서 부각된 민감한 사안들에 적극적으로 개입하며 다양한 면모를 드러냈지만, 모든 활동은 문학적 정신에 기반하고 있었다. 그리고 모든 활동은, 루쉰의 길을 따라 스스로 선각자가 되기를 포기하고 대신 대립하는 가치들과 입장들과 세대들 사이로 들어가 양측의 무게를 받아안으며 거기에 다리를 놓고자 한 데서 가능했다. 바로 타께우찌가 이해한 문학이란 모순의 무게를 받아안고 답이 아닌 물음과 고뇌를 역사에 새기는 인간의 영위(營爲)였던 것이다.

「사상의 원점」이 타께우찌 요시미가 루쉰을 만나 문학적 정신을 체득하고 사상의 원점을 형성해가는 모습을 탐구한 글이라면 「내재하는 중국」은 그가 지닌 중국연구자로서의 면모에 주목한 글이다. 그러나 타께우찌는 여느 중국연구자와 달랐다. 또한 그에게 중국은 그저 타국이 아니었다. 중국은 바깥에 놓인 연구대상이기 이전에 타께우찌 자신과 대면하는 매개였다. 그리하여 타께우찌는 타국 연구가 타국에 관한 지식을 축적하는 데 머무는 것이 아니라, 연구자가 타국 연구를 통해 자기 지식의 감도를 되묻고 자신의 모어사회에서 사상적 실천에 나설 때 그것을 자양분으로 삼을 수 있음을 실증해 보여줬다.

타께우찌가 루쉰을 사상적 거점으로 삼아 문자로 남겨진 그의 글에 다시 생의 호흡을 주입하고 중국의 동향을 주시하며 일본사회 안에서 자신의 고뇌를 형상화했다면, 쑨 거는 타께우찌의 내재적 모순을 파고들어 그를 정신적으로 되살리려고 노력하며 일본의 상황으로 진입했다고 말할 수 있을 것이다. 나는 그들의 고투를 통해 어떤 번역과정을 거쳐 '사상이 살아가는 법'이 있다는 것을 깨달았다. 그리고 국적과 세대의 차이를 가로질러 루쉰에게서 타께우찌로, 타께우찌에게서 다시 쑨 거로 이어지는 사상의 궤적은 바로 동아시아 사상이 살아가는 한가지 모습이라고 여겨졌다. 그래서 루쉰을 단서로 삼아 타께우찌 요시미에 관한 글을 쓰고 나서 나는 「사상이 살아가는 법」으로 옮겨가야 했다.

'사상의 유통기한'이라는 말을 사용하는 게 가능할까. 하나의 사상은 구체적 상황 속에 던져져 시간의 흐름에 노출된다. 언제까지고 올바를 수 있는 사상이란 존재하지 않는다. 하지만 시간이 지난다고 사상도 그저 바래버리는 것은 아니다. 과거의 사상은 훗날에 조성된 누군가의 절실함에 의탁해 다시 모습을 이루기도 한다. 하지만 과거 인간의 고뇌를 후대의 인간으로서 되살려내려면 어떤 전환이 필요하다. 쑨 거는 그 전환을 의식하면서 타께우찌의 사상에 다시 시대의 숨결을 불어넣고자 했다. 그 시도가 『다케우치 요시미라는 물음』(竹內好という問い, 岩波書店 2005)으로 실현되었다.

어쩌면 타께우찌 요시미가 『루쉰』(魯迅, 日本評論社 1944)을 통해 그러한 사상의 생존방식을 먼저 보여주었다 할 것이다. 한 시대는 이전 시대를 타자화하며 성립한다. 더구나 자국사가 아니라면 과거의 역사적 인물과 대면할 때 시간적·문화적 거리라는 이중의 장벽이 가로놓인다. 하지만 타께우찌는 중국의 루쉰에게 다가가 루쉰의 사유를 일본 사상계의 값진 자원으로 재생시켰다. 그리고 쑨 거 역시 일본을 경유해 사유한 루쉰, 중국을 매개 삼아 사유한 타께우찌의 과제의식을 계승하여 그 묵직한 포개짐으로써 일본 사상사에 뿌리를 내리고 있다. 그 뿌리에서 자라나온 쑨 거의 동아시아 사유는 따라서 최신 담론이라기보다 빛바랜 시대의 흔적마저 간직한 채 루쉰, 타께우찌로 이어지는 한 세기의 긴 호흡을 전한다. 과거 인물의 고뇌를 자신의 상황에서 되살리고, 국적은 다르지만 거기서 공유할 수 있는 사상의 자원을 발굴해가는 모습에서 나는 동아시아 사상이 살아가는 모습을 보는 것이다.

1

타께우찌 요시미와 쑨 거는 사상의 계승자이자 번역자였다. 타께우찌 요시미의 첫 저작은 『루쉰』이며, 그는 죽는 순간까지 『루쉰 문집』(魯迅文集 全6卷, 筑摩書房 1983)의 번역에 매달렸다. 병세가 악화되었는데도 작업을 강행하다가 번역은 마쳤으나 역주를 반만 단 채로 쓰러져 그대로 저세상 사람이 되었다. 한국어로 번역된 타께우찌 요시미의 『루쉰 문집』 여섯권(김정화 외 옮김, 일월서각 1985)은 후배들의 손으로 마무리된 것이다. 쑨 거는 2005년 타께우찌 요시미의 글들을 골라 『근대의 초극』(近代的超克, 李冬木 外 譯, 三聯書店 2005)을 번역하여 간행했다. 그해 중국에서는 반일시위가 격화되었다. 그 와중에 그녀의 손으로 옮겨진 타께우찌 요시미의 논문집은 묵직한 반향을 불러일으켰다.

나는 그들이 번역자였음을 주목한다(루쉰도 왕성한 번역자였다). 그들이 보여준 사유의 풍요로움을 해명하러 나설 때 그들의 번역감각이 한가지 단서가 되리라는 추측 때문이다. 물론 이것은 가설에 불과하다. 실증하기는 어려우며 내겐 심증에 가까운 것이 있을 따름이다. 하지만 그것이라도 꺼내본다면, 먼저 나는 문체상의 특징을 주목한다. 그들의 글은 거시적 범주나 이론적 전제에서 출발하지 않는 대신 유동적이고 불균형하며 주름진 곳으로 다가간다. 대상을 지식에 꿰맞추지 않으며 오히려 대상의 섬세한 결, 틈, 균열을 민감하게 포착해 표현을 길어올린다. 그리하여 비약과 섣부른 추상화를 허용치 않는 한 인간의 지난한 사고과정이 오히려 보편적 물음으로 육박해온다. 텍스트의 문제의식은 그 짙은 농도로 말미암아 읽는 자에게로 삼투되고 읽는 자는 그 텍스트에 자신의 복잡한 내면세계를 투사해 거기서 잠재되어 있던 자신의 여러 물음이 모습을 이룬다. 나는 이렇게 표현해보고 싶다. 그들의 글에는 어떤 '번역성'이 감돌고 있다. 원문 속에서 이미 번역이 시작되고 있다.

또 한가지, 나는 그들이 언어의 번역자임과 아울러 사상의 번역자, 즉 계승자의 역할을 자임했다는 점을 주목한다. 타께우찌 요시미는 루쉰을, 쑨 거는 타께우찌 요시미를 고집스럽다고 할 만큼 부여잡아 만나고 헤어지기를 반복했으며, 그 과정 속에서 자신의 지식감각을 담금질했다. 이런 사상적 만남은 원저자와 번역자, 연구대상과 연구자라는 정해진 약속을 깨고 공동의 생산으로 나아간다. 루쉰은 타께우찌 요시미에게, 타께우찌 요시미는 쑨 거에게 바깥의 해석대상으로 머물지 않고 자신의 고뇌와 마주하는 매개로 작용했다. 타께우찌 요시미와 쑨 거는 번역자로서 원저자가 남긴 문자를 읽었을 뿐 아니라 그 문자들을 통해 시대상황 속에서 상대가 끌어안고 있던 내적 모순을 헤아리려고 애썼다. 그리고 문자로 남겨진 자료에 다시 생의 숨결을 불어넣어, 생은 육을 떠났지만 그 인물을 사상적으로 되살리려고 노력했다. 그런 재생의 노력을 '말의 번역'과 구분하여 나는 '사상의 번역'이라 불러보고 싶다.

그런데 과거 인물의 사상을 오늘날의 모습으로 번역해내려면 거기에는 먼저 한가지가 전제되어야 한다. 텍스트를 대할 때 유명하거나 마음에 드는 일구(一句)만을 취하는 독해방식처럼 과거 인물의 세간에 알려져 있거나 매력적인 면모만을 다뤄서는 안 된다. 오점까지를 포함해 상대의 전체상을 구현해내야 한다. 동시에 과거 인물이 시대상황 속에서 내린 구체적 선택을 지금의 기준으로 가치판단해서는 안 된다.

하나의 작품이 그러하듯 한 사상가의 사상 역정도 두번 다시 반복할 수 없는 음영을 지닌다. 하나의 개체는 부자유하고 개체가 자신의 의지를 실현하려는 시도는 사회의 힘에 의해 굴절되지만, 부자유하기 때문에 역사 속의 선택은 진정한 의미를 지닌다. 역사의 뒤에 온 자가 그 고투를 함부로 판단해서는 안 된다. '사상의 번역'에서는 과거 인물의 과오를 비판하는 것도 변명해주는 것도 부질없다. '사상의 번역'이란 평가와 판단이 아니라 과제의식의 계승이기 때문이다. 일반론으로 내놓을 수 있는 말은 아닐지 모른다. 다만 타께우찌 요시미는 「오까꾸라 텐신(岡倉天心)」을 이런 문장으로 시작한다.

오까꾸라 텐신은 다루기 힘든 사상가이자 또 어떤 의미에서는 위험한 사상가다. 다루기 힘들다는 것은 그의 사상 어딘가에 정형화되기를 거부하는 무언가가 있다는 말이고, 위험하다는 것은 그의 내부로부터 부단히 방사능이 퍼져나와서 하는 말이다. 섣불리 건드렸다가는 화상을 입을 수 있다.

그렇지만 생각해보면 위생적으로 무해한 것은 애당초 사상도 뭣도 될 수 없다. 사상이 사상이 되는 것은 거기에 독이 있기 때문이다. 사상이란 어느정도 현실에 작용하여 (정신을 포함한) 현실을 변혁하는 것 아니던가. 그렇다면 사상은 그것이 사상이기 때문에 현상유지를 주장하는 사람들에게 언제나 위험물인 것이지, 텐신이 유별나게 위험한 존재는 아닌 것이다.

타께우찌 요시미는 이 각도에서 과거의 사상가를 탐구했다. 이 태도는 그의 루쉰 독해에도 적용되었다. 그리고 타께우찌 자신에게도 적용할 수 있다. 타께우찌는 곤란하고 때로 오염된 시대의 문제를 회피하지 않고 격동하는 시대상황의 한복판으로 걸어들어갔다. 그는 반보 뒤처진 채로 시대와 공존했고 시대의 제약으로 인해 오류를 범했지만, 그렇기에 시대의 한계를 초월할 가능성도 품었다. 쑨 거는 심판도 변호도 하지 않고 타께우찌 요시미를 바로 그러한 가능성의 폭에서 읽었다. 그녀는 타께우찌가 써낸 문장에서 바닥에 깔린 동요를 읽었으며, 착오 섞인 결단에서 긴장감을 읽어냈다. 사상의 계승자로서 그녀는 그 동요와 긴장감을 타께우찌가 살아간 역사로 진입하는 창구로 삼았으며, 거기서 오늘을 살아가기 위한 사상의 자원을 길어올렸다.

그렇게 루쉰은 타께우찌 요시미를 통해, 타께우찌 요시미는 쑨 거를 통해 다시 한번 사상적 생명을 얻었다. 나는 그들이 유일한 사상의 계승자라고 말하려는 것은 결코 아니다. 다만 이렇게는 말할 수 있다. 루쉰과 타께우찌 요시미는 시대상황에 철학적 해답을 내놓지 않았다. 그들의 글은 불투명하다. 그리하여 좀처럼 계승하기 어려운 존재이며, 역사속에서 아주 드물게 자신의 동요와 긴장감을 읽어줄 '사상의 번역자'를 만날 수 있다. 그 드문 '사상의 번역자'가 루쉰에게는 타께우찌 요시미였으며, 타께우찌 요시미에게는 쑨 거였다.

2

벤야민(W. Benjamin)은 「번역자의 과제(Die Aufgabe des Übersetzers)」에서 원작이 맞이하는 '사후의 삶'에 관해 말한 바 있다. 나는 '사후의 삶'의 적확한 이미지를 루쉰과 타께우찌 요시미 그리고 쑨 거의 관계에서 얻는다. 벤야민은 그 글에서 번역을 깨진 사기그릇을 다시 붙이는 일에 비유했다. "사기그릇이 깨져 그 파편들로 다시 그릇을 만들 때 미세한 파편들을 서로 붙여가되 각각 파편들이 원래 깨진 그 자리에 반드시 있어야 할 필요가 없는 것처럼, 번역도 원작의 각 단어에 대응시키기보다 원작에 애정을 갖고 원작의 의도에 맞춰 자신의 언어를 동화시키는 일이다." 벤야민이 사기그릇에 빗대어 던진 물음은 이것이다. 원문과 번역문은 각 언어 사이에 유사성이 없지만 근친성을 갖고 있는데 이것은 어떻게 가능한가. 그가 내준 대답은 이것이다. 각각의 파편, 즉 단어·문장·구문들은 서로 일치하지 않아도 '의도의 총체성'이 원문과 번역문 사이의 근친성을 가능케 한다. 사기그릇 안에 담긴 '말의 혼'을 보존해야 번역은 성립하는 것이다.

번역론에서 자주 등장하는 딜레마가 있다. 직역과 의역 가운데 선택의 문제라고 거론되지만, 충실성과 자유 사이의 딜레마라고 표현하는 편이 적확할 것이다. 충실성에서는 원문의 언어와 얼마나 일치할 수 있느냐가 관건이다. 자유의 측면에서는 원문의 의도를 왜곡하지 않는다면 번역자가 자신의 모어 안에서 원문을 유려하게 다듬어도 된다. 그러나 벤야민은 원문을 얼마나 제대로 전달하느냐로 번역의 문제를 사고하지 않았다. 그가 말하는 '번역자의 과제'란 원작의 메아리를 깨워 번역어를 통해 울려퍼지게 만드는 것이다. 그리하여 원작은 번역 속에서 성장하며, 번역자의 모어는 원작의 언어를 향해 확장된다. 그러려면 번역자 자신도 출산의 고통을 겪어야 하며, 그때 원작은 사후에 다시금 생을 얻는다.

다시 말하건대 루쉰과 타께우찌의 언어에는 불투명한 구석이 있다. 혼돈을 야기하는 사회적·역사적 먼지가 잔뜩 껴 있다. 번역하려고 해도 번역불가능한 요소가 남는다. 그러나 모조리 번역될 수 있다면 그것은 이미 작품이 아니다. '사상의 번역'이란 힘을 다해 상대의 번역불가능한 지점에 다가가려고 애쓰되 동시에 그 시도가 불가능하다는 자각을 품고, 상대와 동일시하기보다 상대와 결별해 자신의 환경 속에서 스스로 길을 개척하는 노정이다. 타께우찌 요시미는 이 버거운 과정을 두고 '자기부정'과 '자기재건'이라고 표현했다. 그리고 후대의 인간인 내게는, 패배하고 뒤처진 중국의 현실에서 루쉰이 형상화해낸 '고뇌하는 중국'으로부터 타께우찌는 일본의 비틀린 근대를 추궁하기 위한 '방법으로서의 중국'을 추출해냈으며, 쑨 거는 다시 그것을 오늘의 시간 속에서 '아시아라는 사유공간'으로 옮겨냈다고 보인다. 그리하여 원작은 사후에 다시금 생을 얻었다.

3

2부는 '동아시아라는 물음'이다. 여기에는 「동아시아라는 물음」「방법으로서의 동아시아」「동아시아라는 번역공간」 세편의 글을 담았다. 여기서 동아시아는 지리적 단위이자 문화권이자 경제권역자이자 지역학의 범주지만 동시에 그 모두가 아니다. 동아시아는 충돌과 패권과 경합과 연대의 장이며, 여러 시점이 교착하고 충돌하는 공간이다. 그리하여 동아시아에는 정형화된 이론틀로는 포착할 수 없는 물음들이 감돌고 있다.

「동아시아라는 물음」은 동아시아의 역사지층을 이루고 있는 동양, 동아 등의 지역개념으로 거슬러오르면서 오늘날의 동아시아를 지리적 실체가 아닌 사상적 물음의 장으로 삼으려면 어떠한 '생각의 절차'를 거쳐야 하는지를 고민했다. 그리고 동아시아를 담론공간으로서 포착하려면 '지역지평' '지역질서' '지역연대'라는 세 차원과 '기획의 동아시아'와 '기억의 동아시아'라는 두가지 시간의 벡터를 고려해야 함을 밝혔다. 차원이나 벡터라는 말은 거창하고 거추장스럽지만 동아시아의 입체성을 강조하고 싶었다.

「방법으로서의 동아시아」는 동아시아 연구에 배어 있는 지역학의 요소를 직시하고, 타께우찌 요시미의 '이차적 저항'을 통해 어떻게 동아시아의 (탈)근대를 사고할 수 있는지를 탐구했다. 그리고 동아시아의 진정한 사상적 연대를 기도하려면 타께우찌 요시미의 「방법으로서의 아시아」를 전편으로 삼아 후편을 이어나가야 한다고 주장했다.

「동아시아라는 번역공간」은 동아시아를 번역공간으로 정의하고, 세 가지 수준에서 동아시아론의 방향성을 모색했다. 첫째, 동아시아론은 서양중심적 지식체계를 극복하고 세계체제의 주변부 사이의 번역을 기도해야 한다. 둘째, 동아시아론은 동아시아 역내 타국 지식계와의 상호번역에 나서야 한다. 셋째, 동아시아론은 한국의 지식계 안에서 내부 번역을 거쳐야 한다. 이러한 과정을 거쳐야 한국의 동아시아론은 사상적 원리성을 벼리고 타국의 지식계에 번역될 만한 가치를 지닐 수 있을 것이다.

이렇듯 세편의 글은 오늘날 동아시아론을 소중한 지적 자산으로 삼고자 할 때 대결해야 할 관성적인 지식감각을 사정권에 두고 작성되었다.

4

여기서 다시 번역의 문제로 우회해보자. 1부가 '번역의 사상성'에 주목했다면 2부는 '번역의 정치성'이라는 문제의식에 기반하고 있다. 그리고 번역의 실천보다는 번역의 표상에 초점을 맞추고 있다. 「방법으로서의 동아시아」에서 검토하겠지만 지역학은 방사형 모델을 전제로 한다. 중심에는 이론이 생산되는 장소, 즉 '서양'이 있으며, 서양에서 생산된 이론이 비서양으로 뻗어나가며 적용된다는 것이다. 이런 방사형 모델은 지식세계에서 위계를 낳으며, 좀더 근본적으로는 서양의 근대와 비서양의 근대화가 이 모델을 통해 표상된다.

번역의 장으로 옮겨본다면 영어중심주의의 동학이 그 표상에서 연원한다. 영어는 중심언어로서 다른 언어들의 우위에서 다른 언어들을 매개하는 역할을 맡는다. 물론 영어중심주의는 여러 각도에서 비판받고 있지만, 지식세계에서 영어중심주의는 외면할 수 없는 현실이다. 비서구 대학의 분과학문들은 통상 서양의 지식을 전파하고 번역하기 위한 중개자로 설립되었으며, 실제로 거기에 몸담은 많은 학자는 서양 지식의 모방자와 수입상 역할을 맡아왔다. 그리고 이론의 지위에 오르려면 영어로 작성되거나 번역되어야 하는 관행은 부인할 수 없는 현실이다. 영어라는 매개를 거치지 못한다면 다른 곳으로 전달되지 못한다. 그리하여 여러 언어들 가운데 영어는 여러 언어들을 공약하는 일반성의 차원에 자리 잡는다. 달러가 다른 통화에 대해 그러하듯 영어는 '기축언어'인 셈이다. 여기서 '번역의 정치성'이 문제로서 부상한다.

더 세게 표현한다면, 사실 영어는 기축통화이기 이전에 화폐 자체라고도 할 수 있다. 화폐형태에서 화폐는 모든 상품의 일반적 등가물이며, 모든 상품은 화폐로 획득할 수 있는 사용가치가 된다. 마찬가지로 번역의 표상에서도 영어는 일반적 등가물로서, 초월적 시니피에로서 기능한다. 영어라는 '화폐'의 가치는 이중적이다. 그것은 하나의 특수언어로서 고유한 사용가치를 갖지만, 교환과정(번역과정)에서 타언어는 영어를 통해 자신의 가치를 표현한다.

그리하여 영어는 타언어처럼 하나의 사용언어지만 또다른 위상을 갖는다. 「방법으로서의 동아시아」에서 주목한 서양과 동양의 위계관계 역시 비슷한 설명이 가능할 것이다. 서양은 동양처럼 경계 지어진 영토상의 명칭으로서 동양과 대립하지만, 동양이 자신을 인식할 때 준거점으로 작동한다. 서양은 '서양 대 동양'이라는 대립관계의 한쪽 항이자 그 대립 자체가 발생하는 장소다. 그리하여 서양의 근대는 동양의 근대화

=서양화를 견인해낸다. 마찬가지로 특수의 차원에 매여 있는 언어들은 영어를 통해야 일반성의 차원으로 옮겨갈 수 있다. 특히 이론의 언어가 되려면 영어로 작성되어야 한다(특정 영역에서는 독일어나 프랑스어 같은 다른 알파벳 언어가 영어의 지위를 대신하기도 한다).

1부의 '사상의 번역'에서 번역자는 만성적 불안정성에 내맡겨져 동요하는 존재였다. 그러나 언어적·학문적 위계구도 아래서 (영어) 번역자는 권력을 갖는 존재가 된다. 번역자의 권력은 원문의 권위로부터 나온다. 영어로 된 이론을 기성품으로 들여와 기성복처럼 갈아입는 학계에서 번역자는 매개자의 지위를 얻는다. 그리하여 이론의 이식성이 만연한 학계에서는 이런 풍경이 펼쳐진다. 첫째, (영어) 번역이 지식행위에서 지나치게 큰 비중을 차지한다. 직접적 번역이 아니더라도 연구 자체가 번역의 성격을 띤다. 둘째, 외국문헌을 번역하는 움직임은 활발하지만 학계 내부의 번역은 좀처럼 일어나지 않는다. 시차를 두고 들어온 여러 이론은 사상사적 관계를 잃고 뒤섞임도 충돌도 없이 그저 공간적으로 병존한다. 셋째, 오역인지 아닌지가 주요 쟁점으로 부각된다. 외국문헌을 경전 삼아 해석과 주석 달기가 성행하며 얼마나 정확히 읽었는지가 해석과 주석의 질을 판단하는 주요 잣대가 된다. 결국 서구의 이론은 화폐처럼 물신화된다. 그리고 그만큼 현실은 이론에 비해 초라해 보이고, 현실인식은 단순해진다.

5

하지만 번역의 정치성에 관한 사고는 여기서 한 걸음 더 내디뎌야 한다. 영어중심주의를 비판하는 것만으로는 충분치 않다. 화폐체계에서 유추할 수 있는 또 한가지 번역 표상의 속성은 교환의 등가성이다. 각각의 상품들은 같은 가치를 내장하기에 교환되는 것이 아니라 화폐를 통해 등가로 표상되기에 교환될 수 있다. 마찬가지로 영어는 상이한 언어들 사이에서 의미상의 등가성을 만들어낸다. 그리하여 번역은 하나의 균질한 언어체계에서 다른 언어체계로 의미상의 등가성을 찾아 '옮겨지는' 것처럼 표상된다. 따라서 '번역의 정치성'을 근본적으로 사고하려면 한 언어체계 내의 균질성과 의미교환의 등가성을 추궁하는 데 이르게 된다. 그리고 이 문제는 바로 동아시아를 사고할 때 네이션(nation)을 인식의 단위로 삼아도 되는가라는 물음과 맞닿는다.

영어라는 화폐를 매개로 하여 타언어의 가치가 표현되듯이 비서양의 내셔널한 것의 가치는 서양을 참조항(내지 대립항)으로 삼아 확보되곤 한다. 홀로 성립하는 네이션은 존재하지 않는다. 그것의 가치는 외부에 반사되어야 표현된다. 그리하여 영어중심주의=서양중심주의를 비판하고자 가령 다원주의를 끌어오더라도 무위에 그치고 만다. 다원주의에는 논리적으로 일원주의의 원리가 깔려 있기 때문이다. 다원의 '원(元)'은 '언어' '국민' '문화'라는 국가 단위의 유기적 총체를 전제하고 있는 것이다. 한편 다문화주의 역시 문화적 고유성을 존중한다는 매력적인 내용에도 불구하고 거기에는 보편적 서구상이 들러붙어 있다. 한 나라의 고유성이 서양으로부터의 일탈 정도에 따라 정의된다면 그것은 서양의 보편성을 다시 인증하고 마는 셈이다. 그렇다면 각국의 특수성은 자칫 보편적 서구상에 비친 전도된 거울 이미지가 될지 모른다.

따라서 번역의 정치성을 물어가다 보면 영어중심주의=서양중심주의를 돌파해야 할 뿐만 아니라 한 국가의 사회·문화를 자명한 사고의 단위로 가정할 수 있는가를 되묻게 된다. 바로 동아시아의 근대는 '서양 대 비서양' '본토와 외래'라는 구도만으로는 담기 어려운 곳에서 힘

18

겹게 성장해왔다. 그 점은 주로 「동아시아라는 물음」에서 밝혔다.

그런데 그 돌파구 역시 번역을 통해 모색할 수는 없을까. 번역을 통해 균질한 문화·언어의 네이션으로 포섭되지 않는 비공약성의 지대를 발견할 수는 없을까. 번역은 언어가 다르다는 데서 출발해 관계를 구성하는 작업이다. 번역은 비연속성의 연속성이라는 모순적 실천이다. 번역하는 언어와 번역되는 언어는 다른 언어이기 때문에 비연속적이지만 번역을 통해 상이한 언어들은 마주하게 된다. 그러나 어떠한 번역도 이쪽의 언어를 투명하게, 등가로서 저쪽으로 옮겨갈 수는 없다. 번역에는 언제나 번역불가능한 것이 따른다. 의미가 전달되는 과정에서 새어나가는 것, 넘치는 것이 있게 마련이다. '번역된다'와 '번역되지 않는다'는 동시에 발생한다.

다만 중요한 점은 번역불가능성이 번역행위 이전에 존재하는 게 아니라 번역행위를 통해 발생한다는 사실이다. 번역을 하지만 번역되지 않는 요소가 남는다. 전달하지만 오해가 생긴다. 바로 번역불가능성과 전달의 실패는 우리의 가장 근본적인 사회성을 암시하고 있다. 그리하여 '사상의 번역'에서 번역자는 매개자라기보다 임계적 존재가 되어야 한다. 번역자는 언어 단위, 국가 단위의 경계선상에서 이질적인 것들의 운동을 내적 계기로 삼아 부단히 자기를 부정하고 갱신한다. 이러한 존재론적 체험은 다(multi), 초(trans), 간(inter)의 어떠한 접두어로도 포착해낼 수 없다. 세 양상을 동시에 아우르면서도 거기서 비어져나온다.

6

지금의 논의를 문화의 수준으로 옮겨서 좀더 곱씹어보자. 구체적 단서를 쑨 거가 내주고 있다. 그녀는 문화적 구획의 틀을 의심하는 곳에 사유의 거처를 마련했다. 그녀는 외래문화를 국내문화 바깥에 존재하는 실체로 전제하고 복수의 주체가 국경을 넘어 손을 맞잡는 우호적 문화교류가 실은 허구임을 들춰냈다. 쑨 거는 중국과 일본 사상계 사이에서 특이한 번역자였다. 그녀는 피상적 교제나 입장의 공유가 아닌 긴장과 마찰과 갈등이 문화교류의 진실상이라 여겼으며, 문화충돌의 문제를 부각하여 불편함과 어색함, 그 어긋남으로부터 사상과제를 건져냈다. 즉 그녀는 일상감각의 주름진 곳, 경험의 미세한 결, 감정기억의 균열 같은 번역불가능한 영역을 주시했다. 아니, 번역불가능하기 이전에 그것들은 침묵으로, 뒤틀린 형태로 틈새에 존재하기에 좀처럼 언표불가능하다.

쑨 거에게 '동아시아라는 사유공간'은 그런 언표불가능하고 번역불가능한 요소들의 번역을 사고하는 장이었다. 그런 의미에서 동아시아는 '외부성'이라고 부를 수 있을지도 모르겠다. 자국인 대 외국인, 모어 대 외국어, 내부 대 외부처럼 정합적으로 짜인 패러다임에 담기지 않는 것, 결여와 잉여를 산출하는 장인 것이다. 그리하여 그녀는 바로 한 개체에게 '사상의 번역'이 그러하듯 진정한 문화교류란 두 문화 사이에서 발생하기에 앞서 타문화를 통해 자문화의 자족성에 대한 회의가 생겨나고, 타문화의 문제를 자기인식을 위한 매개로 삼아 자기변화를 겪고, 그것을 통해 문화적 주체가 분절화되는 과정이라고 말한다.

그리고 여기서 동아시아를 상호인식과 번역의 장일 뿐만 아니라 새로운 윤리성의 지평으로 사고할 수 있는 가능성이 열린다. 동아시아에는 분절선들이 복잡하게 가로지르고 있다. 동아시아는 민족감정의 충돌, 기억의 항쟁, 상호이해의 간극으로 점철되어 있다. 그 적대관계로 말미암아 오히려 하나를 이룬다는 것이 동아시아의 역설적 진실이다.

그러나 갈등과 적대관계를 해소하기 위한 '인간' '정의' '문명' 같은 보편적 척도는 더이상 제 기능을 하지 못한다. 그러한 보편적 의장을 벗겨내자 동아시아에서는 지난한 역사문제와 얼룩진 민족감정, 치열한 패권경합이 드러나고 있다. 아니 보편적 척도들은 역사적으로 착취·억압·차별이라는 구조적 대립을 은폐하는 미사여구로 종종 기능해왔다. 그렇다면 이런 조건에서 어떻게 공동의 윤리적 지반을 마련할 수 있을 것인가. 공동의 척도가 붕괴되었기에 단절의 양끝을 잇는 대화는 성립하기 어렵고 자기중심주의가 성행하고 있다. 그런 단절을 극복하는 새로운 연대를 위해 지금 무엇이 요구되는가.

바로 그 윤리적 지대를 모색하기 위해서도 번역은 다시 사고되어야 한다. 앞서 말했듯이 번역은 필연적으로 오해를 동반한다. 이쪽의 의미는 저쪽으로 투명하게 전달되지 않는다. 마찬가지로 이쪽 맥락에서의 정당한 주장과 선한 동기가 다른 맥락에서도 옳거나 좋은 결과를 보장해주지는 않는다. 그러나 번역불가능성으로 번역이 사상성을 띠듯이, 한 사람이 의도한 윤리적 행동의 결과가 굴절될 수 있다는 점에서 인간은 윤리적일 수 있다.

여기서 타께우찌 요시미의 한 문장을 인용하고 싶다. "모순은 대상의 모순이 아니라 인식하는 측의 모순이다"(「현대지나문학정신에 대하여」). 그가 중국을 연구하며 내놓은 이런 인식론의 테제를 나는 소중한 윤리적 지침으로 삼고자 한다. 타께우찌는 전전(戰前)에 일본의 지나학자들을 두고 저 문장을 꺼냈다. 그들이 중국의 혼란상에서 분열의 징후만을 읽어내려 한다는 것이다. 그러나 타께우찌는 중국인식의 문제를 자기이해의 문제로 되돌리려고 애썼다. 그리고 중국에 다가가는 일은 자기 사회를 향한 천착과 해부에 의해 매개되어야 했다.

그리하여 타께우찌 요시미와 쑨 거의 고투로부터 나는 배운다. 공동성을 갖지 않는다는 공동성, 적대의식이 낳는 연대성, 오해에서 출발하는 이해. 이 역설을 사상의 언어로 풀이해낼 때 '동아시아라는 물음'은 '방법으로서의 동아시아'를 거쳐 '동아시아라는 번역공간'으로 전이될 수 있으며, 동아시아는 상호인식과 번역의 장인 동시에 윤리성의 지평이 될 수 있다는 것을 말이다.

7

3부는 '비평의 장소'다. 「비평의 장소: 카라따니 코오진을 매개로 삼아」「틀렸다. 하지만 어디가 얼마나? 그래서?: '역사주체논쟁'에서 논쟁되지 않은 것들」두편의 글을 담았다.

두편의 글은 두 방향의 문제의식을 갖는다. 「비평의 장소」는 한국 사상계에서 카라따니 코오진(柄谷行人)이 수용되는 양상을 소재로 삼아 한국과 일본 사상계 사이의 교착관계를 검토했다. 「틀렸다. 하지만 어디가 얼마나? 그래서?」는 한국의 연구자로서 일본의 내셔널리즘 논쟁으로 진입하기 위한 사고의 절차를 곱씹었다. 그런 의미에서 이 글들은 일본이라는 맥락을 한국 사상계로 들이고, 일본의 사상계로 한국인 연구자가 어떻게 진입할 수 있는지를 묻는다는 두가지 방향을 취하고 있다.

이 글들을 작성한 결정적 계기는 일본 체류였다. 일본에 체류하며 한국과 일본 사상계의 교류과정에서 어떤 단층을 엿본 것이다. 가령 한일 지식인 회합의 장면에는 비대칭성이 가로놓여 있다. 동아시아를 주제로 만남을 가질 때 참가자의 면면을 보건대, 한국에서는 한일 양국의 지식인이 한자리에 모이면 '동아시아' 회합의 충분조건을 이루지만 일본에서는 '동아시아'라는 지역적 지평에서 자국의 제국사를 되돌아보는

22

경우 한국의 발신은 여러 회로 가운데 하나일 뿐이다. 한편 번역을 통한 한국과 일본 사이의 지식교류에서 어떤 책이 옮겨지고 평판을 얻는지, 어떤 지식인이 주로 소개되고 상대국의 사상계에서 유의미한 위치를 점하는지를 보아도 그런 비대칭성이 감지된다. 「비평의 장소」에서는 카라따니 코오진에 관한 독해를 그런 교착관계의 한가지 사례로서 검토했다. 가령, 카라따니 코오진이 한국에서 활발하게 읽히듯이 그와 비슷한 사유를 하는 한국 사상가가 일본에 소개되어 읽힐 가능성은 거의 희박하다. 그 사실은 무엇을 뜻하는가.

3부에서는 한국과 일본 사상계 사이의 그러한 간극을 사고하고자 '맥락의 전환'을 주된 화두로 삼았다. 카라따니 코오진은 말한다. '지리적 공간이 아닌 담론적 씨스템의 공(空)=간(間). 코기토는 이 장소 없이 존재할 수 없다.' 그는 공간을 '공(空)=간(間)'이라고 풀이해 지리적 공간이 아닌 인식론적 공간의 문제를 도출해냈다. 공(空) 즉 비어 있다 함은 세계가 어떤 의미로 이미 가득 들어차 있다는 전제에서 벗어나기 위한 표현이며, 간(間) 즉 사이는 경계를 넘어설 때 발생하는 어떤 종류의 전환을 민감하게 의식하기 위한 표현이다.

바로 '맥락의 전환'은 번역에서 본질적 주제다. 다시 말하지만 불투명성, 의미의 호환불가능성으로 인해 번역은 기술적 의미만이 아니라 사상성을 함유한다. '맥락의 전환'에서는 단일한 텍스트/콘텍스트라면 등장하지 않을 문제가 부상한다. '맥락의 전환'은 문화의 자명성을 되묻고 문화적 귀속의식을 재설정하도록 요구한다. 네이션 혹은 '국내'란 중심을 향해 응축되는 공간이자, 그 안에서라면 감각이 공유되리라고 가정되는 단위다. 동아시아의 사유는 바로 네이션의 감각에 파열을 낸다. 동아시아란 내부의 시선만으로는 열리지 않으며 '맥락의 전환'을 통해 개척해가야 할 인식의 지평인 것이다.

8

「비평의 장소」와 「틀렸다. 하지만 어디가 얼마나? 그래서?」는 각각 비평과 논쟁 상황에서 '맥락의 전환'을 사고한 것들이다. 먼저 「비평의 장소」에서 카라따니 코오진을 매개로 삼은 까닭은 그가 한국과 일본 사상계의 교착관계를 보여줄 뿐만 아니라 그 자신이 비평의 문제의식을 밀고나간 사상가였기 때문이다. 그는 시대의 지배담론으로부터 사상적 망명을 거듭했는데, 그로써 비평의 의미를 개방할 수 있었다.

이 점에서 나는 그가 스물여섯에 발표한 첫번째 평론 「사상은 어떻게 가능한가」가 그의 사상적 원점을 이룬다고 생각한다. 그 일절이다. "사상과 사상이 격투한다고 보일 때도, 실상은 각자의 사상적 절대성과 각자의 현실적 상대성이 모순되는 지점에서 은밀히 행해지는 연기에 지나지 않는다. 서로 다른 사상이 각자의 절대성을 주장하는 곳에서 결전이 치러진 예는 한번도 없다."

확실히 카라따니 코오진은 '비평가'로서의 자기의식을 갖고 출발했다. 그에게 비평은 특정한 장르의 작품을 평가하거나 다른 텍스트에 기대어 자기 이야기를 꺼내는 작업이 아니었다. 편을 짓는 작업도 아니었다. 비평이란 사상의 결전이 치러지는 장소에서 진행되는 역할극을 끝까지 주시하는 일이다. 대치하고 있다고 여겨지는 입장들 가운데서 한 측의 손을 들어주는 일이 아니라 그렇게 대치할 수 있는 조건, 그 무의식적 구조를 해명하는 일인 것이다.

앞서 나는 번역의 불투명성을 강조했는데, 투명해 보이는 담론도 실은 사진처럼 제작된 것이다. 사진은 애초 음화이지만 반전·조명·확대·수정의 과정을 거치면 현실처럼, 현실보다 더 현실처럼 가시화된다. 담론 역시 처리과정을 거쳐야 현실이든 진리든 그것들을 투명하게 반영하는 것처럼 가공될 수 있다. 바로 비평이란 담론적 투명성을 불투명한 곳으로 내모는 일이다. 그런 의미에서 나는 「비평의 장소」를 통해 카라따니 코오진의 비평을 한국의 사상계에서 비평하는 방식에 대해 비평하고자 했다.

「틀렸다. 하지만 어디가 얼마나? 그래서?」는 논쟁에 관한 문제의식에서 작성되었다. 논쟁은 개별 저작과는 달리 개개의 사고가 교착하고 충돌하며, 나아가 그 교착과 충돌로 인해 사고가 새롭게 편성될 수 있는 가능성을 지닌다. 따라서 몹시 소중한 지적 실천이다. 그러나 논쟁은 실제로 진행되다 보면 생산성을 잃고 불모 상태에 빠지곤 한다. 논자들은 유추에서 유추를 거듭하며 상대의 논지를 단순화하여 자기 영역으로 끌어와 비판하거나, 상대의 내재적 논리를 따라가지 않고 바깥에서 이론적 무기를 들여와 과시하듯 상대를 공략하거나, 상대의 잘못을 폭로해 자신의 정당성을 마련하거나, 자신의 주장을 궁색하게 옹호한다. 그리하여 논쟁은 애초의 생산성을 잃고 변질되곤 한다.

사실 기성의 비평행위도 비슷한 양상을 띤다. 비평이란 타인의 글을 상대하며 유형·무형의 상징적 가치를 획득하는 인정투쟁인 까닭이다. 그러나 근본적 비평이라면 담론적 투명성을 깨고 담론의 의지를 해부해야 한다. 마찬가지로 근본적 논쟁은 한쪽을 편드는 게 아니라 논쟁의 구도 자체를 파고들어야 한다.

논쟁은 흔히 대립하는 모양새를 취한다. 그리고 문제상황이 논쟁을 낳지만, 논쟁이 문제를 특정한 형태로 가공하기도 한다. 논쟁은 무언가를 밝은 곳으로 끌어내는 동시에 무엇인가를 은폐한다. 따라서 나는 논쟁구도가 문제를 특정한 형태로 작도(作圖)한다는 사실을 직시하는 데서 역사주체논쟁에 개입하고자 했다. 그리하여 「틀렸다. 하지만 어디가 얼마나? 그래서?」에서는 민족주의 논의로 달아오른 역사주체논쟁이 어떠한 구도 위에서 성립하는지를 분석하고 그 논쟁에서 '논쟁되지 않은 것들'을 주목하고자 했다.

9

3부 '비평의 장소'는 또한 정치감각과 번역감각에 관한 문제의식에 기반해 작성되었다. 그 또한 타께우찌 요시미에게서 시사받은 것이다. 그리고 1부의 '번역의 사상성', 2부의 '번역의 정치성'과 구분한다면 3부에서는 '번역의 기능성'을 고찰했다.

정치감각과 관련해 '번역의 기능성'이라는 말로 상정하는 것은 이중의 번역이다. 첫째, 정치적 입장 사이의 번역이다. 사까구찌 안고(坂口安吾)는 이렇게 말했다. "뭐든 오십보백보지만, 난 오십 보와 백 보는 굉장히 다르다고 생각해. 굉장히는 아닐지 모르지만 어쨌든 오십 보만큼은 다르지. 그리고 그만큼의 차이가 내게는 결국 절대라고 여겨져. 나로서는 그 안에서 선택할 뿐이니 말야." 타께우찌 요시미 역시 '한걸음 차이'라는 표현을 즐겨 사용하며 정치행위에서 발생하는 특유의 긴장감을 표현했다. 그는 정치를 선험적 잣대로 판단하지 않고, 현실상황 속에 존재하는 미묘한 차이로부터 정치성을 이끌어내고자 했다. 그리하여 타께우찌는 이른바 현실정치의 이데올로기와 겨루고 부대끼며 거기서 자신을 끄집어내는 고투를 거부하지 않았다. 현실정치 바깥에 자기 몸을 두는 지식인이라면 '반체제'라는 입장을 취해 그 숙명에서 벗어났겠지만, 그는 정치의 장 안으로 몸을 던진 까닭에 자신을 더럽히고 사상적으로 오점을 남기기도 했다.

그렇게 타께우찌는 정치의 장에서 위태로운 곳에 몸을 뒀다. 차이를 생산하지 못한다면 사라질 운명에 처하는 곳이지만, 적극적 차이를 만들어내는 곳도 아니었다. 그는 '종이 한장 차이'라는 표현도 종종 사용했다. 그 '종이 한장 차이'는 자명한 이론적 전제나 정치적 입장에서 출발하면 식별해낼 수 없다. 동시에 미묘하지만 '차이'라는 점에서 독특한 의미의 자장을 형성한다. 그가 만들어내는 차이란 실재적이라기보다 기능적인 것이었다.

과거 역사를 분석하거나 현실상황을 판단할 때 좌파가 이론적 접근방식을 택한다면, 우파는 내적 동질성에 근거한 심정적 호소에 힘을 들이고, 양자는 서로 배타적이기 때문에 상호충돌이나 접촉가능성의 여지가 희박하다. 그렇다면 좌파의 비판은 우파를 효과적으로 제압하지 못한다. 이런 대치구도 안에서 타께우찌가 만들어내는 기능적 차이란 양자를 맞물리게 하여 양측 모두에 결여된 전환의 계기를 주입하는 것이었다.

둘째, 타께우찌는 개념세계의 유한성을 꿰뚫어보며 지식의 언어로 구축된 세계와 그 언어가 개재하지 않는 피부감각의 세계 사이의 단층에서 번역을 사고했다. 그리고 사상의 영역만이 아니라 정치의 영역에서도 번역의 사고를 시도했다. 대중의 일상행동은 복잡한 굴절을 거쳐 표면의 정치무대로 반영되고, 거꾸로 정치무대에서 이뤄진 하나하나의 결정은 복잡한 매개를 거쳐 일상생활 영역으로 스며든다. 그러나 일상세계와 정치무대 사이의 언어는 좀처럼 교통하지 않는다. 그리하여 생활감각과 실감으로 뒷받침되지 않는 교의는 공허해지며, 거꾸로 세계관에 의해 방향지어지지 않은 생활감각은 맹목적이 된다.

타께우찌는 추상성이 높은 이념의 영역과 생활감각, 큰 정치와 일상의 작은 정치를 이어맺으려 했다. 그러한 '번역'을 위해 그는 종종 자신의 체험을 매개체로 삼았다. 그는 큰 사건의 의미를 신변의 작은 체험 속으로 가져와 음미하고, 음미한 내용을 큰 사건으로 되먹여 이데올로 기적 대치구도나 개념에 결박당한 사건의 진실된 모습을 드러내고, 거기서 현실의 개혁으로 이어질 사상과제를 발견하고자 했다. 그러려면 대중의 일상감각을 유심히 좇아 그것을 승화시키고 사회화해내는 사유의 감도가 필요하다. 그것은 '번역의 기능성'이라고 부를 만한 곳에서 움트는 감각이었다.

10

이리하여 '동아시아와 번역'이라는 문제의식으로 작성한 여덟편의 글을 세 부에 나눠담았다. 그러나 애초 이런 구성을 의식하고 글을 써온 것은 아니었다. 이런 구성은 사후적이다. 그저 한 걸음 한 걸음 당시의 절실함을 좇아왔을 뿐이다. 한편의 글을 마무리하면 가까스로 다음 걸음이 보였고, 그렇게 다음의 걸음들을 따라 여기까지 왔다. 비틀거렸던 그 행보를 꽉 짜인 체계처럼 내놓는다면 자기극화를 꾀하는 일이다. 뻔뻔스러운 일이다.

다만 책으로 묶어내기 위해 써온 글들을 점으로 삼아 이어보니 그간 생각의 궤적이 보인다. 그리고 그 궤적을 연장하면 어느 곳으로 향하게 될지 조금은 알 것 같다. 결국 루쉰에게 다가가리라는 예감이다. 나는 먼저 쑨 거를 만났다. 그녀는 내게 텍스트 속의 존재만이 아니니 이제 쑨 거 선생이라 불러야겠다. 선생을 통해 나는 타께우찌 요시미를 접하게 되었다. 그리고 다시 선생에게로 돌아가 타께우찌 요시미를 함께 읽고, 그 둘을 내 안으로부터 대상화하고 그들로부터 멀어지고 그러다가 다시 돌아가고, 그런 왕복운동을 거치고 있다. 그리고 이제 생각한다. 이 운동은 지속되다가 언젠가 루쉰에게 다다를 것이다.

그 사실을 알게 되니 마음이 무거워진다. 루쉰에게 도착하면 그곳은 어떤 극점일 텐데, 그를 떠난다면 어디로 갈 수 있을까. 전에는 한 걸음 내딛는 동안 다음의 길이 어렴풋하게나마 보였다. 그러나 루쉰 너머는 암흑인 것 같다. 돌아오기도 힘들 것 같다. 하루하루 지금처럼 걸음을 옮기다 보면 몇년 후가 될지 모르지만 그곳에 당도하게 될 것이다. 그곳에 닿고 싶어 발걸음을 재촉하지만 다가가면서도 두렵다.

그러나 타께우찌 요시미와 쑨 거를 통해 루쉰의 존재를 알고 말았다. 관성의 힘을 이겨내며 써낸 글을 읽었고, 극한에서 견디는 정신을 보고 말았다. 결국 그에게로 가봐야 한다. 루쉰은 난해하지 않다. 그러나 불투명하다. 바깥의 빛이 안으로 투과되지 않는다. 결국 그 불투명함 속으로 들어가 내 힘으로 표현을 구해내야 한다. 결국 어떤 번역을 경험해야 한다. 거기에 이르면 나는 다른 동아시아를 만나거나, 아니면 이 공부를 떠날 수 있을 것 같다.

차
례

제3부 비평의 장소

일러두기
1. 인용문은 원서와 한국어판을 참조했다.
2. 인용문에 이해를 돕기 위해 필자가 덧붙인 부분은 [ ]로 표시했다.
3. 이해를 돕기 위해 일본어 잡지명은 우리말 한자음으로 표기했다.
4. 한국어판이 출간된 외국어 책은 한국어판 제목에 따라 표기했다.

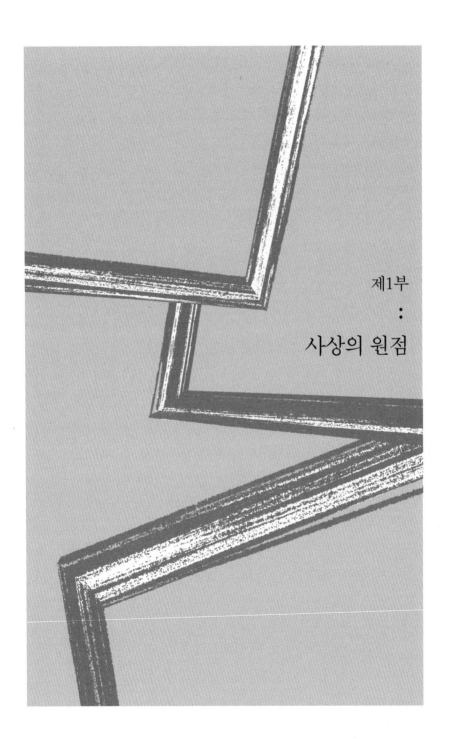

제1부
:
사상의 원점

1장 사상의 원점

루쉰을 단서로

1. 문체의 풍요로움과 입장의 복잡함

타께우찌 요시미는 참으로 많은 글을 토해냈다. 지금 내 손에는 그의 저작목록이 있다. 13세 때의 「꽃의 마을」로부터 시작해 죽기 직전까지 매달렸던 『루쉰 문집』의 번역에 이르기까지 그가 지면에 발표한 1,491편의 글 목록을 훑어보고 있다. 타께우찌의 그야말로 다작은 사후에 17권의 전집으로 갈무리되었다. 또한 저작목록에 들어 있는 그의 글들을 보면 실로 형식도 다채롭다. 거기에는 논문도 평론도 서평도 대담도 좌담도 선언문도 강연도 일기도 있다. 여러 영역에 걸쳐 다양한 형식으로 글을 썼을 뿐만 아니라, 그 일부나마 읽어본 한에서 말한다면 그의 글은 변화의 폭이 몹시 커서 어떤 글이냐에 따라 문제를 제기하는 방식, 논리를 세우는 방식, 사례를 내고 활용하는 방식, 감정을 담고 조절하는 방식, 현상을 사상과 이어맺는 방식, 상대를 논의에 끌어들이는 방식 등이 달라진다. 정말이지 그는 여러 초식을 구사했다.

어떻게 한 인간이 저리도 많은 작품을 써내고 다양한 표현법을 지닐 수 있는지, 나는 그 숱한 문장들을 내고 들이는 작가의 품이 궁금하다. 그리고 다시 그의 저작목록을 살펴본다. 그는 같은 달에도 수편씩 글을 발표했다. 수십년간 그리했다. 하지만 좀더 눈길을 끄는 대목은 같은 달에 발표한 여러편의 글들이 전혀 별개의 사안을 향해 작성되기도 했으며, 그럴 경우 글마다 감정의 성분과 호흡의 길이가 다르다는 점이다. 한 인간이 어떻게 저토록 여러 구상을 동시에 머릿속에 품고, 또한 서로 맞부딪혔을 법한 여러 감정을 어떻게 다스리며 한편 한편 글로 옮겨낼 수 있었을까. 나는 그가 남긴 글들을 단서 삼아 그의 정신의 풍요로움과 거기서 연원하는 표현상의 특징을 탐구하고 싶다.

그러나 내게 타께우찌 요시미의 작가론이나 문체론을 다룰 만한 역량이 있을 리 없다. 다만 그럴듯한 이론은 내놓지 못하더라도 그의 글들을 추려가며 타께우찌 요시미라는 한 인간의 이미지만큼은 그려보고 싶다. 물론 그의 문장들을 단서로 삼는다고 하더라도 의미는 몇겹으로 싸여 있어 속내를 알기란 힘들 것이다. 무엇보다 그를 상대하기에는 힘이 부쳐 그의 이미지를 그려보겠다는 나의 위치를 확정하지 못한 채 그의 문장들에 끌려다니며 그것들을 맥락 없이 베낄지도 모른다는 두려움이 앞선다.

하지만 나는 추측한다. 그에게는 어느 한 시기가 있어 그때 그는 세상을 향해 말을 꺼내야 할지, 꺼낸다면 어떻게 꺼내야 할지를 두고 온 열정으로 고민했다. 물론 그 고민이야 그를 평생 따라다녔겠지만 표현에 대해 자각을 얻은 한 시기가 있다. 나는 그렇게 추측한다. 그리고 문체의 풍요로움은 그 시기에 얻은 자각에서 발하며, 따라서 그 결정적 시기, 그의 내면의 풍경으로 들어가볼 수 있다면 그의 문장이 지니는 생명력도 얼마간 해명해낼 수 있지 않을까, 이런 가설을 세워본다. 여기에는 그의 방대한 글들을 모두 동등하게 대하려면 너무나 힘에 부치니 특정 시기의 글에 주목하겠다는 편의주의적 발상도 깔려 있지만, 그것만은 아니다. 그 시기 이후에 나온 글이라고 가벼이 여겨도 된다는 말도 결코 아니다. 다만 그 시기 이후에 나온 글들은 사상의 성숙을 표시하면서 시간이 지남에 따라 점차 축적된다기보다, 그 시기에 얻은 자각을 둘러싸고 퍼져가는 관계를 맺는 것이 아닐까 생각한다. 내게는 그것에 관한 심증이 있다. 그 심증이 이 글의 전제다. 만약 이 전제가 글러먹은 것이라면, 앞으로 써낼 내용은 무용한 문자놀림에 불과하겠다.

나는 그 시기를 1935년 타께우찌가 스물넷에 '중국문학연구회'를 만든 무렵부터, "아무리 초라한 사상이라도 좋으니 붙들고 싶다"던 베이징의 방탕한 유학시절을 거치고, 일본으로 돌아와 한학, 특히 지나학(支那學)과 첨예하게 맞서고, 다시 당파성을 이유로 중국문학연구회를 해산하고, 그리고 1943년 서른셋에 『루쉰』을 집필하기까지로 잡는다. 그렇게 10년 가까운 고뇌가 『루쉰』에 응결되었다고 본다. 『루쉰』을 써낸 뒤 곧 그가 중국전장으로 끌려갔다는 사실을 감안한다면 조금 늘려잡아 패전까지라고 보아도 좋겠다.

그는 1935년 『중국문학월보(中國文學月報)』를 창간하여 본격적으로 글을 쓰기 시작해 죽음에 이르기까지 40년간 한해도 거르지 않고 글을 발표했지만, 오직 1945년만이 공백으로 남아 있다. 그리고 그의 글을 보면, 확실히 전전과 전후에는 맛이 달라진다. 전후가 되면 난해하고 떫은 맛이 가시는 대신 솟구친다는 느낌보다 널리 퍼진다는 인상을 준다. 이는 결코 패전 체험으로 그의 사상이 변질했다는 의미가 아니다. 둑이 무너지면 둑을 사이에 두고 나뉘어 있던 물이 낙차를 잃고 한데 뒤섞이듯이 패전으로 전전의 사고는 전후의 평가에 지배되기 십상이었지만, 타께우찌는 사상적 긴장감을 잃지 않고 일본의 전후 사상계에서 그 낙차를 스스로 지켜냈다. 그 낙차를 지켜 전후의 사상적 풍토에서 전전의 사고를 섣불리 재단하지 않으면서도 전전과 전후의 사고 사이에 다리를 놓고자 했다. 그 역할을 자각적으로 떠맡았기에 그 자신은 사상의 일관성을 지키면서도 문체를 바꿀 수 있었다.

『루쉰』에 이르기까지 그는 특히 『중국문학월보』를 근거지로 삼아 많은 글을 써냈지만, 역시 당면한 과제를 해명하기 위해 가장 소중히 다뤄야 할 자료는 『루쉰』이다. 다만 그전에 1940년 2월 『중국문학월보』에 발표된 「메까다 씨의 문장」 일부는 취해보고 싶다. 이 글에서 타께우찌는 "막연하지만 무언가 생생함"이 그로 하여금 '지나문학이라는 환영'에 대한 이루 말할 수 없는 고통을 안긴다면서, 결론부에 자신이 원하는 말을 하나하나 눌러적는다.

미려한 말. 사랑스런 말. 우렁찬 말. 침착한 말. 하늘을 찌르는 불꽃 같은 말. 기둥에 기대어 나지막하니 탄식하는 말. 말이 사상인 말. 사상이 그대로 행위가 되는 말. 이국의 시인에게 세태가 여의치 않아도 슬퍼하지 말라고 전하는 말. 귀여운 자기 아이에게 바르게 살라고 격려하는 말. 싸움을 말리는 말. 숯이 없을 때 숯이 되고 종이가 없을 때 종이가 되는 말. 어떤 것을 전할 때 다른 표현으로 그 어떤 것을 전하는 말. 교단을 내려올 때 잊히지 않는 말. 학문인지 예술인지 모를 것을 학문이나 예술로 보이게 하지 않는 말. 정치나 관념이나 일상생활을 정치나 관념이나 일상생활 이상으로 다루지 않는 말. 그러나 정치나 관념이나 일상생활을 떠나면 역사 역시 존재하지 않음을 깨우치게 하는 말. 말이 사라져도 그 말이 거하는 공간만은 남는 말. 신들의 말. 인간의 나라와 하백의 나라 혹은 참새의 나라를 이어주는 말. 무의미한 말. 지쳐 힘없는 말······[1]

이 글을 취한 까닭은 타께우찌가 베이징 유학에서 돌아와 바로 이 글로 지나학을 향한 포문을 열었기 때문이다. 그는 중국인들의 정신세계를 '지식'으로 바꿔놓고 중국을 '과학'의 대상으로 삼는 지나학에 맞서 논쟁을 벌여나갔다. 그 첫 장면에서 자신이 갈구하던 말을 늘어놓은 것이다. 그는 체계적으로 꽉 짜인 지식을 요구하던 당시 중국연구의 풍토에서 걸러진 말의 혼을 찾아나섰으며, 그것을 지니지 못한 자신의 무력함을 토로했다. 그는 말이 품는 여러 결들과 기능, 아울러 말에 묻어 있는 다양한 감정을 저렇듯 한 자 한 자 새겼다.

사상적 주체는 말을 통해 대상과의 관계를 구축한다. 그러나 대상에 다다르기 위해 꺼낸 말도 어느새 응고되면 주체가 대상으로 접근하는 길을 가로막고 원래의 대상을 대신해버린다. 그래서 문체에 관한 그의 고민, 즉 말로 어떻게 생각을 전하고, 말에 어떻게 감정을 담고, 말의 운동성을 어떻게 운용할 것인가는 말을 부리는 기교 차원의 고민에 머무르지 않았다. 사상가에게 문체란 사유의 논리이자 그 사상을 이루는 유기적 구성요소의 하나다. 그래서 나는 말에 관한 타께우찌의 태도, 즉 문체를 하나의 통로로 삼아 사상의 본원에 이르는 길을 내고자 하는 것이다.

그리고 그런 통로가 또 하나 있다. 그의 다채로운 문체만큼이나 그에 관한 평가도 다양하다. 차라리 상반된다. 일본의 전후 사상계에서 그는 친중파(때로는 중국공산당의 첩자), 아시아주의자, 내셔널리스트, 반근대주의자, 근대적 계몽가, 반맑스주의자, 천황제 폐지운동과 민주주의 운동의 사상적 지도자, 학자에 이르지 못한 평론가, 일본의 대표적 지성 등 상이한 평가를 받아왔다. 이는 무엇보다 그가 한가지 이론적·정치적

---

1 竹內好「目加田さんの文章」, 『中國文學月報』 제59호(1940).

입장에 충실한 적이 없으며, 그가 내놓은 주장과 관념 속에는 모순되고 상반되는 성분이 포함되어 있었기 때문이리라. 나는 그를 둘러싼 복잡한 평가는 궁극적으로 저 다채로운 문체를 낳은 곳과 같은 곳에서 나올 것이라고 추측한다. 글에서든 현실 행동에서든 그가 취한 입장은 대체로 선명하지 않았다. 그는 탁 퉁기면 따라 흔들리는 이론과 이데올로기의 망에 좀처럼 걸려들지 않는다. 다양한 문체를 낳은 그 무언가가 그의 현실적 입지도 복잡하게 만들었다. 그리고 그 궁극의 장소에 다가설 수 있다면, 그가 보여준 복잡한 면모는 복잡한 채로도 해명될 것이다. 이것이 나의 가설이다.

2. 『루쉰』을 단서로 삼아

그 궁극의 장소에 다다르려면, 타께우찌와 같은 환경에 처해볼 수는 없겠지만 되도록 그와 비슷한 호흡을 취하며 그의 고민을 끌어안아야 할 것이다. 자기 육체의 고통이 따르지 않고 어떻게 한 사상가가 지닌 본원적 정신에 다가갈 수 있겠는가. 적어도 타께우찌 요시미는 그런 사상가라고 믿는다. 그러나 지금 나의 방만한 생활과 얄팍한 정신으로는 그렇게 호흡할 수 없으며 흉내 내는 일조차 벅차다. 그리하여 나는 『루쉰』에 의탁한다. 앞서 전전 10년간 타께우찌가 품었던 고뇌는 이 저작으로 결정(結晶)되었다고 밝힌 바 있다(이것은 결코 멈춰섰다는 의미가 아니다). 중국문학연구회를 근거지로 삼아 지나학자들과 백병전을 치르고서도 중국문학연구회마저 자기 손으로 해산해야 했던 그는 그 고독감을 껴안으며 사상과 감정의 양면에서 루쉰과 만날 준비를 하고 있었다. 그리고 거꾸로 『루쉰』을 보면 그를 고독으로 이끌었던 것이 무엇인지, 그가 무엇을 고뇌했는지 그 윤곽을 잡을 수 있다.

타께우찌 요시미는 『루쉰』을 '각서'라고 부른다. 동시에 그의 처녀작이다. 하지만 『루쉰』은 '유서'와도 같은 작품이다. 타께우찌는 전후인 1952년 창원(創元)문고판 발문에서 "『루쉰』은 내게 애착이 가는 책이다. 내몰리는 느낌으로, 내일의 생명이 보장되지 않은 환경에서 이것만은 써서 남겨야지 생각한 것을 힘을 다해 토해낸 책이다. 유서라고 할 만큼 거창하지는 않더라도 거의 그러한 심경이었다"고 적는다.[2] 전쟁의 시기에 집필한 사정도 있지만, 조만간 징집되리라는 사실을 의식하며 써낸 작품이었던 까닭이다. 그는 징집을 앞두고 2층에서 원고를 써내려가며 손님이 오면 잠시 아래층에 얼굴을 내밀고는 다시 2층으로 올라와 집필에 몰두했다고 한다. 『루쉰』의 탈고일은 1943년 11월 9일이고, 12월 1일 그는 소집영장을 받아 12월 28일 중국의 후베이성(湖北省)으로 출정했다. 징집되기 전에 탈고할 수 있어서 그는 이를 '천우신조'라고 여겼다. 몸은 전쟁터로 떠나지만 말을 남기고 가니 '천우신조'라고 표현했다면, 그것은 어떤 심경이었을까.

그 심경을 헤아리기는 어렵다. 하지만 자기를 대신해 글이 살아주리라는 작가적 의식이나 기어이 마쳐야 할 것을 마쳤다는 해방감은 아니었으리라. 탈고하고 사흘 뒤 그는 『중국문학월보』의 동인이었던 마쯔에다 시게오(松枝茂夫)에게 편지를 보낸다. "저는 고심 끝에 가까스로 『루쉰』을 손에서 떠나보냈습니다. 어쩐지 꺼림칙한 기분입니다. 적어도 기쁘다는 감정은 생기지 않는군요. 후회(무엇에 대한 후회인지 모르겠으나) 같은 느낌, 적막의 감각만이 남습니다. 이런 것일지요. 그마저 루쉰

---

2 다케우치 요시미 「창원문고판 발문」, 『루쉰』, 서광덕 옮김, 문학과지성사 2003, 189면.

의 영향 탓일까요. 어찌되었건 저는 처음 이런 것을 경험했습니다."[3] 징집되기 전에 탈고해 천우신조로 여겼다던 기쁨을 한 측에 두더라도, 이 적막 쪽이 더욱 진실하게 느껴진다. 아니, 진실하다기보다 그의 사상적 본질에 더 가깝다고 여겨진다. 그는 루쉰의 작품을 읽고『루쉰』을 써내며 그간 자신의 복잡한 내면세계와 정면으로 대면할 수 있었다.『루쉰』은 안에서 끓고 있는 자신의 심경을 바깥으로 토해내고 토해낸 내용물을 확인하는 계기였다. 작가에게 만족감과 해방감을 안겨주었다기보다 자기 안의 적막을 확인시켜준 작품이었다. 그리하여 나는『루쉰』을 타께우찌의 내면세계에 이르는 단서로 삼는다.

어쩌면 그의 진정한 유서는『루쉰』이 아니라『루쉰 문집』일지 모른다. 그는 10년 넘게 자료를 준비해 1974년부터 1977년 타계하기 직전까지 루쉰을 번역하고 주석 다는 작업에 모든 힘을 쏟았다. 집에서 조금 떨어진 곳에 작업실을 얻어 거기서 매일 밤늦게까지 일에 매달렸다. 그렇게 무리해서 병세가 악화된 것은 거의 확실해 보인다.『루쉰』은 탈고하고 전장으로 떠날 수 있었지만, 이번에는 결국 끝을 보지 못했다. 번역은 마쳤으나 역주를 반만 달았는데 쓰러져 그대로 저세상 사람이 되었다. 유족의 말에 따르면 그는 식도암과 피부암에 걸렸다. 그는 루쉰에게서 사상의 생명을 얻고 육신의 죽음으로 되갚았다. 아니, 이렇게 적으면 그를 욕보이는 일인지 모르겠다. 이런 표현을 꺼내려면 쓰는 자의 결의가 필요한데 내겐 그것이 갖춰져 있지 않다.

다만 루쉰은 그에게 그저 연구대상이 아니었으며,『루쉰』역시 연구서로 쓰이지 않았다는 말은 할 수 있다.『루쉰』은 루쉰에 관한 지식으로

3 1943년 11월 21일 마쯔에다 시게오에게 보낸 편지.「竹內好の手紙(上)」,『邊境』제5호 (1987) 51면.

꾸려간 작품이 아니라 타께우찌 자신의 생의 집념으로 떠받쳐졌다. 대상이 이끄는 강렬함과 그 대상에 육박하겠다는 절실함이 어느 언저리에선가 맺어져 탄생한 작품이다. 그 어느 언저리에 내가 찾고 싶은 타께우찌의 장소가 있다.

패전 후 생환한 타께우찌는 전후 사상계에서 활동할 때『루쉰』을 자신의 사상적 길목으로 삼았다. 그는 곧잘 이렇게 말했다. "루쉰을 통해 생각하던 것을 조금씩 다른 대상 내지 분야에 적용해 평론을 쓰기 시작했다." "부끄럽지만『루쉰』을 다시 읽으면 잊고 있었던 문제의식이 되살아난다." 확실히 전후 1946년부터 다시 집필을 시작해 1949년에 이르기까지 써낸 60편 가까운 글들 가운데 절반가량은 루쉰과 관련된 것이었다. 그만큼이나 루쉰은 타께우찌 요시미에게 사상의 기축이었다. 하지만 삶의 기축이었기에 사상의 기축도 될 수 있었다.

방금『루쉰』은 연구서가 아니라고 적었는데, 이 대목은 설명을 보태야겠다. 물론 타께우찌가 루쉰을 연구대상 다루듯이 대하지 않았다는 점에서 한 말이었다. 하지만『루쉰』은 이미 루쉰 연구의 고전이 되었고, 타께우찌의 루쉰론 역시 여러 루쉰관 가운데 하나라고 말할 수도 있다. 그러나 나는 아무래도 다음과 같은 문구들을 그냥 보아넘길 수 없다. "이 말은 그대로 믿을 만하다고 나는 생각한다."[4] "이 정도로 솔직하게 받아들여질 수 있는 문장은 많지 않다."[5] "그것은 어디까지나 강요된 대답이다. (…) 설사 거짓은 아니라 하더라도 바깥에서의 설명이다. (…) 그가 자신의 문학을 정말로 그렇게 생각했을지도 모르지만, 그렇게 생각했다고 하더라도 그것은 바깥에서 해석한 루쉰의 일면이다."[6]

---

4 「전기에 관한 의문」,『루쉰』 37면.
5 「사상의 형성」,『루쉰』 72면.
6 「작품에 관해서」,『루쉰』 92면.

타께우찌는 루쉰이 남긴 문자를 곧이곧대로 받아들이지 않는다. 얼마나 믿을 만한지 줄곧 재고 있다. 하지만 괜한 의심이 아니다. 마저 그런 문구를 옮겨보자. "나는 이 표현을 그대로 받아들일 수 없다. 그대로 받아들인다면 작품 사이의 모순이 설명되지 않기 때문이다."[7] "이 문장은 이해하기 쉽다. 앞서 인용한, 이것 바로 뒤에 이어진 난해한 문단과 비교해본다면, 이 문장을 이해하는 데 더 이상의 설명은 필요치 않다. 이것이 이해하기 쉬운 까닭은 사실을 다루는 그의 태도에 기반하는 것이다. 여기서 그는 사실을 솔직하게 설명하고 있다. 그는 자신이 늘 지니고 다니는 '그림자'에 시달리지 않는다."[8] 괜한 의심을 품은 것이 아니라 "작품 사이의 모순"이나 "그림자"라고 자신이 불러둔 것을 해명하기 위해 루쉰의 말을 곧이곧대로 받아들이지 않았던 것이다.

타께우찌는 루쉰의 문장에 루쉰의 본심 혹은 루쉰 사상의 맥이 그대로 담기지 않았을 수도 있다고 여겼다. 그래서 문장들을 동등하게 대하는 것이 아니라, 어느 문장이 루쉰의 본심에 더 가까운지 그 무게를 쟀다. 그렇다면 루쉰의 숱한 문장들 가운데 좀더 본질에 해당하는 것을 가려내는 판단기준은 어디서 마련할 수 있는가. 타께우찌는 여러 논증을 내놓지만 『루쉰』에서 그것은 궁극적으로 타께우찌 자신에게서 나오고 있다. 타께우찌는 『루쉰』에 자신을 걸었으며, 『루쉰』의 함량은 연구서의 관점에서 잴 수 없는 것이다.

이 글도 연구논문이 될 수는 없다. 타께우찌 요시미의 각서를 흉내 내겠다는 주제넘은 이야기를 할 작정은 아니다. 이런 식이어서야 연구로서는 함량 미달이 될 것이 뻔하다. 그러나 나는 다만 타께우찌의 그 장

---

7 「사상의 형성」, 『루쉰』 88면.
8 같은 글 70면.

소, 그 한 점만큼은 붙잡고 싶다. 그래서 타께우찌 사상의 원점이 각인되어 있다는 짐작에서 『루쉰』을 단서로 삼는 것이며, 이 작업에서 힘이 부칠 때마다 다시 호흡을 고르기 위해 돌아가야 할 곳 역시 『루쉰』인 것이다.

3. 회심의 시기

그것은 사상을 인간에게서 뽑아내는 방식이다. 사상을 인간에게서 뽑아내는 방식이 불가능하지야 않겠으나, 이를 위한 절차로서 그것을 실행하는 인간의 결의를 보지 않고서는 옳고 그름을 판단할 수 없다. 루쉰이 변질했다는 견해는 어떤 입장에서는 옳다고 하겠다. 나로 말하자면, 되풀이하지만 그 입장에 서 있지 않다. 나의 희망은 그의 단 한 시기를 결정하는 것이다. 루쉰은 변했을지 모른다. 그러나 내게는 그가 변했던 것보다 그가 변함으로써 표현한 것이, 즉 이차적 전환을 거쳐 드러난 본질적 회심(回心) 쪽이 중요하다. 루쉰의 전변은 내가 이미 아는 사실이며, 내 결의와는 관계가 없다. 그뿐 아니라 이 전환이 단순히 사상적으로 전환했다는 의미라면 나는 그가 전변했다는 사실 자체를 의심할 테지만, 루쉰에게서 단 한 시기를 결정하려는 내 입장에서는 그조차 입에 담기에는 이미 부질없는 일이다.[9]

『루쉰』은 여섯 장으로 구성되어 있다. 순서대로 「서장——죽음과 삶

---

9 다케우치 요시미 「『루쉰』(초록)」, 『다케우치 요시미 선집 2』(이하 『선집 2』), 윤여일 옮김, 휴머니스트 2011, 122~23면.

에 관하여」「전기에 관한 의문」「사상의 형성」「작품에 관하여」「정치와 문학」「결어 — 계몽가 루쉰」이다. 나는 타께우찌가 『루쉰』에 자신을 담았다고 말했다. 저 여섯 장은 자신의 고뇌를 나눠 담고 자신을 분석하는 여섯 장이기도 한 것이다. 그런데 저 여섯 장은 언뜻 장제목만 훑어보아도 들쭉날쭉하다. 시기순도 아니며, 크게 소설·잡감이라는 장르로 구분하지도 않았으며, 문학가·사상가·계몽가·정치가라는 루쉰의 다양한 면모별로 구성하지도 않았다. 저렇듯 구성이 고르지 못하지만, 저 여섯 장은 각기 다른 기능을 맡으면서도 루쉰에게 육박하겠다는 하나의 의지로 수렴되고 있다. 동시에 그렇게 꾸려진 『루쉰』의 일관성은 표면에 드러난 논리로는 좀처럼 설명되지 않으며, 텍스트의 바닥에서 어떤 감정과 감각의 형태로 감돌고 있다. 혹은 텍스트 바깥에서 『루쉰』 집필을 전후로 한 시기 타께우찌 요시미의 행적을 가져와야 『루쉰』은 더이상 덜고 더하기 힘들 만큼 꽉 짜인 모습으로 다가올지도 모르겠다. 어쨌든 타께우찌는 바로 저런 체계로 루쉰을 대상화했다. 그리고 글의 골격만이 아니라 작업의 진행방식, 논리, 어조의 모든 면에서 루쉰에 대한 자기이해를 스스로 문제 삼았다. 그렇게 루쉰을 통해 자신을 응시했다.

그는 『루쉰』에서 먼저 루쉰이 진보했다는 설을 거부한다. 앞의 인용구는 거기서 이어지는 구절이다. 사상의 발전 운운은 인간에게서 사상을 뽑아내는 방식이다. 타께우찌는 루쉰의 사상을 대하듯이 루쉰의 전기도 대했다. 가령 그는 환등기 사건을 두고도 통설을 뒤엎고, 사정은 잘 모르니 상상을 보태지는 않겠지만, 그 사건으로 루쉰이 의학을 버리고 문학으로 옮겨갔을 리는 없다고 단언한다. 그런 극적 사건을 전거로 삼아 루쉰의 변신에 관심을 기울이거나 루쉰의 생애를 '뭣뭣에서 뭣뭣으로'라는 식으로 풀이해본들 루쉰의 본질은 꿰찰 수 없다는 것이다.

루쉰처럼 살아간 자가 시대의 부침 속에서 변하지 않았다면 되레 이상한 노릇이지만, 타께우찌는 발전도식을 세우기보다 루쉰의 결정적한 시기를 정하고자 결심했다. 루쉰 역시 시대에 부대끼고 시대와 함께 동요했지만, 다양한 루쉰의 현현을 낳는 문학가 루쉰을 낳은 시기가 있으며, 타께우찌는 이를 일러 회심의 시기라 명명했다. 역시 그의 말을 직접 옮겨오는 편이 낫겠다. "모든 사람의 일생에는 어떤 결정적 시기라는 것이 어떤 모습으로든 있을 것이다. 여러 가지 요소가, 요소로서의 기능적인 형태가 아니라, 일생을 돌면서 회귀하는 축으로 형성되는 시기라는 것이 있을 것이다."[10]

회심의 시기는 생애를 관통하는 기본 사상이 형성되는 시기다. 루쉰을 루쉰으로 만드는 시기다. 다른 상황과 조건에 처하고 다른 문제를 맞닥뜨린다면 꺼내는 표현이야 달라지겠지만, 그것들 모두는 같은 장소에서 발한다. 그리하여 타께우찌는 개인에게서 사상을 뽑아내는 방법대신 거꾸로 겉으로 표현된 복잡한 표상을 루쉰에게 되돌려 하나의 인간상을 구축하려 했다. 이 경우 여러 소설, 그리고 그 소설의 다양한 등장인물, 여러 잡감, 그리고 잡감에 담긴 다양한 사색들, 그것들을 성립시킨 여러 문체, 그리고 잡지를 만들고 깨뜨리기를 거듭하며 숱한 논쟁을 일으키고 거기서 자신을 씻어낸 삶의 역정, 그리고 계몽가이며 사상가이며 정치가이며 교육자이며 결국 그렇게 문학가였다는 루쉰의 다양한 면모는 그저 다양함에 머물지 않고 루쉰의 삶에서 "회귀하는 축"을 둘러싸고 존재하는 유기적 구성요소가 된다. 이러한 여러 요소를 '회귀의 축' 한 점으로 끌어모으면, 그 요소들은 쉽사리 뒤섞이지 못하고 서로 첨예한 모순을 품고 있음이 드러나게 될 것이다. 그리고 그 모순이 드러난 자리에 루쉰의 삶과 사상으로 들어서는 진입로가 있다. 타께우

10 「사상의 형성」, 『루쉰』 58~59면.

찌는 발전도식을 세워 루쉰의 생애를 입체적인 듯 실은 평면으로 만들어놓는 방식 대신 이 방법을 택했다. 이 방법은 지난한 작업을 요구하며, 작가 자신의 그만한 절실함이 없다면 불가능하다. 다만 징집을 앞둔 타께우찌에게는 시간이 충분치 않았던 것이 아닐까 추측한다. 『루쉰』에 늘어놓기만 하고 설명하지 못했던 많은 인용구는 그 추측에 무게를 실어준다.

나는 루쉰이 실제로 타께우찌가 말한 것 같은 인물인지는 알지 못한다. 내게는 자료가 충분치 않다. 여러 권의 루쉰 저작이 수중에 있으나 날것 그대로라면 자료가 되지 않는다. 나는 그것들을 자료로 가공하는 품을 들인 적이 없다. 더구나 루쉰의 회심을 찾아나선다는 방법은 타께우찌의 결의로 지탱되고 있으니 궁극적으로 그 방법이 옳은지 그른지는 판가름할 수도 없다. 다만 타께우찌가 한 인간을 향해 그 방법으로 다가가려 했다는 점만큼은 마음에 남는다. 그리고 그가 그렇게 시도한 만큼, 그 방법이 타께우찌의 본질을 이해하는 유력한 혹은 유일한 방법이 되리라는 생각이다.

나는 루쉰에게서 나름의 교훈을 이끌어낼 따름이다. 내게 루쉰은 한 명의 강인한 생활자다. 골수까지 문학가다. 루쉰 문학의 엄숙함은 나를 때린다. 특히 최근에 이르러 내가 자신을 반성하고 주위를 둘러볼 때, 전에 생각하지 못했던 면이 보이고 가슴을 뛰게 하는 것이 많다. 루쉰의 엄숙함은 범상치 않은 엄숙함이었다고 새삼스럽게 깊이 느낀다. 그것이 어떻게 가능했는지 나는 알고 싶다. 그는 무엇으로 문학가가 될 수 있었는가. 나는 나 자신과 비교해서 그것을 배우고 싶다. 루쉰이 어떻게 변했느냐가 아니라 어떻게 변하지 않았나가 나의 관심사다. 그는 변했지만, 그러나 그는 변하지 않았던 것이다. 이른바 나는 부동의 관점에서 루쉰을 바라본다. 따라서 전기에 관한 흥미도 그가 어떻게 발전의 단계를 거쳐 갔느냐가 아니라 그의 생애에서 오직 한번의 시기, 그가 문학적 자각을 획득했던 시기, 다르게 말한다면 죽음의 자각을 얻었던 시기가 어느 때였느냐가 문제다. 그리고 그 결정이 내게는 쉽지 않다.[11]

4. 침묵과 무위

그 시기가 언제인지를 결정하는 일은 쉽지 않다. 타께우찌가 생각하는 그 시기, 루쉰은 긴장감과 고독을 끌어안고 무겁게 침묵하고 있었다. 루쉰은 그 시기의 사고에 직접 표현을 입히지는 않았던 것이다. 만약 이런 비유가 허락된다면, 회귀의 축은 블랙홀처럼 모든 빛을 삼키고 내뿜지만, 그것 자체는 실체로 삼기가 어렵다. 그래서 그것을 두르고 있는 빛을 해석해야 어림잡을 수 있다. 그러나 무릇 빛을 설명해도 그 블랙홀을 외면한다면 앙상한 기술적 논증만이 남는다. 그래서 타께우찌는 회귀의 축을 감돌고 있는 여러 빛, 여러 요소를 단서로 삼고 그것들의 탄생과 소멸의 길을 따라 루쉰에게 회귀의 축이 언제 생겼는지를 더듬어 간다는 전략을 세웠다. 그리하여 타께우찌는 잠정적으로 루쉰의 그 결정적 시기로서 「광인일기」 이전의 베이징 시대를 상정한다.

「광인일기」 발표 이전의 베이징 생활, 린위탕이 첫번째 '잠복기'라고 불렀던 이 시기가 루쉰의 전기 가운데 가장 명확지 않은 부분임은 앞서 이미 밝혔다. 그것은 어떠한 의미인가. 나는 이 시기가 루쉰에게는 가장

---

11 「전기에 관한 의문」, 『루쉰』 50~51면.

중요한 시기라고 생각한다. 그는 아직 문학활동을 시작하지 않았다. 그는 회관의 "유령이 나올 것 같은 집"에서 고문 서적에 빠져 있었다. 밖으로 드러난 움직임은 전혀 없었다. '외침'이 아직 '외침'으로 폭발하지 않았다. 그것을 온양(溫養)하는 고통스런 침묵만이 느껴질 뿐이었다. 그 침묵의 한가운데서 루쉰은 자신의 생애에서 결정적인 것, 이른바 회심이라 부를 수 있는 것을 움켜쥐지 않았을까 나는 생각한다. 나는 이 시기 말고는 루쉰의 골격이 형성되었던 다른 시기를 생각할 수 없다. 후년 그의 사상이 밟아간 모습은 그 경과를 더듬어볼 수 있지만, 그 근간이 되었던 루쉰 그 자체, 생명적이며 원리적인 것, 그것은 이 시기에 암흑 속에서 형성되었다고밖에 생각할 수 없다. 암흑이란 나로서는 설명할 수 없다는 의미다. 다른 시기를 이해하듯이 이 시기를 이해할 수는 없는 것이다.[12]

말로 토해낼 수 없는 고통스런 비애와 긴 시간의 적막을 거쳐 하나의 사상적 인격이 발효되었다. 타께우찌는 이를 풀이하고자 '그림자' '암흑' '해골' 같은 말을 꺼낸다. 흔히 '그림자'는 빛이 만들어내는 것이거늘, 타께우찌에게는 모든 빛이 생겨나고 소멸하는 암흑이자 심연이다. 타께우찌는 그것을 루쉰의 '그림자'라고 불렀지만 그 '그림자'를 눈앞에서 직시한 것은 아니었다. 타께우찌가 목격한 것은 '그림자'가 아니라 그림자를 짊어진 루쉰이다. 보이지 않는 '그림자'를 짊어진 루쉰을 타께우찌는 봤다. 루쉰은 그 그림자에 관해 직접 쓰지 않았다. 우리에게는 그림자를 짊어지고 비틀거린 루쉰의 행보에서 남겨진 흔적만이 있을 따름이다.

그래서라고 생각한다. 타께우찌는 『루쉰』에서 루쉰이 침묵하는 장면

---

12 「사상의 형성」, 『루쉰』 58~59면.

을 유독 자주 인용으로 끌어온다. 사실 『루쉰』에는 인용구가 많다. 조만간 있을 징집을 앞두고 시간에 쫓겨 설명할 겨를 없이 인용구를 늘어놓았다는 사정은 앞에서 말한 바다. 그 이유 말고도 당시 일본에서 루쉰 저작이 충분히 번역되지 않았고 번역되었다고 해도 마음에 차지 않아 되도록 원문을 살려 자기 나름으로 루쉰의 목소리를 직접 전달하겠다는 의도도 있었겠다.

그가 작업하는 모습은 이렇지 않았을까. 중국어로 된 방대한 양의 루쉰 저작을 읽다가 마음에 와닿거나 루쉰의 본질을 이해하는 데 중요하다고 판단한 부분은 따로 취하고, 그렇게 수북이 쌓인 자료를 늘어놓고 새로 맞춰보며 그 속에서 한 줄기 빛이 나오기를 기다린다. 그리고 그렇게 발한 여러 빛줄기가 어디서 나왔는지를 거꾸로 추적해 루쉰에 관한 가설적 좌표를 세운다. 이제 그 좌표에 맞춰 다시 자료를 배치해보고 그것이 어긋나면 자신의 루쉰 이해를 되묻는다. 그리고는 다시 복잡한 표상들을 가로질러 루쉰의 본질이라고 여겨지는 장소로 향한다. 나는 이런 작업방식이 복합적이며 기능적인 여섯 장의 구성과 함께 『루쉰』이라는 텍스트가 복층을 이루는 또다른 이유라고 생각한다.

그런데 타께우찌는 루쉰의 어떤 말들을 모아놓았던가. 거기서 거꾸로 타께우찌의 당시 심경을 헤아릴 단서를 구할 수 있지 않을까. 그는 『루쉰』에서, 특히 1장 「죽음과 삶에 관하여」에서 루쉰이 속내를 다 털어놓지 못했다고 토로하는 구절을 거듭해서 인용한다. 그 까닭에 타께우찌는 루쉰의 말이 얼마나 믿을 만한지 재봐야 했다. 루쉰이 짊어진 그림자는 너무도 무거워 차마 필설로 다 풀어낼 수 없었다. 혹은 너무도 질척질척하여 그대로는 남들에게 보여주기가 저어되었다. 그래서 타께우찌는 루쉰이 꺼낸 말들을 곧이곧대로 받아들이지 않았으며("분명 그는 거짓을 토했다. 다만 거짓을 토해내 하나의 진실을 지켰다. 그것이 진실을 참 많이도 늘어놓는 속류문학가로부터 그를 구별해준다"[13]), 루쉰이 소설 속에 자신을 노출했다고 여기지도 않았다("만약 고뇌가 그대로 작품에 드러나는 형태의 작품만을 작품이라고 간주하는 습관이 있다고 한다면, 루쉰은 그런 사고 방식을 바로잡게 했을 종류의 사람이다"[14]). 루쉰은 복화술을 부리듯 말했으며, 무언가를 밖으로 내뱉을 때는 무언가를 안으로 삼키고 있었다. 타께우찌는 루쉰이 뱉어낸 소리에서 삼킨 마음을 들으려 했던 것이다.

달리 이렇게 표현해도 될까. 그는 가청권에서 벗어난 루쉰의 주파수를 포착하고자 했다. 여느 사람에게는 잘 잡히지 않는 주파수, 그것은 그윽하고 아주 낮게 깔린다. 그러면서도 새되게 갈라진다. 루쉰의 주파수는 시대를 가로질러 먼 훗날까지 울려퍼지는 천재들의 것이 아니었다. 자신이 애착을 지녔던 니체적 초인의 울림과도 달랐다. 백년 후에나 자신을 이해할 자가 나타나리라던 고주파가 아니라, 차이고 굴절되고 시대에 쓸려내려갈 소리였다. 더구나 루쉰은 끝내 우물거리고 있었으며, 말할 때는 무언가를 삼키고서야 토해냈다. 그 순간 루쉰 내면에서는 무언가가 끓고 있었으나 차갑게 끓고 있었다. 타께우찌는 그 침묵의 시간 이후에 터져나온 음성에서 침묵의 시기 루쉰의 중얼거림을 듣고자 했다.

타께우찌에게도 침묵, 그리고 무위의 의미를 절실히 곱씹은 시간이 있었다. 나는 그 시간 동안 타께우찌가 루쉰과 만날 채비를 하고 있었다고 생각한다. 1934년 타께우찌와 동료들이 만든 중국문학연구회는 점차 세를 모아갔다. 그리하여 1942년에는 대동아문학자대회에 중국 관

---

13 「『루쉰』(초록)」, 『선집 2』 115면.
14 「전기에 관한 의문」, 『루쉰』 38면.

런 단체로 참가를 종용받았다. 그러나 그는 "불참이 현재로선 가장 좋은 협력의 방법임을 100년 후의 일본문학을 위해 역사에 써 남기련다"며 불참을 선언했다.[15] 당시로는 끝내 이해를 구하기 어려운, 불참하는 그 복잡한 사정을 미래에 써 남겼다. 이윽고 1년 후에는 "모임이 나를 부정하지 못했으니 내가 모임을 부정해 내 안의 응어리를 지우고자 한다"[16]며 중국문학연구회 해산을 단행하는 시기가 찾아온다. 그 사정과 관련해서는 2장 「내재하는 중국」에 설명을 넘겨야겠다. 다만 그동안 루쉰을 만날 채비를 하고 있었다는 대목에는 덧붙여두고 싶은 말이 있다. 그는 전시기 급변하는 시대상황, 그리고 세계와 정면으로 대결할 것처럼 치닫는 사상계의 동향 속에서 그 속도감에 쫓기지 않고 하지 않는다는 것, 곧 무위의 윤리를 음미했다. 시대를 선도하지 못하고 반보 늦는다는 쓰라림을 견디며 뚜벅뚜벅 루쉰에게 다가갔다.

『루쉰』의 원형에 해당하는 「루쉰의 모순」은 타께우찌가 「『중국문학』 폐간과 나」를 발표한 해에 나왔다.[17] 앞서 인용했듯이 저 회심의 시기, 루쉰이 무겁게 침묵하던 시간 동안 루쉰의 자각은 발효되고 있었다. 그리고 타께우찌는 그 침묵의 의미를 곱씹으며 자신 역시 '무위'를 결심했다. 사물이 요동치는 시대에, '하지 않겠다'는 결의는 '하겠다'는 적극성보다 때로 더한 긴장과 불안을 동반한다. 타께우찌는 격변하는 시대에 무위를 자신의 윤리로 삼아 루쉰의 침묵을 이해했다. 그는 그렇게 루쉰과 만날 마음과 몸의 채비를 하고 있었다. 혹은 『루쉰』을 매개로 삼

---

15 다케우치 요시미 「대동아문학자대회에 관하여」, 『다케우치 요시미 선집 1』(이하 『선집 1』), 윤여일 옮김, 휴머니스트 2011, 66면.

16 「『중국문학』 폐간과 나」, 『선집 1』 68면.

17 『중국문학월보』는 1940년 2월 59호를 끝으로 잡지명이 『중국문학』으로 바뀌었다. 『중국문학』은 1940년 4월 『중국문학』 60호를 시작으로 『중국문학월보』를 이어나 갔다.

아 결국 『중국문학』을 폐간하기에 이른 자신의 짙은 고독과 정면으로 마주할 채비를 했다. 여기서 「『중국문학』 폐간과 나」의 한 구절을 옮겨 적는다.

당파성을 상실한 데는 여러 외적 요인이 고려되겠으나 그것들은 죄다 중요하지 않다. 참으로 중요한 것은 우리가 오늘날까지 올바르다고 믿으며 지키고 길러온 태도로서의 당파성이 진실했는가 아니었는가다. 겉치레나 속임수가 아니라 그것만을 목숨 삼아 의지할 수 있는 축이었는가 아니었는가다. 허명의 수단이 되고 말 반역이 아니라 생명의 고독으로 사무친, 멈출 수 없는 부정의 정열이었는가 아니었는가다. 일찍이 마쓰에다는 모임을 멈추기에는 시기를 놓쳤다고 내게 써 보냈지만, 지금 내가 모임을 중지해야 한다고 말하는 것도 그 이름을 아끼기 때문이다. 자신이 믿는 당파성의 올바름을 실증하려면 해산을 내거는 행위가 필요하며, 멈춰 설 때야 비로소 참인지 거짓인지가 모습을 드러낸다. 내가 믿었듯, 중국문학연구회가 소멸하자 일찍이 중국문학연구회가 존재했던 공간이 진공인 채로 남는다면, 그것은 고요하고 쓸쓸해 참을 수 없는 일이니 필경 여느 때와는 다른 본능의 신음소리가 터져나오리라. 나는 그 소리가 듣고 싶다. 원초적 생명활동이 무간(無間)의 무의 바닥으로부터 움틀 날을 맞이하고 싶다. 나는 모임이 분명코 그렇게 존재했다고 믿으며, 오늘까지 우리의 영위를 낳던 장소를 이제는 형체 없는 본원의 무의 세계에서 구하고 싶은 것이다.[18]

이제 「『루쉰』(초록)」에서 한 문장을 베껴보겠다.

---

18 같은 글 70면.

침묵이 비판의 태도라는 것은 침묵이 행동이라는 의미다. 침묵은 행동이다. 행동에 대한 비판으로서 그 자체가 행동이다. 말이 실재할 뿐 아니라 말이 없는 공간 또한 실재한다고 믿는 것이다. 말을 가능케 하는 것은 동시에 말의 비존재도 가능케 한다. 유(有)가 실재한다면 무(無) 또한 실재한다. 무는 유를 가능케 하나 유로 무 자신도 가능케 된다. 이른바 원초적 혼돈이다. '영원한 혁명가'를 그림자로 품은, 현재의 행동가가 태어나는 근원이다. 그리고 문학가 루쉰이 계몽가 루쉰을 무한히 생성케 하는 궁극의 장소다.[19]

사실 타께우찌가 젊은 시절에 써낸 글은 어렵다. 쿄오또학파의 영향 탓도 있어 추상적 관념이 글 속으로 배어들지 못한 채 앙금처럼 바깥에 남아 있다. 전후에 글맛이 달라진다고는 앞서 말했다. 그러나 이 시기에도 타께우찌의 관념은, 그것이 연소될 때 지적 색채를 띠기보다는 감정의 향을 풍긴다. 난해함은 난해함대로 감정과 의지의 선을 좇는다. 둘째 인용구에서 그가 눌러적은 침묵은 외치지 못한다는 무능이 아니다. 외침이 행동이라면 침묵도 행동이다. 하지만 침묵은 외침과는 다른 곳에서 그 행동됨을 이룬다. 타께우찌 요시미는 중국문학연구회의 해산을 내걸어 침묵이 행동이라는 말의 의미를 실증해 보였다.

---

19 「『루쉰』(초록)」, 『선집 2』 167면.

5. 모순의 무게

루쉰은 문학가다. 타께우찌는 그래서 루쉰은 선각자일 수 없었다고 누차 말한다. 『루쉰』은 루쉰의 죽음으로부터 시작한다. 루쉰은 중국의 문학혁명 이전부터 최후까지 살아남은 유일한 작가며, 따라서 그의 죽음은 과거 인물이 아닌 현역의 죽음이었다. 루쉰이라고 시종 바른 길을 제시하거나 중용을 지켰던 것은 아니다. 루쉰은 중국사회 그리고 중국 문단과 함께 동요했다. 그러면서도 시대에 반보 뒤처져 있었다. 왜 뒤처졌던가. 자신이 지닌 모순의 무게 탓이었다. "사상가 루쉰은 항시 시대에 반보 뒤처져 있었다. 그렇다면 그것은 무엇으로 설명해야 하는가. 그를 격렬한 전투 생활로 몰고 간 것은 그의 내심에 깃든 본질적 모순이 아니었을까, 나는 그렇게 생각한다."[20]

루쉰의 문학은 긴 생명을 얻었다. 그가 선각자일 수 없었던 까닭도 그가 현역으로서 오래 남았던 까닭도, 자기 안에 줄곧 모순을 간직하고 있었기 때문이다. 사상이 출현했다고 이후 반드시 성숙한다는 법은 없다. 체계를 구축해 성을 쌓는 사상은 바깥에서 보았을 때 완성으로 향하지만, 사상의 출현을 가능케 했던 근원적 모순을 잃는다면 사상누각일 따름이다. 그 모순을 철학적 체계로 세운다면 선각자일 수 있겠으나 루쉰은 그리하지 않았다. 적어도 타께우찌의 눈에는 그렇게 비쳤다.

기성의 체계가 모순의 무게로 비틀려 터진 자리에서 한 사상이 출현한다. 그러나 곧 그 사상을 간직한 사상가의 내적 모순이 평정되어 긴장을 잃는 때가 다가온다. 내면의 모순이 사그라들면 사상은 평면화된다. 근원적 모순은 사라지고 안정이 도래한다. 이후로는 지속의 나날이다.

---

20 같은 글 113면.

그러면 타락한다. 어둠 속에서 토해낸 사상이 빛 아래서 형상을 갖춰가다가는 이내 굳어버린다. 남들은 이를 두고 발전이니 진보니 떠들겠지만, 타께우찌는 그렇게 보지 않았다. 응고되지 않으려면 내부 모순을 간직하고 버티는 행위가 필요하다. 밝은 빛 아래로 나오고 나서도 그림자를 짊어져야 한다.

빛 아래로 나온 지금, 그림자는 이리하여 생긴다. 빛을 쏟아내는 자리를 향해 앞으로 걷는 동안에도 나의 존재로 인해 내 뒤로 그림자가 생긴다. 그림자는 빛이 만들지만, 빛은 나의 존재에 가로막혀 그림자를 직접 비추지 못한다. 그리고 나 자신은 빛 아래로 나왔지만 여전히 그림자에 마음을 빼앗겨 앞을 향해 걷는데도 뒤를 돌아보느라 엉거주춤이다. 이처럼 그림자에 마음을 빼앗겨 빛을 향해 똑바로 걷지 못하는 자는 선각자가 될 수 없다. 그러나 루쉰의 문학은 그림자에 마음을 빼앗긴 까닭에 긴 생명을 가질 수 있었다. 엉거주춤한 자세였으니 루쉰은 뒤처졌으나 그런 루쉰의 후진성은 중국이 겪은 근대화의 후진성과 겹쳐지니 따라서 진실했던 것이다.

그 후진성으로 말미암아 식민지 사상가로서 표현을 골라내는 일에는 이중의 부담이 따른다. 후진적 상황에서 벗어나야 하니 나아갈 방향을 제시하는 말을 골라야 한다. 그러나 방향을 제시하는 말은 대개가 바깥에서 주어진 것이지 자신이 일궈낸 말이 아니다. 그리하여 후진적(식민지적) 상황은 반복된다. 현실은 몇몇 개념에 의탁해 정리할 만큼 간단치 않고, 상황은 바깥에서 들어온 몇몇 처방으로 타개하기에는 너무나 심각하다. 이 조건에서는 뒤처졌다는 자신의 무력감을 곱씹으면서도 따라잡는 일에 관한 회의능력을 잃지 않는 자가 현역으로 남을 수 있다. 여기서 잠시 「근대란 무엇인가」의 일구를 취해오자. 타께우찌가 일본의 사상계를 두고 한 말이다. 「근대란 무엇인가」의 원래 부제는 '루쉰을 단서로 삼아'였다.

새로운 말이 잇따라 생겨나기는 하지만(말은 타락하게 마련이니 새로운 말이 필요하지만 동시에 새로운 말은 옛 말을 타락시킨다), 그것은 본디 뿌리가 없는 까닭에 탄생한 것처럼 보여도 탄생한 것이 아니다. 성장, 결실, 알맹이의 무게로 자연스레 갈라지고 거기서 새로운 싹이 움튼 그런 말이 있었던가. 물론 타락도 하지 않고 소멸도 하지 않는 말이 없지야 않겠지만, 유심히 보면 그런 말은 다른 것에서 영양을 공급받고 있어 영양이 끊기지 않는 동안만 생존할 수 있다. 그 자체에 생산성이 있지는 않다.[21]

새로운 말을 구해와 옮겨심지만, 후진성이라는 토양이 바뀌지 않았으니 제대로 뿌리내릴 리 없다. 그렇다면 어찌할 것인가. 타께우찌는 이렇게 제안하는 듯하다. 우선 민감해져야 한다. 현실을 담는 말의 능력을 부단히 고심하며 조절하는 긴장을 품어야 한다. 주어진 말들이 유혹하는 사고의 타성을 경계해야 한다. 바깥에서 들여온 가치들을 후진적 상황을 극복하는 처방처럼 사용한다면 사고의 도피처가 될 뿐이다. 그리고 대결해야 한다. 한명의 사상가가 탄생하려면 바깥에서 주어진 의미에 저항하는 시기가 필요하다. 또한 그 과정에서 이미 만들어진 관념을 빌려 몸에 두르고 있는 자기 사회의 직업사상가들과도 대결해야 한다. 사상은 늘 논쟁이라는 모진 토양에서 자라난다. 그리고 사상가는 모순의 무게로 갈라져 자기 사회에 뿌리를 내리는 말을 추구해야 한다.

---

21 「근대란 무엇인가」, 『선집 2』 230~31면.

6. 절망에 절망하다

나는 지금 "절망에 절망하다"라는 표현을 손에 든 채 어쩌지 못하고 있다. 타께우찌가 말한 모순이야 되는 대로 이미지를 그려보았지만 이 문구는 다루기가 벅차다. 그러나 그냥 내려놓고 갈 수는 없다. 그렇게 하면 그가 그림자라고 불러두었던 것이 그저 메타포로 남는다. 그래서 그가 썼던 대로 나도 흉내 내어 '절망'이라고 눌러적어보지만, 타께우찌가 새겨넣었을 때와는 울림이 너무도 다르다. 차라리 그 대목을 다시 베껴야겠다.

> 루쉰이 절망하던 때 많은 사람은 절망하지 않았다. 하여 사람들은 어리석은 무리가 되었다. 어리석은 자의 희망은 비웃어 마땅하다. 그는 비웃었다. 동시대의 많은 이를 조소했다. 후스를 쉬즈모를 장스자오를 린위탕을 청팡우를 조소했다. 그러나 그들을 조소했다기보다 그렇게 자신을 조소했다. 희망을 비웃을 수야 있다. 하지만 희망을 향한 그 비웃음은 절망도 비웃는다. 그는 절망에 안주하지 않았다. 절망을 절망했다.[22]

한 구절이 더 있다.

> "절망이 허망함은 바로 희망이 그러함과 같다." 이것은 말이다. 그러나 루쉰 문학을 설명할 때 이것은 말 이상이다. 말이라고 한다면 상징적 말이지만, 차라리 태도, 행위라고 하는 편이 낫겠다. 내가 생각한 루쉰의

---

22 「『루쉰』(초록)」, 『선집 2』 118면.

회심을 만약 말로 밝힌다면, 결국 이렇게 되어버리지 않을까 싶다. 절망이 허망함은 바로 희망이 그러함과 같다.[23]

"절망이 허망함은 바로 희망이 그러함과 같다." 루쉰의 회심을 감각의 양상으로 최대한 끌어와 말로 풀이하면 이리된다. 루쉰의 말대로라면 절망은 희망의 반대말도 희망의 다른 이름도 아니다. 인용한 대목을 두고 루쉰이 절망을 희망으로 승화시켰다고 해석한다면 그를 타락시키는 일이다. 절망을 절망인 채로 곱씹는 일은 절망을 희망으로 바꾸기보다 얼마나 어려울 것인가. 절망 속에서도 한 줄기 희망을 보고 그로써 구원되기를 바라는 것과 달리 절망에 절망한다는 것은 절망조차 믿지 않는다는 것이며, 절망마저 도피처로 삼지 않겠다는 것이다. 중국의 후진성을 직시하고 바깥에서 주어지는 유럽산 가치로 윤색된 희망마저 거부했다면 그곳에는 절망만이 남겠지만, 루쉰은 절망을 목적으로 취해 허무에 머물 수도 없었다. 이제 인용구의 순서를 바꿔보겠다. 절망이 허망함은 희망이 허망함과 같고(절망 역시 희망처럼 안주할 곳이 아니다), 따라서 절망에 절망해야 한다(절망조차 믿지 않는다). 절망에 절망하려면 절망에서 희망으로 다리를 놓기보다 얼마나 더한 기력이 필요할 것인가.

1931년 다섯명의 청년작가가 백색테러로 처형당했다. 루쉰의 제자와 동료 들이었다. 또 3·18사건으로 학생들이 군부에 학살당했다. 타께우찌는 이 사건으로 루쉰이 일생을 두고 고통을 삼켜야 했다고 말한다. 루쉰에게는 당장 나서 복수하겠다는 마음도 일었겠으나 그리하지 않았

23 「작품에 관하여」, 『루쉰』 99면.

다. "순간의 쾌를 탐하는 대신 생애의 쓰라림으로 갚고자 결의했다."[24] 그 쓰라림에는 폭압적인 군부를 향한 분노만이 아니라 자신에 대한 무력함도 담겨 있었다. 살아가려면 그 고통을 토해내야 했다. 하지만 루쉰은 한꺼번에 행동으로 옮기지 않았다. 자신이 품고 있는 고통을 낱낱이 분석하여 추상에 의존하지 않고도 개체인 채로 진리에 육박했다. 바깥에서 주어지는 해방을 거부하고 극한상태에서 절망을 직시하여 저항을 일궈냈다. 그리하여 그는 문학가가 되었다.

루쉰은 암흑을 보았다. 그러나 온 마음에 열정을 품고 암흑을 보았다. 그리고 절망했다. 그에게는 절망만이 진실이었다. 그러나 이윽고 절망도 진실이 아니게 되었다. 절망도 허망이다. "절망은 허망하다. 희망이 그러하듯." 절망도 허망하다면, 인간은 무엇을 해야 하는가. 절망에 절망한 자는 문학가가 되는 수밖에 없다. 누구에게도 의지하지 못하고 누구도 자신을 지탱해주지 않기에 전체를 제 것으로 삼아야만 한다. 그리하여 문학가 루쉰은 현재적(現在的)으로 성립한다. 계몽가 루쉰의 다채로운 현현을 가능케 하는 것이 가능케 된다. 내가 그의 회심이라 부르고 문학적 깨달음이라 표현한 것은 그림자가 빛을 토하듯 토해낸 것이다.[25]

7. 문학가와 계몽가와 사상가

이로써 가까스로 여기에 도달했다. "절망에 절망한 자는 문학가가 되

---

24 「루쉰(초록)」, 『선집 2』 151면.
25 같은 글 117면.

는 수밖에 없다." 나는 그가 보여준 문체의 풍요로움과 그를 둘러싼 평가의 복잡함에서 출발했다. 그리고 그것들은 같은 장소에서 나오리라는 가설을 세웠다. 그 다채로움을 머금는 한 점이 바로 문학이다. 나는 타께우찌가 소설 짓기 같은 창작활동을 하지 않았지만 본질에서 문학적이라고 본다. 흔히 쓰이는 용례와는 다르지만 루쉰을 향해 '문학'이라고 꺼냈던 그 말, 그 말의 울림은 곧 자신을 위해 마련해두었던 것이라고 생각한다. 중국문학에 발을 들여놓고, 자신이 애정을 갖는 땅을 자신의 조국이 침략하고, 자신 또한 점령자로서 그 땅을 밟고, 지나학과 대결에 나서 중국문학연구회를 세우고, 당파성을 이유 삼아 연구회를 해산하는, 루쉰을 만나기까지 자신이 겪은 모든 일들을 하나의 표현으로 정화해놓은 말이 '문학'이었다고 생각한다.

　그는 통상 하나의 장르로 간주되는 문학을 일종의 정신적 태도로 내놓았다. 문학은 희망과 아울러 절망마저도 일신에 모아 사상과 정치와 예술을 토해낸다. 그렇듯 다양한 모습으로 자신을 실현하지만 자신은 정해진 틀을 갖지 않는다. 그것들 모두를 내뱉고 빨아들이는 궁극적 장소다. 그 장소에서 주체는 사상을 정치를 예술을 하며, 부단히 자기를 갱신한다. 그는 중국문학연구회를 해산하면서 말했다. "문학은 단 하나의 말을 토해낼 뿐이지만 그 단 하나의 말을 토해내려면 타오르는 불길을 손으로 거머쥐어야 한다. 그 행위 없이는 우주의 광대함조차 내게는 공허하다."[26] 이런 식이라면, 문학은 문학이라는 말로서의 기능을 잃을지 모른다. 하지만 어떤 사상가에게는 통상적 정의에 개의치 않고 생의 에너지를 끌어모을 수 있는 말이 필요하다. 타께우찌는 그런 사상가였으며, 문학이 그에게는 그런 말이었다.

---

26 「『중국문학』 폐간과 나」, 『선집 1』 79면.

그러나 현상적으로 타께우찌는 문학가라기보다 사상가이자 계몽가였으니 타께우찌가 문학적이라는 말은 그냥 수사로 넘길 문제가 아니다. 다시『루쉰』으로 돌아가자. 그는 루쉰을 누구라고 여겼던가. 당연히도 그는 루쉰을 문학가라고 불렀다. 익히 알고 있는 사실이며 자연스럽다. 그런데 그는 루쉰이 계몽가나 사상가이기 이전에 문학가라고 주장했다. 문학가·계몽가·사상가의 구분은 타께우찌에게 문학·정치·사상이 그러하듯 범주의 구분이 아니다. 타께우찌는 사상가 루쉰과 계몽가루쉰을 현상으로, 말하자면 문학가 루쉰의 효용으로 보았다. 사상가이자 계몽가로서 루쉰의 현실적 효용은 문학가라는 보다 더한 심연에서발한다. 타께우찌는 다름 아니라 문학가 루쉰에게 이르는 데 자신의 결의를 두었다. 그는 문학가 루쉰을 계몽가와 사상가 루쉰에게서 어떻게솎아냈던가. 나는 그 점을 알고 싶다. 계몽가와 사상가야말로 타께우찌자신의 이름 아니던가.

현상으로서의 루쉰은 어디까지나 혼돈이다. 이 혼돈 속에서 하나의 이미지가 떠오른다. 그것은 계몽가 루쉰과 어린애처럼 순수하게 문학을 믿었던 루쉰, 이율배반적 동시존재로서 하나의 모순적 통일이다. 나는 여기서 그의 본질을 본다. 자신을 용납지 않을 뿐 아니라 남도 용납지 않는, 격렬했던 그의 현실생활은 한쪽 극에 절대정지에 대한 희구를 두지 않으면 이해될 수 없듯이, 근대중국의 빼어난 계몽가는 자신의 그림자조차믿지 못했을 만큼 소박한 마음을 품었다고 생각하고 싶은 것이다. 계몽가와 문학가. 이 양자는 아마 루쉰 자신도 눈치채지 못하는 사이에 부조화인 채로 서로 상처 입히지 않으며 공존하고 있었다.[27]

---

27 「『루쉰』(초록)」,『선집 2』116면.

타께우찌는 계몽가 루쉰을 존경했다. 루쉰은 개척정신을 지녔고 구습유제를 타파했으며 청년들을 이끌었고 민족의 해방을 위해 싸웠다. "그러나 문학가 루쉰이, 계몽가로서의 자신을 반역한 루쉰이 더욱 위대하지 않을까. 차라리 문학가 루쉰이 있었기에 계몽가 루쉰은 우리 앞에 모습을 드러내는 것이 아닐까. 따라서 루쉰을 계몽가로 고정해버린다면 그가 죽음을 통해 속죄하려고 했던 단 한 가지를 몰각하는 것이 아닐까. 내게는 그런 의문이 생겼다."[28] 그리하여 타께우찌가 공을 들여 해명하고자 한 그 회심의 시기가 낳은 것은 계몽가 루쉰이 아니라 문학가 루쉰이었다. 계몽가 루쉰은 문학가 루쉰의 한 면모다. 그리고 타께우찌는 문학가 루쉰을 설명할 수 있다면 계몽가 루쉰은 설명을 따로 보태지 않아도, 그 궁극의 장소에서 발하는 다채로운 풍모의 하나로서 이해될 수 있으리라 여겼다. 계몽가의 이름도 여럿이다. 루쉰은 학자이고 정치가이고 교육자였다. 하지만 이는 결국 심연에서 문학가 루쉰이 뿜어내는 효용들인 것이다.

확실히 타께우찌는 『납함』(吶喊, 新潮社 1923)의 「자서」에 나오는 '철방의 비유'를 꺼내놓고는 루쉰을 잠들어 있는 자들을 흔들어 깨워야 할지 고뇌하는 자가 아니라 가야 할 길 없는 상황에서 깨어난 노예로 위치시켰다. 바로 계몽가와 문학가의 차이다. 계몽가는 방향을 제시하고 희망을 설파한다. 그러려면 스스로가 어떤 자명함으로 자신을 무장해야 한다. 자신이 그렇지 못하더라도 자기 바깥에 있는 어떤 대상과 목표의 자명함을 믿어야 한다. 문학가는 그러질 못한다. 자기 자신조차 믿기가 힘들다. 의미는 의심스럽고 말은 끊긴다. 그래서 문학가와 계몽가는 표

---

28 「전기에 관한 의문」, 『루쉰』 21~22면.

현의 형식으로 가를 문제가 아니다. 문학가는 소설 창작을, 계몽가는 선언문 쓰기를 하는 게 아니다. 문학가는 논쟁에 참여할 때도 문학적이다. 타께우찌 또한 루쉰의 문학가적 면모를 들추려고 소설만 손대지는 않았다. 『루쉰』의 5장 「정치와 문학」은 대개가 소설이 아닌 잡감을 재료로 취하고 있다. 그리고 타께우찌는 루쉰이 소설을 쓸 때조차 그 소설에 자신을 담지 않았다고 여겼다. "루쉰이 말하는 자기는 말하자면 과거형의 자기이지 현재형은 아니다. 현재형의 그는 대체로 작품의 바로 앞에 있다. 그는 작품으로 몸을 씻은 것이 아니라 옷을 벗어던지듯이 작품을 내던졌다."[29]

그리고 이제 계몽가가 아닌 사상가에 관해서다. 타께우찌는 루쉰이 사상가가 아니라고 말한다.

루쉰이 이른바 사상가는 아니다. 루쉰의 사상을 객체로 건져내기란 어렵다. 그에게는 체계적인 것이 없다. 굳이 말하자면 그의 인간 존재 그 자체가 하나의 사상이다.

루쉰은 문학가였다. 그것도 일의적인 문학가였다. 그것은 그의 문학이 다른 것을 떠받치지 않았기 때문이다. 일체의 규범과 과거의 권위에서 벗어나는 길을 꾸준히 걸어갔던 것이다. 그리하여 그 자신을 부정적으로 형성했다. 중국문화의 후진성 탓에 그의 문학은 새로운 가치를 풍부하게 만들어낼 수는 없었으나, 루쉰의 비타협적 태도는 루쉰 정신이라는 이름으로 전통화되고 중국문학이 근대문학으로서의 자율성을 세우는 초석이 되었다. 루쉰의 문학은 문학의 근원을 묻는 문학이며, 따라서 그 인간은 항상 그 작품보다 크다.

---

29 「전기에 관한 의문」, 『루쉰』 38면.

루쉰은 체계적인 사상가가 아니다. 그에게는 문학론도 문학사도 없다. 그의 소설은 시적이며, 평론은 감성적이다. 그는 개념적 사고와는 기질적으로 거리가 멀었다. 유추는 하지만, 연역은 하지 못했다. 직관은 있으나, 구성은 하지 못했다. 목적과 방법을 갖고서 세계와 대립하는 것, 결국 입장이라는 것이 그에게는 결여되어 있었다. 그러나 그가 서 있던 위치가 애매모호해서는 아니었다. 자극에 대한 반응은 항상 일정하며, 그것은 그의 강렬한 개성을 충분히 드러내고 있다. 단지 그가 자기주장을 펼치지 않았기 때문에 그 위치가 대상적으로 잡히지 않을 뿐이다. 그가 누구인지를 규정하는 것은 어렵지만, 그가 누가 아닌지를 규정하는 것은 쉽다.[30]

이 인용은 『루쉰』의 부록인 「사상가 루쉰」에서 취했다(『루쉰』의 결어는 「계몽가 루쉰」이다). '이른바' 혹은 '체계적인'이라는 한정어구를 달고는 있지만 타께우찌는 루쉰이 사상가가 아니라고 말한다. 그런데 왜 아닌가. 그가 이유로 꼽은 내용들을 정리해보자. 루쉰에게서는 사상을 객체로 떼어낼 수 없으며, 루쉰은 체계적인 사고를 지향하지 않았고, 개념적 사고와는 기질적으로 멀었고, 연역에 약했으며, 고정된 입장을 취하지도 않았다. 루쉰이 사상가가 아닌 것은 이런 의미에서다. 그럼에도 타께우찌는 사상이란 말을 필요로 했으며, 『루쉰』의 한 장을 「사상의 형성」에 할애했다. 루쉰이 누구인지가 아니라 어떤지를 밝히는 데 사상이란 말을 사용했다. 결국 루쉰은 문학가다. 문학가 루쉰에게서는 사상을 객체로 떼어낼 수 없으며, 문학가 루쉰은 세계를 개념적으로 사고하지도 체계로 세우지도 않았고, 고정된 입장을 취하지도 않았다. 그리하여

---

30 「사상가 루쉰」, 『루쉰』 179~80면.

"그의 인간 존재 그 자체가 하나의 사상이다."

나는 지금 루쉰 사상의 본질을 밝히겠다던 그 간절함으로 타께우찌가 사투 끝에 건져올린 표현들을 너무도 쉽게 응용해 타께우찌 자신에게 돌려주려 하는 중이라는 사실을 알고 있다. 하지만 루쉰을 향한 그의 간절함을 접하면 접할수록 그 문구들은 언젠가의 자신을 위해 예비해놓은 표현이라는 생각을 떨치기가 어려워진다. 논증은 허술하지만 이 직감만큼은 자신이 있다. 타께우찌 역시 계몽가이자 사상가였으나 문학적 본질을 지키고 있었기에 계몽가이자 사상가일 수 있었다.

8. '나'의 품

이제 겨우 작업의 반을 마쳤다. 타께우찌가 그려낸 루쉰을 통해 타께우찌의 고뇌를 읽었으니, 이제 『루쉰』을 잠시 치워두고 표현된 타께우찌에게서 저 가설을 확인할 차례다. 그의 문학적 본질이 어떻게 계몽가와 사상가의 면모로 드러났는지를 보고 싶은 것이다. 나는 먼저 그가 지니는 '나'의 품이 넓다는 데서 그 면모를 엿본다.

그가 자신의 체험을 활용하는 방식이 그렇다. 그는 종종 체험을 매개 삼아 자신과 커다란 사건을 이어맺는다. 자신의 체험을 커다란 사건 안으로 주입하고 다시 끄집어냄으로써 커다란 사건을 자기 일신의 문제로 받아안는다. 「『중국문학』 폐간과 나」가 그랬다. 전후에 들어서도 「굴욕의 사건」을 비롯한 여러 글이 그랬다. 특히 대중을 상대로 하는 강연은 대개가 자신의 체험을 재료로 활용하고 있다. 「우리의 헌법감각」「전쟁체험의 일반화에 대하여」「방법으로서의 아시아」 등 거의 모든 강연문은 자신의 에피소드로부터 시작된다. 체험을 사고의 소재로 삼는 방법도 여러가지다. 「2년간」은 베이징에서 유학하며 방탕하던 시기의 일기인데, 술 먹고 빈둥대고 노니느라 달리 한 것이 없다며 베이징에서 가져가는 귀국 선물로 일기의 일부를 취해 잡지에 발표한다. 「지나와 중국」은 당시 대륙을 지나로 부를 것인지 중국으로 부를 것인지라는 덩치 큰 문제를 꺼내놓고는 인력거를 타고 베이징 거리를 돌아다닌 이야기로 일관한다.

이런 경우도 있다. 그는 저작의 한권을 『예견과 착오』(豫見と錯誤, 筑摩書房 1970)라고 이름 붙일 만큼 앞일을 내다보는 일에 서툴렀다. 정치감각의 문제라기보다 어떤 감수성이 그를 번번이 판단착오로 이끌었던 것 같다. 1953년에 발표한 「굴욕의 사건」을 보면 패전 무렵 그가 어떤 상상을 했는지가 담겨 있다.

미군이 상륙작전을 펼치면 지배 권력은 주전파와 평화파로 갈려 혁명 운동이 전국을 맹렬히 뒤덮으리라고 몽상했다. 나라의 인구는 반감되겠지. 총지휘관을 잃고 각지의 파견군은 고립된 단위가 되겠지. 파르티잔이 된 그 부대에서 나는 어떤 부서에 속하게 될까. 그 점만은 신중해야지. 그런 생각을 하고 있었다. 낭만적이었고 코스모폴리탄적이었다. 천황의 방송을 듣고는 맥이 풀렸다. 화도 안 났다. 해방의 기쁨도 살아남았다는 기쁨도 그다지 실감나지 않았다. 돌이켜보면 당시 나는 몹시 비인간적이었다.[31]

자신이 오피니언리더로 참가한 안보투쟁 시기는 또 어떠했는가. 1960년에 씌어진 「민주인가 독재인가——당면의 상황 판단」은 그의 여

---

31 「굴욕의 사건」, 『선집 1』 34~35면.

느 글과는 성격이 판이해 힘주어 투쟁의 지침을 내리고 있다. 아울러 그 글에는 운동이 한창 달아오른 시점에 앞으로의 추이를 예견한 대목이 담겨 있다. 그는 운동이 고조되고 정부도 이에 맞서 독재의 국면으로 접어들면 결국 주류군(駐留軍)이 출동하거나 미군이 새로 파병될 것이며, 이는 국제분쟁으로 번질 테고, 이때 조선과 타이완의 동향에서 눈을 떼서는 안 된다고 경고한다. 그러나 안보투쟁은 그렇게 전개되지 않았다.

타께우찌는 중요한 국면에서 어떤 극단적 상황을 가정했는데, 이게 판단착오의 이유였다. 그렇다고 그가 늘 사태 파악을 그르쳤던 것은 아니다. 1967년에 작성한 「메이지유신과 중국혁명」에서 그는 당시 벌어지던 베트남전쟁에서 미국은 베트남을 결코 이길 수 없다고 예견한다. 마오 쩌둥(毛澤東)의 근거지이론에 기대어 이런 예견을 내놓았다. 대륙 중국은 넓지만 베트남의 정글도 그만큼 깊다. 마오 쩌둥의 근거지이론은 베트남에도 틀림없이 적용되리라고 보았던 것이다. 대개의 경우 그는 섣부르게 앞일을 내다보는 일을 경계하고 오히려 지나간 역사를 되돌아보는 데 공을 들였다. 그리고 앞일에 관한 예견은 빗나가기도 들어맞기도 했는데 어느 경우건 당위적인 이유를 따랐다. 즉 패전 이후 일본도 안보투쟁도 베트남전쟁의 추이도 그리되어야 한다는 신념이 앞섰다.

하지만 여기서 주목하고 싶은 대목은 따로 있다. 그가 구태여 방탕하던 시절의 일기를 잡지에 싣고, 벌써 옛일이 된 패전 시기의 판단착오를 다시 꺼내는 사정이다. 그 이유야 작품마다 조금씩 다르겠지만, 그의 회상이 과거의 시대 분위기에 다른 숨결을 불어넣는다는 점은 공통된다. 자칫 한가지 색깔로 채색되기 십상인 역사적 시기와 과거 사건의 기억에 다른 색채를 입히는 것이다.

가령 일기 「2년간」은 중일전쟁이 발발한 직후 베이징에서 체류한 기록이다. 그런데 일기를 보는 한에서는 그런 흔적을 발견하기가 힘들다.

한 개체의 허무와 타락만이 묘사될 따름이다. 하지만 그 의미는 결코 가볍지 않다. 중국이 직접 화두로 나오지는 않지만, 타께우찌의 방황은 일본과 중국 사이의 보이지 않는 벽에 부딪혔다는 방황이었다. 중국에 있지만 중국 안으로 들어가지 못한다는 초조감과 일본으로 돌아가야 하나라는 망설임 속에서 그는 양국 사이의 벽을 응시하고 있었다. 그 벽을 마주 대하며 일본인으로서 중국을 대하는 자세를 고쳐 물었다. 「2년간」은 이후 『일본과 중국 사이』(日本と中國のあいだ, 文藝春秋 1973)에 수록된다.

또한 체험과 마찬가지로 그가 감정의 요소를 활용하는 방식에도 마음이 간다. 그는 곧잘 감정 혹은 감각을 논의의 단초로 삼는다. 달리 말하면 그는 좀처럼 이론적 당위성이나 이데올로기적 자명함에 기대어 논의를 전개하지 않았다. 가령 이런 식이다. 「굴욕의 사건」에서 한 소절을 옮겨보겠다.

사회과학자들이 일본의 천황제나 파시즘을 분석했지만, 우리 내부에서 골격을 이루고 있는 천황제의 묵중함을 고통스런 실감으로 걷어올리는 일에 우리는 아직도 성실하지 않다. 노예의 피를 한 방울 한 방울 짜내, 어느 아침 정신을 차려보니 자유로운 인간이 되었다는, 그러한 방향에서의 노력이 부족하다. 그것이 8·15의 의미를 역사 속에서 정착시키는데 방해가 되고 있다.[32]

타께우찌는 8·15를 굴욕의 사건으로 경험했다. 물론 8·15는 패전의 상징이다. 그러나 그의 굴욕감은 일본이 패전하거나 미국이 승리해서 생긴 것이 아니었다. 그는 일본인이 몸에 배인 천황제의 감각(체제가

32 같은 글 30~31면.

아니라)을 떨쳐내지 못하고, 그리하여 일본인 한명 한명이 독립된 주체로 성장하지 못해 아프고 또 굴욕감을 느꼈다. 그에게는 일본의 패전이 아니라 일본인이 패전을 받아들이는 자세가 굴욕적이었다. "8·15 시기에 인민정부를 수립한다는 선언이라도 있었다면, 설령 미약한 소리였고 성사되지 못했을망정 오늘날의 굴욕감으로부터 얼마간 구제되었으련만. 그런 일은 아무것도 일어나지 않았다. 우리는 고귀한 독립의 마음을 이미 8·15에 잃지는 않았던가. 지배민족으로 설쳐 독립의 마음을 잃고, 독립의 마음을 잃은 채 지배당하는 처지에 놓인 것이 오늘날 우리의 모습이지 않은가."[33]

그리고 8·15 무렵의 굴욕감은 그날로 끝난 게 아니라 이후로 지속되었다. 타께우찌는 그 굴욕에서 벗어나려는 노력을 게을리하여 겉보기에는 독립국이나 일본은 독립을 잃었다고 주장했다. 이보다 다소 앞선 일이지만 전후 강화문제를 둘러싼 첨예한 논의에서 그가 취한 자세도 그러했다.

전후 일본에서는 강화문제를 두고 단독강화와 전면강화의 논의가 충돌했다. 이 시기 일본은 쌘프란시스코조약으로 1952년의 '독립'을 눈앞에 두고 있었다. 그리하여 일본 사상계에서는 미국 등 서방국가들과만 단독강화를 맺을 것인지, 소련과 중국을 포함해 구연합국 전체와 전면강화를 맺을 것인지 논의가 비등했다. 마침 1949년 중국에서는 중화인민공화국이 건국되었다. 타께우찌의 경우 전면강화의 입장을 취하면서 강화문제를 계기 삼아 중국과의 관계를 정비해야 한다고 주장했다. 그는 강화문제와 중국과의 관계를 둘러싸고 1948년에서 1951년에 걸쳐 일련의 글을 발표했으며 이것들은 『현대중국론』(現代中國論, 河出書房

---

33 같은 글 31면.

1951)으로 묶였다.

　그러나 타께우찌는 전면강화를 지지했지만 선명한 입장을 내세우기보다는 감각의 차원으로 내려가 논점을 꺼냈다. 우선 그는 전면강화든 단독강화든 무엇보다 나라가 진정한 독립을 일구려면, 법조문이나 조약에 기초할 것이 아니라 "개인에게 이상이 있듯 나라에도 이상이 있어야 한다"고 주장한다.[34] 강화는 나라의 진정한 독립을 실현하는 데 그 의의가 있다는 것이다. 그 독립이란 일본인 한 사람 한 사람이 자유로운 인격이 되고 일본이라는 나라가 강자에 아양을 떨며 약자를 멸시하는 근성을 솎아내는 일이었다. 그래서 그는 독립의 문제를 다룰 때 이러한 진입로를 낸다. "나라가 독립을 상실했다고 알고 있는데도 슬프다는 감정은 뒤따르지 않는다. 적어도 통절하지는 않다. 이는 대체 무엇이란 말인가. 이치와 감정이 이처럼 등진 상황은 내게 부정할 수 없는 사실이기에 그것을 단서 삼아 나름으로 독립이라는 것을 생각해보련다."[35]

　그는 이치와 감정의 부조화에서 독립의 의미를 따져물었다. 이런 면모는 신헌법을 둘러싼 논의에서도 엿보인다. 당시에는 전후에 미군정 하에서 제정된 신헌법을 둘러싸고 미국의 입김이 강하게 배어 있으니 받아들일 수 없다는 주장과 제국헌법보다 진일보한 면이 있으니 지켜야 한다는 주장이 맞서고 있었다. 이때 타께우찌는 한 강연에서 신헌법을 두고 이렇게 말한다. "좋지만 왠지 눈부시다, 내 것이라는 게 부끄럽다는 느낌이 들었던 것입니다. 달리 말하면 우리의 과거 역사가 축적되어 태어났다고 하기에는 너무도 눈부시다, 우리가 그리도 훌륭한 인간이었단 말인가 하는, 이렇게 말하면 여러분을 욕보이는 꼴이지만, 저는

---

34 「나라의 독립과 이상」, 『선집 1』 95면.
35 같은 글 88면.

그렇습니다."[36] 이 강연의 제목은 「우리의 헌법감각」이다. 그는 '헌법을 버리자 지키자'가 아니라 헌법을 대하는 감각을 문제 삼았다. 신헌법은 훌륭한 내용을 담고 있으나 그만큼 일본인이 거쳐온 전전의 경험과 괴리가 크다. 그 간극을 분명히 드러내고 그 간극을 메우려면 헌법의 조문을 바꾸기보다는 '헌법감각'을 기르는 노력이 필요하다. 그리하여 그는 '헌법의 내면화'를 주장했다.

아무리 성문헌법이 훌륭해도 단순한 관료의 작문일 뿐입니다.(박수) 지금 헌법을 몸으로 익히려면 옷 갈아입듯이 과거 헌법을 버리고 새 헌법을 취해서는 안 됩니다. 전통 위에 서서 혹은 전통을 재해석하며 지금의 헌법이 새롭게 자기 몸에 배어들게 해야 하며, 과거 전통의 연속 위에서 헌법감각을 새롭게 수립하지 않으면 안 됩니다. 다르게 표현하자면 헌법과 민주주의의 민족화 내지 주체화 혹은 내면화가 아무래도 중요하며, 이를 이루지 못한다면 지금의 권력 아래서 우리는 노예가 되는 길을 감수하는 수밖에 없습니다. 만약 우리가 자유로운 인간이 되려면 헌법이 우리 몸에 스며들어 내면화되어야 하며, 바꿔 말하면 민족화되어야 합니다. 자기 것이란 주어지는 것이 아닙니다. 자기 안에서 만들어내는 것입니다.(박수) 지금 나라 전체에서 국민의 저항운동이 일어나고 있습니다. 이 운동이 그러한 헌법감각을 기르는 일과 다르지 않다고 생각합시다. 그렇게 믿지 않고선 일본인으로 사는 보람이 없습니다.[37]

신헌법은 일본국의 헌법이지만 번역투의 문장이며 미국의 흔적이 선

---

36 「우리의 헌법감각」, 『선집 1』 385면.
37 같은 글 389면.

명하다. 그러나 신헌법에는 일본 민중의 의지도 반영되어 있다. 그리고 유례가 없는 평화조항이 새겨진 소중한 헌법이다. 신헌법은 비록 원안이 영어로 작성되고 그것을 번역한 것이었다고 하나, 타께우찌는 일본 민중의 과제는 헌법을 다시 만들어내는 게 아니라 '내면화'하는 일이라고 보았다. 자신의 노력으로 헌법과 자기 감각 사이의 괴리를 메워야 한다. 그가 이 장면에서 '감각의 괴리'를 문제로 들고나온 까닭은 해당 사안이 지닌 무게의 하중을 대중들과 나눠갖기 위해서였다. 팽팽히 대치하고 있는 선명한 입장 차이는 대중을 구경꾼으로 밀어내기 십상이다. 타께우찌는 강연에서 감각의 문제를 거론하여 팽팽한 대치구도에 틈을 내고 해당 사안을 대중들 자신의 문제로 확산시키고자 한 것이다.

이제 이 장을 정리하기 전에 한번 더 「굴욕의 사건」의 도입부를 인용하겠다. 「굴욕의 사건」은 한 개인이 커다란 사건을 자신과 어떻게 이어맺는지를 보여주는 글로 내 마음에 깊이 남아 있다. 이 글의 도입부다.

진작부터 8·15를 두고 나름의 기록을 남기고 싶었다. 이만큼 커다란 사건에 부딪히는 일, 아마도 생애에 다시 찾아오지 않으리라. 내 인생의 후반부는 8·15에서 시작된다. 아니, 전반부도 8·15로 그 의미가 매겨진다. 8·15는 그림자처럼 내 인생 전체에 드리워 있다. 8·15를 생각하지 않고는 나 자신에 대해서도 민족의 운명에 대해서도 생각할 수 없다.

8·15는 결정적 사건이다. 자신만의 기록을 남기고 싶다는 바람은 이제껏 그 중요성에 기가 눌려 있었다. 그러고 있노라니 붓을 들기가 점점 더 어려워졌다. 해가 지날수록 어려움은 더해져 새삼 그 사건과 마주하려면 기력이 필요할 지경이다. 새로운 체험을 끌어들여 기력을 길러야할까, 아니면 느닷없이 8·15를 떠올리며 시작하는 편이 좋을까. 아무래도 모르겠다.[38]

작가가 잠시 주저하는 동안 독자는 그 사건을 자기물음으로 가져올 수 있도록 시간을 번다. 그러면서도 타께우찌는 '기력'이란 말로 하나의 문턱을 세운다. 8·15는 직관적으로 마주할 수 있는 사건이 아니다. 기력이 필요하다. 그 기력의 의미는 무엇인가. 타께우찌 요시미 자신이 보여주고 있다. 타께우찌가 지난 자신의 체험을 소재로 취할 때 그 이야기는 몹시 생생하지만, 날것 그대로의 체험담은 아니었다. 그는 8·15를 두고도 자신에게 패전 체험의 의미가 무엇이었는지 곱씹고자 전후에 몇번이고 그 체험 속으로 드나들었을 것이다. 그렇게 의미를 곱씹는 일을 거듭하여 그의 체험담에는 다른 이들과도 공유할 수 있도록 공공성이 주입되었다. 기력은 바로 그 작업에서 필요한 기력이다.

그는 역사적인 큰 사건의 의미를 신변의 작은 체험 속으로 가져와 음미한다. 그리고 음미한 내용을 큰 사건으로 가져가 이데올로기적 대치 구도나 개념에 결박당한 사건의 진실된 모습을 드러내고, 거기서 현실의 개혁으로 이어질 사상과제를 발견한다. 이때 그가 말하는 '나'는 그저 타께우찌 요시미 자신을 가리키지 않는다. 그것은 여러 감각과 견해의 차이를 품고도 견딜 수 있도록 만들어진 '나'이다. 그래서 그가 자기 신변에 관한 이야기를 꺼내도 그것은 어떤 작가들이 그러하듯 고약한 자의식 냄새나, 아니면 솔직함을 내주는 대신 독자에게 다가갈 권리를 확보하겠다는 그런 흥정의 냄새를 풍기지 않는다.

---

38 「굴욕의 사건」, 『선집 1』 29면.

9. 대상의 결들

그렇듯 풍요로운 주체는 대상에게서도 풍요로움을 발견한다. 대상이 지닌 여러 결들을 거스르지 않으며 복잡함을 복잡함인 채로 두고 대상을 읽어낸다. 자명한 이론틀을 가져와 의미를 찍어내는 게 아니라, 주체 측의 풍요로움으로 대상을 감싸고 그리고 파고든다. 그래서인지 타께우찌의 글을 보면 그는 작가지만 동시에 편집자의 감각도 엿보인다. 자신이 잡지를 발간하고 편집인으로 활동한 전력 탓이기도 하겠지만, 그의 글에서 묻어나는 어떤 풍부함이 그렇다. 유능한 편집자에게 중요한 것은 한권의 특출한 책을 제작하는 것보다 상충하는 복잡한 논의를 생산적으로 배치하여 입체적인 지적 공간을 꾸리는 일이겠다. 그 공간에서 자리 잡지 못한다면 작품의 탁월함은 그 의미를 잃고 만다. 낱권의 책은 그 공간을 일구는 그물코에 불과하다. 타께우찌는 작가지만 이러한 공간의식을 갖췄다. 그런 작가는 늘 자신의 작품보다 크기 마련이다.

이제 타께우찌가 지녔다는 '나'의 풍요로움에 조응하여 그가 어떻게 대상의 결을 섬세하게 다뤘는지를 좇고 싶다. '나'의 풍요로움을 살펴본 그 시기로 다시 돌아가보자. 전후 일본의 사상계에서는 강화문제와 함께 내셔널리즘 문제가 달아올랐다. 당시 타께우찌는 나라가 독립을 이루지 못한 채 식민지로 전락했다고 여기고 있었다. 그리하여 그는 곤란한 상황과 마주했다. 전쟁의 상흔을 머금고 있기에 제국주의로 치달은 내셔널리즘을 경계해야 하지만, 동시에 민족의 주체성을 회복해야 했다. 그의 앞에는 비판과 건설의 이중과제가 놓여 있었다. 전후 사상계에서는 근대주의나 국제주의 조류가 유행했다. 이런 경향은 내셔널리즘을 밀어내고 그 공백을 메웠지만 민족의 주체성을 세우지는 못했다. 타께우찌는 당시의 사상풍토에서 횡행하던 내셔널리즘 비판에 이렇게 응수한다.

　민족은 이 그늘진 구석에 뿌리를 내린다. 민족의 문제는 자신이 무시당할 때 문제가 되는 성질을 지닌다. 억압을 받으면 민족이라는 의식이 일어난다. 훗날 민족주의로까지 나아가려면 다른 힘작용이 필요하지만, 그 발생만큼은 인간성 회복의 요구와 무관하지 않다. 억압당하지 않으면 표면으로 모습을 드러내지는 않지만 늘 어떤 계기로서 잠재해 있는 게 민족이다. 상실된 인간성을 회복하고자 노력하는 일을 외면하고 일방적으로 힘을 가한다고 해서 잠자는 민족의식을 영원히 잠들게 할 수는 없다.

　일본 파시즘의 지배 권력은 이 민족의식을 잠에서 깨워 울트라 내셔널리즘으로 고양시켜 이용해먹었다. 그 지배 권력의 구조는 반드시 탄핵해 마땅하다. 그러나 그렇다고 소박한 내셔널리즘의 심정마저 억압해서는 안 된다. 후자는 정당한 발언권을 갖고 있다. 근대주의로 일그러진 인간상을 본연의 모습으로 바로잡고 싶다는 멈출 수 없는 욕구에 뿌리를 둔 외침이다. 그리고 그것이야말로 일본을 제외한 아시아 나라들의 '올바른' 내셔널리즘과도 이어진다.[39]

　민족은 엄연히 현실을 구성하는 한가지 요소다. 그 사실을 인정하지 않으면 거꾸로 내셔널리즘은 경직된다. 여기서 더 나아가 타께우찌는 내셔널리즘 안에서 역전된 요소를 발굴해내고자 했다. 내셔널리즘이란 말로 대상을 뭉뚱그리지 않고, '소박한 내셔널리즘'이라는 표현을 통해 울트라 내셔널리즘(노예주의적, 따라서 노예적 내셔널리즘)으로부터 민

---

39 「근대주의와 민족의 문제」, 『선집 1』 232~33면.

중들의 생활실감 안에 깃든 내셔널리즘의 요소를 추출해냈다. 그리고 아시아의 내셔널리즘을 부를 때는 '올바른'이란 수식어를 달았다. 그리하여 일본 민중의 소박한 내셔널리즘은 울트라 내셔널리즘이 아닌 아시아 민중의 올바른 내셔널리즘과 맺어져야 한다고 주장했다. 하지만 울트라 내셔널리즘, 소박한 내셔널리즘, 올바른 내셔널리즘은 내셔널리즘을 종류로 나눈 것이라기보다 내셔널리즘이라는 대상 안에 잠재한 여러 기능을 섬세하게 가려낸 것에 가까웠다. 자, 그렇다면 일본의 내셔널리즘이 아시아의 내셔널리즘과 이어지려면 어떻게 해야 하는가.

'처녀성'을 상실한 일본이 그것을 상실하지 않은 아시아의 내셔널리즘과 결합할 길을 개척하기란 결코 수월치 않으리라. 거의 불가능에 가까울 만큼 곤란하리라. 그런 까닭에 진지하게 사고하는 자들(가령 마루야마 마사오와 앞서 언급한 다카미 준)의 절망감은 그만큼 깊다. 그러나 절망에 직면할 때 도리어 마음의 평정을 얻을 수 있다. 다만 용기를 가져야 한다. 용기를 갖고 현실의 밑바닥으로 내려가라. 하나의 빛에 의지해 구원되기를 바라는 환상은 버려라. 창조의 근원인 암흑의 구석구석을 비출 때까지는 하던 일을 멈추고 마음을 놓아선 안 된다. 더러움을 자기 손으로 씻어내지 않으면 안 된다. 특효약은 없다. 한 걸음 한 걸음 손으로 더듬으면서 계속 걸어가는 수밖에 없다. 중국 근대문학의 건설자들이 그랬듯이 다른 힘에 의지하지 않고 절망만을 철저히 껴안으면서 손으로 땅을 파며 한 걸음 한 걸음 나아가는 것이다. 그들이 달성한 결과만을 빌려오겠다는 뻔뻔스런 간계는 허락되지 않는다. 설사 길이 열리지 않더라도 그때는 민족과 함께 멸망할 뿐이니, 노예(혹은 노예의 주인)로 연명하기보다야 낫지 않겠는가.[40]

"중국 근대문학의 건설자들"을 말할 때 그가 루쉰을 떠올리고 있었으리라는 짐작은 어렵지 않다. 하지만 루쉰의 영향을 확인하고자 인용한 문장은 아니다. 그는 말한다. "다만 용기를 가져야 한다." 그러나 이어서 하는 말이라는 것이 "하나의 빛에 의지해 구원되기를 바라는 환상은 버려라"다. 어떤 관념이, 가령 내셔널리즘이라는 관념이 현실에서 무게를 지닌다면 그것은 필시 현실에 여러 잔뿌리를 내리고 있기 때문이리라. 그 구석구석을 샅샅이 비춰내려면 하나의 빛으로는 충분치 않다. 이론적 그리고 정치적 올바름에 근거해 내셔널리즘의 뿌리를 잘라내겠다던 이들에게 타께우찌가 내준 응답은 이것이었다.

그리하여 그는 대상에게서 복잡한 결을 읽어내듯이 상황을 가늠하는 잣대도 이론이나 어떤 지표에서 구하지 않았다. 타께우찌는 전후 일본을 식민지로 여겼다. 사실 미군이 점령하고 있더라도 식민지라는 규정은 학문적으로 문제의 소지가 많은 발언이었다. 더구나 방금 전까지 제국이었는데 식민지라니, 그 말이 안기는 심리적 낙차는 너무도 컸다. 하지만 그는 점령을 당해 식민지가 되거나 패전으로 독립을 잃은 것이 아니라 전시기에 식민화(제국주의화)에 대한 저항을 방기하고 전쟁에서 노예성을 발휘했을 때 이미 식민지가 되었다고 보았다. 따라서 그가 내놓은 '식민지'라는 말은 학문의 언어가 아니었다.

전후가 되어 타께우찌는 루쉰의 노예론을 다시 꺼낸다. 하지만 이번에는 깨어난 노예의 고독을 되새기기 위해서가 아니라, 주로 노예근성을 짚어내고자 꺼냈다. 「기본적 인권과 근대사상」이라는 강연의 일부다.

루쉰이라는 문학가가 이런 이야기를 합니다. 주인에게 귀여움을 받는

---

40 같은 글 235~46면.

노예는 자기가 주인이 되면 자신이 부리는 노예를 혹사시킨다. 루쉰은 노예라는 표현을 곧잘 사용합니다. 그때 노예는 사회관계에서 실제로 존재하는 계급으로서의 노예가 아니라 대인관계에 여전한 봉건유제의 차별감을 가리킵니다. 따라서 노예가 노예의 주인이 된다고 노예가 해방되는 것은 아니라고도 말합니다. 즉 노예는 왜 있는가, 노예의 주인이 있기 때문이죠. 그런고로 노예가 노예의 주인이 된다고 해방되는가, 노예가 아니게 되는가 하면, 그렇지 않다, 노예의 주인 또한 노예다, 이러한 철학입니다. 착취관계 내지 차별관계가 존재한다는 것은 관계 자체의 문제라는 말입니다. 이것은 사람 사이를 두고 한 이야기입니다만, 나라와 나라의 관계도 마찬가지라고 생각합니다.[41]

노예가 노예의 주인이 된다고 노예 상태로부터 벗어나는 것은 아니다. 자신이 착취와 차별의 한 축이라는 사실을 자각하지 못한다면 변함없이 노예다. 오히려 노예는 노예의 주인이 되었을 때 노예근성을 더 가감 없이 발휘한다. 타께우찌는 바로 일본문화의 구조를 두고 이런 논리를 꺼냈다. 일본은 근대화되면서 유럽을 향한 열등감에 시달리며 맹렬히 유럽을 뒤쫓았다. 유럽의 위치에 서야 자신이 노예상태에서 벗어날 수 있다고 여겼다. 그러나 자신이 착취와 차별관계의 한 축임은 자각하지 못했다. 그 자각 없이 유럽에 닮아가기를 원했다. 그 방면에서 일본문화는 빼어난 성과를 거뒀다. 그 우수성 탓에 유럽에 저항하는 아시아의 다른 나라들은 뒤떨어진 것처럼 보였다. 그리고 일본은 노예의 주인이 되어 아시아의 다른 나라 위에 군림했다. 그때 노예근성은 찬연히 발휘되었다. "우월감과 열등감이 병존하는, 주체성을 결여한 노예 감정의

---

41 「기본적 인권과 근대사상」, 『선집 1』 348면.

근원이 여기에 있으리라."[42]

그리고 일본은 패전했다. 하지만 노예근성은 사라지지 않았다. 식민지를 잃어 노예의 주인이라는 자리에서 물러났거늘 타께우찌는 무엇을 두고 여전히 일본의 노예근성을 꼬집는 것인가. 그는 무엇보다 정신의 식민화를 지적했다. 먼저 문학계에 만연한 '세계문학의 표상'을 예증으로 삼는다. 일본의 작가와 비평가가 방법은 물론 이미지마저 유럽에서 가져다 쓰는 풍조를 일러 완전한 식민지라고 단언한다. 사상계의 내셔널리즘 논의는 또 어떠한가.

> 코즈모폴리턴한 발상은 일본이 온전한 민족국가로, 즉 이미 국민적 통일을 실현했다는 가정 위에 서 있어서 주관적으로는 스스로를 서유럽 국가와 동렬에 놓고 있다. 이는 일종의 근대주의적 산물, 곧 식민지 후진국을 살아가는 인텔리의 의식 안에서 만들어진 산물이다. 이렇듯 자신을 서유럽 국가에 투영하는 것 자체가 나라의 비독립성, 식민지성을 보여준다.[43]

그런 사상가들은 '나들이하듯 사상을 할 때'는 코즈모폴리턴한 발상을 읊어대지만, 일상으로 돌아와서는 현실이 그렇지 않으니 생각을 고쳐먹어야 한다. 이러한 양면성이 노예 사상가들의 숙명이다. 그렇듯 유럽적 가치로 덧칠된 코즈모폴리턴한 치장들을 하나씩 벗겨냈을 때 모습을 드러내는 것은 그런 해석이나 처방에도 꿈쩍하지 않는 일본적 노예구조였다.

---

42 「근대란 무엇인가」, 『선집 2』 233면.
43 「문학에서 독립이란 무엇인가」, 『선집 1』 273~74면.

이제 나라 독립의 의미도 식민지 상황을 규정하는 방식도 바뀌었으니, 그리하여 타께우찌는 나라 독립의 목표도 달리 설정한다. 나라의 독립은 법률론으로 따질 문제가 아니라 일상 깊숙이 배어 있는 우월감과 열등감을 솎아내고, 저 노예근성에서 벗어나 주체성과 평등감각을 회복하는 일이어야 했다. 특히 이런 발상은 「기본적 인권과 근대사상」에 잘 담겨 있다. 이 글은 1959년 부락문제연구소가 주최한 강연 내용을 정리한 것이다. 이때는 안보투쟁이 달아오르던 시기였는데, 그는 안보투쟁에 관해 직접 언급하기보다 부락 차별, 인칭대명사 사용, 조선과 중국에 대한 시선 등에 묻어 있는 일상적 차별의 문제를 강연의 주된 소재로 삼았다. 한 대목을 옮겨오겠다.

중국의 문학가로 루쉰이란 사람이 있습니다. 저는 줄곧 루쉰을 연구해왔습니다. 루쉰은 참으로 많은 이야기를 꺼내는데, 이런 것도 있습니다. 사회개혁이라는 큰 일은 비교적 하기 쉽다. 그러나 작은 개혁이 어렵다. 루쉰이란 자는 혁명운동의 실패를 뼈저리게 체험하고 깊은 절망에 빠져서는 문학의 길을 걸었던 사람입니다. 작은 것이 어렵다는 뭐, 일종의 역설이겠지만 저는 역시 진실이지 않을까 싶습니다. 일본에서 사회주의혁명을 실현하는 일과 일상의 언어 구석구석에 밴 차별감을 솎아내는 일, 어느 쪽이 수월할까요. 저는 다소 의문이지 않을 수 없습니다. 왜냐하면 두 가지 일은 오히려 서로 영향을 주기 때문입니다. 제 마음속에 도사린 부주의한 차별의 심리를 솎아내는 일, 즉 정말로 독립된 인격이 되어 상대와 서로를 대등하게 인정하는 그런 인간관계를 만드는 일과 사회개혁은 결코 다르지 않으며, 그 단계나 통로는 다양해도 어느 한곳에서 맺어지리라고 생각합니다.[44]

그는 안보투쟁에 임해서도 '신안보조약을 저지할 수 있는가'라는 운동의 성패 말고도 일본인의 평등감각을 기르는 데 주력했다. 작은 일상의 감각과 큰 정치를 이어맺으려는 면모는 이 장면에서도 확인된다. 그가 보기에 미국과의 안보조약 체결은 일본인의 일상 곳곳에 배어 있는 차별의식이 응축된 사례였다. 안보조약 체결은 이번에는 유럽 국가가 아닌 미국에 꼬리를 흔들며 다시 한번 중국을 포함한 아시아 나라들을 얕보는 행동이었다. 타께우찌는 이처럼 미국에 빌붙어 누리는 외관의 독립이 아니라 실질적 독립을 원했다. 개개인이 자율적이며 평등한 주체가 되고 그런 개인들이 모여 일본국이 강자에 굴종하거나 약자를 내리누르지 않는 나라가 되는 것, 바로 타께우찌가 생각한 나라 독립의 의미였다.

독립은 되찾거나 쟁취할 대상이 아니다. 일본의 독립은 남이 가져가기에 앞서 스스로가 저버렸다. 따라서 진정한 나라의 독립은 조약에 담기지 않는다. 그는 「나라의 독립과 이상」에서 "학문으로는 글러먹은 이야기"일지라도 "개인에게 이상이 있듯 나라에도 이상이 있어야 한다"고 말하며 이렇게 덧붙였다. "이상이 없는 개인은 독립된 인격이 아니듯 그런 나라 또한 독립국은 아니다."[45] 나라의 독립은 독립의 이상을 실현하는 일과 발맞춰간다. 나라의 독립은 조약을 맺어 성사시킬 일이 아니라 독립의 이상을 향해 어려운 한 걸음을 뗄 때마다 나라도 조금씩 독립을 실현해가는 것이다. 그리하여 타께우찌에게 나라의 독립은 사회 안의 여러 억압에 맞서고 자립된 시민의식을 기르고 평등한 사회를 일궈나가는 여타 운동에 앞서는 목표가 아니라 다른 해방운동과 맺어

---

44 「기본적 인권과 근대사상」, 『선집 1』 337면.
45 「나라의 독립과 이상」, 『선집 1』 95면.

져야만 진정한 의미를 지닐 수 있었다.

오늘날 독립은 하나의 국민적 목표다. 물론 독립만 되면 다른 일이야 어찌되든 좋다는 뜻은 아니다. 독립은 하나의 목표지만 전부는 아니다. 그러나 나머지 모두와 관계한다. 오히려 오늘날 일본 국민을 안팎에서 단단히 죄고 있는 모든 멍에가 민족의 예속상태에 집약되어 있다고 해도 좋다. 거기서 해방을 쟁취하면 다른 해방은 한결 쉬워지며, 다른 해방을 통해 에너지를 만들어내지 못하면 민족은 예속상태로부터 벗어날 수 없다. 민족의 독립은 일본인이 지닌 염원의 최소치이자 결과적으로는 최대치이다.[46]

앞서 밝혔듯이 타께우찌 요시미가 안보투쟁에 전력을 기울인 까닭도 안보조약의 체결을 저지해야 한다는 정치상의 이유 말고도 개인의 독립과 아울러 나라의 독립을 일굴 소중한 기회라고 판단해서다. 그는 안보투쟁에 독특한 의미를 부여했다. 1960년 최고조에 달한 안보투쟁은 15년 전인 1945년에 일어났어야 할 식민화와 파시즘에 맞선 투쟁이 15년의 시차를 두고 발생한 것이라고 여겼다. 일본국은 패전했지만 나라를 저러한 파국으로 몰고 간 국체관과 아시아 멸시는 사라지지 않았다. 타께우찌는 안보투쟁이 일본인의 생활감각 깊숙한 곳에 뿌리내린 노예근성을 솎아낼 소중한 계기라고 판단했다. 그리고 그 방향으로 분투했다.

---

46 「문학에서 독립이란 무엇인가」, 『선집 1』 275면.

10. 더럽혀진 사상을 건져내다

타께우찌는 내셔널리즘을 불변하는 전제로 간주하여 절대화하거나 거꾸로 억압하지 않았다. 내셔널리즘은 혁명과도 반혁명과도 결합할 수 있다. 따라서 민족감정을 엄연히 존재하는 현실의 한가지 구성요소로 보고 내셔널리즘을 사회변동의 한가지 축으로 여긴다면, 제국주의로 기울어간 과거의 내셔널리즘을 단죄하는 일보다 중요한 것은 거기서 현재 되살릴 수 있는 생산적 자원을 발굴해내는 일이다.

타께우찌는 그러한 문제의식에서 동시대의 논의와 운동에 참여했을 뿐 아니라 과거의 사상을 다뤘다. 과거의 사상을 유산으로 삼기 위해 그는 "불 속에 들어가 밤을 줍는 모험"을 감행했다.[47] 바로 반동 속에서 혁명적 계기를, 복종의 교설 속에서 반역의 실마리를 찾아내고자 한 것이다. 다음은 일본이 (형식적) 독립을 앞두고 있던 1951년에 발표된 「내셔널리즘과 사회혁명」의 일구다.

오늘날 새로운 내셔널리즘을 키워내기란 어렵다는 마루야마 씨의 절망에 공감한다. 그 내셔널리즘이 좌우 어느 쪽 이데올로기에 의거하든지 말이다. 메이지의 자유민권은 대륙낭인을 낳았다. 쇼와의 좌익운동은 다시금 신형의 대륙낭인을 낳았다. 세번째만큼은 울트라 내셔널리즘에 이용당하는 일이 없을 거라고, 과연 누가 장담한단 말인가.

그러나 만약 어떻게서든지 내셔널리즘을 원한다면 어찌해야 할까. 울트라 내셔널리즘에 빠지는 위험을 피해 내셔널리즘만 손에 넣는 일이 가능하지 않다면, 유일한 길은 반대로 울트라 내셔널리즘 속에서 진정

---

47 「근대의 초극」, 『선집 1』 151면.

한 내셔널리즘을 끌어오는 것이다. 반혁명 속에서 혁명을 끌어오는 것이다.[48]

운동이 아닌 사상의 측면에서 내셔널리즘을 유산화하려는 그의 시도는, 그렇게 반혁명 속에서 혁명을 이끌어내려는 시도는 「근대의 초극」에서 두드러졌다. 그것은 앞서 말한 "창조의 근원인 암흑 구석구석"을 비추기 위한 시도였다. 그는 「예견과 착오」라는 인터뷰에서 이렇게 회고한다.

> 저는 1959년에 「근대의 초극」을 썼는데, 국민문학론 소동에 실망을 느껴서였습니다. 과거의 유산을 좀더 착실히 정리해야겠구나 싶어서 한번 씨름했던 것이 「근대의 초극」입니다.[49]

인터뷰에서 언급된 국민문학론은 1948년에서 1954년 사이에 벌어진 한가지 논쟁으로 내게는 타께우찌의 사상됨을 밝히는 데 소중한 재료다. 이것은 아껴두었다가 다음 절에서 다시 다루고 싶다. 다만 여기서는 그가 어떤 논쟁에서 실망을 느껴 과거의 유산을 정리하고자 「근대의 초극」을 집필했다는 동기만을 확인해두자. 이 글은 전시기 대동아전쟁의 개전을 반기며 격정적 어조로 토해낸 「대동아전쟁과 우리의 결의」에 대한 본인 나름의 사상적 응답이기도 했다.

원래 '근대의 초극'은 전시기인 1942년 잡지 『문학계(文學界)』에 실린 좌담회의 제목이자 전시기 사상계의 한가지 화두였다. 전후에 '근대의

---

48 「내셔널리즘과 사회혁명」, 『선집 1』 214면.
49 「예견과 착오」, 『선집 1』 406면.

초극'은 파시즘에 이용당한 이데올로기라고 지탄을 받았다. 그리고 그러한 지탄에는 전시기를 살아온 사상계 인사들의 깊은 회한이 묻어났다. 따라서 좌담회 '근대의 초극'은 지나간 사건이지만, 사상으로서의 '근대의 초극'은 아직 정리가 되지 않은 상태였다. "사상으로서 아직 끝나지 않았다고 말하는 이유 중 하나는 거기에 묻어 있는 기억이 아직 살아남아 곳곳에서 원한과 회고의 감정을 불러일으키기 때문이다."[50]

타께우찌는 여기서도 감정의 문제를 '근대의 초극' 논의에 들어서는 입구로 삼는다. 먼저 그는 '근대의 초극'이란 말에 엉겨붙어 있는 여러 감정들을 세세히 들춘다. 가령 전후에 발표된 요시모또 타까아끼(吉本隆明)의 글을 두고는 "전후에 일어난 전쟁책임론을 원한·증오·분노·경멸로 그 발상의 형태를 분류한다면 이것은 분노의 형태를 대표한다"며, 즉 전쟁책임론의 유형을 원한·증오·분노·경멸이라는 감정의 성분으로 분류한다.[51] 그는 '근대의 초극' 논의를 전쟁 이데올로기라고 내치는 게 아니라 전후에도 정리되지 않은 감정의 응어리가 '근대의 초극' 논의에 얽혀 있는 만큼 그 사상적 무게가 시대 분위기에 씻겨 내려가지 않도록 붙들고자 했다. 사람들이 애써 외면한다는 것은 아직도 환기하는 무언가가 있다는 뜻이다. 따라서 '근대의 초극'에 사상적으로 다가서기 위해 그는 원한과 회한으로 얼룩져 있는 그 무게를 정면으로 받아안는 데서 출발해야 했다.

그러나 무게를 받아안되 그는 '근대의 초극'의 "상징과 사상과 사상의 이용자를 구별하는 일"에 주력했다.[52] 그는 사상으로서의 '근대의 초극'과 좌담회 '근대의 초극' 그리고 상징이 된 '근대의 초극'을 구분했

---

50 「근대의 초극」, 『선집 1』 104~05면.
51 같은 글 146면.
52 같은 글 109면.

다. 아울러 이데올로기로서의 '근대의 초극'으로부터 논리로서의 '근대의 초극'을 추출해냈다. 한 사상이 풍기는 음습한 상징작용을 그대로 방치한다면, 평가를 내리기야 쉽겠지만 그것은 사유의 나태를 낳으며, 오히려 '근대의 초극'과의 정면대결을 피해가도록 만든다. 아울러 타께우찌는 좌담회 '근대의 초극'을 대할 때도 참가자 각 개인의 실명에는 너무 구애받지 않는 편이 바람직하다고 말한다. 그는 좌담회 '근대의 초극'이 『문학계』와 일본 낭만파 그리고 쿄오또학파 세 그룹이 참여하여 성사되었다고 보았다. 그러나 좌담회에 참여한 면면이 각 진영을 대표한다고 여겨서는 안 된다고도 지적했다. 따라서 참가자 개인의 실명을 거론할 때도 대표자격과 범위에 제한을 두어 '사상의 대명사'로 다루는 고려가 필요하다. 그는 말한다.

> 사상이 개인에게 속한다는 신념은 나도 버리기 어렵다. 그러나 그렇기 때문에라도 사상을 한번쯤은 육체로부터 떼어내 객관적 사물로 간주하는 절차를 거치지 않는다면 인식이 흐려지고 따라서 적의 본체를 눈앞에서 놓치고 말 것이다. 나는 그 점이 두렵다. 나는 「근대의 초극」이 남긴 최대 유산은 그것이 전쟁과 파시즘의 이데올로기였다는 점이 아니라, 전쟁과 파시즘의 이데올로기조차 되지 못했다는 점, 다시 말해 사상 형성을 목표로 삼았으나 사상 상실을 초래했다는 점이라고 생각한다.[53]

이 문구는 몹시 유명하다. 특히 "나는 그 점이 두렵다" 이후의 대목은 좌담회 '근대의 초극'에 대한 타께우찌의 총괄적 평가라며 여러 문헌에서 인용된다. 그러나 그런 독해는 '근대의 초극'이 그저 군국주의 이데

---

53 같은 글 119면.

올로기에 불과했다면 지식청년들을 움직였을 리도 없었다는 그의 다른 진술을 외면하는 데서 나온다. 더구나 타께우찌에게 중요한 과제는 '사상 상실'이라며 판정하는 일이 아니라 '근대의 초극'에서 사상에 값하는 요소를 길어올리는 일이었다. 따라서 이 인용구는 앞부분과 뒷부분을 함께 음미해야만 그의 진의가 드러난다. 일단은 사상을 그 육체로부터 떼어내 객관적 사물로 대해야 하는 것이다.

결과론으로 보자면 '근대의 초극'은 이데올로기가 되었지만, 그렇듯 타락의 위험을 무릅쓰지 않고서 유동하는 상황 바깥에서 발화된 사상이라면 현실에서 무게를 지니지 못할 테며, 따라서 사상으로 기능하지도 못할 것이다. 또한 '근대의 초극'을 향한 대중의 회한이 '근대의 초극'이라는 말을 입에 담았던 몇몇 당사자로만 향한다면, 대중은 자기회한의 응어리를 토해내 그것과 정면으로 대결할 수 없다. 회한의 심정에는 위로가 필요하나 위로는 회한을 회한인 채로 덮어둘지 모른다. 그래서 타께우찌는 아프더라도 곪은 부위를 드러내고, 저 회한의 감정들을 상대하기 위해서라도 '근대의 초극'을 몽땅 이데올로기라며 내치는 것이 아니라 거기서 사상적 요소를 추출해내고자 했다.

11. 문학과 정치

그러나 이미 더럽혀진 '근대의 초극' 논의에서 현재 되살릴 수 있는 요소를 건져내려던 타께우찌의 시도는 비판을 샀다. 더구나 그는 「근대의 초극」에서 일본의 전쟁을 아시아에 대한 침략전쟁과 영미에 대한 제국주의 간 전쟁이라는 '이중의 전쟁'으로 나눠 설명하며 침략전쟁은 분명히 책임을 따져물었지만, 제국주의 간 전쟁은 승전국의 입장에서 재단할 문제가 아니라며 판단을 유보했다. 의심의 눈초리를 사기에 충분했다.

사실 "불 속에서 밤을 줍겠다"던 이 글만이 도마 위에 놓인 것은 아니었다. 강화논쟁, 정치와 문학 논쟁, 국민문학논쟁 등에 이르기까지 그 논쟁들에서 그가 취한 입장은 하나같이 모호한 구석이 있었다. 나는 이것이 그가 지닌 '나의 품'에서 비롯된다고 여긴다. 그리고 대상을 하나의 잣대로 가르지 않는 그의 태도에서 기인한다고 본다. 그리고 여기가 타께우찌를 둘러싼 여러 평가, 때로는 상반되는 평가가 나오는 발원지라고 생각한다. 그는 기존의 지적·이데올로기적 대치구도에서 비켜서 있는 존재였다. 그는 그런 입장의 대립에 문제의 핵심이 있다고 여기지 않았으며, 그런 입장의 어느 한 측에 답이 있다고 보지도 않았다.

여기서 멀리 돌아와 다시 『루쉰』을 만난다. 이제껏 은근슬쩍 미뤄두고 있던 문제를 짚고 넘어가야겠다. 나는 앞서 그의 문학적 태도가 '나'의 넓은 품과 대상을 대하는 해석의 깊이로 나타난다고 말했다. 그런데 정치의 영역에 발을 들여놓을 때 그는 진정 문학의 자리를 어디에 마련했던가. 즉 사상을 형성하던 시절 문학이 생애의 본원적 축을 이루었다면, 그 문학은 구체적인 정치사안을 상대할 때 어떻게 형상화되었는가. 그리하여 다시 '정치와 문학'의 관계를 정면으로 파고들어야 한다.

나는 타께우찌가 창작활동을 하지는 않았지만 본질에서 문학가라고 말했다. 그렇다면 사상의 형성기에 얻은 문학적 자각에 발 디뎌 그가 전후 정치적 사안에 개입할 때, 그의 문학관은 어떻게 그 본질을 잃지 않고도 기능할 수 있었던가. 아니, 전후 타께우찌의 행적을 소개한 나는 아직도 그가 본질에서 문학가라고 말할 수 있을 것인가.

그 물음에 답하기 위한 호흡을 가다듬고 자원을 취하러 다시 『루쉰』으로 돌아가야겠다. 타께우찌는 「전기에 관한 의문」에서 루쉰의 생애는

당시 격동의 시대를 거쳐간 다른 사상가나 문학가와 비교하건대 고요
하다면서 그 의미를 이렇게 푼다. 훗날 루쉰의 부인이 된 쉬 광핑(許廣
平)에게 루쉰이 보낸 편지를 옮겨놓고는

여기서 비로소 전기에 파란이 없었다는 말의 의미가 드러난다. 결국
파란을 없앤 것은 자신이었다. 그가 살았던 중국사회의 무서운 광란과
대결했을 때 이 안정을 이해할 수 있다. 그것 없이는 교목이 바람에 흔들
리지 않는다는 의미가 드러나지 않는다. 정치에 정면으로 맞섬으로써 문
학가의 태도를 지켰던 그가, 동시에 그리하여 자신을 비범한 정치가로
만들었듯이, 그는 복잡한 환경을 정면으로 자신에게 투사함으로써, 말하
자면 위기의 포화상태에서 동 중 정(動中靜)을 얻었던 것이 아닐까라고
나는 상상한다. 따라서 그의 전기의 단조로움은 어디까지나 그의 문학의
본질과 관계되는 단조로움이다.[54]

환경의 열악함이 위대한 작품을 낳고, 정치의 진폭이 클수록 정치에
서 자기를 깨뜨리는 문학의 순수함은 깊어진다. 루쉰의 문학은 그러했
다. 그러나 동시에 루쉰은 '문학무력설'도 내놓았다. 문학은 무력하다
는 것이다. 문학은 무엇에 대해 무력한가. 정치에 대해 무력하다. 아무
리 위대한 한 수의 시도 한 발의 포탄을 대신하지 못한다. 문학은 모든
것을 낳는 회귀의 축이지만, 그 자체로는 힘을 지니지 못한다.

물론 루쉰이 문학무력설을 내놓은 데는 시대적 배경이 있다. 장 제
스(蔣介石)의 쿠데타에 의한 국공분열이 있고, 이어서 국민당의 분열이
라는 피비린내 나는 정치적 사건이 있었다. 그 무렵 루쉰은 「혁명시대

---

54 「전기에 관한 의문」, 『루쉰』 30면.

의 문학」을 제목 삼아 강연했다. "더구나 최근 수년간 베이징에서 지내며 얻은 경험인데, 여태껏 알고 있던 선인의 문학에 관한 논의에도 점차 의심이 가기 시작했습니다. 학생총살 사건이 일어나던 무렵이죠. 언론의 압박도 심해졌습니다. 저는 생각했습니다. 문학, 문학 하고 떠드는 건 쓸모없다. 힘없는 자가 하는 소리다. 힘 있는 자라면 아무 말 없이 사람을 죽인다. 압박받고 있는 자는 조금 지껄이거나 적기만 해도 죽는다. 요행으로 목숨을 건져 매일같이 소리 지르고 고통을 호소하고 불평등하다며 외쳐도 힘 있는 자는 억누르고 학대하고 살육한다. 그들은 어떻게 해볼 수도 없다. 이런 문학이 대체 무슨 소용이겠습니까."[55] 그리하여 한수의 시는 한발의 포탄을 대신하지 못한다.

그러나 타께우찌 요시미는 루쉰의 문학무력설을 이렇게 받아들인다. 문학은 위대한 힘을 지니지 못하며 정치에 대해 무력하다는 사실을 자각해야 진정 문학일 수 있다. 한수의 시는 한발의 포탄을 대신하지 못하지만, 한발의 포탄 역시 한수의 시를 대신할 수 없다. 정치가 행동이라면 정치와 대결하는 문학 역시 행동이지 않을 수 없다. 하지만 그 행동은 행동을 소외시켜 성립하는 행동이다. 그리고 이 장면에서 한 사상가에게 있어 '회귀의 축'이었던 문학은 정치와의 관계에서 다른 이름을 얻는다. '동 중 정'이다. 「정치와 문학」의 장에서 그 표현이 어떻게 쓰이는지 확인하자. 다소 긴 인용이 되겠다.

관계가 없다면 유력도 무력도 생겨날 리 없다. 정치에 대해 문학이 무력한 까닭은 문학 스스로 정치를 소외해 정치와 대결해서 그리된 것이다. 정치에서 유리되면 문학이 아니다. 정치에서 자기의 그림자를 보고

---

55 「『루쉰』(초록)」, 『선집 2』 150면에서 재인용.

그 그림자를 파괴하여, 달리 말해 무력을 자각하여 문학은 문학이 된다. 정치는 행동이다. 따라서 거기에 맞서는 것 또한 행동이지 않으면 안 된다. 문학은 행동이다. 관념이 아니다. 그러나 그 행동은 행동을 소외시켜 성립하는 행동이다. 문학은 행동의 바깥이 아니라 행동 속에서 회전하는 구의 축처럼 일신에 동(動)을 집중시키는 극치적인 정(靜)의 모습이다. 행동 없이 문학은 생겨나지 않지만 행동 자체는 문학이 아니다. 문학은 "여유의 산물"인 까닭이다. 문학을 낳는 것은 정치다. 그러나 문학은 정치 속에서 자신을 골라낸다. 따라서 혁명은 "문학의 색채를 바"꾼다. 정치와 문학의 관계는 종속관계도 상극관계도 아니다. 정치에 영합하거나 정치를 백안시하면 문학이 아니다. 진정한 문학이란 정치에서 자기의 그림자를 파괴한다. 소위 정치와 문학의 관계는 모순적 자기동일의 관계다. 앞서 인용한 루쉰의 "관이 말하는 '민'과 민이 말하는 '민'"의 구별과 닮은, 정치가 본 문학과 진정한 문학의 구분이 여기에 있다. 진정한 문학은 정치에 반대하지 않고, 다만 정치로 자기를 지탱하는 문학을 경멸한다. 루쉰은 쑨 원에게서 '영원한 혁명가'를 보지 못하고 혁명의 성공자 혹은 혁명의 실패자를 보는 문학을 경멸한다. 왜 경멸하는가. 그런 상대적 세계는 '응고된 세계'로서 자기생성은 일어나지 않고, 따라서 문학가는 그 세계에서 사멸해가지 않을 수 없기 때문이다. 문학을 낳는 근원의 장소는 늘 정치가 둘러싸고 있어야 한다. 이는 문학이 꽃을 피우기 위한 가혹한 자연조건이다. 허약한 꽃은 피어나지 못할 것이며 질긴 꽃은 긴 생명을 얻으리라. 나는 현대 중국문학과 루쉰에게서 그것을 본다.[56]

더 보탤 말은 없다. 정치가 루쉰은 문학가 루쉰에게서 발하며, 그 문

---

56 같은 글 156면.

학가를 가능케 하는 문학은 정치라는 혹독한 환경에서 태어난다. 한 사상가에게 '회귀의 축'이었던 문학이 정치와의 관계에서는 '동 중 정'을 이룬다.

이제 『루쉰』이라는 버팀목을 치우고 다시 타께우찌가 '정치와 문학'의 관계를 어떻게 사고했는지 살펴보자. 전쟁이 끝난 지 채 1년도 지나지 않아 일본의 사상계에서는 '정치와 문학' 논쟁이 일었다. 이 논쟁은 1946년 5월 히라노 켄(平野謙)이 발표한 「한가지 안티테제」와 같은 해 8월 나까노 시게하루(中野重治)가 발표한 「비평의 인간성 1」에 의해 달아올랐다. 논쟁은 전전의 프롤레타리아문학, 특히 코바야시 타끼지(小林多喜二)의 문학과 인간성의 관계문제를 둘러싸고 전개되었다. 민주주의 문학 진영 내부의 진보적 지식인으로부터 격렬한 반향이 일어 논쟁은 1948년까지 3년간 지속되었다.

코바야시 타끼지는 전시기를 살아가며 현실적 리얼리즘에 기반해 사회문제를 다룬 소설가였다. 가령 그는 『게 가공선』(蟹工船, 1929년 『전기(戰旗)』에 발표)에서 통조림 어선의 노동자들이 어떻게 법의 사각지대로 내몰려 혹사당하고 또 분노하며 싸워가고 있는지를 사실적으로 묘사했는데, 이 작품으로 인해 불경죄로 기소되기도 했다. 한편 그는 현실운동에도 가담하여 1930년에는 일본프롤레타리아작가동맹의 서기장이 되었으며, 1931년에는 비합법인 일본공산당에 입당했다. 그는 결국 1933년에 특고경찰에 체포되어 고문을 당한 끝에 스물아홉이라는 젊은 나이로 생을 마쳤는데, 그의 유체는 고문으로 심하게 훼손된 상태였다고 한다. 그의 죽음은 곧 루쉰, 로맹 롤랑(Romain Rolland)을 비롯한 국내외 진보적 문학가들과 여러 단체의 추도와 항의를 불러일으켰다. 장례는 1933년 3월 15일에 노농장(勞農葬)으로 거행되었다. 그는 정치와 문학의 관계를 끝끝내 놓지 않았던 인물이다.

여기서 '정치와 문학' 논쟁을 상세히 다루기는 어렵다. 다만 이 논쟁에서 타께우찌가 '정치와 문학' 사이의 '와'라는 문제를 파고들었다는 점만큼은 강조해두고자 한다. 논쟁에서 문학은 추상화되어 정치를 상대하는 항으로 실체화되었다. '정치와 문학'을 연결하는 '와'는 양자를 각각 실체로서 존재하는 장르의 차이로 만들어버렸다. 여기에는 여러 변주가 있다. '정치와 문화' '사상과 정치' 등. 정치·문학·문화·사상이 서로 대립하는 장르로 추상화되면, 그것들이 지니는 존재방식과 관계 양상의 복잡성은 가려지고 만다.

그러나 타께우찌는 문학과 정치의 관계를 회귀의 축과 그것이 발한 빛, 혹은 정(靜)과 정을 감싸고 있는 동(動)의 관계로 보았다. 같은 위상에서 맞서는 장르의 구분이 아니었다. 문학과 정치를 장르라고 여겨 그것들을 조합한 '문학의 정치성'이란 기껏해야 문학이 얼마나 정치적 지도이념을 충실히 구현하는가라는 식이 되어버린다. 그러나 앞의 인용구를 다시 취해오면 "정치와 문학의 관계는 종속관계도 상극관계도 아니다. 정치에 영합하거나 정치를 백안시하면 문학이 아니다." 동시에 "진정한 문학이란 정치에서 자기의 그림자를 파괴한다. (…) 진정한 문학은 정치에 반대하지 않고, 다만 정치로 자기를 지탱하는 문학을 경멸한다."

정치에 에워싸여 정치를 낳는 문학이 해야 할 바를 분명한 어조로 기술한 것은 1948년의 「중국문학의 정치성」이다. 그러나 이 글은 제목과 달리 일본문학의 정치성을 다루고 있다. 이 글에서 그는 논쟁의 쟁점을 문학과 정치가 대등한가 여부가 아니라 문학과 정치는 어떻게 생산적 관계를 이룰 것인가로 옮겨갔다. 그는 '정치와 문학' 논쟁에서 쟁점이 된 코바야시 타끼지 평가에 대해 이렇게 말한다. "고바야시는 자신이 걸어간 길이 험난하다고 가르치고 있다. 그 가르침을 되새기지 않으면

피는 헛되이 흘리고 만다. 전차에 죽창으로 덤벼들어선 안 된다. 그것을 몸소 보여주었던 자가 고바야시다. 그 실험은 귀중하지만 귀중한 만큼 감상에 빠지지 말고 실험의 결과를 살려내야 한다. 이것이 남은 자의 책임이다. 그 책임을 자각하도록 이끄는 것이 양식이자 넓은 의미의 정치감각이다."[57] 그리고 코바야시 타끼지를 떠받드는 일본 프롤레타리아 문학가들을 이렇게 비판한다. "일본의 프롤레타리아문학은 고바야시를 본받으라고 외쳤지만, 고바야시가 걸어간 그 험준한 길을 누구나 걸어갈 수 있도록 고르게 다져놓지는 않았다. 그렇다면 일본의 프롤레타리아문학은 고바야시에게도 잘못을 저지른 게 아닐까. 어떤 종류의 정치감각이 결여되어 있다고 생각한다."[58] 그리고 중국문학을 두고는 이렇게 말한다. "중국의 근대문학에서도 고바야시와 같은 희생이 있었다. 그러나 그 희생은 사회적 연대감으로 떠받쳐졌지 고바야시처럼 고립되지 않았다. 희생이 나올 때마다 그 희생이 지운 하중이 민중 한 사람 한 사람이 짊어질 수 있는 양으로 세분되고, 책임에 대한 자각도 그 한 사람 한 사람에게 이식되었다. 그 총량이 8년간의 항일 독립전쟁을 지탱했다. 일본에서는 희생의 하중을 세분하는 지반이 없었고 지반을 만들려고도 하지 않았다. 이것은 전술이 아니라 문화구조의 문제다. 전술의 문제로 생각한다면 정치감각이 결여되었다는 증거다."[59]

여기서 눈에 들어오는 것은 거듭 반복되고 있는 '정치감각'이라는 표현이다. 그리고 인용구에서 '정치감각'은 목적을 달성하기 위한 희생을 최소화하되 그 희생의 무게를 세분하여 나눠 갖기 위해 갖춰야 할 개인적 요소이자 사회적 바탕으로 진술되고 있다. 코바야시 타끼지를 진정

---

57 「중국문학의 정치성」, 『선집 1』 197면.
58 같은 글 196~97면.
59 같은 글 198면.

계승하려면 그를 신성시할 것이 아니라 다시는 그런 희생이 나오지 않도록 희생의 의미를 새겨야 하며, 만약 희생이 나온다면 한 사람 한 사람의 몫으로 그 희생의 하중을 나눠야 한다. 그러려면 문학가들은 진실을 토해내되 그 진실은 날것 그대로의 진실이어서는 안 되며, 그렇게 토해낸 진실을 대중에게 떠먹여주어서도 안 된다. 묵중함을 지닌 진실을 꺼내야 하며, 그것을 삼키는 고통으로 그 진실이 대중의 육체에 각인될 수 있도록 진실에 표현을 입혀야 한다. 저기 바깥에 확고한 목표를 세워두고 그곳으로 대중을 몰아가는 표현이어서는 안 된다. 스스로 달리고 있는 자라면 목표는 흔들려 보이게 마련이다. 앞으로 나아가려고 노로 물을 저으면 배는 흔들리게 마련이다. 그 흔들림과 쓰라림을 맛보고 감내할 수 있는 언어로 승화시켜내야 '정치감각'을 지닌 문학가일 수 있다.

이리하여 이제 문학과 정치의 관계는 두개의 대치하는 실체가 아니라 얽혀 있는 기능 사이의 관계가 된다. 정치가 행위이듯 문학 역시 행위이나 문학은 정치와는 다른 위상에서 행위됨을 이룬다. 문학은 직접적 효용성이나 정치성을 추구하지 않는다. 정치에 숨결을 불어넣으면서도 유동적인 채로 자기갱신할 수 있어야지 응고되어서는 안 된다. 그런 까닭에 루쉰의 '작가인생 방기'는 그가 문학가임을 저버렸다는 의미가 아닐 수 있었다. 오히려 그는 창작에 담지 않은 것을 잡감으로 옮겨줄곧 현역일 수 있었다. 그리고 나는 이렇게 믿는다. 타께우찌 역시 문학가가 아닌 채로 문학적 정신을 고수했다고 말이다.

12. 논쟁과 문학적 자세

「중국문학의 정치성」은 '정치와 문학' 논쟁에 개입하는 글인 동시에 국민문학논쟁의 포문을 여는 글이기도 했다. '정치와 문학' 논쟁을 받아안고는 한 걸음 더 내디디려고 한 것이다. 그는 '정치와 문학' 논쟁에서 문학은 공공성을 담보하고 개방적 형태여야 하며, 시대의 하중을 대중과 나누도록 표현을 일궈내야 한다고 주장했는데, 국민문학론을 제기하여 그 대중의 존재를 '국민'으로 보다 분명히 해두려 한 것이다. 그는 1948년부터 1954년까지 17편의 글을 발표하여 근대주의의 지적 풍토 속에서 문학이 민족문제를 어떻게 사고해야 할지를 밝혔다. 그 글들은 이후 『국민문학론』(國民文學論, 東京大學出版會 1954)이라는 책으로 묶였다. 그리고 국민문학론은 전후 일본의 문학계와 사상계의 한 시기를 풍미한 논쟁이 되었다.

그러나 '국민문학론'이란 말에는 껄끄러운 전사가 있다. 국민문학론은 전시기인 1937년부터 1943년 무렵에 이미 한차례 제기된 바 있는데 주로 국가주의의 입장에서 일본정신을 미화하고 일본의 내셔널리즘을 고무하는 내용이었다. 그런 사정으로 전후에 국민문학론을 입에 담는다면 국가주의 사조라는 혐의를 사기에 충분했다. 그러나 타께우찌는 말한다. "설령 '국민문학'이라는 말이 한번 더럽혀졌다고 한들 오늘날 우리가 국민문학을 향한 염원을 버릴 수는 없다."[60] 또한 1951년에는 일본공산당의 주류가 신강령의 초안에서 '인민'을 '국민'으로 바꾸고 국민문학의 건설을 사명으로 내세웠다. 그들은 미국의 예속 아래에 놓여 있는 현실을 직시하고 나라의 독립을 쟁취하기 위해 호명대상을 인민에서 국민으로 바꾼 것이다. 그리하여 국민문학론이란 말이 지니는 어두운 색채는 점차 가시게 된다. 그러나 동시에 그 말은 여러 겹의 이데올로기로 덧칠되었다. 문제는 뒤섞여 있었고, 입에 담는 사람에 따라 말

---

60 「근대주의와 민족의 문제」, 『선집 1』 235면.

의 울림은 달랐다. 이 상황에서 타께우찌는 어느 한 입장을 택하기보다 논쟁에서 어떤 기능적 역할을 자임했다. 국민문학논쟁에서 그의 입장은 선명하지 않았지만, 그가 취한 태도는 '정치와 문학'의 관계에 관한 그의 사고를 선명하게 보여준다.

나는 창작행위가 아니더라도 그가 어떻게 자신이 말한 의미에서 문학가일 수 있었는지를 이 논쟁이 잘 보여준다고 생각한다. 다시 「중국문학의 정치성」으로 돌아가자. 아까는 그가 문학과 정치감각을 어떻게 이어맺었는지에 주목했지만, 이제는 타께우찌 요시미 자신이 그 정치감각을 어떻게 형상화했는지를 살펴볼 차례다. 앞서 다뤘지만 코바야시 타끼지에 관한 평가를 둘러싸고 『근대문학(近代文學)』파의 작가인 아라 마사히또(荒正人)나 히라노 켄과 나까노 시게하루 사이에서 논쟁이 있었다. 아라 마사히또와 히라노 켄은 코바야시 타끼지를 비인간적이고 전근대적이라 평하면서, 코바야시 타끼지는 선구적이고 그의 희생은 숭고하지만 바로 그렇기에 대중에게 경원시된다고 지적했다. 이에 대해 나까노는 그런 비판이야말로 비인간적이라며 반박했다. 그렇다면 코바야시 타끼지에 대한 타께우찌의 평가는 어떠했던가. "코바야시 다키지는 어떤 아슬아슬한 극한을 살아간 사람이라고 생각한다. 한없이 올바르고 한없이 아름답다. 나는 고바야시를 민족의 자랑으로 여긴다. 일본 프롤레타리아문학의 모든 역사가 잘못되었더라도(이것은 나의 가설이다) 고바야시를 낳았으니 그 잘못은 구원될 수 있다고 생각할 정도다."[61] 따라서 타께우찌는 나까노의 손을 들어준다. 그 논의라면 나까노가 이긴 것이 분명하다. 그러나 「중국문학의 정치성」에서 정작 타께우찌의 비판은 주로 나까노를 향한다.

---

61 「중국문학의 정치성」, 『선집 1』 196면.

그는 논쟁을 소중히 다루고, 그것이 창조적이게끔 만들고자 했다. 나까노가 논쟁하는 자세는 훌륭했다. 내가 보건대 그의 완전한 승리다. 그는 논쟁 상대를 멀찌감치 따돌렸다. 그건 확실하다. 그러나 그 점이 내게는 불만이다. 나까노의 승리가 완전하다면 완전할수록 내 불만도 커진다.

아라=히라노는 문제를 제기하는 방식이 잘못되었다. 나까노는 그 잘못을 논파했다. 그러나 논파된 것은 잘못된 문제제기 방식일 뿐 제기된 문제는 남는다. 설사 잘못되었더라도 그런 문제를 제기할 만한 사실의 근거는 부정되지 않는다. 그 근거를 탐색하는 방향으로 논쟁을 심화하고 논쟁 자체를 사회화하는 적극적 면모는 상대를 거꾸러뜨리는 논쟁의 가차 없음 속에 묻혀버렸다. 나까노는 논쟁을 작품으로 완성시키고자 너무 서두른 듯하다. 결국 그는 논쟁에서조차 시인다웠다. 일종의 정치성이 누락되었다. 따라서 이 논쟁은 우리가 살아가는 방식의 근본에 관한 문제를 머금었지만, 결과적으로는 그런 일반적 형태로 발전하지 못한 채 문단 내부의 문제로, 바깥에서 보면 당파적 대립인 양 비치고 말았다. 당사자로 불러들여야 할 대중을 방관자로 우두커니 세워두고 끝났다.[62]

나까노는 논쟁에서 이겼다. 그러나 그의 승리가 완전할수록 타께우찌의 불만은 커진다. 그는 아라 마사히또와 히라노 켄의 결론은 잘못되었지만 일본의 프롤레타리아문학이 코바야시를 미화하고 절대시하여 코바야시와 대중을 갈라놓고 있으니 코바야시를 재평가하자는 동기만큼은 받아들여야 한다고 말한다. 나까노는 논의에서 이겼지만 그런 식으로 이긴다면 상대의 심정을 비집고 들어가 상대를 납득시킬 수는 없

---

62 같은 글 194~95면.

다. 타께우찌는 그 점이 불만이었다. 그리고 나까노는 논쟁에서 상대는 제압했지만 논쟁으로 대중을 끌어들이는 데는 실패했다.

타께우찌는 국민문학론에 참가하면서 이 점을 줄곧 신경썼다. 그는 어떤 기본적 자세를 견지했다. 논쟁이 지나치게 전문화되지 않도록 대중을 고려하고, 승부를 가르고 끝내는 식이 되지 않도록 생산적 논점을 지속적으로 제시했으며, 그러면서도 논의가 자칫 기본적 논점을 놓쳐 흩어지지 않도록 경계했다. "출발점을 잊지 않는 일과 늘 제삼자인 대중을 향해 말 건네는 일이 비평의 기본이며, 그렇지 않은 비평은 소득이 적다."[63] 그리하여 논의가 지적으로 덧칠되거나, 지엽말단으로 빠지거나, 당사자 사이의 감정다툼으로 비화하거나, 개념을 둘러싸고 공전(空轉)하는 양상으로 전개되면, 집요하리만큼 논의를 다시 본줄기로 돌려 세우려고 애썼다.

반면 이기고 지는 일에는 그다지 구애받지 않았다. 상대가 자신과 입장을 달리 취하더라도 상대의 주장을 무겁게 받아들이고 그런 주장을 제기한 동기를 무시하지 않았다. 그래서 타께우찌가 논쟁을 하며 써낸 글은 독특한 인상을 준다. 자신의 심경은 잘 드러나는 대신에 남을 가르친다는 느낌은 없다. 논쟁에 가담할 때 상대를 가르치려는 태도는 자칫 높은 자리에서 논쟁의 상황을 내려다보는 식이 되어 논쟁이라는 담론 공간에 대한 의식은 형해화되고 이론과 개념 위주의 논의로 흘러버릴 수 있다. 그렇다면 논쟁은 상대 그리고 대중과의 접점을 찾지 못한 채 올바른 결론들의 공회전이 되어버린다.

타께우찌는 논쟁에서 한창 문제를 제기하던 무렵 후꾸다 쯔네아리(福田恒存)라는 지식인에게서 비판을 받은 적이 있다. 하지만 그 비판은,

---

63 「문학에서 독립이란 무엇인가」, 『선집 1』 278면.

타께우찌 요시미의 글에서 보이는 바로는, 내용에 관한 비판이었다기
보다 타께우찌가 괜스레 소란을 피운다는 식이었던 모양이다. 타께우
찌는 그 비판에 경멸을 담아 아주 짧게 답한다. 자신은 "문단을 지키는
개"를 상대할 짬이 없다며 해야 할 일이 끝나면 그때 상대해주겠다는
것이다.

이 장면에서는 개인적 감정도 묻어나지만, 동시에 논의가 본줄기를
잃고 전이되는 상황을 미리 차단하려는 의지도 엿보인다. 그러면서 타
께우찌 자신은 수년간 이어진 논의에서 '문제 정리'의 역할을 자각적으
로 떠맡았다. "국민문학을 어떻게 규정할지를 두고 두 파가 겨루고 있
으며, 이 대립을 분명히 하는 일이 문제를 실천적으로 해결하는 데 유익
하다고 말할 수 있습니다. 적어도 이데올로기만으로 가르는 것보다야
생산적이지 않겠습니까."[64] "국민문학론의 진전을 위해 오늘의 단계에
서 논의를 정리해보자. 정리라고 하니 내가 늘 정리만 하는 것 같아 꺼
림칙하지만 여기서 정리는 하나의 방법이다."[65] "추이를 살피기 위해 나
는 또 한번 정리할 필요를 느낀다. 논쟁점이 드러났으니 거기에 답하면
서 정리를 통해 문제를 부각하고 싶다."[66]

이제 그 사정은 익히 알 수 있다. 그는 논쟁이 갖는 기능성을 주목했
다. 논쟁은 한가지 화두의 무게를 다수 성원과 나눌 수 있는 창구를 내
준다. 그러나 소중한 논점을 갖고 시작된 논쟁이더라도 진행되면서 왕
왕 자기만 아는 미세한 대목으로 논의를 옮겨가 상대를 지식으로 제압
하거나, 상대를 굴복시켜 자기 쪽으로 돌려세우겠다는 이데올로기 투
쟁으로 변질되어버리곤 한다. 타께우찌는 그 자신이 논쟁의 불씨를 지

64 「국민문학의 제창」, 『선집 1』 241면.
65 「국민문학의 문제점」, 『선집 1』 243면.
66 「문학의 자율성 등」, 『선집 1』 258면.

폈지만, 논쟁이 진행되는 와중에는 '문제 정리'의 역할을 스스로 자임한 것이다. '동 중 정'의 자세로 논쟁의 한복판에 버티고 서서, 논의가 자신을 거쳐 사회화되도록 애썼다.

나는 바로 이런 태도에서 그의 문학적 본질과 자각을 읽는다. 그리고 그 태도는 논쟁의 국면에서 두드러졌을 뿐 그에겐 일관된 것이었다. 안보투쟁의 전면에 나서서도 한가지 정치적 입장을 취하기보다 '체험의 일반화'를 꺼낸 것도, 전시기 사상을 다루며 단죄하기보다 여러 평가들 사이에서 사상의 자원을 건져내고자 시도한 것도 내게는 같은 태도라고 여겨진다.

13. 이중의 전통

타께우찌에게 국민문학논쟁은 『루쉰』 이래 이어져온 버거운 뒤얽힘, 정치와 문학의 대결, 문학가와 계몽가의 본질적 모순을 정면으로 토해낼 장이었다. 그는 문학적 태도에 기반하여 정치감각을 일궈냈다. 이로써 문학의 정치성만이 아니라 정치의 정치성도 다른 함의를 띠게 되었다. 그는 제 몸을 사르고자 불을 지피고 스스로 불 속에 뛰어들어서도(정치의 정치성), 그속에서 불이 쉽사리 꺼지지 않도록 자세를 유지했다(문학의 정치성). 불쏘시개이자 동시에 땔감의 역할을 맡았다. 그리하여 그가 연소될 때 그 향은 멀리 퍼졌다. 그는 진정 그리했다. 그러나 실패했다. 적어도 스스로 그리 여겼다. 미리 보았듯이 "국민문학론이 유산"[67]되는 바람에 「근대의 초극」으로 나서지 않았던가. 그런데 왜

---

67 「근대의 초극」, 『선집 1』 170면.

인가. 국민문학론이 '유산'되었기 때문이다. 국민문학론을 거쳐 전통을 낳는 일에 실패했기 때문이다.

다만 나는 타께우찌가 이 논쟁에서 루쉰을 떠올리며 저만큼 버틸 수 있었다고 생각한다. 타께우찌에 관한 것이라면 죄다 루쉰을 통해 설명하겠다는 환원론이 아니다. 설령 환원론이라 하더라도 그것은 루쉰이 타께우찌를 이끄는 강렬함만큼이나 타께우찌 스스로가 자신의 환경 아래서 루쉰을 벗 삼아 깊이 고뇌했기에 그리된 것이다. 타께우찌는 국민문학논쟁에 참가하면서 중국문학에서는 문학가로서의 특권을 버리고 국민문학의 발생을 위해 지반을 닦아놓은 인물이 있다면서 루쉰을 꼽았다. 비단 이 시기만이 아니었다. 타께우찌 요시미는 평론가였고, 평론가임을 자각하고 있었다. 그것은 평론을 써내서가 아니라, 창작이 아니어도 루쉰이 문학가일 수 있었다는 의미에서 타께우찌도 평론가였으며, 평론가임을 자각하고 있었다. 논문도 강연도 심지어 일기마저도 평론의 요소를 머금고 있다. 동시에 여러 목소리를 내고 중층적이고 논쟁적이다. 한번 더『루쉰』에서 한 구절을 취해오자.

그는 고통을 표백(表白)하려고 논쟁 상대를 찾았다. 소설을 쓴 것도 고통 탓이고 논쟁을 벌인 것도 고통 때문이다. 소설 속에 끝내 토해내지 못한 고통, 그 고통을 버릴 장소를 논쟁에서 찾았다. 논쟁에서 그는 온갖 종류의 사람들을 상대로 삼았고 온갖 종류의 사람에게서 비웃음을 샀다. 보다 못해 동정하는 사람이라도 있으면 그는 동정한다며 대들었다. 이토록 편집광적이었다. 구제할 방도가 없었다. 하지만 그는 사실 상대가 아니라 자기 속에 있는, 어찌할 수 없는 고통과 씨름했다. 그는 그 고통을 자기에게서 뽑아내 상대 속에 둔다. 그러고는 대상화된 그 고통에 타격을 가한다. 그의 논쟁은 이렇게 이루어졌다. 이른바 그는 자신이 만들어낸 '아Q'와 싸웠던 것이다. 따라서 그의 논쟁은 본질에서 문학적이다. 결국 행위 이외의 아무것도 아니다. 작가가 작품 속에서 할 일을 그는 작품 밖에서 한 것이다. 비평가가 비평의 세계를 구축하듯이 그는 논쟁으로 세계 바깥에 세계를 구축했던 것이다. 그는 자신을 괴롭히는 하나의 그림자를 이미 알고 있었다. 그 그림자는 일찍이 그를 안에서 괴롭혔지만, 지금은 대상이 되어 그의 앞에 있다. 그것과 맞서는 것이 그에게는 자기를 표현하는 길이다. 그리고 그렇게 했다. 그것은 무엇보다 첫째 의미에서 문학가의 길이다.

이제 그는 논쟁가다. 그는 자신이 소외시킨 자기 이외의 것과 논쟁을 통해 대결한다. 그 대결의 장소가 그에게는 자기표현의 장소다. (…) 일찍이 암흑의 밑바닥에서 자기를 형성했던 그가 이제 작열하는 태양 아래서 자기를 재형성해야만 하는 것이다. 논쟁은 그러한 성질을 지녔으며, 열 손가락이 모자라는 잡감집은 그 기록으로서 작품 아닌 작품인 것이다.[68]

이제 그 말을 꺼내도 되겠다. '쩡짜(挣扎)'라는 말이다. 타께우찌가 루쉰에게서 받은 영향이 어떠한 것이었는지를 설명하고자 전부터 사용하고 싶은 말이었으나, 너무 일찍 꺼내면 내 언어로 풀어내지 않고 그 말에 의탁해 안이하게 넘어갈까봐 미뤄두었던 말이다. 문학이 행위일 수 있고, 행위로서 정치를 낳을 수 있고, '동 중 정'인 채로 시대의 부침과 함께 살아갈 수 있고, 그 문학적 자각을 품은 자가 선각자가 되기를 거부하는데도 역사에 자국을 남기는 까닭을 하나의 태도로서 설명하려면 이제 이 말을 피해갈 수 없다. 『루쉰』의 주석에서 타께우찌는 이렇게 적

---

68 「『루쉰』(초록)」, 『선집 2』 120면.

는다. "쩡쟈chêng-cha라는 중국어는 참다, 용서하다, 발버둥치다, 고집을 세우다 등의 의미를 지닌다. 루쉰의 정신을 이해하는 데 중요한 단서라 여겨 원어 그대로 종종 인용한다. 굳이 일본어로 옮긴다면 요즘 말로는 '저항'에 가깝다."[69]

타께우찌는 굳이 옮기자면 일본어의 저항과 가깝다고 말했지만, 쩡쟈는 통상의 저항과는 힘의 방향이 다르다. 흔히 저항은 주체가 자신이 아닌 자기 외부에 있는 대상과 대치하는 것으로 여겨지지만 쩡쟈는 타자를 향하는 만큼이나 자신을 향한다. 타께우찌는 쩡쟈를 이미지로 그릴 때 "끄집어낸다"는 표현을 곧잘 사용한다. 쩡쟈는 타자 속에 자기를 투입하고 그 속에서 자신을 끄집어내는 자기선택의 과정이다. 이로써 "자기임을 거절하고 동시에 자기 아님도 거부한다."[70] 주체는 쩡쟈를 통해 타자와의 대립 속에서 자신을 씻어낸다. 동시에 부단히 회심의 축을 향해 돌며 자기를 부정한다. 타자도 진정 타자이려면 부단히 갱신되어야 한다. 이로써 주체가 얻는 것은 유동성이다. 타께우찌가 말하는 동(動)이란, 행위란 바로 이런 의미다.

그러나 쩡쟈는 철학적이지 않으며 더군다나 지적 유희와는 무관하다. 오히려 지체된 근대화를 겪은 주변이라는 장소에서 가능한 저항의 양식을 가리킨다. 자신은 뒤처진 존재다. 그래서 지금의 자신에 그대로 머물러 있을 수 없다. 그러나 지체를 만회하기 위해 앞서 있는 자를 따라나선다고 해도 상황을 타개할 수는 없다. 루쉰이 말한 '바깥에서의 구원'을 바라는 심리가, 앞서나간 자를 쫓아가겠다는 운동이 오히려 자신을 뒤처진 존재로 만들고 있다. 그렇게 깨어나고도 가야 할 길이 없

---

69 같은 글 108면.
70 「근대란 무엇인가」, 『선집 2』 249면.

다. 그 조건에서 가능한 유일한 저항의 양식을 타께우찌는 쩡짜라고 불렀다.

쩡짜는 이러하다. 흔히 대립된다고 간주되는 모순의 양 끝을 주체의 일신으로 모으고 거기서 주체의 새로운 정신 형성을 촉발한다. 그로써 본원의 축을 잃지 않으면서도 자기갱신을 이룬다. 그렇듯 앞서나간 자에 견주어 자기 위치를 확인하는 것이 아니라 자신의 좌표를 스스로 만들어낸다. 타께우찌는 그렇게 사상했다. 한 축에서는 동시대 자기 사회의 다른 입장과 대치하면서도 그것들을 취했으며, 다른 축에서는 지난 시대에서 사상적 유산을 건져올려 이후 시대로 넘겨주고자 노력했다. 그 지난한 과정을 통해 그는 자신의 운동을 기술하는 좌표축을 새로 짜냈다.

그런 의미에서 타께우찌는 전통에 관해 이중적 작업을 수행했다. 그에게 전통이란 그저 과거의 대상이 아니었다. 현재의 문제의식 속에서 복잡한 전환을 거쳐야만 비로소 계승가능한 무엇, 혁명의 에네르기로 이어질 수 있다고 여겼다. 거꾸로 "〔과거와의〕 단절을 이루려면 그 자체로서는 단절할 수 없는 전통이 필요하다. 전통은 혁신이 자신을 실현하는 장이다."[71] "불 속에서 밤을 줍겠다"던 것 역시 실현되지 못한 채 잠재해 있는 역사의 가능성을 현시점에서 되살리려는 시도였다. 그는 지난 사상적 유산이 그토록 얼룩져 있는데도 불구하고 완고하다고 할 만큼 사상적 전통을 형성하는 일에 힘을 기울였다. 그 더럽혀진 사상적 유산과 대결한다는 것은 그에게 매순간 그것을 고쳐읽어 거기서 생명력을 길어올리는 일이었다. 더럽혀진 사상적 유산을 이데올로기의 잣대로 재단하면 현재 계승할 수 있는 문제의식마저 버리게 되니 가능성의

---

71 「국민문학의 문제점」, 『선집 1』 250면.

폭에서 그것을 다시 붙들고자 했다.

이와 아울러, 아니 바로 그 이유에서 그는 현재를 전통화하고자 노력했다. 국민문학논쟁에 참가하여 그가 취한 자세가 증명하고 있지 않은가. 그는 평론가다. 비판이 난무하는 논쟁의 한복판에 뛰어들어 그 자신도 논쟁의 문자를 새겼다. 그러나 그는 비판을 내놓을 때 한가지 원칙을 지키고 있었다. 그에게 가장 경계해야 할 비판이란 비판의 주체가 그 비판행위로 상처 입지 않는 비판이다. 자신이 다치지 않을 안전한 거리를 확보해두고 꺼내는 비판이다. 자신의 변화를 거부하는 비판이다. 비판하면 비판할수록 대상도 주체도 더욱 딱딱하게 굳어버리는 비판이다. 여기서 비판행위로 비판의 주체가 변화할 수 있는지 여부는 그 비판의 옳고 그름으로 따질 수 없다. 비판대상 안에 비판하는 주체가 내재하는지가 관건이 된다. 이것이 바로 쩡짜의 의미다.

그리고 그는 바깥에서 주어지는 올바름도 거부했다. 루쉰이 문학가이듯 타께우찌가 평론가일 수 있었던 또다른 이유다. 그는 자유, 민주주의 따위의 유럽산 가치를 매개 없이 들여오는 태도를 거부했다. 오히려 근대화의 지체를 겪은 곳에서는 바깥에서 재빠르게 가치를 기성품 삼아 들여오는 진보주의가 타락하게 마련이라고 여겼다. 그는 일본인의 심정을 울트라 내셔널리즘(노예주적, 따라서 노예적 내셔널리즘)을 부추기는 데 써먹는 보수주의자와도 타협 없이 싸웠지만, 유럽산 가치를 제 권위인 양 들먹이는 진보주의자와도 거리를 두었다. 그는 구세대를 공격했을 뿐 아니라 신세대도 꾸짖었다. 그래서 나오는 보수주의자·진보주의자·구세대·신세대의 비판을 달게 여기며 '동 중 정'을 지켰다.

깨어나 떠나야 하나 길은 마련되어 있지 않다. 그러려면 제 손으로 어둠의 구석구석을 더듬으며 길을 내야 한다. 그것이 타께우찌에게는 지난 역사에서 전통의 요소를 건져내고 동시에 현재를 전통화하는 작업이었다. 그 일을 해내려면 어떤 자각이 필요하다. 즉 선각자가 되기를 포기하고 대신 대립하는 가치들과 입장들과 세대들 사이로 들어가 양측의 무게를 받아안으며 거기서 다리를 놓아야 한다. 선각자가 되기를 포기한 자의 역할이란 그 모순의 무게를 받아안고 답이 아닌 물음과 고뇌를 역사에 새기는 일이다. 그가 루쉰을 평생의 동반자로 삼은 까닭도 이것이겠다. "새로운 가치가, 밖에서 더해지는 것이 아니라 낡은 가치를 갱신함으로써 생겨나는 과정에서는 어떤 희생이 요구된다. 그 희생을 한 몸에 짊어졌던 이가 루쉰이었다."[72]

14. 결어

타께우찌 요시미는 계몽가였다. 허무의 심연을 내면에 품고 그 고독을 곱씹으면서도 그는 계몽가였다. 이것이 그의 문학적 본질이다. 나는 이 점을 주장하고 싶었다. 그러나 아슬아슬하게 그의 흔적들을 엮어가며 논증하는 흉내를 내보았지만, 논리는 돌아보기가 부끄러울 만큼 성글다. 결국 타께우찌 안으로 육박해들어가지 못한 탓이다. 내게는 아직 그 일을 감당할 만한 힘이 없는 것이다.

가령 나는 『루쉰』을 번번이 끌어왔지만, 거기서 타께우찌가 내놓은 '죄의식'이라는 대목은 피해갔다. 그것이 타께우찌가 만년에 쓸쓸함을 토로하고 생의 마지막 작업으로 『루쉰 문집』의 번역에 나섰던 사정과 관련된다고 짐작하지만, 나의 언어로는 밝혀낼 수 없었다. 또 인용해놓은 대목도 너무나 많이 눈에 띈다. 마음이 머물러 도저히 옮겨지지 않을

---

72 「사상가 루쉰」, 『루쉰』 184면.

수 없는 그의 흔적들이 너무도 많아서였지만, 단순히 애착이라고 말해서도 안 되겠다. 『루쉰』에도 역시 인용구는 많지만, 『루쉰』을 이끌고 가는 내재적 논리는 타께우찌 자신에게서 나왔다. 그러나 내 경우는 타께우찌의 문구에 끌려다닌 흔적이 역력하다. 그것은 각 장마다 감정의 기복이 심한 데서도 드러난다. 내가 인용하려고 준비해둔 구절에 담겨 있는 타께우찌의 정서가 타께우찌를 향한 나의 간절함보다 더 강했던 까닭이다.

또한 인용으로 취하지 않은 곳에서도 이미 번역하는 동안 몸에 배어버린 그의 문장들이 내 문장인 양 쓰여 있을 것만 같다. 나는 그가 일러준 말들 말고는 그를 사고할 수 있는 말을 스스로 만들어낼 재간이 없다. 그의 바깥에서 나를 성립시키지 못한다. 다만 그가 『루쉰』과 루쉰을 두고 한 말들이 자신을 위해 예비해둔 것이라는 직감만큼은 자신이 있다. 그리고 타께우찌 역시 문자를 새길 때 토해낸 것만큼이나 버린 것이 있었을 것이다. 나는 그가, 그 버린 것들을 훗날 누군가가 건져주기를 바랐다고 믿는다. 그리고 루쉰을 향해 글을 쓰면서 그 복선을 깔아두었다고 믿는다.

결국 이 글은 언젠가 다시 써야 할지 모른다. 다만 중간단계에서 주장을 내놓는다면, 오늘날 타께우찌가 다시 읽히고 동아시아론의 맥락 속에서 효용성을 얻고 있지만, 타께우찌의 본질로 육박하지 못한다면 오독이 될 뿐만 아니라 그 효용성조차 금세 시들고 말 것이다. 타께우찌를 읽어내는 일은 시대가 요구하는 효용성만큼이나 어떤 영원성에 발 딛고 있어야 한다. 그 영원성의 차원에서 그에게 다가가는 시도는 시대를 관류하는 '고뇌의 연대'라고 일단 불러둘 수 있지 않을까 싶다. 그래서 '고뇌의 연대'에 이르지 못한 나는 언젠가 그에게 다가가는 일을 다시 시도해야 할 것이다. 그 숱한 내적 모순과 시대의 무게를 부둥켜안은 타께우찌의 '품'은, 앞으로 내 사상의 여정이랄 것이 있다면 그 좌표로 삼고 싶을 만큼 넓고 또한 깊다. 그리하여 나는 절실함을 갖고 그를 찾아나설 시기가 언젠가 다시 찾아오기를 바라고 있다.

2장 내재하는 중국

타께우찌 요시미에게 중국연구란 무엇이었나

　타께우찌 요시미는 중국연구의 의미를 바꿔놓았다. 이 글 전체의 내용을 한 문장으로 압축하면 이렇게 되겠다. 하지만 이 한 문장을 풀어내려면 꽤나 기나긴 절차를 밟아야겠다. 무엇보다 타께우찌 요시미는 한국에서 생경한 인물이다. 더하여 "중국연구의 의미를 바꿔놓았다"는 진술은 결코 그가 내놓은 한두편의 논문을 가지고서 풀어낼 수 없다. 그때의 변화란 이론틀이나 방법론의 혁신을 뜻한다기보다, '태도'라 할 만한 더한 심층에서 벌어진 일이기 때문이다. 그리하여 이 글도 그가 20대에 학문의 세계에 발을 들여놓아 숨을 거두기까지 보여준 사상역정을 거슬러오르며 그 태도를 음미할 작정이다.

　먼저 타께우찌 요시미는 누구인가? 근래에 일본 사상계에서는 그가 소생했다는 이야기가 들려온다. 타께우찌 요시미에 관한 재평가와 유산화 작업이 활발히 이루어져 2008년 12월만 해도 쿄오또에서는 '타께우찌 요시미가 남긴 것'이라는 공개 심포지엄이 성황리에 개최되었고, 토오꾜오에서는 '타께우찌 요시미를 기록하는 모임'이 발족했다. 타께우찌는 독자적인 역사감각에 근거해 일본인의 주체성을 비판적으로 되물었지만 그의 작업은 그간 일본사상사 안에서 충분히 검토되지 않았다. 하지만 그의 사상적 족적을 유산으로 삼겠다는 후세대의 자각과 더불어 서구우월론과 이에 맞선 반편향인 일본특수론의 이항대립에서 벗어나 일본의 근대를 사고해야 한다는 사상계의 고민, 그리고 탈냉전 시대로 접어들며 중국을 포함한 아시아 국가와의 관계 조정이 요구된다는 사상계 내외의 상황에 힘입어 그는 주목을 모으고 있다.

일본만이 아니라 2003~05년 사이를 기점으로 그의 글은 한국어·중국어·영어·독일어 등으로 번역되어 소개되었다. 타께우찌 요시미에 관한 국제심포지엄은 2004년 독일 하이델베르크 대학에서 처음 개최된 이래 2005년에는 상하이에서 그 바통을 이어받았다. 특히 중국에서는 그해 반일시위가 한창이던 무렵 중국어로 번역된 그의 논문집 『근대의 초극』이 커다란 반향을 얻기도 했다. 하지만 '소생했다'는 말이 그저 과거의 사상가가 다시 읽히기 시작했다는 의미는 아니겠다. 그것은 무엇보다 그가 남긴 흔적에서 오늘을 살아가기 위한 자원을 길어올리려는 시도가 진행 중이며, 그런 노력들이 그의 텍스트에 다시 시대의 숨결을 불어넣었다는 의미겠다. 이 글도 그러한 소생의 한 장면이 되기를 바라는 마음이다.

타께우찌는 복잡한 사상가인지라 그를 개괄하여 소개하기에는 나의 능력이 벅차다. 다만 일반적 평가만을 옮겨보자면, 그는 중국연구자인 동시에 아시아주의를 비롯한 일본의 사상사 연구에 매진했으며, 또한 전후에 들어서는 안보투쟁, 중국과의 강화문제 등 현실에서 부각된 민감한 사안들에 적극적으로 개입한 실천적 지식인이었다. 그리고 주제와 대상이 무엇이었든 간에 그의 작업은 무엇보다 일본인의 시각을 교정하고 일본의 주체성을 기르는 데 그 목표를 두었다는 사실도 널리 회자되는 바다. 서구열강과 맞먹을 듯이 팽창하던 전전의 제국 일본에서도, 패전으로 다시 몇개의 섬으로 쪼그라든 전후의 일본에서도 그는 늘 서구 강대국을 향한 선망과 아시아에 대한 멸시가 공존하는 일본의 사상계, 나아가서는 일반 민중의 시각을 교정하려 애썼다. 하지만 적어놓고 보니 이런 소개도 턱없이 부족하다. 차라리 짜임새를 갖추어 몇 구절이라도 그의 목소리를 직접 옮기는 편이 낫겠다.

다만 나는 '타께우찌 요시미는 중국연구자였다'라는 너무도 자명한 명제에 의문을 내놓으면서 이 글을 시작하고 싶다. 거기에 보태고픈 말이 있다. 그는 분명히 지나문학과를 나왔고 중국문학연구회를 꾸려 자신의 지적 당파성을 구축했고, 그의 처녀작은 『루쉰』이며, 그는 전전에도 전후에도 끊임없이 중국의 동향을 주시했으며, 죽는 순간까지 『루쉰 문집』의 간행에 힘을 쏟았다. 그는 다름 아닌 중국연구자였다. 하지만 그의 흔적을 뒤쫓다 보면 기존의 '연구'라는 말로는 담기 어려운 요소가 너무도 많다. 그 까닭은 무엇보다 그와 중국의 만남은 연구자와 연구 대상의 만남이라고 하기에는 너무나 절실했기 때문이다. 그를 중국연구자라고 부른다면, 그로써 '연구'의 일반적 의미가 바뀔 지경이다. 나는 그 대목을 주목하고 싶다.

어떠한 지식은, 특히 인문사회과학의 지식은 정합성과 아울러 기능성·윤리성을 지닌다고 생각한다. 지식은 지적 주체와 지적 대상, 그리고 지적 환경의 관계 속에서 형성된다. 그 가운데 정합성이 대상에 대한 지식의 논리적 설득력에서 판가름 난다면, 기능성은 그 지식이 지적 세계(혹은 현실세계)에서 어떻게 작용하는지와 관련되며, 윤리성은 그 지식과 지적 주체 자신의 관계와 좀더 밀접히 관련된다고 구분해보고 싶다. 즉 윤리성은 자신이 내놓은 지식을 매개해 지적 주체가 대상 안으로 진입하고, 더 나아가 스스로 바뀔 수 있는지 여부에 달려 있다. 만약 이런 구분이 성립한다면, 그의 중국연구는 결코 정합성의 측면에서만 이루어지지는 않았다(이런 구분 자체가 타께우찌를 읽고 나서야 가능했다). 그에게 '중국'이란 단순히 자기 바깥에 머물러 실재하는 대상이 아니었으며, 따라서 '중국연구'도 중국에 관한 확실한 지식을 움켜쥐는 데 그 목표가 있지 않았다. 그에게 중국연구란 자신이 살아갈 방향을 가리키는 나침반과도 같았다. 그리고 그의 중국론은 한번도 일본론이 아닌 적이 없었다.

이제 나는 20대부터 그의 행적을 좇아 그에게 중국의 의미가 무엇이었는지를 살펴보고자 한다. 그의 여정을 따라가면 시대가 바뀜에 따라서 시대의 요청에 부응하듯이 그의 중국이해도 미묘하게 바뀌어갔음을 알 수 있다. 그리하여 그 변화를 따라가는 일이 일본과 중국 사이의 역사적 과제들을 거슬러오르는 작업에 값한다. 여기서는 그렇듯 시대에 따라 바뀌어간 그의 중국이해에 '매개'니 '방법'이니 하며 각기 다른 이름을 달아보았다. 하지만 그 변화는 결코 단계를 뜻하지 않는다. 한 곳에서, 한가지 태도에서 뻗어나온다. 그 태도를 이름 짓는다면, 타께우찌 자신의 책제목인 '내재하는 중국(內なる中國)'이 가장 잘 어울릴 것이다.

1. 지나, 자기 실존에 표현을 입히는 장소

타께우찌 요시미는 1931년 토오꾜오제국대학 문학부 지나철학·지나문학과에 입학했다. 하지만 그해를 그가 중국연구에 발을 들여놓은 기점으로 삼아도 되는지는 의문이다. 적어도 그의 회고에 따르면, 중국과의 만남은 지나학과가 아니라 입학 1년 후에 떠난 베이징 여행에서 시작되었다. 대학에 입학하고 나서 30년이 지난 1960년에 대학생들을 대상으로 한 강연에서 그는 지나철학·지나문학과에 별 생각 없이 입학했노라고 자신의 이야기를 들려준다. 그 강연은 「방법으로서의 아시아」라는 글로 남아 현재 (동)아시아론에서는 특기할 만한 문헌으로 꼽히고 있다. 그 까닭에는 그가 아시아를 '실체'가 아니라 '방법'으로 제시했기에 오늘날 동아시아를 사고의 실험장으로 삼으려는 시도들에 귀감이 된 사정도 있겠지만, 동시에 자기 신변의 일을 소재로 삼아 이야기를 전개했기에 나타나는 독특한 울림도 한몫했으리라. 자신의 경험에서 사상의 소재를 건져내는 것은 「방법으로서의 아시아」만의 특징이 아니다. 타께우찌에 관해서라면 별도의 자료조사를 거치지 않고 그가 문면에서 들려준 행적만으로도 사상적 여정을 어지간히 짐작할 수 있을 정도다.

그 강연에서 타께우찌는 고등학교를 졸업하면서 편히 지내려면 부모에게 돈을 타서 써야 하니 대학에 들어갔고, 그중에서도 가장 만만한 지나문학과를 골랐다고 털어놓는다. 그렇게 입학했으니 수업에 관심이 있을 리 없었다. 같은 학년으로 이후 중국문학연구회를 꾸릴 때 동지가 된 타께다 타이준(武田泰淳)과도 서로 학교를 나오지 않아 모르고 지냈을 정도다.

그런 타께우찌가 '중국연구'를 마음먹은 계기는 대학수업이 아니라 스물둘에 떠난 베이징 여행이었다. 「방법으로서의 아시아」에서 그는 자신이 중국연구를 시작하게 된 사연과 중국연구의 의미가 바뀌게 된 사정을 두가지 사건을 중심으로 풀어내는데, 그중 첫번째 것이 베이징 여행이다. 이 여행에서 그는 쑨 원의 『삼민주의』(中國共産黨中央執行委員會 1925)를 입수했으며, 무엇보다 베이징에서 살아가는 사람들을 만났다. 강연의 한 대목을 인용해보자.

베이징이라는 도시의 풍경에도 감탄한 바가 있지만, 그것만이 아니라 거기 사는 사람들이 저 자신과 몹시 가깝다는 느낌이 들었습니다. 저처럼 생각하는 사람이 있다는 사실에 감동했던 것입니다. 당시 우리는 대학의 중국문학과에 적을 두고 있으면서도 곤란했던 것이, 중국대륙에 우리와 같은 인간이 실제로 살고 있다는 이미지는 당최 떠오르지 않았죠.[1]

타께우찌는 베이징에서 '실제로 살고 있는' 사람들을 만났고, 그들이 '자신처럼 생각하고 있다'는 데 감동했다. 사실 이때 그가 베이징 사람들과 깊은 대화를 나눴다고 보기는 힘들다. 이어지는 대목에서 그는 말이 통하지 않아 베이징 사람들의 생각을 알 수 없었다며 안타까움을 토로하기 때문이다. 하지만 이 경험은 그에게 중요했다. 그는 이 강연에서 당시의 지나학은 지나에서 사람들이 살아가는 이야기를 들려주지 않았다고 기록하고 있다. 30년의 세월이 지나고 나서의 회고인지라 당시의 심경 그대로라고 잘라말할 수는 없지만, 적어도 그는 베이징 여행의 경험을 학교의 수업과 대비하며 이야기를 엮어가고 있으며, 우리는 그 점을 주목해야 한다.

이윽고 1934년, 타께우찌 요시미는 대학을 졸업했다. 졸업논문은 「위다푸(郁達夫) 연구」였다. 당시 지나철학·지나문학과 서른네명의 졸업생 가운데 중국의 동시대 작가를 논문의 대상으로 택한 학생은 타께우찌 요시미가 유일했다. 그리고 졸업하는 달에 그는 자기 집에서 중국문학연구회를 준비하는 첫번째 총회를 가졌다. 이듬해 2월 타께우찌는 『중국문학월보』를 창간했다. 여기서 회명과 잡지명은 주목할 필요가 있다. 즉 그는 '중국문학'을 자기 활동의 이름으로 취했다. 지금이야 별스러워 보이지 않지만, 당시는 지나학이 압도하던 풍조였다. 그리하여 그

---

1 「방법으로서의 아시아」, 『선집 2』 35~36면.

는 이렇게 적는다. "나는 자신을 남과 구분하고픈 욕망을 느꼈다. 한학이나 지나학의 전통을 뒤엎으려면 중국문학이라는 명칭이 반드시 필요했다."[2] 그는 졸업하자마자 『중국문학월보』를 거처로 삼아 기존 학문세계에 맞선 대결에 나섰다. 그 대결 가운데 베이징을 여행한 체험이 심리의 한 축을 이루었음은 짐작할 수 있는 바다.

그리고 1937년, 이번에는 2년간 베이징으로 유학할 기회를 얻었다. 그 시절의 기록은 일기 「2년간」에 남아 있다. 「2년간」을 보면 일기인지라 의미가 자주 끊기는데, 반복되는 내용은 외롭다거나 허탈감을 달래느라 잔뜩 술을 마시고 취했다거나, 이래선 안 되겠다 싶어 작업을 하려고 마음먹었다가 이윽고 손에서 내려놓으며 그런 자기 자신이 쓸쓸하다거나 하는 것들이다. 대신 나오지 않는 것은 중국 지식계에 관한 언급이다. 그가 유학하던 시기의 베이징은 이미 일본의 점령지였다. 자신의 조국은 자신이 사랑하고 다가서려는 나라와 전쟁을 벌이고 있었으며, 그는 중국의 지식인이 떠나버린 베이징에 유학 온 것이다. 하지만 이 역시 일기의 바깥에서 가져온 설명일 뿐, 일기에서 그런 감상은 드러나지 않는다. 일기를 보는 한 그는 다만 방탕하고 그저 베이징을 살아갔다. 하지만 귀국해서 그는 굳이 그렇듯 "눈을 치켜뜨게 만드는" 일기를 공개했다.[3]

아마도 「2년간」에 담긴 저 2년간의 유학생활은 타국에서 무언가 새로운 지식을 익히는 기간이었다기보다 자신의 깊은 고독을 응시하고 거기서 자신이 살아가야 할 바를 좀더 뚜렷한 형태로 길어올렸던 시간이었으리라. 중국은 그저 타국도 자기 바깥에 놓인 연구대상도 아니었

---

2 「지나와 중국」, 『선집 2』 44면.
3 「2년간」, 『선집 2』 71면.

118 제1부 사상의 원점

다. 그에 앞서 자기 자신과 대면하는 매개였다. 학문 이전에, 그리고 학문적 관계를 감돌고 있는 이러한 만남을 무엇이라 표현해야 한단 말인가. 다만 이렇듯 개인의 정서 속으로 스며든 요소가 없다면, 그의 중국관도 생명력을 잃고 말리라.

여기서 또 한가지 결정적 작품을 꺼내야겠다. 바로『루쉰』이다. 그의『루쉰』은 이미 루쉰 연구자들에게 고전으로 읽히지만, 이 작품이 그저 연구서로만 보이지는 않는다.『루쉰』을 읽으면 여러 곳에서 비약이 눈에 띄는데, 강한 정동(情動)이 그런 비약마저 머금고 하나의 전체상을 구현하고 있다. 그리고 행간에서는 루쉰과 대면하면서 루쉰을 통해 자기 마음의 한 자락에 표현을 입히고 있다. 여기에는 개인적 사정도 있겠다.『루쉰』은 타께우찌의 처녀작이다. 그러나 그는 유서를 쓰는 심정으로『루쉰』을 탈고했다. 그는 곧 중국전선으로 떠나야 할 운명이었다.『루쉰』의 1장이 왜 '삶과 죽음'이 아니라 '죽음과 삶'인지를 이로 미루어 해석한다면 억지일 수 있겠지만, 그는 전선으로 끌려가는 생의 무게 아래서 이 작품을 토해냈다. 더구나 이 무렵 그는 자신이 십년간 심혈을 들인 중국문학연구회를 스스로 해산한 상태였다.

여기서『루쉰』의 내용을 검토하기는 힘들다. 너무도 너른 들판 같고 깊은 숲 같아서다. 아니, 이러한 수사로 넘어가서는 안 된다. 이 작품을 대하고 있노라면 그저 한 자 한 자 옮겨새기고 싶은 심정에 사로잡힐 뿐, 설명할 수 있다는 생각은 들지 않는다. 루쉰의 세계를 그려낼 때 그것은 논리 위에서 구축되지 않고, 타께우찌 자신이 불어넣은 생의 에너지로 지탱되고 있다. 그리하여 그 세계로 들어서려면 타께우찌가 형상화한 루쉰 세계의 모티브를 움켜쥐어야 하는데, 타께우찌의 언어 말고 다른 개념어를 사용하면 모티브를 떠받치고 있는 저 감정이 응고되어 버린다.『루쉰』이라는 작품은 어떤 의미에서 설명되기를 거부하고 있다. 차라리 작품으로 들어서기 위해 읽는 자는 자신의 무엇을 내걸 수 있는지를 묻고 있다.

다만 이 점 하나만은 밝히고 싶다. 『루쉰』은 그에게 '원점'과도 같은 작품이다. 그는 전후 일본 사상계에서 논의를 전개할 때 전전의 시기 루쉰을 통해 사고하던 것을 조금씩 다른 대상 내지 분야에 적용했다고 술회한다. 그것이 한편으론 『현대중국론』이 되고 『일본이데올로기』(日本イデオロギー, 筑摩書房 1952)가 되었다. 하지만 『루쉰』은 그에게 삶의 기축이었기에 사상의 기축도 될 수 있었다. 루쉰에 대한 학적 응용이 아니라 아주 치열하고 농밀한 만남이 여기에 있다.

타께우찌는 『루쉰』에서 루쉰에게 변하지 않은 한 곳, 그가 '회심'이라 일컬었던 한 곳을 찾고자 했다. "모든 사람의 일생에는 어떤 결정적 시기라는 것이 어떤 모습으로든 있을 것이다. 여러 가지 요소가, 요소로서의 기능적인 형태가 아니라, 일생을 돌면서 회귀하는 축으로 형성되는 시기라는 것이 있을 것이다."[4] 그가 '회심의 축'으로 루쉰을 설명하고 루쉰 사상의 탄생과 소멸을 밝혔을 때, 그는 자신의 복잡한 내면세계와 대면하면서 스스로 '회심의 축'을 찾던 중이었으리라. 『루쉰』은 그 시도가 모습을 이룬 산물이다. 설명하지 못하는 무능함을 수사로 대신하고 있음을 알고 있지만, 『루쉰』 같은 작품은 연구대상이 이끄는 힘만이 아니라 주체 쪽에서 대상을 향하는 강렬한 동인이 없이는 써질 수 있는 작품이 아니다. 그리하여 『루쉰』 이후 타께우찌에게 중국은 루쉰적 색채로 짙게 물들었으며, 중국을 대하는 일은 곧 자기이해와 별개의 것이 아니게 되었다.

---

4 「사상의 형성」, 『루쉰』 58~59면.

2. 중국과 지적 당파성

『루쉰』이 나오기 직전, 1943년 1월 타께우찌 요시미는 온몸과 혼을 바친 잡지 『중국문학』을 폐간하기로 결정했다. 왜 이러한 선택을 했던 가. 그전에 그는 『중국문학』을 통해 무엇을 했던가. 그는 어쩌면 『루쉰』을 준비하는 동안 '태반이 논쟁의 글자인' 루쉰에게서 지나학과 대결하던 자기 영혼을 위로할 곳을 찾고 있었는지 모른다(하지만 루쉰에게서 얻은 것은 안식이 아니었으리라). 그는 대학을 갓 졸업하고 학술세계에 들어오자 논쟁부터 시작했다. 더구나 메까다 마꼬또(目加田誠), 요시까와 코오지로오(吉川幸次郎), 쿠라이시 타께시로오(倉石武四郎) 등 당시 내로라하는 지나학자를 논적으로 삼았다. 가령 지나학의 최고봉인 요시까와 코오지로오에 대해 "나에게는 나 자신으로 인해 지나문학이 존재한다. 요시까와 씨에게는 지나문학에 무한히 근접해가는 것이 학문의 태도다"라고 쏘아붙였다. 이 문장은 20대의 그가 논쟁에 임하던 기본자세를 보여준다.

타께우찌가 대학을 다니던 시절은 경사자집(經史子集) 같은 중국고전을 다루던 한학에 반발하여 '과학성'을 내세운 지나학이 부상한 시기다. 프랑스 씨놀로지(sinologie, 중국학)의 영향을 받아 지나학은 순수학문의 입장에서 중국을 일반 학문의 대상으로 삼겠다고 표방했다. 하지만 타께우찌는 그러한 과학적 입장 속에서 중국이 지식의 대상으로 전락했다는 점이 불만이었다. 『중국문학』의 폐간에 이르기까지 그는 그렇듯 『중국문학』을 거점으로 삼아 지나학과의 대결을 자신의 영위로 삼았다. 그런 그가 중국문학연구회를 해산하고 『중국문학』을 폐간하다니, 그 까닭은 무엇인가. 「『중국문학』 폐간과 나」에 나오는 한 구절을 주목하자.

　자기대립물로서의 지나를 긍정해서는 안 된다. 존재로서의 지나는 어디까지나 내 바깥에 있지만 내 바깥에 있는 지나는 극복해야 할 대상으로서 바깥에 있기에 궁극에서 그것은 내 안에 있다 할 것이다. 자타가 대립한다는 것은 의심할 바 없는 진실이나 그 대립이 내게 육체적 고통을 안길 때만 그것은 진실하다. 즉 지나는 궁극에서 부정되어야만 한다. 그것만이 이해이다. 그러려면 지나를 상대하는 지금의 나 자신이 부정되어야만 한다.[5]

　여기서는 "육체적 고통"이라는 표현이 선명하게 눈에 들어온다. 지나는 자기 바깥의 실체로서 존재하는 게 아니라 자기 안의 실감으로서 존재한다. 지나를 궁극으로 부정하는 일은 연구주제와 연구대상이라는 안정된 약속을 깨는 자기갱신을 요구한다. 그런데 타께우찌는 지나학이 아닌 중국문학연구회를 향해 이 말을 꺼냈다. 이것이 『중국문학』폐간한 이유다.

　좀더 자세히 살펴보자. 그는 이 글에서 『중국문학』을 폐간하는 이유로 세가지를 꼽는다. 첫째, 중국문학연구회가 당파성을 상실했기 때문이다. 둘째, 『중국문학』이 대동아문화를 건설하는 데 존재의의를 잃었기 때문이다. 셋째, 중국문학연구회는 현재의 중국을 이해하는 데 무력하기 때문이다. 여기서 다음의 구절은 우선 첫번째 이유를 해명하는 데 유효하겠다.

---

5 「『중국문학』폐간과 나」, 『선집 1』 78면.

그때의 문화는 세속화된 문화이며 단계적 진보의 관념으로, 진정한 문화의 발전과는 하등 관계가 없다. 우리 모임의 궁극적 입장은 그러한 세속을 부정하고 세속화되는 자기자신을 부정하는 데 있다. 세속화는 모임의 발전에 따른 필연적 현상이며 이른바 운명이겠으나 그 운명과 맞서는 일이 거꾸로 우리가 본원에서 일탈하지 않도록 경계하게 만드는 양식이 된다. 따라서 그 태도를 그르치지 않는 한, 해산의 위기는 이제껏 끊이지 않고 찾아왔던 것이다. 경솔히 폐간을 마음먹지 않았다. 하루하루의 영위가 폐간을 향해 성실히 나아가야 했던 것이다. 유감스럽게도 우리의 태도가 공허함에 대해 완전히 성실했다고는 자신 있게 말하지 못하겠다. 해산의 날에 마음이 쓰라린 까닭이다.[6]

당시 중국문학연구회는 세간의 주목을 모으면서 힘을 기르고 있었다. 자신의 입지를 다지는 것을 당파성이라고 한다면, 당파성을 형성하는 중이었다. 하지만 타께우찌는 되레 거기서 세속화의 징후를 읽어냈다. 즉 중국문학연구회에서도 '중국'이 지식의 대상물로 굳어가기 시작한 경향을 감지했다. 그리하여 학계의 주류인 지나학과 닮아가며 개성을 상실해 당파성을 잃고 있다고 보았다. 그에게 당파성이란 외부환경 속에서 자기 입지를 구축하는 것이 아니라, 자기 내부의 본원적 모순 속에서 회의의 정신을 기르고 자신과 환경의 갱신을 동시에 도모한다는 의미였다. 이렇듯 그의 당파성은 그가 『중국문학월보』를 창간하던 시기만큼이나 『중국문학』을 폐간하던 때 선명히 표출되었다. 문화는 세속화된다. 사상은 굳어가고 말은 썩는다. 힘겹게 일군 지적 위상도 타락한다. 그러한 생리를 자각해야만 생존도 개성도, 그리고 당파성도 가능

---

6 같은 글 71면.

하다.

하지만 『중국문학』을 폐간한 두번째 이유는 역시 곤란한 문제로 남는다. 즉 그는 대동아문화, 대동아전쟁을 전면적으로 긍정했다. 그런 사정으로 『『중국문학』 폐간과 나』는 타께우찌 요시미 연구자들을 곤혹스럽게 만든다. 하지만 더한 글이 있으니 「대동아전쟁과 우리의 결의」이다. 두번째 이유를 해명하기 위해 잠시 이 글로 우회하자.

「대동아전쟁과 우리의 결의」는 1942년 12월 8일, '대동아전쟁 선전조칙'이 내려지자 이에 화답하여 작성되었다. 전쟁을 지지하는 선언문이라는 사정도 있겠지만, 이 글은 격정으로 가득 차 있다. 이 시기 그가 써낸 다른 글처럼 여기에도 철학적 용어가 많이 남아 있지만, 그 용어들은 개념으로 정착하지 못하고 오히려 감정의 흐름을 좇는다는 인상이다. 그리고 그 격정은 무엇보다 1931년 만주사변 이후 줄곧 꺼림칙함을 느끼고 있던 상태에서 벗어났다는 해방감으로부터 터져나온다. 즉 그는 대동아전쟁의 개시로 적국이 지나가 아닌 미국과 영국으로 옮겨갔다고 판단했다. 그리하여 유보 없이 대동아전쟁을 지지한다. "대동아전쟁은 훌륭히 지나사변을 완수하고 이것을 세계사에서 부활시켰다. 이제 대동아전쟁을 완수하는 일은 바로 우리의 몫이다."[7]

이 글을 두고는 타께우찌가 당시의 여러 지식인들처럼 발을 헛디뎠다는 평가도 나오지만, 여기서는 그런 평가에 앞서 이 글이 당시 개전을 지지하던 여느 글과 달랐던 특징을 짚어두기로 하자. 첫째, 이 글에서는 교전국인 미국에 대한 언급이 한마디도 나오지 않으며, 전쟁상황에 대한 어떠한 분석도 없다. "싸우자"는 요구가 나오지만 어느 나라를 향하는지가 불분명하다. 전쟁은 근대를 부정하고 그 부정의 끝 간 데서 새로

---

7 「대동아전쟁과 우리의 결의」, 『선집 1』 60면.

운 세계를 스스로 건설하는 계기로 묘사되고 있을 따름이다. 둘째, 적국에 대한 언급이 나오지 않는 대신 타께우찌 자신이 맞서야 할 구체적 대상이 나온다. 바로 "사이비 지나통, 지나학자 및 지조 없는 지나방랑자"이다. 그는 조국의 전쟁을 당파성을 내건 자신의 전쟁으로 전이시켰다.

여기에 또 한가지 단서가 있다. 아직 『중국문학』을 폐간하기 전인 1942년에 제1회 대동아문학자대회가 개최되어 일본문학보국회는 유일한 중국문학 관련 단체로 중국문학연구회를 초대했다. 그러나 타께우찌는 거절했다. 거절의 변은 이렇다.

나는 적어도 이번 회합이 다른 건 몰라도 일본문학 대표와 지나문학 대표의 회합이었다는 말에는, 일본문학의 영예를 위해 그리고 지나문학의 영예를 위해 결코 승복할 수 없다. 승복하지 않는 까닭은 흠잡을 데 없는 회동을 미래에 성사시키겠다는 확신 때문이다. 즉 문학에서 12월 8일을 실현할 수 있다는 자신이 있기 때문이다. 그 미래의 날을 위해 오늘은 일본문학보국회가 회합을 주최해도 나는 가만있겠다.[8]

그는 '대동아문학자대회'라는 허울 좋은 '공영'을 믿지 않았다. 선전조칙이 떨어진 12월 8일을 쌍수 들고 반겼던 일과 대동아문학자대회에 불참한 사실은 그에게 모순되지 않았다. 오히려 '태도'로서 일관된다. 대동아문학자대회는 자신이 생각한 '12월 8일'의 정신과 무관했던 것이다. 그렇다면 그에게 12월 8일은 무엇이었던가.

그 내용은 그가 『중국문학』을 폐간하고 내놓은 「현대지나문학정신에 대하여」에서 확인할 수 있을지 모른다. 그 글에서 타께우찌는 지나

---

8 「대동아문학자대회에 대하여」, 『선집 1』 65면.

를 '현대'지나로 이해할 것을 요구한다. 그 말은 무슨 뜻인가. "현대 지나를 근대로만 이해할 수 있다는 말은 지나가 독자적 근대를 지녔다는 뜻이다."[9] 이 글에서 '현대지나'는 '고전지나'와 대비되어 쓰인다. 그는 "'천(天)'이나 '유교' '중화사상'이라든가, 내려와서는 '현실적 생활태도'나 '생존본능' 등 지나인 특유의 성격처럼 회자되는 것들은 물론이고 '종법사회(宗法社會)'나 '동양적 정체성' '아시아적 생산양식'까지 이 모두가 한결같이 고전지나라는 추상에서 도입된 원리들이다"[10]라고 지적한다. 그리고 기존의 한학만이 아니라 한학의 고루함을 타파했다는 지나학마저 지나를 고전지나로 상대해왔다고 주장했다. 그렇다면 고전지나는 과거형의 지나일 뿐 아니라 어떤 원리를 가지고 사물처럼 쥐락펴락할 수 있는 대상을 뜻하게 되겠다.

그러나 타께우찌는 중국을 중국 자신의 근대에서 읽어내고자 한다. 그래서 그는 아편전쟁(중국이 근대로 포섭된 시기)이 아니라 5·4운동(중국이 근대를 포섭한 시기)을 주목한다. 이러한 발상은 전후에도 이어져 일본의 뒤틀린 근대화과정을 해부할 때 그는 중국의 근대를 참조축으로 들인다. 그 내용은 다음 장에서 다루겠지만, 여기서 인용해두고 싶은 구절은 따로 있다.

나는 겉으로 드러나는 현대지나의 혼란과 모순은 고전지나를 규범으로 삼아 바깥에서 부당하게 비판할 것이 아니라 외관으로 드러난 모순 자체에서 출발하여 통일을 향한 근대지나의 국민적 염원이 열렬하다는 표현으로 받아들일 때 비로소 이해되리라고 생각한다. 모순은 대상의 모

---

9 「현대지나문학정신에 대하여」, 『선집 2』 94면.
10 같은 글 92면.

순이 아니라 인식하는 측의 모순이다.[11]

그가 지나를 '고전지나'가 아니라 '현대지나'로 이해해야 한다고 힘주어 말했을 때, 그 발언은 중국에 대한 정확한 이해를 요구했다기보다, 중국에 대한 이해에는 자기이해가 비쳐져 있음을 직시해야 한다는 의미였다. 즉 그는 중국에 대한 인식을 자기인식의 문제로 되돌리려 했다. "모순은 대상의 모순이 아니라 인식하는 측의 모순이다." 중국에서 본 모순은 실은 자기모순인 것이다. 중국에서 분열만을 읽어내는 것은 자기 안에서 국민적 '통일'의 계기를 찾아내지 못한 까닭이다.

중국을 대하는 이런 태도는 전후 1970년대 강화를 이루는 시기에 이르기까지 그의 중국론에서 기축을 이룬다. 즉 그는 중국을 기호로 만들어 소비하는 지식계의 행태를 꼬집었다. 그런 행태가 일본의 자기 이미지를 강화한다고 경계했다. 설사 자신의『중국문학』이라 할지라도 말이다. 그에게 중국이해는 곧 자기이해로 바뀌어야만 진실일 수 있었다. 그것이 타께우찌가 취한 당파성이었다. 그리고 12월 8일은 그러한 자기이해를 시험하는 계기여야 했다.『중국문학』을 폐간하면서 내놓은 세가지 이유, 즉 당파성 상실,『중국문학』이 대동아문화를 건설하는 데 존재의의를 잃었다는 점, 중국문학연구회는 현재의 중국을 이해하는 데 무력하다는 점은 이렇게 맺어지고 있다.

---

11 같은 글 94면.

3. 중국, 주체성의 계기

대동아전쟁은 '대동아공영권'이라는 수사와 현실 사이의 괴리를 뚜렷이 남긴 채 일본의 패배로 끝났다. 1945년 8월 15일 종전의 날, 타께우찌 요시미는 중국전선에서 패전을 맞이했다. 그때의 기억을 「굴욕의 사건」에 남겨놓았다. 그리고 바로 이 패전 체험이 훗날 「방법으로서의 아시아」에서 중국연구의 방향을 바꾼 계기로 꼽은 사건이다. 하지만 「방법으로서의 아시아」처럼 「굴욕의 사건」도 패전 이후 8년이라는 시간의 여과를 거친 상태에서 발표되었다. 따라서 날것 그대로의 체험담이라고 읽어서는 안 된다. 아마도 자신의 패전 체험에서 의미를 건져내고자, 스스로가 전후에 몇번이고 그 체험 속으로 드나들었을 것이다. 그 시도를 다음과 같은 형태로 보여주었다는 점에서 「굴욕의 사건」은 그의 전후 사상을 가늠하는 한가지 지표로 간주할 수 있다.

그는 말한다. "8·15는 내게 굴욕의 사건이다. 민족의 굴욕이며 나 자신의 굴욕이다."[12] 하지만 그가 패전했기 때문에 굴욕감을 느낀 것은 아니었다. 다시 말해 굴욕감은 바깥의 적이 안기지 않았다. 그보다는 8·15 당시 일본에서는 "공화제를 실현할 가능성이 있었는데"도 "인민정부를 수립한다는 선언조차 나오지 않았기에" 굴욕적이었다. 민족과 자신의 굴욕은 바로 일본인들이 만들어낸 것이다. 이윽고 그 글에서 타께우찌는 자신이 중국전선에서 느꼈던 감상을 밝힌다. 패전의 소식이 전해진 "그날 오후 나는 복잡한 심경에 잠겼다. 희열·비애·분노·실망이 뒤섞인 기분을 맛봤다. 당시 심경은 오늘의 나로서는 아직 발로 밟아본 일

---

12 「굴욕의 사건」, 『선집 1』 30면.

없는 황야처럼 끝없이 넓어진다."[13] 그리고 그때 들었던 어느 일화를 옮긴다. "패전 소식이 전해지자 대원 모두 목 놓아 울었다고 한다. 그들은 꼬박 하루를 울었다. 그러고는 자버렸다. 다음 날 눈을 뜨자 일제히 귀국 준비를 위해 몸단장을 했다."[14] 이렇듯 단문으로 처리한 문장에 그는 자신의 굴욕감을 꾹꾹 눌러담았다. 일본인은 전쟁에 나설 때도 패할 때도 한결같은 자세였다. 총력전으로 빨려들어갈 때도 저항하지 못했으며, 전쟁에서 지는 순간조차 묵묵히 받아들였다. 그는 곧잘 전후 일본은 '식민지'라고 말했다. 물론 일본은 미국에 점령당했다. 하지만 그는 국가주권을 온전히 행사하지 못해서가 아니라 일본인들이 정신적 독립을 이루지 못했기에 일본을 식민지라고 불렀다. 그리고 식민상태는 어느 순간 갑자기 찾아온 것이 아니다. 전쟁기간에 반제국주의 투쟁을 접었던 때 시작되었으며 "전쟁 중 완벽한 노예성을 발휘했을 때, 그로써 전후에는 완전한 식민지가 되었다."[15]

그리하여 전후 타께우찌 요시미는 몹시 곤란한 상황에 직면했다. 전쟁의 끔찍한 기억을 떠올린다면 제국주의로까지 나아간 민족주의를 단죄해야 하겠지만, 동시에 패전으로 겪인 민족의 주체성을 회복해야 했다. 적어도 사상사적으로는 이런 상황이었다. 서구의 식민지가 되지 않으려 나섰던 길에서 아시아의 식민자가 되고, 식민자에서 벗어나자마자 일본은 다시 미국의 (준)식민지가 되었다. 패전으로 승자인 미국에 종속되면서도 그것을 부정할 도덕적 정당성을 상실했다. 또한 자신이 따라온 서구산 가치판단에 의해 자기가 고발당했다(패전과 토오꾜오재판). 그렇다면 대체 무엇에 발 딛어 이렇듯 비틀린 조건 안에서 민족

---

13 같은 글 34면.
14 같은 글 36면.
15 「국민문학의 문제점」, 『선집 1』 253면.

의 주체성을 세울 수 있단 말인가. 어디서 비판과 건설의 이중과제를 수행할 자원을 구할 수 있단 말인가. 그는 다시 중국으로 눈을 돌렸다.

여기서는 먼저 1949년 발표된 「일본인의 중국관」을 주목하자. 이 글은 장 췬(張群)의 방일을 두고 저널리즘이 보인 이중적 태도를 실마리로 삼아 전개된다. 장 췬은 중일전쟁 시기 국민당 중앙정치회의 비서장을 맡았던 인물로, 전쟁이 끝난 1948년에는 국민정부의 행정원장 자격으로 일본을 방문했다. 그때 언론은 그의 일거수일투족을 주시했다. 하지만 이듬해 국민당의 중앙정부가 붕괴하고 나서 재방하자 그를 거들떠보지도 않았다. 타께우찌는 그렇듯 직함에만 관심을 기울인 나머지 장 췬이 일본인들에게 전하려던 본심을 미디어는 흘려버리고 말았다는 데 주목했다. 즉 장 췬은 일본에 와서 '사상혁명과 심리건설'을 역설했던 것이다.

하지만 그는 이 에피소드를 빌려 일반 미디어만이 아니라 좌익의 태도도 문제 삼았다. 특히 일본공산당 기관지 『적기(赤旗)』의 논조를 비판했다. 『적기』는 일반 신문이 국민당의 행정원장이라는 이름값 때문에 장 췬을 사들였을 때 반대로 국민당의 이데올로그라는 이유에서 그의 발언을 외면했다. 타께우찌는 『적기』나 일반 신문이 입장만 달리할 뿐 태도는 같다고 여겼다. 그리고 여기서 국민당과 중국공산당의 이데올로기적 대립만을 읽어내는 중국관은 양측이 공히 범하고 있는 치명적 문제라고 여겼다. 또한 일본이 중국의 상황을 진정으로 이해하지 못하는 까닭은 사상을 자기 힘으로 낳지 못하고 기성의 관념을 바깥에서 빌려와 이데올로기로 사용하는 데서 그치고 있기 때문이라고 진단했다. 이것이 "일본의 근대사와 중국의 근대사를 비교할 때 느껴지는 현저한 차이"인 것이다. 중국에서는 "각 시대의 선각자가 도입한 외래사상이 내부로 스며들어 피와 살이 되고 부정을 강화하는 지레로 작용"한다.

그리하여 중국에서는 혁신이 전통 안에서 피어난다. "과거의 전통을 부정하는 일은 단계마다 전통을 고쳐 읽는 일이 되어 거기서 새로운 생명력이 뿜어져 나온다. 역사를 되돌아보면 가장 격렬하게 전통을 부정한 자가 전통을 가장 충실하게 담지한 자이기도 했다."[16] 즉 전통이 낡으면 그것을 버리고 새것으로 갈아치우는 식으로 운동하지 않았다. 이 점에서 일본과 중국이 걸어온 근대화의 길은 결정적으로 달랐다는 것이다.

이 문제의식이 더욱 두드러진 글은 1년 앞서 나온 「근대란 무엇인가」다. 이 글의 원제는 '중국의 근대와 일본의 근대: 루쉰을 단서로'인데, 여기서 그의 의중을 얼마간 짐작할 수 있다. 그러나 아포리즘으로 가득한데다가 골격이 커서 내용을 정리하기는 어렵다. 전체적인 논지 분석은 이 책 2부 5장 「방법으로서의 동아시아」를 참고하기 바란다. 다만 여기서는 글 속에서 중국이 어떻게 등장하는지만을 살펴보겠다. 우선 원제가 암시하듯 일본의 근대와 중국의 근대가 대비된다. 일본의 근대에 대한 비판은 정말이지 매몰찬데, 일본의 근대가 부단히 밖을 향하는 '노예문화'라면 중국의 근대는 언제나 자기 내부를 향해 혁명이 일어나는 '회심의 문화'라는 것이다. 또한 일본의 근대에서는 실패하면 곧 새 길을 찾아 전향마저 쉽사리 저지르지만, 중국의 근대는 실패의 경험과 패배의 아픔을 자신의 전통 속에 새긴다. 이 글에서 타께우찌는 이러한 근대의 행방을 저항의 방식과 겹쳐서 사고하고 있다. 즉 그는 저항하는 방식이 근대의 양상을 결정한다고 보았다. 한 소절을 옮겨보자.

패배는 패배라는 사실을 잊는 방향으로 자신을 이끌어 이차적으로 자신에게 다시 결정적으로 패배하는 일이 잦기 때문에 그 경우 패배감은

---

16 「일본인의 중국관」, 『선집 2』 180~81면.

당연히 자각되지 않는다. 패배감에 대한 자각은 자신에게 패배한다는 이 차적 패배를 거부하는 이차적 저항을 통해 일어난다. 여기서 저항은 이중이 된다. 패배에 대한 저항임과 아울러 패배를 인정하지 않는 것 혹은 패배를 망각하는 것에 대한 저항이다. (…) 따라서 저항의 지속은 패배감의 지속이다.[17]

그가 말하는 저항에는 두가지 다른 저항이 포개져 있다. 첫번째 저항은 나를 패배하게 만든 상대에 대한 저항이며, 두번째 저항은 패배를 잊으려는 나 자신에 대한 저항이다. 여기서 패배는 서양과의 대결, 그리고 그에 따른 식민화의 위기라고 읽을 수 있다. 타께우찌는 이러한 이중의 저항에 의해서만 동양이 진정한 자신의 근대를 품을 수 있다고 말한다. 일본은 어떠한가. 일본은 패배를, 지체를 훌륭히 만회했다. 그리고는 열심히 유럽을 뒤쫓았다. 때로는 앞질렀다. 하지만 "패배감에 대한 자각"이 일어나지 않았다. 그리하여 지체 극복 이후에는 서구열강의 뒤를 따랐다. 하지만 패배한 중국은 패배를 잊으려는 자기 자신과도 맞서 싸웠다. 그렇게 자신의 근대를 품었다. 중국의 저항은 서구열강과의 불평등한 구조로 인해 늘 한계를 갖지만, 그 한계를 통해서만 제국주의의 와해에 이르려는 고투의 과정이었다.

4. 방법으로서의 중국

타께우찌 요시미는 1950년대 줄곧 이러한 사고를 내려놓지 않았다.

---

17 「근대란 무엇인가」, 『선집 2』 225면.

앞서 언급한 「방법으로서의 아시아」가 그 대표작이다. 앞서 언급했듯이 패전 체험은 그에게 결정적 사건이었으며 「방법으로서의 아시아」에서는 이 사건을 중국연구의 방향을 바꾸게 된 계기로 꼽는다. 어떻게 바뀌었는가. 그는 말한다. "저는 전후에 한 가지 가설을 내놓았습니다. 후진국에서 근대화 과정에는 두 가지 이상의 형태가 있지는 않을까."[18] 그는 여기서 존 듀이(John Dewey)의 일화를 소재로 끌어온다. 1919년에 일본으로 여행을 온 듀이는 당시 성장을 거듭하여 세계의 강대국으로 부상한 일본을 보고는 이윽고 중국으로 건너가 마침 발생한 5·4운동과 조우한다. 당시 중국은 나라가 쪼개져 혼란으로 가득 찬 상태였다. 그러나 듀이는 이때, 겉으로 봐서 일본은 근대화에 성공한 것 같지만 실은 그 근대화는 남의 것을 빌려와 겉에 두른 것에 지나지 않으며, 따라서 그런 일본의 근대는 무르지만, 중국의 경우는 서양처럼 근대화되는 데 완강히 저항하여 속도는 더디더라도 그 격심한 사회변화를 통해 자신의 근대를 보다 깊게 뿌리내리고 있다고 평가했다. 타께우찌 역시 듀이의 의견을 빌리면서 일본과 중국의 근대화는 후진국이 근대화에 이르는 다른 유형이며, 일본만이 유일한 유형은 아니라고 강조한다.

그러나 이 진술을 결론으로 취한다면 그가 말하고자 하는 핵심을 놓치고 말 것이다. 이러한 비교론 자체보다는 그 발상이 무엇을 겨누고 있는지를 살펴봐야 한다. 그는 「방법으로서의 아시아」에서 일본의 위치를 설명하려면 서양 대 일본이라는 종래의 이원대립이 아니라, 적어도 다른 아시아 나라의 경험을 참조하는 세개의 좌표축이 필요하다고 말한다. 이때 '세개의 좌표축'은 '이원대립'보다 단순히 비교항을 하나 더 늘린다는 뜻이 아니다. "단순한 이원대립이 아니라 좀더 복잡한 틀

---

18 「방법으로서의 아시아」, 『선집 2』 40면.

을 세워야 하지 않겠느냐고 당시 생각했습니다."[19] 이원대립, 즉 서양과 일본의 비교는 서양의 어느 구체적 장소와 일본을 비교한다기보다, 서양이라는 가공의 좌표에 비추어 일본의 위치를 확인하는 일이 되어버린다. 이때 서양의 존재는 좌표평면 자체이자 동시에 좌표평면의 중심이 되어, 일본은 그 중심으로부터 얼마나 멀고 가까운지가 분석의 핵심을 이룬다. 하지만 타께우찌가 내놓은 세개의 좌표축은 발상을 달리한다. 물론 세가지 유형을 비교하는 경우에도 만약 서양이 그대로 좌표평면이자 좌표의 중심이 되고 나머지 두 항이 그 중심으로부터 얼마나 떨어져 있는지를 논의하는 식이라면, 그것은 원리적으로 이원대립의 반복에 불과하다. 그러나 그가 내놓은 '세개의 좌표축'은 서양과 아시아라는 구도 자체를 다시 사고하게끔 만든다. 「방법으로서의 아시아」에서 타께우찌는 일본이 근대화로 나아가는 기점이 메이지유신이었다면, 중국은 5·4운동이라고 밝힌다. 즉 아편전쟁이 아니라는 것이다. 이와 관련해서는 앞서 「현대지나문학정신에 대하여」를 읽으면서 언급했는데, 여기서 자세히 인용하기로 하자.

나는 근대지나의 결정적 시기로 5·4를 꼽는다. 종래는 아편전쟁이 한 획을 그었다는 설이 일반적이었지만, 이는 아편전쟁으로 지나가 근대 세계사로 포섭되었다고 이해하는 유럽 측의 사고로, 내가 생각하는 근대와는 다르다. 나는 그런 경제사적 근대가 아니라, 거꾸로 지나가 근대를 포섭한 시기, 지나에서 근대가 자각된 시기를 생각해보고 싶다. 강제된 근대가 아니라 자주적 근대 말이다. 세계사가 지나에 근대를 강제했다는 사고방식은 유럽적 근대의 틀에서 나온 것이며, 거듭 말하듯이 나는 지

---

19 같은 글 48면.

나가 독자의 근대를 지녔다고 주장하고 싶은 것이다. 고전지나가 근대 속에서 붕괴되는 과정으로서 현대지나사를 이해하는 것이 아니라, 그 과정에서 일순 주객이 바뀌는 시기를 생각하려는 것이다. 유럽이 근대 안으로 지나를 끌어들인 것은 유럽적 근대를 완성해가는 일보전진이었지만, 동시에 유럽적 근대를 무너뜨리는 일보전진이기도 했다. 지나를 끌어안았기에 근대는 그 안에서 근대를 부정하는 인자를 품게 되었다. 즉 일본에서와 마찬가지로 지나에서도 모랄리시 에네르기가 발동했다고 생각한다. 그 역사적 시기로, 강제된 근대가 주체성을 획득한 시기로 나는 5·4를 꼽는다.[20]

여기서 타께우찌는 중국의 근대화는 서양의 근대에 포섭되거나 그것을 따르는 과정이 아니라, 서양의 근대 안에서 자신의 독자적 근대를 낳는 과정으로 이해한다. 종전에 자명하고 유일하다고 간주되던 서양의 근대는 중국이 참여하자 상대화되고 역사화된다.

그렇다면 이제 일본과 중국의 근대화는 단지 속도가 아니라 그 질에서 차이를 지니게 된다. 즉 서양의 근대를 자명한 것으로 받아들여 서양화한 일본의 근대화는 서양의 근대를 부정할 인자를 낳지 못한다. 전향은 환경을 바꾸지 못한다. 그러나 중국의 근대화는 서양의 근대로는 잡히지 않는 깊이를 품고 자신의 근대를 이룬다. 그 깊이란 물론 유럽 식민제국에 맞선 저항과 일본과의 전쟁을 거치며 생겨난 것이다. 그렇게 일본과 중국의 근대화는 유형 이상의 차이를 지닌다고 하겠다.

여기서 다시 강연의 제목으로 돌아가자. 즉 이 강연은 아시아를, 좀더 정확하게는 중국을 '방법'으로 삼고 있다. '비교대상'이 아닌 것이다.

---

20 「현대지나문학정신에 대하여」, 『선집 2』 96~97면.

비교대상이라면 중국과의 비교는 유형론이 되고 만다. 또한 유형론인 한에서는 비교를 거쳐 일본과 중국은 각각 실체로서 고정되어버린다. 그렇게는 타께우찌가 제시한 '세개의 좌표축'을 이해할 수 없다. '방법' 은 그러한 실체화를 경계하고 상대와의 관련성을 자각하기 위한 표현 이다. 서양은 동양의 존재 없이 서양일 수 없었으며, 일본은 중국의 존 재 없이 그러한 근대화의 경로를 거쳐갈 수 없었다.

그러나 전전에도 그리고 전후에도 중국은 일본의 인식 저편으로 밀 려나 있었다. 그것은 실은 일본이 자신을 인식 저편으로 밀어낸 결과였 다. 바로 여기서 중국을 향해 보낸 타께우찌의 시선은 자신을 되묻는 방 법이 되어 되돌아온다. '방법으로서의 중국'에는 이처럼 자신과 대면 하겠다는 태도가 밑바닥에 자리 잡고 있다. 그 태도를 분리해버린다면 '방법으로서의 중국'은 그야말로 방법론으로 전락하고 말리라.

5. 매개로서의 중국

타께우찌 요시미는 근대와 문명의 문제를 이렇듯 저항의 양상과 포 개서 사고했다. 그리고 이때 '저항하는 중국'은 개인적 연구만이 아니 라 그가 사회적 논쟁에 참가할 때도 사회운동에 나설 때도 참조축으로 활용되었다. 1940년대 말 그는 『중국문학』의 시기처럼 동료와 함께는 아니었지만 다시 논쟁에 나섰다. 그리고 이번에는 지나학이 아니라 소 위 '근대주의'를 상대로 삼았다.

당시는 민족주의가 무너진 뒤 찾아온 전후 사상계의 공백상태를 근 대주의가 메우고 있었다. 그런데 근대주의란 무엇인가. 여기에는 여러 정의가 있겠으나, 우리가 일반론을 취할 필요는 없으니 타께우찌의 정리만을 참고하자. 「근대주의와 민족의 문제」의 일구다.

전후에 불어온 새로운 계몽의 기운을 타고 문학 분야에서도 개설서가 꽤 많이 등장했다. 거의 대부분은 유럽의 근대문학(혹은 현대문학)을 모델로 삼아 일본 근대문학의 왜곡을 조망하는 식이었다. 구와바라 다케오 씨나 나카무라 미쓰오 씨와 같이 그런 태도가 뚜렷한 작품부터 이토 세이 씨처럼 뉘앙스가 풍부한 작품에 이르기까지, 또는 좌의 세누마 시게카 씨에서 우의 나카무라 신이치로 씨에 이르기까지 단계와 색조는 다양해도 일본문학의 자기주장을 버린다는 태도는 공통적이었다. 결국 넓은 의미에서는 근대주의를 입장으로 취했다. 따라서 민족이라는 요소는 사고의 통로에 들어가 있지 않았다.[21]

여기서 근대주의는 바깥의 모델을 안으로 들이면서 '자기 주장을 버리며', '민족'을 사고의 통로"에서 배제한 사상적 태도를 가리킨다. 하지만 이것은 '민족'을 사고하지 않는다는 뜻이 아니다. 이어지는 대목이다.

그렇다고 전후에 좌익 이데올로기가 내놓은 주장이 민족을 사고의 통로에 넣고 있었는가 하면 그렇지 않다. '민족의 독립'이라는 슬로건은 있었지만 그때의 민족은 선험적인 것으로서 역시 일종의 근대주의 범주에 속한다.[22]

---

21 「근대주의와 민족의 문제」, 『선집 1』 227면.
22 같은 글 228면.

여기서 주목해야 할 표현은 두 인용구에서 반복된 "사고의 통로"다. 그리고 두번째 인용구에서 그것은 "선험적인 것"과 대비를 이루고 있다. 즉 타께우찌는 민족을 '전제'가 아니라 사고의 한가지 요소로 다루었다. 그는 민족을 선험적인 가치로 삼아 긍정도 부정도 하지 않았다. 이 점에서 첫번째 인용구가 보여주듯 그는 보수주의자와도 좌익과도, 이른바 근대주의자와도 다른 위치에 있었다. 그리고 논쟁에 참여하면서는 그들 모두와 상대했다.

그 논쟁이란 '국민문학'논쟁을 말한다. 국민문학논쟁은 전쟁이 끝나면서 한동안 감돌았던 천황제 지배권력으로부터 벗어났다는 해방감이 사그라들고, 대신 미국의 지배 아래 놓여 있다는 예속감이 짙어지면서 발생했다. 특히 1951년에는 일본공산당의 주류가 강령의 초안에서 '인민'을 '국민'으로 바꿔 '국민의 독립'을 전면에 내걸었으며, 이로써 여러 공산당 계열의 작가들이 문학에서 '국민의 독립'을 형상화하겠다며 뛰어들어 이 논쟁은 사회적으로 파장을 넓혀갔다. 타께우찌 또한 이 논쟁에 참여했다.

그는 국민문학논쟁에 참가하면서 적어도 두가지를 염두에 둔 것으로 보인다. 첫째, 이른바 '근대주의'를 되짚는 일이다. 유럽적 근대의 가치관을 따르는 근대주의 추세는 전쟁의 쓰라림을 간직한 민족주의를 밀어내면서 전후 사상계에 만연했다. 한동안 일본문학에서는 민족주의에 대한 반작용에서 '세계문학'이 성행하는 동시에 개인의 신변으로 침잠하는 사소설 계통의 '육체문학'이 강세를 보였다. 하지만 이러한 분위기 속에서 국민들의 억눌린 민족감정은 사상계와 좀처럼 맺어지지 못하고 있었다.

둘째, 이와 아울러 그는 내셔널리즘 논의를 기능화하려고 했다. 즉 엄연히 현실에 존재하는데도 무시된 '민족'이라는 요소를 회복할 것을 요구하며 논쟁에 참여했지만, 그는 전제나 결론이 아니라 현실상황에 한층 복잡한 입체감을 부여하기 위한 하나의 시각으로 내셔널리즘을 다루었다. 이러한 양면작전을 펼쳤기에 그는 근대주의 작가 혹은 민족보다 개인이 우위에 있다고 주장하는 자유파 작가만이 아니라, '민족의 독립'을 강령으로 내세웠지만 대중의 실감에서 유리된 공산당 계열의 작가와도 대결해야 했다.

그러나 국민문학논쟁의 추이를 추적하는 일은 지금 당장 우리의 주된 관심사가 아니다. 그것은 1장 「사상의 원점」에서 다뤘으니 여기서는 다만 타께우찌가 국민문학논쟁에서 중국을 어떻게 활용했는지를 확인해두자. 먼저 「중국문학의 정치성」이다. 이 글은 그가 국민문학논쟁에 참여하며 내놓은 글 가운데 가장 이른 시기의 것으로 이 논쟁에 임하는 그의 방향성을 가늠하게 해준다. 그런데 제목과는 달리 이 글은 중국문학보다는 일본문학의 정치성을 다루고 있다. 여기서 그는 당시의 한가지 논쟁을 실마리로 삼아 사고를 전개한다. 그 논쟁이란 코바야시 타끼지에 관한 평가를 둘러싸고 『근대문학』파의 작가와 나까노 시게하루 사이에서 벌어진 것이다. 코바야시 타끼지는 리얼리즘을 기반으로 사회적 문제를 다룬 프롤레타리아문학의 대표적 작가로 꼽히며, 결국 경찰에 학살당했다. 그는 정치와 문학의 관계를 끝끝내 놓지 않았던 인물이다.

논쟁은 『근대문학』파의 아라 마사히또, 히라노 켄 등이 코바야시 타끼지를 비인간적이고 전근대적이라고 지적한 데서 발발한다. 즉 코바야시 타끼지는 선구적이고 그의 희생은 숭고하지만, 바로 그렇기에 대중과 쉽사리 맺어질 수 없다는 점을 지적했다. 이에 대해 나까노는 그런 비판이야말로 비인간적이라며 반박했다. 타께우찌는 나까노의 손을 들어주지만 일본의 프롤레타리아문학이 코바야시를 미화하고 절대시하여 코바야시와 대중을 갈라놓고 있다는 아라 마사히또와 히라노 켄의 비판만큼은 수용했다. 즉 "일본의 프롤레타리아문학은 고바야시를 본받으라고 외쳤지만, 고바야시가 걸어간 그 험준한 길을 누구나 걸어갈 수 있도록 고르게 다져놓지는 않았다"는 것이다.[23]

이어 타께우찌는 일본의 좌익들에게서 엿보이는 정치감각의 결여를 부각하고자 중국을 활용한다. 첫째, 중국에서도 코바야시 같은 희생이 있었지만, 그 희생은 사회적 연대감으로 떠받쳐져 코바야시처럼 고립되지 않았다. 둘째, 일본에서 지식인의 논쟁은 높은 수준을 지니지만 민중의 실감에 닿으려는 노력이 부족하다. 가령 나까노의 경우는 루쉰이 논쟁하는 자세와 견준다면 논쟁을 일반화하려는 의지가 약해 전문적 영역에 머무르고 만다. 셋째, 일본공산당의 '민주민족 건설'이라는 슬로건은 민중의 일상적인 요구에서 유리된 '고상'한 것이다. 반면 마오둔(茅盾)의 '민주와 독립'은 민중의 생활에서 길어올린 언어다.

이윽고 국민문학논쟁이 본격적인 논의의 단계로 접어든 1951년에 발표한 「내셔널리즘과 사회혁명」에서 타께우찌는 일본의 내셔널리즘을 다루면서 내셔널리즘을 통째로 긍정하거나 내동댕이쳐서는 안 되며, 민중들의 생활에 어려 있는 민족감정은 정당한 발언권을 가지고 있으니 이를 울트라 내셔널리즘 속에서 끄집어내야 한다고 주장한다. 그리고 이때도 자신의 전통 속에서 혁명의 가능성을 길어낸 중국의 내셔널리즘을 참조축으로 삼는다. 하지만 다음과 같은 지적도 잊지 않았다.

중국의 인민문학을 일본에 들이려는 태도에 혹 거지근성이 있지나 않을까 염려스럽다. 물론 우리는 중국의 인민문학을 알아야 한다. 하지만

23 같은 글 196~97면.

결과를 아는 것이 아니라 그 결과를 낳은 원초적 정신으로 거슬러 올라가 알아야 한다. 그러지 않고는 그것을 알아봤자 새로운 교양주의로 변형될 뿐 일본문학을 개혁하는 힘은 되지 못한다.[24]

이처럼 그는 일본의 민족적 주체성을 되묻는 매개로 중국을 활용했다. 즉 지식인과 대중은 어떻게 해야 시대의 무게를 함께 나눠가질 수 있는지, 어떻게 해야 대중의 실감에 깃든 민족감정을 외면하지도 않고 국가주의의 골로 빠지지도 않으면서 내셔널리즘을 재구축할 수 있는지를 중국을 '통해' 물었다.

한편 타께우찌는 사상계 안의 논쟁에 참여할 때만이 아니라 현실운동에서 발언할 때도 중국을 끌어들였다. 특히 1960년 안보투쟁의 시기에 그런 활동이 두드러졌다. 이때 이미 50대에 접어든 그는 집필과 강연 활동을 통해 오피니언 리더로서 활약했다. 5월에는 '안보비판 모임' 대표의 한 사람으로서 키시 노부스께(岸信介) 수상과 면담하기도 했다. 그리고 같은 달 중의원에서 안보조약이 강행체결되자 이에 항의해 토오꾜오도립대학을 그만두었는데, 그것이 사회적으로 널리 회자되기도 했다.

여기서 주목할 강연이 있다. 그는 부락문제연구소가 주최한 자리에서 '기본적 인권과 근대사상'이라는 제목으로 강연을 했다. 중심화제는 부락을 보는 태도, 인칭대명사 사용법, 조선과 중국에 대한 시선 등에 묻어 있는 일상적 '차별'문제였다. 여기서 그는 작은 일상의 감각과 큰 정치를 이어맺었다. 즉 안보조약이 강자와 손을 잡고 약자를 내리누르는 일본인의 추악한 차별감을 농축하여 반영한다고 여겼다. 따라서 그는 안보투쟁에 임할 때도 운동의 현실적 성패만큼이나 일본인의 평등

---

24 「내셔널리즘과 사회혁명」, 『선집 1』 215면.

감각을 기르는 데 주력했다. 그리고 이때도 평등의식을 고취하는 매개로 중국을 끌어온다. 이 강연에서 그는 예의 '지나'와 '중국'이라는 호칭문제를 다시 가져와 이번에는 전전의 '지나'라는 말에 담긴 멸시감을 짚어낸다. 그리고 현재 '지나'라는 말은 거의 쓰이지 않지만, 대신 중국을 '중공'이라고 부르는 데서 중국을 깔보는 시선은 여전하다고 지적했다.

하지만 직접 중국을 거론했다는 사실보다 이 강연에서 중요한 것은 차별에 대한 '중국적 이해'일지 모른다. 그는 여기서 독립과 평등의식을 말하면서 루쉰의 노예론을 꺼낸다. 이 경우 노예는 실제 존재하는 신분이 아니라 여전한 봉건유제의 차별감을 가리킨다. "노예가 노예의 주인이 된다고 노예가 해방되는 것은 아니다."[25] 그리고 이는 사람과 사람, 나라와 나라 사이에도 적용된다고 강조한다. 일본인이 독립된 인격을 이루지 못한 까닭에 안보조약 같은 반(半) 속국의 자기구속이 나왔다. 일본은 1950년대 경제성장을 경험했지만 노예의 자리를 박차고 나오지 못했다는 것이다. 기본적으로 일미관계의 문제인 안보조약 체결을 일중관계에서 읽어내어, 그는 중국에 대한 차별감을 직시하는 일을 일본이 독립을 기르는 중요한 토대로서 제시한 것이다.

6. 인민들 간의 진정한 강화를 위해

타께우찌 요시미에게 '중국'은 사상의 기축이었다. 동시에 그는 이처럼 중국과 일본 사이에 놓인 실질적 갈등도 간과하지 않았다. 그리하여

---

25 「기본적 인권과 근대사상」, 『선집 1』 348면.

1960년대 그는 중국과의 강화문제에 골몰했다. "중국문제에 대한 나의 주장 또는 의견은 역시 한 가지뿐입니다. (…) 중국과 국교를 회복하라. 평화조약을 맺으라. 그것이 중국문제의 핵심이자 전부입니다."

일본은 1951년 쌘프란시스코 강화회담에서 미국과 단독강화를 맺고 이듬해 4월에는 대륙 중국이 아닌 타이완과 강화를 맺었다. 이 사이에 타께우찌는 「나라의 독립과 이상」을 발표하여 "개인에게 이상이 있듯 나라에도 이상이 있어야 한다"고 말하면서 강화는 진정한 독립을 실현하는 데 그 의의가 있다고 밝혔다.[26] 1960년대에도 그는 이러한 관점을 놓지 않았다. 그에게 중국과의 강화는 국가관계의 정상화를 의미할 뿐만 아니라 지나학자가 심어놓은 낡은 중국관, 일본의 맑스주의가 낳은 도식적인 중국이해, 그리고 중국에 대한 국민들의 차별의식과 무관심을 꿰뚫는 과제이기도 했다. 그 과제가 그에게는 진정한 독립에 값하는 것이었다.

그리하여 그는 사상적으로 강화를 준비했다. 이를 위해 1963년에 잡지 『중국(中國)』을 창간했다. 그리고 1972년 중일국교가 회복되자 『중국』을 스스로 폐간하기까지 10년간 매달 「중국을 알기 위하여」를 연재했다. 여기서 타께우찌가 밝힌 잡지 『중국』의 편집방향을 확인해두자.

『중국』이 편집에서 중요하게 고려하는 항목은 세 가지였다.
첫째는 중국을 광대한 또는 복잡한 사회로 본다는 것이다. 달리 말하면 일본처럼 자그마하고, 위로부터의 명령이 곧장 아래까지 미치는 단순한 사회와 구별해서 본다는 것이다. 다민족·다계층·다단계 또는 자치의 영역이 넓다는 게 중국사회의 특징이며, 이 점에서 일본과는 전혀 다르

---

26 「나라의 독립과 이상」, 『선집 1』 95면.

다. 토오꾜오의 거리를 한눈으로 훑으면 일본은 감이 오지만, 중국은 그렇지 않다. 그렇기에 변경을 중시한다는 편집방침을 세웠다. 그렇지 않으면 과거 일본인이 지니던 중국인식의 오류와 편견을 바로잡을 수 없다고 생각했기 때문이다.

둘째는 일본인의 결여된 역사지식을 보충한다는 것이다. 특히 1930년대와 1940년대, 즉 전시와 전후 초기는 커다란 지식의 공백으로 남아 있다. 그 구멍을 메우고 싶었다. 그렇지 않고서야 중화인민공화국의 성립 경과를 알지 못하고, 중국 인민의 이상을 이해할 수 없기 때문이다.

셋째는 그러한 편집을 거듭 시도해 언젠가는 일본인 일반에 필요한 중국 관련 지식의 최저량을 확정하고 싶다는 바람이다. 전문가에게 필요할지는 몰라도 일반에는 잡다하고 불필요한 잉여 부분을 잘라내고 본질만 남기고 싶었다. 이는 여러 사람의 협력을 요하는 대사업이겠지만, 적어도 이를 제창하고 몇 가지 표본 정도는 제출하고 싶었다.[27]

여기서 읽히는 것은 중국에 대한 일본인의 시각을 교정하는 동시에 이를 위해 기초적인 지식의 공백을 메우겠다는 의지다. 실로 그의 작업은 그러했다. 다시 말해, 중국을 자기이해의 거울로 삼고, 중국을 방법으로 삼아 일본의 근대를 성찰하고, 중국을 매개로 삼아 일본의 주체성을 세우고자 주력했던 그는 만년에 이르러 다시 '기초적인' 작업에 나섰다.

그런데 그렇게 기다리던 강화가 다가온다. 1972년 9월로 중일정상회담이 예고된 것이다. 「강화의 원점」을 보면, 그해 8월에 설렘과 우려의 심정으로 강화를 위해 어떤 준비가 필요한지를 따져보고 있다. 먼저 그

---

27 "前事不忘, 後事之師", 『선집 2』 449면.

는 성큼 다가온 강화회담을 반기는 동시에 급작스럽게 추진된 회담에 의구심을 보낸다. 그는 미국과 중국이 수교를 맺었다고는 하나, 중미관계와 중일관계는 역사적 맥락이 다르기에 중일강화는 아직 멀었다고 내다봤다. 즉 제2차 세계대전에서 중국은 미국의 동맹국이었지만, 일본과는 교전국이었다. 따라서 미국이 중국과 수교하려면 한국전쟁부터 되짚어보면 그만이지만, 일본이 중국과 화해하려면 1931년 중일전쟁의 발발까지 거슬러올라가야 한다. 하지만 이러한 비관론을 아랑곳하지 않고 1972년 2월 미중수교 이후 중일강화는 갑자기 찾아왔다. 이 역시 노예의 자세일 수 있다. 하지만 「강화의 원점」을 보면, 정부를 비판하기보다는 강화가 제대로 성사되기를 바라는 마음에서 조금이라도 거들겠다는 고심이 묻어난다. 강화가 성립되려면 중화인민공화국의 역사적 성격을 이해하는 일이 급선무인데 일본정부가 영 미덥지 못하다면서도, 중국을 이해하는 데 활용되기를 바란다며 자료를 정리해 내놓는다.

하지만 강화회담이 끝난 직후인 1972년 12월에 작성된 「지난 일을 잊지 말고 앞날의 귀감으로 삼는다(前事不忘, 後事之師)」를 보면 논조가 바뀌어 있다. 이 글에서 타께우찌는 중일공동성명의 중국어본과 일본어본 그리고 영어본을 비교하거나 당시 회담 기록 등을 참조하여 과거의 역사적 책임을 어물쩍 넘기려는 일본 측의 태도를 지적한다. 가령 주어가 불분명한 일본식 관료형 표현이라든지, '반성'에 관한 중국어와 일본어 뉘앙스의 차이, 특히 "지난 일을 잊지 말고 앞날을 경계하자"라는 저우 언라이(周恩來) 총리의 인사말에 타나까 카꾸에이(田中角榮) 수상이 "과거를 묻어두고 미래로 나가자"고 되받은 것이나 "소이(小異)를 남겨 대동(大同)을 구한다"는 저우 언라이 총리의 발언과 "소이를 버리고 대동을 취하자"라며 응수한 타나까 수상의 미묘한 뉘앙스 차이에서 장래의 화근을 예감한다. "달리 표현하면 공동성명을 국교 정상화의 첫 걸음으로 파악할지, 국교 정상화의 완료로 파악할지의 차이인 것이다."[28] 하지만 그러면서도 타께우찌는 이렇듯 상처 입은 강화일지언정 여기서 시작하자고 말한다. 그리고 이제 나라가 강화를 맺었으니 이를 진정으로 성사시키는 것은 인민들의 책임사항이라고 힘주어 말한다. "반성은 미래에 달려 있다." 그는 이 글에 '진정한 우호로 인민의 대행진을'이라는 부제를 달았다.

같은 달 그는 잡지 『중국』을 해산한다. 그리고 이듬해에는 『'중국'의 모임 회보』 최종호에 「'중국'의 모임 해산에 부쳐」를 발표하고, 모임 활동을 정리한다. 전쟁으로 얼룩진 시대에 중국을 만나고 이제 강화가 이루어졌으니 자신의 역할을 마친 것인가. 하지만 그의 만년의 인터뷰와 글들을 보면 쓸쓸함이 저며온다. 타께우찌 요시미는 1976년 『루쉰 문집』의 간행을 개시했고, 이듬해 1977년 3월 3일, 67세로 생을 마감했다.

7. 타께우찌 요시미 중국론의 현재성

타께우찌 요시미의 전집은 그가 세상을 떠난 후 3년이 지난 1980년에 간행되기 시작해 1982년까지 17권으로 정리되어 나왔다. 전집은 단순히 살아생전 써낸 글이 많다고 꾸려지지는 않는다. 그것은 그 사상가를 전통으로 새기겠다는 의지를 갖고 있는 후배들과 출판사의 손에 맡겨진다. 또한 그 사상가가 책의 형태로 모아내지 않은 글이 많고 귀중할수록 전집을 내야 할 필요는 더해진다.

타께우찌의 글은 분명 그렇다. 독자적인 논문의 모습을 취한 글보다

---

28 같은 글 439면.

는 이른바 잡문이 많은데, 훑어보면 시대의 분위기가 전해오는 듯하다. 사상의 계절이 떠오른다. 그의 글은 홀로 솟기보다는 시대의 무게를 간직하며 널리 퍼진다. 사상계와 일상생활의 갖은 문제들을 날실과 씨실 삼아 글로 엮어냈다. 따라서 그의 글을 풀어내는 방식은 여럿일 터이며, 중국을 화두로 엮어본 이 글의 시도는 그 한가지에 불과하다.

하지만 그의 행적을 어떤 각도에서 조명하든 이 점 하나만큼은 공통되리라고 생각한다. 그의 글에서 결론만을 취해 활용하거나 혹은 그것이 옳은지 그른지만을 따진다면, 그의 사상은 생명력을 잃고 말리라. 그가 평론가의 면모를 지녔기 때문만은 아니다. 무엇보다 그가 지식을 정합성만이 아니라 기능성과 윤리성의 토대 위에 세워놓았기 때문이다.

그의 중국론도 그러하다. 지금 그의 중국론을 그대로 따와 사용할 수 있을 리 만무하다. 특히 그에게는 중국을 이상화했다는 비판이 자주 가해진다. 이와 관련하여 또 한가지, 그에게는 조선이 시야에서 누락되었다는 지적도 따른다. 다만 첫번째 비판이 그가 동시대에도 받았던 것이라면, 두번째 비판은 동아시아론이 기세를 얻어 그가 다시 읽히는 와중에 주로 제기되고 있다.

물론 타께우찌를 아끼는 마음에서 이런 비판에 답한다면, 가장 손쉬운 방법은 그의 문헌 속에서 중국의 문제점을 꼬집은 대목, 조선을 언급한 대목을 찾아내는 일이겠다. 하지만 이는 변명에 불과하다. 없는 사실을 지어내서가 아니라 절실한 지점을 피해가고 있어서다. 그런 변명은 타께우찌를 속화한다. 그는 지식을 공평무사함과 정확성, 혹은 두루두루 넓은 시각에서 재지 않았다. 여기서 제일 처음에 꺼냈던 지식의 기능성과 윤리성의 문제로 되돌아간다.

분명 그의 중국론에는 중국을 이상화한 면이 있다. 타께우찌가 중국에 부과한 역할은 때로 실제의 중국을 초과한다. 하지만 그는 어떠한 조건에서 중국에 그렇듯 무거운 역할을 맡겼던가. 일반 대중이 중국을 멸시하고, 사상계가 중국을 학적 대상으로 삼아 자신의 편견을 과학적 이론으로 무장할 때 그리했다. 그의 중국론은 전전 일본이 중국을 침략하던 시대에 싹을 틔워, 패전으로 일본이 뒤흔들리던 시기에 개화하고, 냉전체제 아래서 일본이 중국을 비롯한 아시아 나라와 점차 소원해지던 때 열매를 맺었다. 그렇다면 그 열매, 그의 중국론의 효과란 무엇인가. 쉽게 헤아릴 수 없다. 다만 서구를 이상화한 경우와는 다른 효과를 낳는다는 점만큼은 단언할 수 있다.

일본은 중국을 식민화했다. 그리고 패전했다. 하지만 서양을 향한 선망과 중국에 대한 멸시는 고스란히 남았다. 그 환경 속에서 타께우찌가 내놓은 중국론은 "중국이 정말 그러한가"라는 물음만으로는 따질 수 없는 함량을 지닌다. 그리하여 그가 세상을 떠나고 중국에서 문화혁명이 끝난 1980년대 이후 일본에서는 실증적 중국연구가 축적되었지만, 세분화되고 정밀해진 중국연구로는 감당할 수 없는 '무언가'가 늘 남아있기에 타께우찌 요시미는 다시 오늘이라는 시대의 숨결을 입고 소생하고 있다. 그 무언가는 지식의 정합성으로 채워질 수 없는 영역이다.

그리고 이제 좀더 우리 쪽으로 끌고 와서 풀어야 할 문제다. 타께우찌는 확실히 중국에 비하건대 조선을 중시하지 않았다. 그러나 중국을 제외한다면, 그는 조선의 동향에 가장 커다란 관심을 가졌다. 하지만 이역시 변명이다. 그에게 중국론은 일반적 외국연구가 아니었기 때문이다. 중국은 일본을 비추는 매개이자 방법이었다. 따라서 그에게 조선은 중국을 대신할 수 없었다. 조선을 통해서는 이 글에서 살펴본 '중국의 효과'가 나오지 않기 때문이다. 적어도 일부만이 나온다. 무엇보다 중국이 아닌 조선을 향하면 힘의 강약구도가 바뀐다. 일본인의 주체성을 세우는 일에 매달렸던 그에게는 일본보다 크고 강하며 질척질척한 세계가 필요했다.

물론 일본의 어느 사상가는 조선을 통해 일본인의 도덕적 책임을 되묻는다. 그렇듯 서로가 서로에 참조축이 되어 자신을 되돌아보는 일은 오늘날 동아시아론에서 기대할 수 있는 가장 큰 성과이겠다. 하지만 타께우찌가 조선을 간과하고 있었다는 지적은 그의 절박함에 다다르지 못한다. 그 절박함을 이해하지 못하고서야 동아시아라는 넓은 시각도 지식의 축적에 보탬이 될 뿐이다. 중국은 그에게 내재해 있었던 것이다.

2008년 중국은 한국의 미디어에서 줄곧 화젯거리로 놓였다. 티베트 사태, 성화 릴레이, 베이징 올림픽, 쓰촨 대지진 그리고 식품 파동에 이르기까지 중국은 번번이 회자되었으며, 그때마다 중국이해는 중국낙후론과 중국위협론 사이를 오갔던 것으로 기억한다. 지금 우리는 타께우찌의 사상적 여정을 그대로 뒤쫓을 수 없으며 그럴 필요도 없다. 그리고 타께우찌의 중국론이 우리에게 결론일 수도 없다. 하지만 그의 고뇌만큼은 지금 우리의 조건 속에서 되새길 수 있다. 그에게 중국연구란 지식을 집적하는 일이 아니라 자신의 역사적 감도를 시험하는 일이었다. 그리고 그것은 자기 사회를 향한 천착과 해부에 의해 매개되어야 했다. 내가 이웃나라를 지적 대상으로 취하려고 할 때, 그 대상은 과연 내게 얼마나 절실한가. 그 대상은 나를 비춰주고 있는가. 그리하여 그 대상은 내 안에 내재하는가. 그리고 지식은 이 물음들을 끌어안고도 성립할 수 있는가.

그가 던진 물음은 오늘날 동아시아론의 가장 깊은 곳으로 육박하고 있다.

3장 사상이 살아가는 법

쑨 거의 동아시아 사유를 이해하기 위하여

동아시아론이 학적 담론으로 부상하며 얻은 소중한 수확 가운데 하나는, 지역감각이 냉전구도로부터 벗어날 수 있는 계기가 마련되고 시대의 공기를 함께 호흡하는 인국 지식인들과의 교류가 활발해졌다는 점이다. 물론 미국식 지역학의 위계구도는 여전히 공고하며 한국의 동아시아론도 경제·정치 영역의 지역패권 논의에서 자유롭지 못해 지역적 사고의 내실을 다지는 데 제약이 따르고 있다. 또한 번역과 공동연구 등을 통한 인국 지식인과의 교류도 일본발 담론을 들여오는 데 편중되어 있다. 물론 이 점은 각 사회에서 '동아시아'라는 지평이 차지하는 지적 위상과 의의의 차이가 반영된 결과일 테니, 동아시아론을 둘러싼 지적 교류의 양적인 단순비교는 그 자체로 의미를 가질 수 없을 것이다. 차라리 지적 교류의 불균형을 분석하는 작업은 한국발 동아시아론이 다른 사회에서 얼마만큼 수용할 만한 가치를 지니는지를 점검하는 한 가지 지표로서 기능할 수 있을 것이다.

다만 일본 편중 속에서도 중국의 지식인 가운데 드물게 쑨 거, 왕 후이(汪暉), 추이 즈위안(崔之元) 등은 동아시아론자로서 한국에 소개되었다. 특히 쑨 거는 지리적 실체가 아니라 문제의식의 지평으로 동아시아를 사고하려는 한국 사상계의 수요에 조응하며 주목을 모았다. 그녀의 저작이 번역되어 소개되었을 뿐만 아니라 고구려사 등의 문제가 불거졌을 때 공동의 지적 공간이 마련되기도 했다. 창비 '동아시아의 비판적 지성' 시리즈의 일환으로 『아시아라는 사유공간』(류준필 외 옮김, 2003)이 간행되었으며, 그녀는 강연과 위크숍 등을 통해 한국의 지식인과 교류하며 동아시아 문제에 관한 묵직한 화두를 던졌다. 이 글은 그녀의 사상역정에서 동아시아라는 문제의식이 지니는 의미를 탐구하여 동시대 사상가와의 좀더 생산적인 접속을 모색하려는 시도다.

1. 타께우찌 요시미와의 만남

그런데 쑨 거의 동아시아론을 중국발 담론으로 이해해도 되는지는 조심스럽다. 그녀는 중국사회과학원 소속이지만 종종 일본에 체류하며 중국어와 일본어로 동시에 집필하고 있다. 무엇보다 그녀는 문화적 구획의 틀을 회의하는 장소를 사유의 거처로 삼고 있다. 또한 중국의 동아시아론자로서 한국에 소개되긴 했지만, 그녀의 사상역정에 비추어보건대 동아시아론 자체가 그녀에게 가장 중요한 위상을 차지하지는 않으며, 차라리 현실분석과 역사연구의 장으로서 동아시아라는 지평이 구체적 함의를 지니는 것처럼 보인다.

따라서 쑨 거의 동아시아 사유에서 진정한 효용성을 움켜쥐려면 중국발 동아시아론으로 받아들이기 이전에 한 개체의 어떤 고민과 고투 속에서 동아시아라는 문제의식이 움텄는지, 그 사상역정의 전체상에 육박하려는 노력이 필요할 것이다. 이것은 비단 쑨 거의 발신을 좀더 정확히 이해하기 위해서만이 아니다. 동시대를 살아가는 인국의 한 인간이 지닌 고뇌에 다가가고, 국적은 다르지만 거기서 공유할 수 있는 사상의 자원을 발견하려는 노력은 동아시아 사유를 담금질하고 거기에 현실성을 입히는 시도에 값하리라고 기대하고 있다.

쑨 거의 동아시아 사유는 고유한 질을 갖고 있다. 그것은 미래를 향한 공동의 비전보다는 독특한 역사감각에서 연원한다. 그리고 그 역사감각은 과거 인물의 고뇌를 자신의 상황에서 되살리려는 시도에서 빚어지고 있다. 그 인물이 타께우찌 요시미다.

다케우치 요시미를 읽고 나서 저는 무엇보다 먼저 한 인간이 깊은 밤 등불 아래서 이 세계와 마주하며 이 세계를 응시한다는 이미지를 얻었습니다. 그렇듯 세계와 마주서서 응시할 때 우리가 기대곤 하는 이론 혹은 아카데미식으로 짜놓은 복잡한 지식체계는 사라지고, 지식에 의한 이런 간섭이 제거되자 세계는 일종의 '원초적 상황'으로 회귀합니다. 물론 원초적 상태가 실제로 존재한다고 말할 작정은 아니지만, 이렇게 생각해봐도 지장은 없겠죠. 즉 이런 간섭이 배제된 '원초적 세계'가 우리의 눈앞에 노정하는 때 비로소 사람은 모든 현재의 지식을 받아들일 진정한 가능성을 손에 넣을 수 있다고 말입니다.[1]

물론 그녀가 타께우찌 요시미를 어떻게 독해했는지가 그녀의 사유로 진입하는 유일한 통로는 아닐 것이다. 하지만 이 지점을 첫번째 단서로 삼고 싶다. 하나의 사상적 인격이 어떻게 발효되었는지 알고자 할 때,

---

1 孫歌·陳光興, 阿部幹雄 譯「文化 '間'實踐の可能性(下)」,『情況』2004년 10월호, 192면.

그 존재가 다른 역사적 인물의 어떤 표현을 깊이 새기고 그 인물을 향해 어떻게 다가갔는지를 확인한다면 본질에 가까운 내용을 얻을 수 있기 때문이다. 일반론으로 제시할 수는 없지만, 타께우찌가 쑨 거에게 그런 존재였다고는 확신을 갖고 말할 수 있다.

쑨 거가 타께우찌 요시미를 처음 접한 것은 1988년의 일이다. 하지만 그녀는 이후 7,8년이 지나서야 타께우찌와의 만남이 발생했다고 말한다. 만남이란 타께우찌가 남긴 글이 그녀에게 바깥의 해석대상으로 머물지 않고 그녀 자신의 고뇌와 마주하는 매개로 작용했음을 의미한다. 그리고 사상적 만남이라면, 그 만남은 일회에 그치지 않는다. "'만남'이라는 행위는 자신만이 아니라 상대도 주체적이며 또한 유동적으로 존재한다(즉 '살아 있다')는 전제 속에서만 이루어질 수 있다."[2]

과거 인물을 살아 있는 상대로 대한다는 의미는 상대가 남긴 문자를 읽어낼 뿐만 아니라, 그 문자들을 토해낸 시대상황 속에서 상대가 지니고 있던 내적 모순을 이해하고, 상대와 그 시대상황 사이의 긴장관계 속으로 들어가 상대의 텍스트에서 여전히 읽히지 않은 사상적 요소를 건져올리는 일이다. 텍스트에서 삶의 태도를 읽어내고 그 삶의 태도를 당대의 역사에 비추어 이해하되 섣불리 시대상황으로 환원해서는 안 된다. 그러려면 몇몇 구절이나 개개의 텍스트에 의존하지 말고 상대의 전체상에 육박해야 한다. 다만 전체상에 육박한다는 것도 통달하거나 두루 섭렵한다는 의미가 아니다. 문자로 남겨진 자료에 생의 호흡을 주입하는 것이며, 상대가 살아 있기에 상대를 향한 자신의 이해방식을 거듭 되묻는 것이며, 상대가 살아 있기에 기존의 역사인식에서 불거져나오

---

2 쑨 거 「일본어판 서문」, 『다케우치 요시미라는 물음』, 윤여일 옮김, 그린비 2007, 29면.

는 사상사적 요소를 상대에게서 발견하려는 것이다. 현재의 관념에 끼워맞추거나 오늘날의 지식으로 분류할 수 없는 요소를 상대에게서 발굴해낼 때, 육체의 생을 잃은 과거의 인간은 사상적으로 살아 있을 수 있게 된다.

쑨 거는 실로 그리했다. 고집스럽다고 할 만큼 타께우찌를 부여잡아 만나고 헤어지기를 반복했으며, 그 과정 속에서 역사에 대한 자신의 감수성을 단련했다. 이런 사상적 만남은 연구자와 연구대상이라는 정해진 약속을 깨고 공동생산으로 나아간다. 각자가 낳은 고뇌의 농도가 어우러져 그 결과물은 시대가 달라도 구체적 문제의식을 환기하고 또 빨아들인다. 따라서 쑨 거의 타께우찌 연구는 타께우찌의 저작에서 필요한 대목만을 추출하거나 타께우찌에게 시대의 옷을 입힌다는 발상을 넘어서 있다. 쑨 거는 타께우찌가 남긴 여러 텍스트에 근거해 그가 생애에 지녔던 사상적 긴장감으로 진입하여, 표면으로 드러난 타께우찌의 다채로운 면모를 한 인간의 내적 모순으로 되돌리고, 그 지난한 활동을 가능케 했던 생활감각에 육박하고자 했다. 그리하여 그녀는 타께우찌를 둘러싼 상반된 평가, 사상적 공헌과 사유의 한계를 대립시키지 않았다. 바깥에서 평가를 내리기보다 타께우찌가 처했던 상황 속에 자신을 두고 문면으로는 드러나지 않는 내적 논리를 따라 그의 본질적 물음에 도달하고자 했다. 그렇기 때문에 오히려 쑨 거의 타께우찌 독해에는 타께우찌로 환원되지 않는 요소가 관류한다. 가령 『다케우치 요시미라는 물음』을 두고 말하자면, 그 저작은 그녀가 타께우찌에게서 영향을 받은 흔적을 보여주지만, 반대 방향에서 말한다면 타께우찌의 여러 모습들 가운데 그녀의 내면세계와 긴밀히 연결된 것이 그 저작에 담겼다고도 할 수 있다. 더 정확히 표현하자면, 자신의 복잡한 내면세계를 타께우찌에게 투사하면서 그녀 속에 잠재되어 있던 여러 감각이 모습을 이루었다고 하겠다. 따라서 그녀에게 사상됨이 무엇인지를 알고자 나는 그녀가 타께우찌에게 어떻게 다가갔는지를 주목하는 것이다.

20여년에 이르는 부단한 독해의 과정에서 쑨 거는『다케우치 요시미라는 물음』과「왜 지금 다케우치 요시미인가」「다케우치 요시미를 읽는다는 것, 역사를 읽는다는 것」「다케우치 요시미의 역사철학」등 타께우찌에 관한 여러편의 글을 써냈다.[3] 하지만 직접 문면으로 드러나지 않더라도 타께우찌는 그녀에게 사상적 입지점이 되고 있다. '사상적 입지점'이라 부르는 까닭은 타께우찌가 그녀에게 연구대상이었고, 그녀가 타께우찌의 사상과제를 계승했을 뿐만 아니라, 그녀에게 타께우찌의 영향이란 말의 감수성에 닿는 깊은 것이었기 때문이다. 이는 타께우찌가 쑨 거에게 정치적 입장이나 방법론이 아닌 인식론의 위상에서 영향을 안겼다는 의미기도 하다.

쑨 거는 타께우찌가 "학문을 평론화했다"고 평한다. 하지만 비판조로 그렇게 말한 것이 아니다. 타께우찌의 글에 담긴 리얼리티가 여느 학자와 다르다는 뜻이었다. 타께우찌는 이론과 개념세계의 유한성을 응시하며 말을 구사했다. 지식의 언어로 구축된 세계와 그 언어가 개재하지 않는 피부감각의 세계 사이의 단층을 의식하며 말을 운용했다. 그는 개념을 상황에 적용하기보다 상황 속에서 개념을 건져올렸으며, 개념을 활용하는 경우에도 마치 막 태어난 신선한 상태처럼 되돌리고자 거기에 리얼리티를 담았다. 그리고 그 개념들로 문장을 직조할 때면 자기 생의 체험과 고뇌를 문장 속으로 불어넣어 표현의 관성에 저항했다.

쑨 거 역시 이런 말을 한다. "근대적 지식제도에서 걸러져버린 말의 혼" "말에 의해 배반을 당하다." 자기검증을 거치지 않는다면 사상사 안

---

3 이상 세편은 쑨 거『사상이 살아가는 법』, 윤여일 옮김, 돌베개 2013에 실려 있다.

에 퇴적하고 있는 개념들을 아무리 산처럼 모으고 분류한들 지적 생산은 이뤄지지 않으며, 스스로와 대면할 때라면 새로운 사상도 자신의 부자연스런 민낯을 드러내고 만다. 그녀는 말에 무력하고 회의를 품으며 따라서 말을 사고의 최후 거처로 삼을 수 없지만, 또한 사상의 말로서만 현실에 개입할 수 있다는 역설적 진실을 자각했다. 그 자각에 힘입어 사유에 육체성을 입힐 수 있었다. 그렇게 그녀의 언어감각에는 타께우찌적 요소가 깊이 삼투해 있다.

또한 말에 관한 독특한 감수성은 역사를 대하는 그녀의 태도를 결정했다. 말에 대한 무력감과 회의능력은 역사로 진입하는 시도에 관한 긴장감을 낳았다. 말을 쉽사리 신용하지 않고 말에 배반당할 일을 경계하되 말에 끊임없이 생명력을 주입하려는 이중의 자세는 역사로 진입해야 하나 주체는 자기 의지로 역사를 바꿀 수 없다는 이중의 의식으로 이어졌다. 아마도 역사를 대할 때의 이러한 '존재의 축소감'은 루쉰적 기원을 가지고 있는지 모른다. 자신의 활동이 역사적 과제에 답을 내어줄 수 없다면, 그 무능력함을 자각했기에 루쉰은 시대의 선각자가 되기보다 차라리 '역사적 중간물'이 되어 문학의 언어로 시대의 물음을 형상화했다. 타께우찌도 평론의 언어로 그리했다. 그리고 쑨 거 역시 역사를 시간의 퇴적으로 보지 않고, 역사 속의 지나간 말을 대하며 그 말이 이르지 못한 곳을 수사로 때우거나 철학적 개념으로 처리하지 않고, 오늘날 사상의 물음으로 연마하고자 했다.

그리고 쑨 거는 그들에게서 역사를 대하는 자세만이 아니라 국경을 넘어서는 현실문제를 다루는 방법, 타국 사상계와 만나는 방법도 배웠다. 일찍이 루쉰은 중국에서 문화적 투쟁을 벌여나갈 때 자신의 일본 체험을 떠올렸으며, 타께우찌는 일본 사상계에서 활동하면서 일본의 근대를 되묻기 위한 참조축으로 중국을 활용했다. 그리고 그들 모두는 번역자였다. 이때 번역이란 단지 문자를 옮긴다는 의미가 아니라 '맥락의 전환'을 예의주시하고 그로써 자기 사유를 담금질한다는 의미다.

한편 쑨 거는 일본정치사상사를 연구하는 중국연구자로서 이중의 자리매김이 갖는 곤란함에 직면해야 했다. 그녀는 말한다. "저는 일본의 문제를 활용해 대륙이 겪고 있는 문제의 해결책을 찾고자 하는데, 그 경우 대륙과 일본은 쌍방 모두 자족해 있을 수 없으며, 더욱이 하나의 실체로서, 독자적 존재로서 있을 수는 없습니다. 실체라고 여겨지는 것들은 혼란에 빠져 기존의 사물들은 푸석푸석해집니다."[4] 쑨 거는 뒤얽힌 역사 가운데 상황의 차이, 말의 괴리, 감각의 낙차로부터 발생하는 맥락의 전환이라는 문제를 자신의 사상과제로 삼았다. 이런 '사이 공간'에서 사고의 절차를 보다 복잡하게 가다듬지 않는다면 주체는 자기회의를 잃고 모어문화를 향한 맹목성이 짙어진다. 그녀는 루쉰과 타께우찌의 사상과제를 오늘의 시대에 계승해 이 '사이 공간'을 첨예한 담론공간으로 빚어냈다. 그녀의 '아시아라는 사유공간'은 이런 의식적 시도를 버팀목으로 삼고 있기에 독특한 질감을 지닐 수 있었다.

2. 지식의 틈새와 균열: '지의 공동체' 활동

문학가 루쉰에게는 수십가지의 필명이 있었으며, 루쉰도 그중의 하나다. 그리고 불량학자, 타락문인, 위선자, 봉건유물, 독설가, 변절자, 돈끼호떼, 잡문쟁이, 허무주의자 등 그를 비방하고자 만들어진 호칭은 그 다채로움에서 그가 사용한 필명에 뒤지지 않았다. 평론가 타께우찌는

---

4 孫歌·陳光興, 앞의 글 148면.

여러 평가에 휩싸였다. 중국공산당의 첩자, 토착주의자, 국가주의자, 국제주의자, 민주운동가, (반)근대주의자 등등. 좀처럼 섞이지 않는 상이한 평가들은 그의 독특한 지적 위치를 가늠케 한다. 쑨 거의 경우는 그들보다 고요하다. 그녀는 문학가도 평론가도 아니다. 하지만 그녀의 지적 위치 역시 단순하지 않다. 더구나 그녀의 저작이 출판된 중국·일본·한국에서 그녀를 자리매김하는 방식은 조금씩 다른데, 이 점은 흥미롭고 또한 중요하다.

한국에서 그녀는 주로 동아시아론자로서 부각되었지만 중국에서는 일본연구자로 주목을 모았다. 한편 일본에서 그녀가 활동할 때면 일본사상사 연구자, 혹은 타께우찌 요시미 연구자로 곧잘 소개되곤 한다. 아울러 국제회의 석상에서 그녀는 비교문화 연구자로서 등장하기도 한다. 하지만 어느 한쪽에 본령이 있다기보다 이러한 다면적 모습들은 각각 그녀의 전체상에서 일부를 이룬다. 이렇듯 삼국에서 그녀에게 위치를 부여하는 상이한 방식들은 그녀가 지닌 사유의 복합성을 보여주는 하나의 증거라고 말할 수 있을 것이다.

쑨 거는 대학에서 중국문학을 전공했다. 하지만 그녀는 대학의 학적 질서를 충실하게 따르지 않고, 비좁은 분과의식을 어떻게 돌파해야 할지를 고민하며 중국의 아카데미에 반발했다. '비교문화'를 연구하는 힘은 학문세계의 탈영역성을 모색하는 과정에서 배양되었다. 쑨 거의 회고에 따르면 그녀는 대략 2000년 무렵까지 비교문화연구에 힘을 쏟고, 2000년 이후에는 일본에서 전공을 일본정치사상사로 옮겨 한 분야 안에 오랜 기간 축적된 사상적 유산을 계승하는 일에 매진했다. 그리고 이윽고 동아시아 문제에 관한 직접적 발언에 나섰다. 하지만 그녀의 사유 과정을 중국문학과 일본정치사상사를 흡수해 동아시아론자가 되었다며 발전도식으로 정리할 작정은 아니다. 오히려 그녀에게는 동아시아론 역시 사유의 한 과정으로 여겨지며, 그녀의 동아시아론을 이해하기 위해서는 저렇듯 이질적인 학적 훈련들을 함께 고려해야 하며, 거꾸로 가령 그녀의 사상사적 작업을 이해하기 위해서도 동아시아라는 지평이 그녀에게 갖는 의미를 곱씹어봐야 한다는 의미다.

쑨 거가 동아시아론자로 알려지게 된 것은 '지의 공동체' 활동을 통해서였다. 미조구찌 유우조오(溝口雄三)와 쑨 거가 중심적 역할을 맡은 '지의 공동체'는 1997년에 활동을 시작했다. 그녀가 비교문화연구의 문제의식에 집중하던 시기였으며, 한편으로 '지의 공동체'는 그녀에게 그 문제의식을 심화할 수 있는 장이었다. 하지만 '비교'라는 말에는 늘 실체화의 위험성이 동반된다. 즉 비교과정을 통해 상대를 비교의 실체로, 자신은 상대와 다른 하나의 고정된 단위로 설정해버리고 말 위험성이 있는 것이다. 하지만 그녀에게 '지의 공동체'는 비교문화의 연구방식을 적용하기보다 비교문화의 감각을 되묻는 장에 가까웠다.

1회 대회는 베이징에서 개최되었다. 주제는 시민사회, 공공성, 전통과 모더니즘, 중간층 문제 등 이른바 서양산 것들이었다. 1회 대회는 논문 발표를 거치지 않고 곧장 토론으로 들어가는 형식을 취했다. 그 장면에서 각각의 주제가 중국과 일본 지식계에서 배치되는 방식의 차이가 드러났다. 1999년 2회 대회에서 '민족주의'를 주제로 삼았을 때도 이 문제는 불거졌다. 의제 중 하나는 '그라마똘로지(grammatologie)와 민족주의'에 관한 데리다(Jacques Derrida)의 논고를 어떻게 독해할 것인지였는데, 중국 학자들은 자국의 역사를 소재 삼아 데리다 논의의 한계를 지적했으며, 일본 학자들은 일본의 역사 분석을 통해 데리다의 그라마똘로지론에 공감을 표했다. 이때 일본의 진보적 지식인들은 일본의 민족주의를 비판하며 이를 위한 무기로서 서구이론을 활용했다. 그러나 서구이론은 때로 추상화되어 동아시아의 맥락에 직접 대입하는 식이라면 이론으로서의 생명력을 잃고 만다. 여기서 보편성과 특수성, 서양과 동양이라는 이분법 바깥에서 어떻게 서구이론을 동아시아의 맥락에서 자양분으로 전화할 수 있는지가 문제로 부상했다. 아울러 국적에 매이지 않는 자유로운 개인은 가능한지, 국제인의 조건은 무엇인지가 문제로 이어졌다.

3회 대회에 이르고 나서야 주제는 '전쟁과 중국혁명의 세계사적 의의'라는 양국 지식인 사이의 첨예한 문제로 나아갈 수 있었다. 즉 민족감정과 얽혀 있는 논의를 시작하려면 우회와 사전작업이 필요했던 것이다. 학술적 주제를 놓고 공감의 폭을 넓혀가던 토의도 막상 전쟁과 혁명이라는 주제로 말려들어가면 의식하지 못한 사이에 각기 민족적 입장으로 갈라서고 만다. 쑨 거는 이렇게 지적했다. "동아시아 학자들 간에 동아시아와 서양의 충돌이나 길항관계를 논하는 일은 상대적으로 쉽다. 그러나 논자들 간에 별도의 감정적 상처를 주는 일이 없을지라도, 동아시아 각국의 역사에서 모순이나 충돌을 논하는 단계에 이르면 상황이 달라진다. 특히 모순이나 충돌을 대상화하고 가치판단을 괄호 치고 해석하는 단계에 다다르면, 즉각적으로 각국의 감정적 반발에 직면하게 된다."[5]

2001년의 4회 대회는 '어떻게 전쟁의 역사를 사상의 원천으로 삼을 것인가'라는 화두를 던져 앞의 주제를 심화했다. 거기서 필연적으로 이론과 현실의 관계가 떠올랐다. 즉 자기완결적인 이론과 늘상 변동하는 현실 사이의 긴장관계, 특히 진보적 지식인의 이론적 비판이 그 비일상성으로 말미암아 현실에서 비판력을 상실하며, 이론적 분석작업으로도

---

5 쑨 거 「세계화와 문화적 차이」, 『아시아라는 사유공간』, 류준필 외 옮김, 창비 2003, 128면.

감정의 영역을 효과적으로 다룰 수 없다는 사실이 부각되었다.

쑨 거는 이상 4회까지의 대회를 「세계화와 문화적 차이」라는 글로 기록했다. 보고서 형식이지만 이 글은 그녀가 사유하는 방식의 독특함을 잘 보여준다. 어떠한 과정 속에서 균열이 발생하면 그것을 봉합하려고 애쓰기보다 그 속에서 사상의 소재를 발견하려 하는 것이다. 이 글에서 그녀는 세계화의 충격과 문화의 실체성이라는 문제, 문화상대주의가 자칫 퇴로로 활용될 수 있다는 문제, 동시에 국경을 쉽게 가로지르는 자유인 의식이 지니는 한계, 사회마다 맥락이 다른 사안 앞에서 국적을 처리하는 어려움, 지식인과 대중의 관계에 관한 중일 학자들의 관점 차이, 국제회의에서 통역자를 둘 때와 영어로 대화를 진행할 때의 다른 양상, 중국과 일본의 지식인 외에 다른 국적이나 장소의 지식인들이 참가할 때 토론의 구도가 어떻게 바뀌는지의 문제, 일본의 중국 이미지와 중국인의 아시아관 등 실로 숱한 문제를 다루었다.

'지의 공동체'는 적어도 그녀의 글을 보건대, 여느 국제학술대회가 그러하듯 공동의 주제를 놓고 다양한 시각을 표출하는 형식이었다기보다, 서로를 충분히 이해하지 못한다는 전제 아래 소통의 어려움을 확인하고, 거기서 서로가 공유할 문제의식을 건져올리는 과정이었다. 이와 관련해 쑨 거는 '지의 공동체'의 활동방침을 다음과 같이 밝힌 적이 있다.

하나, '지의 공동체'는 전문가형의 지적 교류를 목표로 하지 않는다. 지식공동체는 전문가형 교류가 은폐해버린 문화적 차이 또는 문화충돌의 문제를 다루고 각각의 지식이 배치된 상태와 서로의 곤경을 성찰하는 것을 목표로 한다.

둘, '지의 공동체'는 전공분야를 달리하는 학자들과 행동하는 지식인 간의 대화를 전제로 한다. 따라서 상대방 문화 내부의 고유한 분야를 연구의 전제로 삼지 않는다. 참가자는 기본적으로 자국 문화와 사회에 존재하는 근본적 문제에 대해 위기감을 갖고 있어야 하고, 이에 개입할 의사가 있으며, 현재의 지식지형도를 반성하는 정신을 가져야 한다.

셋, '지의 공동체'는 실체화와 제도화에 반대하며 민족이나 문화의 대변자가 되는 일을 거부한다. 따라서 참가자는 개인 자격으로 대화와 토론에 참가하며, 교류과정은 항상 유동적 상태를 유지한다. 정해진 시간 내의 교류에서 되도록 많은 문제점들을 제시하고 국경으로 분할된 틀을 뛰어넘을 수 있는 사유의 실마리를 탐구한다.[6]

'지의 공동체'는 둘 이상의 다른 맥락이 충돌할 때 발생하는 문제의 양상을 확인하는 장이었다. 이 경우 상대의 맥락 속으로 어떻게 다가갈 수 있는지가 유일한 관건은 아니다. 아울러 모어문화와 자신의 관계를 어떻게 다뤄야 하는지가 문제로서 등장하며, 흥미롭게도 쑨 거는 이 대목에 좀더 집중했다. 그녀에게 "문화 간 경계를 넘어선다"는 행위의 중점은 '넘는다'가 아니라 넘는 과정에서 자신의 문화를 다시 사고하는 데 있었다. 국제교류에서 논의가 순조롭게 진행되지 않고 상대의 문화 논리로 진입하려는 시도가 실패로 끝나면, 절충을 위해 문화적 차이가 퇴로로서 활용되거나 지식인은 모어문화의 대변자로 돌아가는 상황이 적지 않게 발생한다. 쑨 거는 지적한다. "이 모델에서는 문화충돌이 생기지 않는다. 한쪽의 문화 내부에서 주제가 설정될 뿐 아니라, 한 국가의 문화는 그 자체로 자족적이라는 통념 때문에 해당 문화권 출신의 참가자가 '선생' 역할을 연기하는 가운데 막이 내린다."[7] 그렇다면 모어문

---

6 같은 글 111면.
7 같은 글 110면.

화는 절대화되어 분해하고 분석할 수 없는 전제가 된다. 하지만 쑨 거에게 진정한 문화교류는 이문화와의 만남 속에서 주체가 분절되는 상태를 의미했다. 주체는 한 공동체의 입장을 대변하는 자리에 설 것이 아니라 문화적 간극의 '사이'에 자신을 두어야 했다. 물론 그 '사이' 역시 실체로서 존재하지 않으며, 그녀의 표현을 빌리자면 '임계점'에 가까울 것이다.[8] 즉 문화 가로지르기란 두 문화 사이에서 발생하기에 앞서 한 문화 내부에서 발생하며, 다시 말하자면 한 문화의 자족성에 대한 회의가 생겨나야 비로소 문화의 경계를 넘는 감각이 움틀 수 있다는 것이다.

그렇다면 모어문화는 내키는 대로 동일시하거나 이문화와의 교류에서 자신의 자산처럼 활용할 수 있는 대상이 아니다. 오히려 교류과정에서 이문화가 모어문화를 다시 사고하기 위한 매개로 작용할 때, 자신과 모어문화의 관계는 변용을 맞이하며 이문화와의 진정한 관계성도 발생한다. 그리하여 쑨 거는 흥미로운 제안을 한다. "진정으로 자기 문화로

8 "'임계'라는 이 말은 '임계점' 자체도 포함합니다. 이 말은 사물이 어느 지점에 도달하면 변화가 발생한다는 감각을 전합니다. 한 지점을 넘어서자 다른 사물이 되며, 또한 이 지점, 이 경계가 존재하기에 비로소 사물의 성질은 두 가지 혹은 그 이상의 가능성을 갖게 됩니다. 따라서 관심을 갖는 문제를 우리가 임계점에 둘 수 있다면, 그 문제가 임계점의 이쪽 혹은 저쪽에서 설정되는 일을 피할 수 있습니다. 임계란 양측 사이에 선을 긋는다는 성질을 지니기에 어느 한쪽에 속하지 않게 됩니다. 그렇다면 이 상황에서 그 문제는 어떤 성질을 갖게 될까요? '문화 간'의 문제를 논의할 때 반드시 이러한 경계 위에서 대상을 고찰할 필요가 있으며, 그 최대 성과라면 우리가 직면하는 많은 문제가 실제로는 문화의 중심영역에서 설정되어 있음을 깨닫는 일이겠죠. 이렇게 설정된 문제는 늘 몹시 자족적이며, 더구나 그 기본틀은 변하지 않습니다. 그러나 그 문제를 임계점에 설정한다면 그때까지의 모든 자족성은 유지될 수 없으며, 따라서 그 문제는 이렇게도 저렇게도 될 수 있지만 무언가 이것이라는 특정한 것으로는 되지 않습니다. 이 상황 아래서 사물 내의 고도로 긴장된 상태가 드러납니다. 물론 상식이 우리에게 알려주듯이 임계점에서의 순간은 지속될 수 없습니다. 그러나 우리의 사고를 이러한 순간 속에 설정하는 일은 가능하지 않을까요?" 孫歌·陳光興, 앞의 글 156~57면.

진입하길 희망한다면, 다른 문화에 진입하는 실험을 해보는 편이 좋다. 외국어능력은 통상 모어능력에 제약을 받는다. 마찬가지로 다른 문화로 효과적으로 진입할 수 없다는 것은 통상 모어문화에 대한 감각능력이 모자라기 때문이다."[9]

그리하여 '지의 공동체'는 서로 쉽사리 통하지 않는다는 진실, 그 감각의 낙차가 지니는 사상성을 외면하지 않고 공동으로 자기혁신의 계기를 탐구하는 자리였다. 그러려면 문화특수론과 섣부른 보편성 논의를 동시에 거부하는 이중전략 속에서 주체는 한층 상황성으로 풍부한 자신으로 거듭나야 한다. 그녀는 이런 문제의식이 담긴 자신의 중국어판 저작에 '주체가 흩어지는 공간'이라는 제목을 달았다.[10]

3. 맥락의 전환과 감정기억

이쪽의 맥락에서 정당한 주장과 선한 동기가 다른 맥락에서도 마찬가지로 옳거나 좋은 결과를 보장해주지는 않는다는 사실, 한 개인의 의지와 그것이 초래하는 사회적 효과 사이의 괴리가 부각된 것은 특히 '지의 공동체' 4회 모임에서였다. 전쟁과 혁명, 그리고 식민지배와 관련된 민족문제에 직면하면 국적의 문제가 돌연히 부상하고, 서로 간의 감각의 낙차는 사고의 소재가 되지 못한 채 오히려 민족감정을 더욱 폐쇄적으로 만들기 십상이다. 주름진 곳에 도사리고 있던 간극이 어색함으로 찾아와 질서정연하던 상황은 일순 바뀌고 기존의 이론적 전제들은

---

9 「가로지르며 걷는 길」, 『아시아라는 사유공간』 25면.
10 孫歌 『主體彌散的空間』, 南昌: 江西教育出版社 2002.

어둠 속으로 내몰려 지식교류는 평형을 잃는다. 우호를 내세워 어색함을 가려보려 한들 그 간극은 더욱 선명히 드러날 뿐이다. 이 상황 속에서 쑨 거는 전쟁책임 등의 역사적 과제를 외면하지 않으면서도 나라 단위의 발상으로 회수되지 않는 중간지대를 만들어내야 했다.

오랜 시간 침묵 속에 머물러온 언어화 이전의 감정적 문제가 어떤 사건을 만나 갑자기 터져나오면 지식의 층위에서 효과적으로 대처할 수 없다. 그녀는 이렇듯 "털끝만큼의 실수로 엄청난 차이를 초래"하는 미묘한 감정적 문제가 가장 실재적이고도 해소하기 어려운 문제임을 의식했다.[11] 더욱이 까다로운 대목으로 지적 교류에서 나라 단위로 감정적 문제가 전면으로 부각되면 폐쇄적 내셔널리즘을 부추기기 십상인 것이다.

쑨 거로서는 이 복잡한 구도에 리얼리티를 입힐 사건이 발생했다. 그녀는 그 사건에 발을 들여놓아 버거운 사상과제와 맞섰다. 바로 아즈마 시로오(東史郎) 사건이었다. 아즈마 시로오는 중일전쟁 당시 일본병사로서 중국대륙의 전장에서 종군했다. 그리고 패전 후 돌아와 수십년의 시간이 지난 뒤 종군일기인 『나의 플래툰: 어느 소집병사가 체험한 난징대학살』(わが南京プラトーン: 一召集兵の體驗した南京大虐殺, 靑木書店 1987)을 출판했다. 이 책은 1937년 12월에 일어난 난징대학살을 사실적으로 묘사해 큰 반향을 불러일으켰다. 그리고 국경을 넘어서는 감정 충돌의 도화선이 되었다.

『나의 플래툰』에 실명으로 거론된 전(前) 일본군 병사는 아즈마 시로오를 명예훼손으로 고소했다. 그러자 이 민사소송 건에 우익단체가 가담했다. 특히 마보로시파(幻派)는 난징대학살이 허구라고 주장했으며,

---

11 「아시아라는 사유공간」, 『아시아라는 사유공간』 40면.

이에 맞서 진보적 지식인들도 아즈마 시로오 변호단 등의 형태로 이 소송에 참여했다. 1998년 12월 22일 토오꾜오고등재판소는 2심에서 아즈마에게 유죄를 선고했고, 중국정부는 이틀 뒤 재판 결과에 항의를 표명했다. 이로써 아즈마 시로오 사건은 국가 간 문제로 번져갔다. 이듬해 3월 그의 책은 '아즈마 시로오 일기'라는 제목으로 중국에서 출판되었고,[12] 4월에는 아즈마 시로오가 중국 중앙방송국 토론 프로그램인 「스화스숴實話實設」의 '전쟁의 기억' 편에 참가했다. 아즈마 시로오 사건은 학술계와 미디어의 영역에서 현실정치, 역사기억과 민족감정이 뒤얽히는 복잡한 상황으로 접어든 것이다.

쑨 거는 토론 프로그램에서 벌어졌던 상황을 소재 삼아 아즈마 시로오 사건에 개입했다. 아즈마 시로오는 중국에서 크게 주목받았지만, 일본에서는 나라의 치부를 바깥에 폭로한다며 반감을 가진 자들이 많았다. 비단 우익이 아니더라도 아즈마 시로오의 발언에 실증성이 결여되었다며 불만을 품은 자들도 있었다. 「스화스숴」에 참가해 아즈마 시로오를 향해 발언한 일본인 유학생 미즈따니 나오꼬(水谷尚子)도 그러한 경우였다. 그녀는 아즈마 시로오의 증언에 모호한 구석이 있다며 자료 고증을 요구했다. 또한 일본의 진보적 인사들이 아즈마 시로오에 대해 비판적인데 당사자는 어떻게 생각하는지를 물었다. 사실상 그녀는 우회적으로 중국의 청중들을 향해 물음을 던진 것이다. 마치 아즈마가 일본을 대변하는 양 보이지만 일본의 맥락은 그렇게 단순하지 않다고 지적한 셈이었다. 그리고 6월 2일, 일본의 『산께이신문(産経新聞)』은 한 면을 할애해 이 토론 내용을 대대적으로 보도했다. 논조는 토론 프로그램이 관민일체식으로 짜여 있었고, 아즈마는 구미에 맞는 발언으로 중국

---

12 東史郎 『東史郎日記』, 南京: 江蘇教育出版社 1999.

에서 영웅대접을 받았다는 것이었다. 기사는 아즈마의 발언은 당사자 개인의 입장일 뿐이며, 오히려 그 자리에서 아즈마를 추궁한 미즈따니가 일본인 전체를 대표하는 것처럼 보도했다.

쑨 거는 상황의 추이를 지켜보면서 「중일전쟁」과 「사상사적 사건으로서의 아즈마 시로오 현상」을 잇달아 발표했다. 하지만 어느 한쪽의 손을 들어주지는 않았다. 그보다 중국사회와 일본사회 사이에 가로놓인 감정과 상호이해의 균열을 주목하며 그 문제를 외면하지 않되 민족주의적 분노를 넘어서는 사상공간을 일구고자 했다. 여기서 그녀는 '감정기억'의 문제를 제출했다. 감정기억이란 역사적 사건 자체의 기억이라기보다 그 사건에 의해 환기되는 기억이며, 따라서 체험자만이 아니라 후세대에도 전해진다. 물론 이러한 감정기억은 정치이데올로기나 미디어에 의해 형태를 이루고 등장하곤 한다. 그렇다면 그런 감정기억이 역사적으로 객관적인지도 따져볼 문제지만, 그녀는 동시에 그 기억이 동시대사에서 정치적 기능을 지닌다는 사실을 강조하고자 했다. 그 기능을 "동시대사적 진실성"이라고 불렀다.[13] 즉 감정기억이 어떻게 만들어졌는지와 감정기억이 어떻게 기능하는지는 다른 종류의 문제인 것이다. 감정기억은 사회적 반응을 낳고 동시대의 사건으로 전화한다. 그 반응과 사건이 국경을 넘어서는 경우, 일국 내의 판단기준으로 그것을 판가름하기란 어렵다. 쑨 거는 그 '맥락의 전환'이라는 문제를 신중하게 살폈다. 감정기억은 실증연구로 해소되지 않는 극히 복잡한 정치적·사상적 과제가 되는 것이다.

「스화스쉬」에서 미즈따니는 아즈마 시로오의 진술이 정확한지를 추

---

13 쑨 거 「동북아의 '전후'를 어떻게 논할 것인가」, 『사상이 살아가는 법』, 윤여일 옮김, 돌베개 2013, 71면.

궁하며 '난징대학살 희생자 30만명'을 의문에 부쳤다. 하지만 쑨 거는 미즈따니의 주장이 난징대학살의 실증성에 맞춰져 있으며 상징성은 고려하지 않은 처사라고 지적했다. 난징대학살은 중일전쟁이라는 중국인의 민족적 상처를 대변하며, 그 사건을 '30만'이라는 희생자의 숫자가 상징한다. 하지만 일본에서는 난징대학살은 허구라고 주장하는 마보로시파만이 아니라 난징대학살의 사실성을 부인하지 않는 진보적 지식인조차 역사의 진상을 밝히기 위해 '30만'이라는 숫자가 정확한지를 따져묻는다. 하지만 쑨 거는 그런 식이라면 자료 고증이 살아 있는 역사를 데이터 분석으로 변질시킬 수 있다며 이렇게 지적한다.

이런 자세를 떠받치고 있는 기본적 학문원리는 역사의 '객관진리성'이다. 그리고 그 반대편에 살아 있는 인간의 감정이 있다. 이런 역사관은 심각한 결과를 야기한다. 첫번째는 감정기억의 상실이다. 감정기억의 상실은 역사의 긴장감과 복잡성을 거세하고 역사 전체를 통계학으로 대체할 수 있는 죽은 지식으로 변질시켜버렸다. 이런 죽은 지식의 역사야말로 현재의 정치와 이데올로기에 아주 쉽게 이용당하게 마련이다.[14]

난징대학살은 과거 사건을 지시하는 고유명사지만 감정의 측면에서는 여전히 '동사적 기능'을 지니며 상징으로서 기능한다. 그리하여 쑨 거는 이 장면에서 '수치'문제 자체를 주목하기보다 '30만'이라는 수치를 둘러싼 논의의 배후에 있는 복잡한 문제군에 발을 들여놓았다. 우선 그녀는 일본인이 '30만'이라는 상징적 숫자를 받아들여야 한다고 말한다. 물론 역사적 사실이라기보다 중국인의 마음에 접근하겠다는 태도

---

14 「중일전쟁—감정과 기억의 구도」,『아시아라는 사유공간』 155면.

로서 말이다. 만약 '30만'이라는 숫자를 부정하려 들면, 그때마다 "상징을 지킨다"는 감정은 증폭되고 그런 대항구도가 지속되면 중국인의 '상징' 수호와 일본사회의 '사실' 추궁은 점차 악순환에 빠질 것이기 때문이다.

하지만 동시에 문제가 남는다. 역사적 상징, 더구나 실증성이 결여된 감정적 서사는 자칫 민족적 폐쇄성과 배타성을 낳기 십상이다. 그녀는 이러한 지적을 잊지 않는다. "그런데 이런 대항구도가 지속되면 상징은 점차 내용을 잃어간다. 죽은 자들의 비참한 운명에 대한 관심과 동정, 살아남은 자의 애도는 점차 세간의 관심에서 멀어져 상징을 지킬 것인가 말 것인가 하는 문제만이 남는다. 그런 의미에서 망각은 이미 사회 속으로 번지고 있다."[15] 즉 일본인에게 '30만'이란 숫자는 중국인의 마음을 헤아릴 수 있는지, 그 감도를 시험하는 기제가 되겠지만, 중국인에게는 그 상징이 난징대학살에 대한 기억을 형해화하는 쪽으로도 작용할 수 있다는 것이다. 따라서 그 감정을 그대로 집단의 것으로 추인하지 않고, 감정이 지닌 비논리성을 부정적이라 치부하지도 않고, 감정의 결을 거스르지도 않으면서 그 감정을 민족적 배타성으로부터 끄집어내는 사상적 시도가 필요하다. 사상과 연계되지 않은 감정은 말라버리고 감정을 외면한 사상은 공허해진다. 그런 양편향에서 벗어나려면 감정기억이 단순화되지 않도록 그 안에 역사의 복잡한 골격을 주입하는 동시에 오늘의 시간 속에서 과거 사건으로 어떻게 진입할 수 있는지, 다시 과거 사건을 매개 삼아 동시대사와 어떻게 마주할 수 있는지를 물어야 한다.[16]

---

15 「다문화 공생과 '문화-정치'」, 『사상이 살아가는 법』 155~56면.
16 쑨 거는 감정기억의 문제를 중국의 난징대학살에만 적용하지 않고 히로시마의 원폭투하도 난징대학살 이상으로 복잡한 감정기억에 사로잡혀 있다고 밝혔다. 하지만

우리는 피해자이자 당사자인 그들의 감정을 속속들이 이해해야 하지만 동시에 그렇게 노력해도 한계에 직면할 수밖에 없다는 사실을 인정해야 합니다. 그러나 그 한계에 대한 인식을 도망칠 샛길이 아니라 현실을 파악하는 윤리과제로서 자신에게 요구해야 합니다. 그 윤리과제란 추체험을 논하기에 앞서 먼저 지금 우리는 살아 있는 현실을 체험하고 있는가라는 엄격한 자기추궁과 반성을 의미합니다. 역사의 어떤 특정한 사건을 체험했는가 그렇지 않은가는 보증할 수 없지만, 살아 있는 현재를 체험하고 있는가도 역시 보증할 수 없는 문제입니다. 자신의 '올바른 언설' 속에서 체험의 가능성을 말살하고 있지는 않은지 물어야 합니다.

역사에 들어설 것인가 말 것인가가 아니라 우선 현실의 복잡함과 직면하고 있는지, 이론의 전제에서 현실을 내다보고 있는지를 되물어야 합니다. 이 문제를 직시할 때 비로소 감정기억을 논하는 의미가 나옵니다.[17]

4. 역사로 진입하다

쑨 거는 1995년 무렵에 중국문학에서 일본정치사상사로 방향을 전환하고, 1960년 안보투쟁 시기 타께우찌 요시미가 교수직을 내놓았던 토오꾜오도립대학에서 박사학위를 취득했다. 하지만 그녀에게 사상사란 사상의 역사적 얼개를 짜내는 작업이라기보다 먼저 한 인간의 시대적

히로시마의 기억과 난징의 기억을 각국의 피해목록으로서 어설프게 비교하는 태도의 위험성도 함께 지적했다. 같은 글 157~61면.

17 孫歌・酒井直樹 外「戰爭の感情の記憶壁—どう乗り越えるか」,『世界』2000년 11월호, 197면.

고뇌 속으로 들어가는 일이었다. 그렇다고 인물연구는 아니었다. 과거 인간의 고심을 매개 삼아 오늘날 되살릴 수 있는 사상과제를 발견하고 사상자원을 발굴하고자 했던 것이다. 우리는 과거 인간이 남긴 텍스트를 결과물로서 대하지만, 당시의 작가 역시 제약된 상황 속에서 선택하고 결단을 내려 그 기록을 남긴 것이다.[18] 쑨 거는 자명한, 하지만 곧잘 망각되는 그 사실에 근거하여 그 선택의 결과만큼이나 선택의 무게를 깊이 되새겼으며, 그로써 부자유한 개체가 역사과정 속에서 내놓은 선택을 얼추 그 시대의 정황으로 환원하고 마는 사고의 타성을 경계하고자 했다. 그리고 쑨 거에게 그 역사적 인간이란 누구보다도 타께우찌 요시미였다. 쑨 거는 타께우찌를 대한다는 것에 관해 이렇게 말했다.

어떤 사상가가 특정한 순간에 내린 판단이나 실수를 역사적으로 고찰한다는 것은 결코 뒤에 오는 사람이 '타산지석(前車の鑑)'을 얻기 위함이 아니다. 실로 사상가의 그릇된 선택이란 통상 그렇게 여겨지듯 후세 사람이 심판하거나 변호할 수 있는 '착오'가 아니다. 그것은 항시 사상적 긴장이나 내재적 모순을 품고 있으며, 그런 사상적 긴장이나 내재적 모순이 바로 뒤에 오는 사람들에게 역사에 들어설 기회를 제공한다. 그러나 대개의 후세 사람은 역사에 진입할 기회를 얻지 못했으며, 마찬가지로 앞선 사람의 착오가 뒤에 오는 이들에게 진정한 의미에서 '타산지석'이 되는 법도 드물었다. 이유는 간단하다. 직관적 방법으로는 앞선 사람의 착오를 반복하는 일도 회피하는 일도 불가능하기 때문이다. 역사상 모든 사건은 이후 시대에서 다시 살아날 때는 필연적으로 복잡한 전환의

---

18 「다께우찌 요시미를 읽는다는 것, 역사를 읽는다는 것」, 『사상이 살아가는 법』 206~07면.

과정을 동반한다. 만약 앞선 사람의 실수를 직관적으로 다룬다면 다케우치 요시미가 역사에 진입하기 위해 지불한 노력은 정치적으로 올바른 결론에 의해 간과되고 말 것이다.[19]

그는 때로 정치적 올바름을 잃었다며 비판을 샀던 타께우찌의 선택 속으로 들어가 그가 끝끝내 놓지 않았던 '종이 한장 차이'를 읽어내고자 했다. 그 '종이 한장 차이'는 자명한 이론적 전제나 정치적 입장에서 출발하면 식별해낼 수 없다. 동시에 미묘하지만 '차이'라는 점에서 독특한 의미의 자장을 형성한다. 타께우찌는 어떤 사태에 개입할 때 위태로운 장소에 몸을 두었다. 거기서 그가 만들어낸 차이란 실재적이라기보다 기능적인 것이었다.

과거 역사를 분석하거나 현실상황을 판단할 때 좌파가 이론적 접근 방식을 택한다면, 우파는 내적 동질성에 근거한 심정적 호소에 힘을 들이고, 양자는 서로 배타적이기 때문에 접촉가능성이나 상호충격의 여지가 희박하다. 그렇다면 좌파의 비판은 우파를 향해 효과를 내지 못한다. 이 구도 속에서 타께우찌가 만들어낸 기능적 차이는 양자를 맞물리게 하여 양측 모두에 결여된 전환의 계기를 주입하도록 작용했다. 그러나 그는 때로 "불 속에서 밤을 줍는다"라며 자신의 선택으로 맞닥뜨리는 어려움에 대해 토로해야 했다. 그의 선택은 중층적으로 뒤얽힌 고뇌의 산물이며, 당시의 시간성과 장소성 그리고 개체의 체험에 깊이 뿌리내리고 있기에 결론만을 따로 떼어내어 차용할 수는 없다. 사상적 선택과 개체의 경험, 그리고 역사적 지반을 분리할 수 없는 것이다. 하지만 개체의 선택을 개체를 둘러싼 환경과 시대상황으로 섣불리 환원해서도

---

19 「역사적 순간에서의 '그릇된' 선택」, 『다케우치 요시미라는 물음』 205면.

안 된다. 이런 이중의 의식을 품고 역사적 인물의 결단 속에서 오늘날의 긴장 어린 사상과제를 이끌어내는 일이 쑨 거에게는 사상사적 작업이었다.

쑨 거는 타께우찌의 구체적 사상과제를 계승함과 아울러 무엇보다 타께우찌가 마주섰던 '역사의 논리'와 대면하고자 했다. "인간은 전력을 다해 싸우고 스스로 새로운 세계를 창조하려고 하나 만사는 자기 뜻대로 되지 않으며, 차라리 주체의 의도와 객관적 결과가 불일치하는 쪽이 현실적이지 않은가라는 인식. 이런 진리는 젊은 다케우치가 역사 자체의 힘을 인식하는 선열한 계기가 되었다."[20] 역사는 무형의 시간적 형식이 아니다. 무수한 주관이 개입하여 농축성을 띠는 역사적 시간이 마련된다. "역사는 늘 움직입니다. 움직이는 역사의 시간은 균질한 시간 즉 자연적 시간이 아닙니다. 역사의 시간이라는 특수한 시간이 있습니다. 그 시간 속에는 긴장이 서려 있습니다. 그 긴장이 시간을 이어 맵니다. 거기서 역사감각이 생겨납니다."[21] 하지만 무수한 주관이 개입하기에 오히려 역사는 누구도 통제할 수 없게 된다. 역사에 참가하려는 행위로 역사가 발생하지만, 어느 누구도 자신의 의지를 절대화할 수 없다.

여기서 쑨 거는 "역사에 진입한다"는 테제를 내놓았다. 역사에 진입한다 함은 시간이 흐른 뒤 역사에 관한 인식을 새로 짜고, 그로써 역사의 의미를 다시 발견하는 것이다. 역사적 거리란 시간의 누적분에 따르지 않는다. 쑨 거는 말한다. "역사는 지금 여기 있는 주체의 힘을 빌려야 비로소 존재하며, 또한 지금 이곳의 주체가 고도로 긴장된 위기의식을 지녀야만 순간 속에서 전개되어 주체가 역사 속으로 진입할 수 있다."[22]

20 「일본어판 서문」, 『다케우치 요시미라는 물음』 32면.
21 「다케우치 요시미의 역사철학」, 『사상이 살아가는 법』 188면.
22 「근대를 둘러싸고: 세계구조로서의 문학」, 『다케우치 요시미라는 물음』 124면.

역사는 그저 주어진 날것의 환경이 아니라 주체가 어떤 방향으로 재구축하고자 기울이는 그 힘에 의해 비로소 가능해진다. 하지만 역사는 유동하며 그 안의 주체와 객체가 모두 움직이고 있기에 재현도 복원도 불가능하다. 만약 지식을 사용해 움켜쥘 수 있는 객관적 실체로 역사가 주체의 바깥에서 응고된다면, 오히려 주체는 역사와의 관련성을 잃고 만다. 역사는 개별 사건의 축적이 아니라 일상감각에서 비어져나오는 힘 관계의 얼개이기 때문이다. 쑨 거는 역사의 그 복잡한 결을 거스르지 않으면서 주체가 역사 속으로 진입하려면, 오늘날 지식의 감도를 되물어야 한다고 주장한다.

그중 한가지로 그녀는 역사를 이해할 때 하나의 담론이라기보다 감수형식에 가까운 진보사관과 거기에 배접되어 있는 서양이론 중심성을 들춰낸다. 비판의식과 문제의식으로 충만한 서구지성의 사유가 이곳의 맥락 속에서 탈맥락화되면 상황을 처리하는 해답처럼 기능하며, 때로 패권적 양상을 띤다는 사실을 우리는 목도하고 있다. 서구지성의 사유가 추상화되거나 방법론으로서 직접 응용되면 그 사유가 지닌 생명력, 그것이 출현한 사회 내지 시대와 맺고 있는 긴장감은 말살되고, 사상이라면 사상으로 살아 있을 수 있는 이유, 즉 틀릴 수 있다는 상대성을 상실하고 만다. 더욱이 서구의 지적 유산을 여과 없이 이곳에 적용한다면 자기 사회를 이해할 때 단순화가 발생한다. 즉 자기가 속해 있는 사회의 어떤 면모를 그 지적 유산의 징후로 간주하는 것이다. 그렇다면 자기 사회의 복잡한 입체감은 가려지고 만다. 더구나 수용과정에서 '인권' '민주주의' '자유' 등의 가치가 결부되면 서구담론은 진보사관으로서 위력을 발휘한다. 실상 그런 가치들은 동아시아의 맥락과 구체적 상황 속에서 함의가 달라질 수 있는데도 말이다.

그렇듯 역사로 진입할 때 도식과 개념을 출발점으로 삼지 않겠다는 의지는 그녀가 사상사를 탐구할 때만이 아니라 오늘날의 상황을 다루는 작업에서도 엿보인다. 거기에는 자신의 활동이 결론일 수 없고 역사의 유구한 과정에 속해 있을 뿐이라는 자각 위에 자신의 활동을 전통의 생산적 일부로 새기겠다는 의지가 깃들어 있다. 그러려면 정적 개념으로 현실을 분해하는 지식의 습관을 경계하면서, 그렇다고 개념을 버리는 것이 아니라 논의를 실천적 수준으로 끌어올리기 위해 일련의 개념에 적확한 리얼리티를 주입해야 한다.

지금의 시대에는 지적 세계에서 일찍이 존재했던 역사적 긴장감이 점차 사라지고 있습니다. (…) 멈춰 서서 역사를 살피고 역사에서 결론만을 건져내려 하고 있습니다. 역사를 살아 있다고 여기지 않는다면 영원히 역사로 진입할 수 없습니다. 살아 있는 역사로 들어가려면 자신의 타자화를 전제로 해야 하며, 역사를 살아갔던 사람들과 함께 고뇌하고 함께 기뻐하고 함께 좌절해야 오늘의 과제와 마주할 수 있습니다. 다케우치 요시미는 그 점을 가르쳐주었습니다.

그것을 전제 삼아 저는 군이 익숙하지 않은 전쟁기억이나 역사의 문제에 관해 나름의 발언에 나섰습니다. 동시에 저는 의식적으로 작업에 대한 엄격한 윤리를 스스로에게 요구했습니다. 즉 현실의 사건을 다루면서 나의 작업으로 그 현실문제가 해결되지는 않는다는 자각에 기초해 되도록 사상의 위상에서 그 문제를 '사건'화하려고 노력했습니다. 그런 작업 윤리에 의해 저는 역사를 살아갔던 이들의 긴장감을 조금은 느낄 수 있었으며, 거기서 다케우치와 만났습니다.[23]

---

23 孫歌・坂元ひろ子「想像力の貧困と思想の手續き」, 『現代思想』 2001년 3월호, 44면.

쑨 거에게 사상사 연구자로서의 본령과 사상의 위상에서 현실을 '사건화'하는 시도는 별개의 것이 아니었다. 전통의 형성은 이중적이다. 직접적으로 계승할 수 있는 과거의 전통은 존재하지 않으며, 오늘날의 문제의식에 기대야 비로소 전통은 형성된다. 동시에 현실의 문제도 사상사적 전통과 관계를 맺어야 단편적 사건이길 그치고 사상사에 값하는 요소가 그 안에서 드러난다. 쑨 거는 그러한 역사-현실의 인식 아래서 사상사적 전통을 수립하는 일에 매진했을 뿐만 아니라 동시대 사건이 있을 때도 발언에 나섰다. 하지만 그녀는 개입하면서 해당 사태의 추이를 예견하거나 현실적·정치적 성패를 중시하기보다 상황 속에서 사고하고 그 안에서 사상사의 전통에 값하는 자원을 건져내고자 애썼다. 싸스(SARS), 반일, 9·11, 티베트 문제와 같이 굵직한 현실사건이 있을 때마다 그녀는 그것을 단발적 사건이 아니라 '사상사의 사건'으로 다뤄 거기서 새로운 인식의 계기를 길어올리고자 노력했다.[24]

그녀는 개별 사건에 대한 분석이 사상적 전통 위에 자리 잡을 수 있는지 여부, 즉 그 사건이 끝난 이후에도 그 사건에 대한 분석이 사상사 안에서 계승할 만한 요소를 갖추었는지로 현상 분석의 생명력을 따졌다. 각각의 사건들은 역사적 관점을 체득하지 못하면 시간이 지남에 따라 점차 잊혀진다. 그렇다면 해당 사건이 품고 있던 문제점은 모습만 바뀌어 다시 등장하게 마련이다. 그리하여 그녀는 '사건'을 '사상사의 사건'으로 다루면서 어떤 인식의 전환을 요구한다. 우선 그녀는 개별 사건을 다른 사건과 겹쳐서 사고하며, 그 경우 사건들 사이의 직접적 영향관계

---

24 싸스와 관련해서는 「'사스'라는 사상사의 사건」, 반일시위와 관련해서는 「역사의 교차점에 서서」, 9·11과 관련해서는 「다문화 공생과 '문화-정치'」, 티베트사태와 관련해서는 「'종합사회' 중국과 마주하기 위하여」. 이상 『사상이 살아가는 법』 1부 '상황적 사고'에 수록.

보다는 사건을 인식하는 시각의 문제, 즉 그 사건을 "실체로 볼 것인가 구조로 볼 것인가"라는 문제를 제기한다. 즉 '사건'을 "'개별'적인 역사적 사건의 연속이 아니라 일상감각에서 비어져나오는 다양한 힘관계의 '관계성' 자체"로 보아야 한다는 것이다.[25]

아울러 선험적 가치판단을 배제하여 사건의 복잡함을 복잡함대로 인식해야 한다고 주장한다. 가령 반일시위 문제를 다룰 때도 시위에서 발생한 폭력사태만이 아니라 "폭넓게 발생한 이번 반일시위는 왜 주말에만 등장했는가? 왜 시위 참가자 대다수는 사회질서를 혼란시키지 않았던가? 왜 대학생이나 빈곤층이 아니라 신흥 중산계급으로 여겨지는 젊은 쌜러리맨들이 시위를 주도했는가? 또한 중국의 시민 중에도 시위나 불매운동에 입장을 달리하는 사람들이 있었는데 그 까닭은 무엇인가? 다른 의견들이 존재했다면 소수의견은 평등하게 다뤄졌는가? 대립하는 의견은 또 어떻게 처리되었는가? 등등"의 물음에 주목해야 한다고 강조한다.[26] 그리하여 피상적 가치판단에서는 누락되곤 하지만, 진정 그 사건 안에서 새로운 인식의 계기가 될 만한 요소들을 건져올린다. 상황의 유동성을 유동성인 채로 파악하며 거기서 살아 있는 원리를 발견하고자 했던 것이다. 그녀가 역사에 진입한다고 할 때 그 역사는 동시대사를 포함하며, 그런 의미에서 사상적 전통이란 과거 속에서 오늘날 사고의 자원을 건져올리는 동시에 오늘의 사유를 그러한 전통 속에 새기겠다는 이중의 의지에 의해 실현된다.

---

25 「한국어판 서문」, 『다케우치 요시미라는 물음』 10면.
26 「역사의 교차점에 서서」, 『사상이 살아가는 법』 78면.

5. 중국과 일본 사이

쑨 거가 사상적 전통을 수립하려고 했을 때, 그 전통은 '중국' 혹은 '일본'이라며 국적을 달 수 없는 것이었다. 그녀는 량 치차오(梁啓超)의 말을 빌려 자신의 노정을 표현한 적이 있다.

나는 어느덧 량 치차오와 그 시대 사람들이 취했던 '길 찾기'— '일본'에서 길을 취해 '중국'으로 되돌아오리라"던 기나긴 여로에 올라 있었다. 그리고 그렇게 한번은 '가고' 한번은 '돌아오는' 과정에서, 의심할 나위 없이 확고했던 '중국'과 '일본'에 대한 나의 감수방식이 변하기 시작했다. 정말 뜻밖의 일이었다. 나는 까다로운 문제와 대면하게 되었다. "일본의 언어장에서 중국의 문제를 찾는 방식인 만큼, 내 논의는 일본의 상황과도 부합하고 또 중국대륙의 맥락과도 맞아야 한다. 과연 이처럼 문화와 문화를 가로지르는 방식이 가능할 것인가?"[27]

그녀는 '지의 공동체' 활동을 통해 양국 간 지식교류의 장을 일구려 했을 뿐 아니라 토오꾜오외국어대학, 히또쯔바시대학, 토오꾜오대학, 쿄오또대학에 교환교수 등의 자격으로 장기간 머물면서 일본의 사상계 안에서 직접적 발언에 나섰다. 그런데 그녀가 일본에서 일본어로 작성한 글들을 보면 내셔널리즘 문제를 두고 일본의 비판적 지식인을 향한 발언들이 많다. 어떤 면에서 일본 사상계 안에서 그녀의 지적 행보는 타께우찌 요시미와 닮은 구석이 있다. 타께우찌는 진보진영의 지식인과 '비판적 협력관계'를 모색하면서도 '반체제' 측에 서지 않았다. 내셔

---

27 「아시아라는 사유공간」, 『아시아라는 사유공간』 34면.

널리즘 문제에 관해서도 그는 내셔널리즘을 현실의 한가지 요소로 인정하되 그것을 이상화하지도 쉽사리 비판하지도 않았다. 그보다 내셔널리즘이라는 실체적 색채로 물든 관념을 분해하고 전화해 거기서 역전된 요소를 길어올리고자 했다. 그는 시국에 대한 여론에 얽매이지 않고 혼탁한 정치상황 속에 몸을 던지고 거기서 다시 자신의 사상적 입지를 변별해내는, 그러한 환원과 추출의 반복 속에서 현실정치로 회수되지 않는 독특한 정치적 위상을 개척했다. 이 과정에서 그는 '정치적 올바름'을 잃었다고 비판을 받았으며, 그 비판은 특히 그가 '비판적 협력관계'를 모색했던 진보진영의 인사로부터 나왔다. 한편 쑨 거 역시 내셔널리즘의 문제를 둘러싸고 좌파 지식인을 향해 강한 비판을 내놓았다.[28]

국민국가 비판은 도리어 국민국가를 도망칠 길로 삼는다는 역설적 사실이 있습니다. 즉 나라 단위라는 발상은 국민국가 비판을 거쳐 누그러들기는커녕 강화되는 측면이 있습니다. 저는 내셔널리즘 비판에 공감하지만, 어떤 맥락에서는 부작용이 크다고 생각합니다. 그 맥락이란 국제적 시야와 감각(이것은 '담론'과는 다릅니다)입니다. 일국이라는 틀에서 내셔널리즘을 비판하는 것은 몹시 위험합니다. 올바른 얼굴을 한 폐쇄적

---

28 쑨 거는 현실정치와 대치하는 실체가 아니라 현실정치와 기능적으로 얽혀 있는 장으로서 문화정치를 제시한다. "'문화정치'는 일시적으로 현실의 정치적 목적에 봉사하든 거스르든 개의치 않고 자료에 근거해 전쟁의 과정과 메커니즘, 나아가 사회의 동향과 거기에 내재하는 모든 힘관계를 되도록 역사적으로 포착하고, 정의의 문제나 인간성 파괴의 비참함 등과 아울러 그것을 인류의 사상적 유산으로서 기술해 남기는 역할을 맡는다. 그것은 현실의 정치적 목표와 일치할 수도 거기서 빗겨나갈 수도 있으며, 또한 정면으로 대립할 수도 있다. 하지만 현실정치와는 다른 위상에서 존재하기 때문에 현실정치에 의해 규정되지도 않는다." 「다문화 공생과 '문화-정치'」, 『사상이 살아가는 법』 154면.

내셔널리스트를 재생산할 가능성이 큽니다.[29]

그녀는 종종 "논리로는 이겼지만 문제해결은 하지 못했다"라는 말을 한다. 그 까닭은 진보적 지식인이 일본인의 폐쇄적 내셔널리즘을 논리적으로 추궁하더라도, 일본인이 자국사와 자기 사회에 대해 지니고 있는 복잡한 감각이 머무를 자리를 마련하지 않고, 즉 일본인이라는 아이덴티티에 재구축의 형태나 사상의 가능성을 부여하지 않고 비판만을 내놓는다면, 기댈 장소를 얻지 못한 일본인으로서의 심경은 보수우익의 언설로 기울거나 파괴적 형태로 돌연 표출될 것이기 때문이다. 그리하여 그녀는 정치적으로 올바른 결론을 활용하지만 복잡한 현실상황에 대처하지 못하는 진보적 지식인을 향해 비판을 가하는 것이다.

그러나 이 장면에는 미묘한 대목이 있다. 쑨 거가 비록 타께우찌와 비슷한 사상적 실천을 기도하더라도 그녀의 위치는 타께우찌와 다르다. 단적으로 그녀는 일본 사상계 안에서 외국인이다. 흔히 국적이 다른 지식인이 타국의 문제를 거론할 때면 양상이 다소 다르더라도 상대와의 우호를 위해 자신의 사회에도 그런 문제가 있다며 단서를 달기 마련이다. 그것을 일단 타국의 사상계를 향해 말을 걸기 위한 '윤리적 등가물'이라 불러보자. 더욱이 내셔널리즘을 둘러싼 논의로 접어들면 자기 사회에 대한 적당한 비판이 상대에게 자신이 중립적이고 윤리적임을 증명하는 몸짓처럼 비쳐지기도 한다. 적어도 상대 사회의 어떤 문제점을 꼬집으려면 자기 사회에 대한 비판적 태도를 전제로 깔아둔다. 하지만 일본 사상계에 대한 쑨 거의 혹독한 비판 속에는 그런 구석이 거의 보이

29 孫歌·酒井直樹 外「戰爭の感情記憶の壁—どう乗り越えるか」,『世界』 2000년 11월호, 204면.

지 않는다.

쑨 거는 일본의 사상계에서 중국의 내셔널리즘을 종종 거론할 때가 있다. 하지만 그 경우 중국의 내셔널리즘을 비판하기보다는 대체로 일본의 감각으로는 중국의 내셔널리즘을 쉽사리 이해할 수 없다는 논조다. "중국의 내셔널리즘은 중국의 주변 나라들과 같은 의미에서 역사발전의 원동력이 되었다고 말하기 힘들며, 동시에 진정한 의미에서 비판대상이 되기도 어렵습니다. 일본과 한국의 지식인이 내셔널리즘을 비판할 때 중국인이 그들과 좀처럼 접점을 찾기 어려운 사정은 여기에 있습니다."[30] 그녀는 지적한다. 일본에서 내셔널리즘 비판은 단일민족 신화를 해체하는 작업과 결부되지만, 중국의 상황에서는 자칫 그런 시도가 국가를 분해할 위험성을 띠고 있다는 것이다. "일본에서 내셔널리즘 비판과 단일민족 신화의 해체작업은 상당한 진전을 보였습니다. 하지만 중국인의 눈으로 보건대, 중국과의 커다란 차이는 일본에서는 국가형태가 분해될 위험성이 없지만, 중국은 그런 위험성을 품고 있다는 점입니다. 일본에서는 국가가 분해되지 않으리라는 암묵적인 안전성의 전제 위에서 내셔널리즘 비판 등이 이루어집니다만, 중국의 경우는 내부의 다민족관계가 있기에 거기서 일종의 딜레마 같은 입장이 생겨납니다."[31] 쑨 거는 중국에서는 내셔널리즘이 중국이라는 넓은 지역을 통합하는 구심력이 되기는커녕, 내부의 문제를 격화하고 통치질서를 뒤흔들 수 있다고 밝힌다. 따라서 일본식 내셔널리즘 비판이 중국에서는 통용되지 않는다는 것이다.

동시에 쑨 거는 현실사태가 발생하여 일본의 미디어에서 중국 비

---

30 孫歌「'東アジア'が 歷史を共有することは可能なのか?」, 高橋哲哉 編『'歷史認識'論爭』, 東京: 作品社 2002, 200면.

31 孫歌·小森陽一「近代天皇制タブーの構圖」, 『世界』 1999년 10월호, 70면.

판이 횡행할 때면 그 논조의 문제점을 짚어내기도 했다. 2001년 싸스, 2005년 반일시위, 2008년 티베트사태 등을 겪으며 일본사회 안에서 '중국'이 화두로 부상했을 때 그 사건들을 모티브로 삼아 일본 미디어의 논조를 해부했다. 하지만 분석의 대상은 언론의 보도행태에 한정되지 않고 역사적으로 구축된 '중국 이미지'도 포함했다. 가령 1950년대는 중국혁명의 격동, 1960년대 후반은 문화혁명의 혼란, 이후로는 냉전 이미지와 1980년대의 개혁개방, 그리고 오늘날의 중국위협론에 이르기까지 각 이미지는 새로운 사건이 발생해도 좀처럼 꿈쩍 않는 해석틀로 기능했다는 것이다.[32] 그리고 현재 떠도는 중국의 이미지는 "중국은 전체주의 사회다" "중국에는 민주주의와 언론의 자유가 없다" "중국인은 시민의식이 부족하다"처럼 대개가 어떤 이념형에 비추어 중국사회를 결여 사회로 묘사한다는 특징이 있다.

그러나 쑨 거는 "중국은 서양 이론으로는 가장 담아내기 어려운 나라일지도 모른다"[33]라며 일본의 미디어가 간과하는 중국의 원리로서 규모, 유동성, 틈새를 강조한다. 규모와 유동성의 의미는 이러하다. "나는 일본사상사를 접한 후에야 비로소 중국이 넓고 크다는 것이 궁극적으로 무엇을 의미하는지를 알 수 있었다. 그것은 무엇보다도 격동을 수용할 수 있는 능력이었다."[34] 중국의 규모는 단일 원리로 포착할 수 없는 유동성을 낳는다. 또한 그렇기에 위로부터의 메시지는 아래로 매끄럽게 전달되지 않고 각층에서 증발되든지 변형된다. 이것이 쑨 거가 말하는 틈새의 의미다. 즉 중국의 체계는 능률이 낮고 허점투성이인데, 이는 체제 측에서 보았을 때의 이야기며, 역방향에서 말하자면 자유로운 공

---

32 孫歌·坂元ひろ子「想像力の貧困と思想の手續き」,『現代思想』2001년 3월호, 46면.

33 「'싸스'라는 사상사의 사건」,『사상이 살아가는 법』 42면.

34 「아시아라는 사유공간」,『아시아라는 사유공간』 54면.

간이 존재한다는 의미일 수도 있다. 무엇보다 쑨 거가 규모, 유동성, 틈새 등을 강조하는 까닭은 유럽적 국가모델로 중국의 실상에 접근하기가 어렵다는 점을 지적하기 위해서다. 중국은 다민족이 광활한 지역에서 빚어내는 마찰과 압력을 끌어안으면서 자신의 방식으로 근대사회를 이루고 있다는 것이다.

일찍이 타께우찌 요시미는 또 요시모또 타까아끼와의 대담에서 일본의 국가관이나 세계관을 척도 삼아 중국을 판단하기란 어렵다며, 중국은 노예제 사회부터 자본주의 사회까지, 그리고 인민공사 등이 이상으로 삼는 미래의 공산주의 사회마저 한데 섞인 일종의 '종합사회'라고 표현한 바 있다. 시대의 양상은 바뀌었지만 쑨 거 역시 중국을 종합사회라고 말한다.[35] 하지만 타께우찌는 중국사회의 복잡함을 일본의 비틀린 근대를 되짚어보는 사상의 매개로 삼았기에 저런 발상을 내놓을 수 있었다. 그렇다면 일본의 미디어와 사상계를 향해 중국사회의 복잡함을 인식하라는 쑨 거의 촉구는 어떤 의미를 지니는 것일까. 일본사회를 향한 타께우찌의 비판에는 비판하면서도 그 비판이 효과를 거두지 못한다면 자신의 사회와 함께 무너져내리겠다는 절박함이 배어 있지만, 쑨 거의 일본사회 비판에서는 일종의 인식론적 거리가 감지된다. 그렇다면 일본을 향한 그녀의 비판은 자신은 다치지 않을 안전한 곳, 즉 비판 대상의 바깥에서 내놓는 비판일 것인가.

하지만 그녀의 인식론적 거리감은 그녀의 중국사회 비판에서도 느껴진다. 쑨 거는 타께우찌의 '내재하는 중국'이라는 감각을 높이 샀다. 타께우찌의 중국론은 정합성이 떨어질 때도 있었지만 언제나 기조는 중국인의 마음에 다가가고 그로써 타자를 매개로 한 새로운 자기인식을

35 「'종합사회' 중국과 마주하기 위하여」, 『사상이 살아가는 법』 103면.

도모하는 데 있었다(패전 이전에 그는 더 강하게 이렇게 말했다. "존재로서의 지나는 어디까지나 내 바깥에 있지만 내 바깥에 있는 지나는 극복해야 할 대상으로서 바깥에 있기에 궁극에서 그것은 내 안에 있다 할 것이다. 자타가 대립한다는 것은 의심할 바 없는 진실이나 그 대립이 내게 육체적 고통을 안길 때만 그것은 진실하다").[36] 중국과의 이러한 만남은 패전의 굴욕을 곱씹고 그 굴욕을 낳은 일본의 뒤틀린 근대를 향한 비판의식에 기초해 일본인의 윤리성과 주체성을 재건하겠다는 의지를 갖고 있었기에 가능했다.

그러나 쑨 거에게는 그녀가 추구하는 사상사의 전통이 나라 단위가 아니듯이 그녀가 존재를 내걸 지평도 한 나라로 한정되지 않는다. 여기서 동아시아라는 사유의 장이 마련된다. 일본 지식계를 향한 그녀의 비판에서 윤리적 등가물이 보이지 않는 까닭은 국적을 경계로 삼아 서로 교환하는 윤리적 등가물이 오히려 일본과 중국을 구분된 실체로 만들기 때문일 것이다. 그녀가 모어사회가 아닌 다른 사회의 사상계에 저토록 치열하게 개입하고, 또한 자기 사회의 문제를 다른 사상계에 사상적 감도를 되묻는 과제로 내놓을 수 있었던 것은 그녀의 동아시아적 윤리 감각에서 비롯된다. 비판하고 책임을 지는 장을 한 사회로 한정해놓지 않았기에, 거기서 움트는 윤리감각인 것이다.

6. 동아시아라는 사유의 지평

이제 가까스로 쑨 거의 동아시아론이 지니는 독특한 함의를 다루기

---

36 「『중국문학』 폐간과 나」, 『선집 1』 78면.

위한 사전작업을 마쳤다. 하지만 다시 한번 우회를 거쳐야 할 것 같다. 그녀가 동아시아의 문제를 직접 다루게 된 개인적 동기가 있기 때문이다. 그녀는 『다께우찌 요시미라는 물음』 상편을 끝내고 나서 작업을 중단했다. 자신이 타께우찌에게 너무 깊숙이 빠져 있어 단순한 추종과 모방에 그치고 "타께우찌 요시미의 어조"로 말하게 될까봐 두려웠기 때문이다. 그리고 아시아주의 연구에 나섰다.[37] 일본의 아시아주의는 사상의 위상으로는 처리할 수 없으며 복잡한 사회적·정치적 영역의 문제가 얽혀 있다. 따라서 쑨 거는 타께우찌 요시미의 아시아관에서 엿보이는 이념성은 경제·문화·정치·사회의 총체로서의 아시아와 대면하면 그 한계가 드러난다고 보았다. 논문 「아시아는 무엇을 의미하는가」[38]는 그녀가 타께우찌 요시미에 대한 이상화와 절대화에서 벗어나고자 자기 안의 타께우찌 요시미를 상대화하려는 시도였던 것이다.

그러나 아시아주의 연구로 나아간 것이 바로 타께우찌 요시미를 떠났다는 의미는 아니다. 오히려 그녀가 아시아의 문제를 다룬 글들을 보면 타께우찌 요시미를 통해 사고하던 것을 아시아라는 장으로 옮겨 사고했다는 것을 알 수 있다. 앞서 적었던 이문화 간의 교섭, 역사에 진입하기 위한 사고의 절차, 사상의 정치적 기능이라는 복잡한 문제가 모두 여기에 포함된다. 더구나 쑨 거는 아시아주의를 다룬 선행연구로서도 타께우찌와 대면할 필요가 있었다.

타께우찌는 전쟁으로 얼룩지고 파시즘으로 오염된 전시 사상을 다루던 와중에 일본의 아시아주의 연구에 나섰다. 그리고 「대동아전쟁과 우리의 결의」처럼 스스로가 오염된 언어를 사용해 전쟁시기에 사상의 창

---

37 「아시아라는 사유공간」, 『아시아라는 사유공간』 56면.
38 「아시아는 무엇을 의미하는가」, 같은 책.

조를 기도하기도 했다. 하지만 타께우찌는 아시아주의를 대외침략 이데올로기라며 단죄하는 데 관심을 두지 않았으며, 거기서 맹아적으로나마 존재하던 아시아를 향한 연대의식에 주목했다. 또한 서양에 맞선 일본의 아시아주의 안에는 일본을 세계사에서 유의미한 존재로 만들려는 의지가 깔려 있다고 이해했다. 정치적 올바름에 근거해 아시아와 세계를 향한 이런 시도를 모두 단죄하는 데서 그친다면, 그는 전쟁시기 일본사상에서 계승할 만한 사상 유산은 달리 있지 않다고 여겼다. 그리하여 그는 아시아주의라는 이름 아래 분출한 여러 시도를 뭉뚱그리지 않고 갖가지 분기 속에서 '종이 한장 차이'에 주목해 "심정으로서의 아시아주의"[39]에 값하는 유산 목록을 추리고, 그것이 어떻게 연대에서 침략으로 미끄러졌는지를 살피려고 애썼다. 이런 시도로 그는 이론적 결론에는 도달하지 못했을지언정 생산적 물음을 남길 수 있었다.

또한 타께우찌에게는 패배를 매개로 한 동양관이 있었다. 오까꾸라 텐신이 동양으로 침입하는 데 한통속이 된 유럽 앞에서 동양도 하나라고 주장했듯이,[40] 타께우찌 역시 동양을 지리적 실체로 이해하지 않고 저항을 매개로 하는 하나의 운동체로 파악했다. 물론 이런 발상은 오까꾸라보다는 루쉰에게서 온 것이었다. 타께우찌는 루쉰을 두고 선각자가 되지 못한 '역사적 중간물'이라 불렀다. 그러나 시대에 반보 뒤처진 루쉰의 후진성은 중국 근대화의 후진성과 겹치기에 진실했고, 그리하여 루쉰은 중국 근대문학의 대표자가 될 수 있었다는 것이다. 시대의 선각자가 한명 한명 도태될 때마다 '역사적 중간물'은 조금씩 존재의 무게를 더해간다. 그리고 일찍이 없었던 저항의 방식을 일궈낸다. 타께우

---

39 「일본의 아시아주의」, 『선집 2』, 343면.
40 岡倉天心 「東洋の覺醒」, 『岡倉天心集』 제1권, 東京: 平凡社 1980, 159면.

찌는 그런 루쉰의 저항을 동양의 운동원리에 접목하고자 했다.

통상적으로 저항이란 자신을 억압하는 자신보다 강하고 큰 상대와 맞서는 일이다. 하지만 타께우찌가 이해한 루쉰의 저항은 그 과정에서 얻어지는 자기동일성에 대한 거절까지를 요구했다. 저항하는 정당성이 상대가 나를 억압한다는 사실에서만 구해진다면, 내가 지금의 나인 까닭은 상대에게 있다. 이때의 저항은 늘 패배하게 되는데, 저항하는 계기가 상대에게 있는데다가 나는 그 상대에게 대등한 존재가 아니기 때문이다. 차라리 타께우찌의 입을 빌려 루신은 이렇게 말한다. 그렇다면 대신 상대와 맞섰을 때 주어지는 자기 위치와도 대결하여 상대는 가질 수 없는 유동성을 품어야 한다. 루쉰에게 저항이란 타자를 극복하기 위한 것도 해방을 위한 것도 아니다. "그는 자기임을 거절하고 동시에 자기 아님도 거부한다. 그것이 루쉰에게 있는, 그리고 루쉰 자체를 이루는 절망의 의미다. 절망은 길이 없는 길을 가야 하는 저항에서 나타나며, 저항은 절망의 행동화로 드러난다. 이는 상태로 보면 절망이고 운동으로 보면 저항이다."[41] 이것이 루쉰에게 저항의 의미이며 타께우찌가 이해한 동양의 운명이다.

서양에 대한 동양의 관계란 추상적인 것이 아니라 불균형 속에서 전개되며, 패배를 매개로 하는 무엇이다. 따라서 저항은 상대를 극복하기 위한 것이 아니라, 부단한 유동성 속에 자신을 내맡기는 일이다. 타자와의 관계가 사라진 '해방'은 존재하지 않는다. 동양의 저항이란 불평등한 구조로 인해 늘 한계를 갖지만 그 한계를 통해서만 구조의 와해에 이르려는 고투며, 바깥에서 주어지는 해방의 환상을 거부하고 유동하는 그 관계에 내재함으로써만 획득되는 비판행위다. 바로 선각자가 되지

---

41 「근대란 무엇인가」, 『선집 2』 249면.

못한 '역사적 중간물' 루쉰이 그렇게 저항했다.

이런 동양의 운동은 '동양 대 서양' 같은 대립도식을 가지고서는 이 해할 수 없다. 서양 근대의 충격에 답하고자 동양을 서양에 대한 대립 개념으로 실체화한다면 루쉰을 매개 삼아 타께우찌가 말한 저항의 의 미를 놓치고 만다. 타께우찌는 다시 말한다. "자신이 자신이려면 자신 을 잃는 위험도 무릅써야 한다."[42] 타께우찌는 동양을 서양과 같은 위상 의 실체로서 다루지 않고, 불균형한 힘의 조건 아래 놓인 동양의 역사에 서양산 가치판단을 그대로 적용할 수 없다는 사실에 근거하여 서양까 지도 동양의 역사 속에서 '역사화'하려고 했다. '방법으로서의 아시아' 는 거기서 나올 수 있었다.

쑨 거는 타께우찌가 내놓은 동양의 저항을 받아들였다. 그러나 이념 성이 짙은 이러한 동양관이 타께우찌 논의의 한계라고도 짚어냈다. 쑨 거는 타께우찌와 달리 동양/서양, 본토/외래라는 서사구도에서 비어져 나오는 사고영역을 중시하고 거기서 자신의 아시아관을 개척했다. 진 정한 동아시아의 근대성은 그런 이분법 바깥에서 힘겹게 성장해왔다. 이 공간은 부득불 양자의 대립과 항쟁 구도에 의존하지만 동시에 거기 로 환원되지 않는다. 그런데 그 공간에서 불거지는 까다로운 문제들은 타께우찌도 충분히 탐구하지 않았다. 아시아주의는 서양에 맞선 동양 의 일원화라는 지향을 갖고 있지만 동시에 동양 민족 내부의 복잡한 갈 등과 길항관계의 산물이기도 하다. 아시아주의가 대립물로 상정한 서 구 자체가 실재하는 대상이 아니라 동아시아 각국의 역학관계 속에서 출현한 '서구의 상'이었다. 따라서 서구중심주의 극복은 내부와 외부가 맞물려 돌아가는 아시아의 상황에 좀더 깊숙이 발을 들여놓을 때 실질

---

42 같은 글 221면.

적 의미를 가질 수 있다.

쑨 거에게 동아시아는 아시아 나라들 사이의 뒤얽힌 역사 속에서 복잡한 감정기억의 문제를 다루고, 그 역사(동시대사를 포함해)로 진입하기 위한 지식의 감도를 되묻고, 쉽사리 성사될 수 없는 문화 간 교류를 시도하는 장이었다. 거꾸로 그러한 장을 상정해놓지 않았다면 저런 사상과제들은 나올 수 없었을 것이다. 그녀에게 동아시아라는 지평은 지식의 정합성만으로는 잴 수 없는 문제들을 촉발한다. 그녀가 지적했다시피 민족과 국가에 대한 감각은 각국마다 몹시 불균형하며, 거기에는 대국과 소국 사이에 내재하는 감각의 차이도 반영되어 있다. 동아시아가 어디까지를 의미하는지도 나라마다 다르다. 동아시아라는 지평 안에는 근대화와 식민기억, 디아스포라 그리고 경제패권의 문제가 복잡하게 얽혀 있으며, 미래를 향한 공동의 비전은 금세 과거사나 오늘날의 민족감정 문제에 발목을 잡힌다. 그리고 동아시아라는 권역을 설정하는 일은 '대동아공영권' 등의 어두운 역사기억을 환기한다. 따라서 동아시아의 지평에서 발생하는 사상과제는 객관화할 수 없는 측면이 있으며, 그런 비합리적 요소가 연구자의 문제의식, 문제제기 방식, 논의의 방향 등을 규정한다. 그 비합리적 요소들이 그대로 사상의 역할을 맡을 수는 없지만 그것들을 외면한다면 사상은 성숙하지 못한다.

쑨 거는 하나의 동아시아를 향한 공동의 기획이 해소되지 않은 역사문제와 얼룩진 민족감정으로 쉽게 걸음을 떼지 못하고 있다면, 그런 균열과 틈을 직시하는 데서 출발하자고 제안한다. 바로 상황의 복잡함을 복잡함으로서 충분히 드러내고 직시하는 것이 그녀에게 동아시아라는 지평이 필요한 이유였다. "나는 시간이 흐를수록 아시아에 대한 일체화 역시 국족(國族)에 대한 일체화와 마찬가지로, 실체화의 단계를 넘어선 다음에야 비로소 효과적으로 사람과 세계 사이의 관계를 변혁할 수 있음을 깨닫게 되었다. 실제로 내게 아시아는 결코 단순한 명칭에 불과하지 않다. 또한 서구에 대한 나의 태도만을 의미하지도 않는다. 그것의 매력은 '문화 간' 논의에 새로운 공간감각을 확보해준다는 데 있다."[43]

따라서 그녀는 일국 단위의 연구를 모아 동아시아 연구를 꾸리거나 기존의 지역학을 답습하는 동아시아 연구의 경향을 비판한다. "여러 나라의 연구자가 모여 지금껏 자국에서 다뤄오던 연구주제를 그대로 '동아시아'라는 애매한 담론장으로 옮겨도 된다는 합리성은 대체 어디에 기반하고 있는가? 나아가 '아시아론'이든 '동아시아론'이든 '에스닉'한 발상을 기반으로 삼는다. 그러니 아무리 비교연구를 거듭해도 국가 단위의 발상은 깨지지 않는다."[44] 그녀가 상정하는 동아시아라는 지평은 각국 단위의 합으로 존재하지 않는다. 오히려 감정기억의 충돌 같은 복잡한 문제에 직면해 일국의 논리가 다른 나라에 통용되지 않는다는 사실에 봉착했을 때 동아시아라는 지평이 요구되는 것이다. 따라서 쑨거에게 동아시아가 실재하는지는 그다지 가치있는 물음이 아니다. 동아시아를 상정했을 때 주체가 상황성으로 풍부한 자신으로 거듭날 수 있는지가 관건인 것이다. "아시아와 대면할 수 있는가, 아시아를 과제로 삼을 수 있는가는 관건이 아니다. 관건은 이런 사고를 통해서 나를 어떤 문제군에 두느냐이다. 바꿔 말하면 아시아와 대면하고 동아시아와 대면할 때, 나는 진정으로 유동하는 상황과 대면했는가?"[45] 그리하여 쑨거는 동아시아를 하나의 시좌(視座)로서 제시한다.

그렇다면 동아시아라는 시좌는 어떻게 가능할까요. 적어도 그 절차로

43 「아시아라는 사유공간」, 『아시아라는 사유공간』 58면.
44 「기억 속의 아시아」, 『사상이 살아가는 법』 277~78면.
45 「가로지르며 걷는 길」, 『아시아라는 사유공간』 17면.

서 먼저 자신을 상대화해야 합니다. 자신을 상대화한다는 것은 자신의 생각이 어떤 구조 속의 일부에 불과하다는 사실을 인식한다는 뜻입니다. 되도록 그 인식에서 피부감각으로까지 나아가야 합니다. 거기에 다다르지 못한다면 말의 게임으로 변질되고 말 수 있습니다. (…) 상대화라는 행위는 먼저 의식, 그리고 감각의 위상에서 이루어지며, 다음으로는 상대를 상대화합니다. 그 상대란 연구대상이기도 하며, 자신이 알고자 하는 대상이기도 합니다. 그것을 상대화합니다. 이 경우 상대화한다는 것은 먼저 단순하게 판단하지 않는다는 뜻입니다. 그리고 그 대상은 대체 역사의 어떤 맥락에 위치하는지를 여러 각도에서 추궁해야만 합니다.[46]

동아시아는 시좌들이 교착하고 충돌하는 공간이다. 하지만 쑨 거에게 '상대화'는 다양한 관점을 인정하라는 관용의 다른 표현이 아니다. 가령 중국을 상대화하여 한국을 하나의 실체로서 정합한다면 문제는 간단해진다. 하지만 '비교문화'에서 '비교'라는 말의 울림이 그러했듯이 그녀가 말하는 상대화도 단순히 문화상대주의의 그것이 아니다. 진정한 주체성은 불확정적 상태에서 형성된다. 앞서 살펴보았듯이 감정기억을 사상과제로 들이고, 역사를 향한 감도를 되묻고, 무엇보다 타께우찌라는 이국의 사상가를 매개 삼은 그녀의 사상적 행보가 이 사실을 웅변하고 있지 않은가. 그런 사상의 전과정을 고려해야 비로소 '아시아라는 사유공간'이 그녀에게 지니는 의미를 진정 이해할 수 있을 것이다.
　여기서 그녀는 개체의 문화적 실천에서 시도했던 것을 동아시아라는 지역적 수준에서 공동의 사상과제로 내놓았으며, 그것이 타께우찌 요시미를 오늘날 계승하는 방법이기도 했다. "타께우찌가 던진 그 물음을

46　孫歌「東アジア想像の可能性」,『青山法學論集』48호, 青山學院大學法學會 2007, 66면.

받아들인 우리가 한 걸음 더 내딛은 곳에서 맞닥뜨리는 과제는 무엇인가. 그것은 현실에서 '아시아'를 한 나라가 자기를 개조하는 '방법'으로 삼을 뿐만 아니라, 자타관계의 새로운 타개책으로, 자국의 책임을 지면서도 그 일국 단위의 사고방식을 무너뜨리는 역설적인 입장으로 만들어내는 일이다."[47]

일찍이 타께우찌 요시미는 「방법으로서의 아시아」에서 서구가 실현하지 못한 가치로써 서구를 되감아 서구마저 개조해나가는 '방법'으로서 아시아를 제시했다. 하지만 이 글은 중국과의 만남이라는 구체적 경험이 뼈대를 이루고 있으며, 그것을 제거한다면 '방법으로서의 아시아'는 그저 사용하기 쉬운 수사가 되어버린다. 같은 의미에서 사유공간으로서의 아시아 역시 쑨 거가 거쳐갔던 일국 단위를 넘어선 사상적 훈련, 지적 실험, 현실 개입, 거기서 마주한 균열들에 관한 치열한 사색을 들어낸다면 알맹이를 잃고 만다. 정치한 이론이나 정치적 올바름으로는 다룰 수 없는 복잡한 균열과 감각의 차이들이 아시아라는 사유공간에서 눈에 보이지 않는 얼개를 이루고 있다. 동아시아라는 지평에는 해결되지 않은 역사문제와 거기서 비롯된 감정의 응어리, 상이한 양상의 분단(양안문제, 남북한, 오끼나와·홋까이도오와 일본 본도), 서구를 향한 대결과 거기에 얽힌 상이한 식민화 그리고 근대화가 복잡한 맥동을 만들고 있다. 갈등과 대립과 경쟁 속에 있지만 그렇기에 오히려 하나를 이루는 동아시아라는 범주는 미래를 향한 공동의 청사진으로는 그 역설적 진실이 보이지 않으며, 따라서 쑨 거는 그 긴장관계를 연대의 출발점으로 삼고자 한다.

쑨 거는 종종 '원리'라는 표현을 꺼낸다. 가령 틈새와 유동성을 갖는

---

47 「한국어판 서문」, 『다케우치 요시미라는 물음』 22면.

중국의 원리(「'종합사회' 중국을 마주하기 위하여」), 중심-주변의 관계를 새롭게 되묻는 오끼나와의 원리(「오끼나와가 우리 눈에 비칠 때」), 굴절된 역사 속에서 민주주의를 키워나간 한국의 원리(「왜 '포스트 동아시아'인가」), '통일이냐 독립이냐'라는 이분법으로 환원되지 않으며 유럽적 사회편성에서 벗어나 있는 타이완의 원리(「왜 '포스트 동아시아'인가」, 이상 『사상이 살아가는 법』 수록). 쑨 거가 이 사례들을 '원리'라고 부르는 까닭은 각각의 대상이 지닌 구체성을 훼손하지 않으면서도 거기서 공유가능한 무언가를 발견하고자 하기 때문이다. 그 원리란 일국의 논리를 고집할 수 없는 '동아시아라는 시좌'를 통해 비로소 발견할 수 있는 것들이다.

참조축이라는 말이 있다. 동아시아론이 활성화되면서 이 표현도 적잖게 활용된다. 그러나 거듭 말하지만, 참조축은 자칫 비교과정에서 상호실체화의 위험성을 동반한다. 쑨 거가 '원리'를 강조한 것은 서로를 참조축으로 삼아 자기확인이 아니라 자기개조를 도모하자는 제안인 것이다. 상대가 내놓은 물음을 받아안아 자신의 사상적 전통을 다시 구성하자는 제안인 것이다. 동시대를 살아가는 존재로서 그녀는 이런 제안을 우리에게 내놓고 있다.

7. 부정의 계기를 품는 지식

쑨 거가 한국의 상황을 직접 거론한 글은 거의 없다. 현실문제와 관련해 직접 공동의 대응에 나선 적도 드물다. 하지만 그녀는 현실문제를 둘러싼 연대가 아니라 사상의 연대를 요청하고 있다. 다른 사회적 조건에 처해 있는 우리가 그녀의 논의를 문면 그대로 가져와서는 안 될 것이다. 그러나 이 말만큼은 공유할 수 있다. "고독의 정도가 절대로 남보다 더하다거나 덜하다는 식으로 비교되지 않을 때 비로소 연대가 성립할 수 있으며, 강렬한 부정의 의식으로 인류의 고뇌와 대화하고 또 더 나은 세계의 가능성을 탐색할 때 일체화는 비로소 진실할 수 있다. 고독을 회피하기 위한 참여는 본질적으로 진실한 연대에서 벗어나는 샛길에 지나지 않는다."[48] 진정 동아시아의 연대를 가능케 하는 것은 공동의 적도 목표도 아니다. 더욱이 입장의 공유는 아니다. 공동성을 갖지 않는다는 공동성, 적대의식이 낳는 연대성, 오해에서 출발하는 이해. 이 역설이야말로 그녀의 동아시아 사유에서 공유할 메시지가 아닐까.

이 메시지는 성황리에 있는 한국발 '동아시아'가 자칫 실체화 혹은 신비화의 편향에 빠져버릴지도 모르는 상황을 재고하도록 요구한다. 한국의 동아시아론은 경제·안보의 위기를 거치면서 현실감을 더하고 있으며, 때로는 마치 서양의 근대성 혹은 경제패권에 맞서는 하나의 답처럼 간주되고 있다. 그렇기에 그녀의 조언은 더욱 소중하다. 동아시아로 나아가려면 다시 한번 자기의 조건으로 되돌아와야 진정 동아시아로 나아갈 채비를 마칠 수 있다. 그리고 그 돌아옴에서 자신은 변화해야 한다.

그렇다면 동아시아에 관한 지적 실천은 '부정성의 계기'를 품어야 할 것이다. 지식은 축적될 필요도 있지만 해체될 필요도 있다. 우리는 지적 정합성을 좇을 수도 있지만 지식의 감도를 되물을 수도 있다. 그때 쑨거를 비롯해 동시대를 겪고 살아가는 인국 지식인들의 고뇌를 공유하고 한국사회의 사상적 전통의 일부로 새기려는 시도는 지식의 감도를 되묻는 소중한 시험대가 되지 않을까.

그들의 고뇌를 어떻게 우리의 지적 전통으로 삼을 것인가. 그 지적 전

---

48 「아시아라는 사유공간」, 『아시아라는 사유공간』 38면.

통은 어디 위에 세워질 것인가. 이것은 나라 간 지적 교류를 넘어서는 일일 것이다.

제2부
:
동아시아라는 물음

4장 동아시아라는 물음

1. 동아시아론, 풍년인가 버블인가

동아시아. 외래어였다는 흔적조차 희미해진 말 아시아(Asia)에 '동(東)'이라는 방위가 달린 이 개념은 담론의 대상이자 통찰의 주제로서 빈번히 회자되고 있다. 동아시아론. 동아시아에 관한 담론은 탈냉전·세계화·지역화·탈국경화 등의 추세와 맞물려 부상했으며 역내 교류의 증가, 북핵 위기, 중국의 부상, 일본 우익의 준동, 한류의 확산에 이르기까지 현실 사건들과 반응하며 현실감을 더해 학술 쟁점 이상의 담론효과를 발휘해왔다.

무엇보다 동아시아론은 한국 사상계에 새로운 지역적 시야를 열어주었다. 냉전의 해체 이전 이 지역에서는 소련·중국이라는 대륙의 사회주의권과 미국·일본으로 이어지는 해양의 자본주의 진영이 첨예하게 대립했다. 따라서 역내 국가들을 하나의 범주로 묶어 사고하기는 어려웠다. 더욱이 한반도는 체제대립의 분절선이자 최전선, 냉전의 발원지이자 냉전의 고도로 남아 있었다. 그러나 탈냉전은 역내의 분단구조를 뒤흔들었고, 한국은 중국, 러시아, 몽골, 베트남과 같은 과거 '적성국가'들과 국교를 맺어 한국의 사상계는 상실했던 '동아시아'라는 지역적 전망을 획득하게 되었다. 동아시아론은 냉전 해체라는 역사의 산물인 것이다.

그리고 동아시아론에는 미래의 비전이 담긴다. 2000년 남북정상회담 이후 남북 사이에 협력사업이 진척되자 한반도를 하나의 단위로 사고할 수 있게 되었고, 동아시아 내에서 한반도가 지니는 지정학적 조건을 활용하는 것을 발전전략으로 삼기에 이르렀다. 한편 동아시아론은 사상사, 문화연구로부터 지역학에 이르는 다양한 학문영역에서 전방위로 논의되며, 인문학에서는 주체 구성의 지평으로, 사회과학에서는 긴박한 분석범주로서 조명을 받았다. 더욱이 많은 인적·물적 자원이 투입되면서 동아시아론은 인문사회과학이 위기에서 벗어날 출구전략이라는 인상마저 풍겼다. 다른 학술담론과 비교하건대 분명 동아시아론은 지난 20년 동안 정치·경제·문화 영역의 현실적 쟁점들과 결부되며 파급력을 발휘해왔다. 바야흐로 동아시아론은 풍년이다.

그러나 동아시아론이 외형적 성장을 거듭할수록 그 번영과 사상적 공백이 대비를 이루어가는 역설적 상황이 연출되고 있다. 그렇다면 풍년처럼 보이지만 실은 버블기인지도 모른다. 이명박 정권이 들어선 뒤 동아시아론에 관한 정책적 수요가 줄고 관련 사업에 지원이 끊기자 동아시아론은 거품이 꺼지듯 쇠락하는 풍경이다. 단지 국가의 수요가 줄어들었다는 것이 문제의 핵심은 아니다. 오히려 국가의 지원 속에서 웃자란 동아시아론은 바로 그 이유로 인해 굴광성을 보여준다고 할까 '동아시아'에 관한 담론임에도 '내수용' 담론으로 성장해왔다는 인상이 짙다. 한국의 사상계는 어느 나라 사상계보다 '동아시아'를 자주 입에 담지만, 타국의 사상계와 공유할 만한 동아시아론을 생산해내고 있는지는 의심스럽다. 한국의 조건으로부터 긴장 어린 사상자원을 빚어내 타지역과 공유하는 것이 아니라 '동아시아'라는 모호한 지평에 자신의 기대를 투사하는 형국으로 보인다.

2. 동아시아론의 생태학

동아시아는 분명 모호한 말이다. '아시아'의 어감에 배인 모호함은 '동'아시아로 좁힌다고 그다지 희석되지 않는다. 그러나 어떤 개념은 모호함을 댓가로 지불하는 대신 풍부한 환기능력을 얻는다. 동아시아라는 말이 그렇다. 동아시아론은 어떤 배경에서 왜 요청되었는지에 따라 의미가 다양하게 갈라진다. 앞서 탈냉전·지역화·세계화 등 동아시아론이 부상하게 된 배경들을 늘어놓았는데, 그러한 시대 조건들은 동아시아론이 성장해온 토양이기 때문에 '동아시아론의 생태학'을 그려내고자 한다면 그 배경들을 나열하는 데서 그쳐서는 안 된다. 동아시아론이 어떻게 담론적 핵으로 부상했는지 그 지반을 하나하나 살피고 동아시아라는 말의 모호함 속에서 어떤 문제의식들이 오가는지를 분석해야 할 것이다.

앞서 언급했듯이 탈냉전은 동아시아론이 움터 나온 가장 중요한 토양이었다. 소련의 몰락, 동유럽 사회주의체제의 해체, 베를린 장벽 붕괴는 지역인식에 커다란 변화를 초래했다. 이 지역에서도 냉전체제가 동요했고, 중국이 대외개방에 속도를 내자 대륙세력과 해양세력 사이의 장벽에 균열이 생겼으며, 역내의 정치·경제·문화적 교류가 비약적으로 늘어났다. 그리하여 탈냉전은 '지역지평으로서의 동아시아'를 복원해 놓았다. 그런데 이 지역에는 탈냉전의 추세와 현실상황 사이에 시차가 발생했고, 그것은 '지역연대로서의 동아시아'를 모색하는 동인이 되었다.

냉전기 동아시아 국가들은 미국과 소련이라는 역외 패권국에 의존해 불안한 안정을 유지했지만, 냉전체제가 동요하자 복잡해진 국제질서 속으로 내던져졌다. 소련이 와해되자 동유럽에서는 민족 간 모순이 격화되어 유고 내전, 코소보 전쟁이 발발했다. 그러나 동아시아에는 탈냉전의 추세에도 냉전질서가 잔존했다. 중국과 북한, 그리고 좀더 넓게 본다면 베트남과 라오스 같은 사회주의 국가가 존속하며, 해양세력인 미국과 일본, 대륙세력인 중국과 러시아는 역내 패권국으로서 여전히 주도권을 두고 경합하고 있다.

그러한 시차 속에서 우까이 사또시(鵜飼哲)는 '중단'의 구조를 읽어냈다. 동아시아에서 정치체제 간의 차이가 유지된 채 냉전이 끝났다는 사실이, 역설적이게도 동유럽처럼 탈냉전이 민족 간 열전으로 전화하는 것을 일단 막아냈다는 것이다. 그리하여 우까이는 "그 유예된 시간을 우리가 어떻게 활용할 수 있을지가 역사적 관점에서 결정적으로 중요하다"고 주장했다.[1] 즉 동아시아에서 탈냉전이 민족 간 열전으로 번지는 것을 막고 평화체제로 이행하는 것이 긴박한 과제라는 것이다. 그러나 탈냉전과 냉전이 착종된 시간 동안 이 지역은 미국의 전략적 유연성, 일본의 안보대국화, 중국의 급부상, 북핵문제, 양안문제, 도서영유권 분쟁 등이 어지럽게 뒤섞이며 불안정한 상황을 연출해왔다. 그리하여 역내 안보문제가 불거지면 국가안보를 강화하고 그것이 지역안보를

---

1 우카이 사토시 「새로운 아시아적 대화를 위하여」, 『반일과 동아시아』, 연구공간 '수유+너머' 번역네트워크 옮김, 소명출판 2005, 13면.

긴장 국면으로 이끌어 다시 국가안보를 해치는 악순환이 이어지고 있다. 그런 구도가 고착될수록 동아시아 내의 '결석한 참석자'인 미국은 존재감을 더해간다.

냉전과 탈냉전의 시차 속에서 동아시아는 냉전체제를 벗어난 '지역지평', 좀더 적극적인 의미를 부여하자면 20세기 세계질서를 좌우해온 미국의 지배에서 벗어나는 '지역지평'을 환기한다. 그러나 동시에 강대국들이 구획하는 '지역질서'가 현실을 움켜쥐고 있으며, 아울러 탈냉전의 평화체제로 이행해야 한다는 '지역연대'도 절실히 요청되고 있다. 그리하여 지역지평·지역질서·지역연대라는 세 차원이 탈냉전기의 동아시아 공간을 입체적으로 만들고 있다. 그런 의미에서 현실의 구속력을 간과하지 않는 동아시아론이라면 현실주의에 발목을 잡히지 않되 막연히 동아시아상에 자기 기대를 투사해서는 안 된다는 긴장감을 끌어안아야 한다.

한편 자본의 세계화와 병행한 지역화 경향도 동아시아를 하나의 단위로 실감하게 만드는 요소다. 소련과 동유럽 사회주의권이 해체되자 생산·무역·금융의 영역에서 자본·기술·상품·정보가 초국적으로 이동하며 전지구적 시장화가 진행 중이다. 그리고 자본의 세계화는 지역화를 동반한다. 냉전기에는 미국과 소련이라는 초강대국의 대치구도를 축으로 동맹국들이 결속했지만, 냉전체제가 붕괴하자 국가체계는 재편되고 세계질서는 양극에서 일극으로, 다시 일극중심의 다원화체제로 집중과 분화를 거치고 있다. 미국은 미주기구(OAS)와 북미자유무역협정(NAFTA)에 이어 미주자유무역지대(FTAA) 설립을 추진하며 아메리카 대륙 전체를 경제적으로 편입하려 하고 있다. 동남아시아에서는 1967년 동남아시아국가연합(ASEAN)이 창설되어 현재 ASEAN+3로 규모를 확장했다. 유럽연합(EU)은 부침을 겪고 있지만 지역화의 가장 성공적인 사례로 꼽힌다. 한편 아시아태평양경제협력체(APEC)와 아시아유럽정상회의(ASEM)는 동아시아와 북미 간, 아시아와 유럽 사이의 초대륙적 협력을 기도하며 경제적 결속과 더불어 정치·사회·문화·군사 등으로 협력분야를 넓혀가고 있다.

경제규모에 비해 지역화에 뒤처졌던 이 지역에서도 경제공동체 담론이 활성화되고 있다. 1970년대 일본의 경제대국화, 아시아 신흥공업국(NIEs)의 비약적 성장, 1980년대 동남아 경제의 급속한 발전, 1990년대 이후 세계의 공장 중국의 굴기로 인해 이 지역의 경제적 역동성과 잠재성장률은 다른 지역을 상회하고 있다. 중국·일본·한국의 3개국은 현재 세계 GDP의 20% 이상, 세계 무역량의 15% 이상, 세계 외환보유고의 45% 이상, 세계 인구의 25% 이상을 차지한다. 더불어 성공적인 경제근대화에 힘입어 1995년에는 말레이시아발 '아시아적 가치' 논쟁이 촉발되기도 했다. 1997년에는 단기자본의 과잉유동성으로 인한 금융위기가 이 지역을 강타했지만, 미국이 개입에 소극적이자 자본의 초국경화에 대응하는 동아시아 경제공동체 논의는 되레 현실적 필요성을 획득하게 되었다. 그리하여 동아시아론에는 경제협력론이 장착되어 동아시아는 경제권역의 뉘앙스를 짙게 풍기고 있다.

아울러 환경과 인권 문제 등 지역적 의제를 논의할 틀로서도 동아시아는 거론되고 있다. 역내 각국이 정치적·경제적으로 긴밀히 연결된 상황에서 생태문제나 노동문제를 일국 차원에서 해결하려는 시도는 문제의 해결이 아닌 문제의 이전이 될 소지가 높다. 지구온난화, 산성비, 사막화 등의 생태·환경 문제는 초국적 협력을 필요로 하며, 고정자본이 쉽게 이전하는 지구적 자본주의에서 한 국가의 노동조건은 타국의 노동조건과 연동하고 있다. 또한 에너지자원 확보와 수송 문제에도 지역적 협력이 요청되어 동아시아는 경제와 안보영역에 국한되지 않고 보다 폭넓은 지역협력의 틀로 주목받고 있다.

그리하여 역내국가의 협력을 통한 '동아시아공동체'론이 등장하였다. EU의 발전과정을 모델로 삼아 동아시아경제공동체 → 동아시아정치공동체 → 동아시아연합을 건설하여 안보와 경제는 물론 문화·생태를 아우르는 지역통합을 도모한다는 계획이 제출된 상태다.

그러나 이상이 미래의 청사진 속에서 당면과제의 해결을 꾀하는 '기획의 동아시아'라고 한다면, 착종되고 쓰라린 역사로서 마주해야 할 '기억의 동아시아'도 존재한다. 이 지역에서는 탈냉전의 추세 속에서도 냉전회귀적 지체가 발생하고 있다. 그런데 사실상 이 지역에서는 냉전 자체가 과거 지역질서에 대한 역사적 총괄을 유예한 채 성립되었음을 상기해야 한다. 일본제국에 의한 식민지배와 아시아·태평양전쟁은 냉전체제가 성립하고 냉전의 분단선이 깔리자 아시아적 해결을 거치지 않은 채 역사 속에 봉인되었다. 한국과 일본은 적대성을 유지한 채 같은 진영에 편입되었으며, 일본과 중국은 중일전쟁을 해결하지 못한 채 '죽의 장벽'을 경계로 다른 체제로 갈라섰고, 북한은 여전히 일본과 국교를 체결하지 않은 국가로 남아 있다. 그런데 탈냉전의 도래와 함께 억압된 것이 회귀하고 있다. 억압된 과거가 거꾸로 현재 탈냉전의 시간 지체를 낳고 있다. '기억의 동아시아'는 망령처럼 떠돌며 현실에 엉겨붙는다.

그 징후가 '기억담론'의 폭발이다. 냉전체제가 동요하면서 기억이 공론장에서 주요 화두로 부상했다. 특히 제국-식민 경험과 전쟁체험을 매개로 한 민족 간 기억의 충돌이 격화되었다. 물론 탈냉전의 효과로만 설명해서는 안 된다. 구일본군 위안부의 증언은 기억을 현재화했다. 김학순 할머니가 스스로 구일본군 위안부였음을 밝히자 한국·북한·중국·타이완·인도네시아·필리핀 등 곳곳에서 피해자가 자기 존재를 드러내기 시작했다. 위안부만이 아니라 강제연행, 징용, 원폭피해, B·C급 전범 등 역사 속의 여러 피해자들이 목소리를 냈다. 물론 그 목소리는 과거에도 존재했다. 그러나 1980년대까지 일본에서 전후 보상재판이 두 세건에 불과했으나 1990년 이후 70여건 이상으로 증가했다는 사실을 감안한다면, 탈냉전기는 묻혀 있던 역사기억이 사회적으로 되살아난 시기임이 분명하다. 그리고 여기에는 한국, 타이완, 필리핀, 인도네시아 등 과거 일본의 침략이나 식민지배를 받은 나라들이 1990년대를 전후하여 군사독재정권에서 벗어나 민주화되었다는 정치적 맥락도 자리 잡고 있다.

그러나 일본에서는 '잃어버린 10년'이라 불리는 장기침체를 거치면서 네오내셔널리즘 경향이 짙어져 역사교과서, 신사참배, 유골반환 등의 문제가 불거졌다. 기억의 국민화가 고조되자 일본사회 내부에서는 기억의 내전, 타국 사회와는 기억의 항쟁이 전개되었다. 그러나 기억이 전장이 되는 현상은 일본사회만의 문제가 아니어서 '기억의 동아시아'는 '기획의 동아시아'와 달리 운동과 사상의 차원에서 동아시아론에 깊은 음영을 드리우고 있다.

3. 한국발 동아시아론과 한국의 장소성

한국에서 동아시아론이 활성화된 까닭은 무엇보다 냉전기 사실상 도서국가였던 한국에 동아시아론이 지역구상의 계기를 마련해주었기 때문이다. 냉전기 한국은 대륙으로 통하는 진출로가 차단된 채 해양국가인 일본과 미국을 매개한 지역인식에 머물러 있었다. 이승만 정권이 태평양동맹(PA)을 추진하고 박정희 정권은 아시아태평양이사회(ASPAC)의 창설을 주도했지만 국가외교는 기본적으로 반공을 지상과제로 하는 냉전의 굴레에 묶여 있었다.

그러나 냉전체제가 동요하자 역내외에서 한국의 위상을 제고할 여지를 만들고자 새로운 지역구상이 부상했다. 노태우 정권기의 '북방외교론'을 거쳐 국민의 정부는 '햇볕정책'을 대북정책의 근간으로 삼고 '동아시아협력체'와 '동아시아포럼'을 제안했으며, 참여정부에 들어서는 '동북아시대 구상'이 제출되었다.

특히 참여정부의 '동북아시대'라는 정책기조는 공간개념과 시간개념을 결합한다는 상징성을 지닌다. '동북아시대 구상'은 지난 식민지배와 예속, 전쟁, 저개발의 역사를 극복하고 한국이 적극적 역할을 자임하여 미중의 패권경합, 일본의 재무장, 북핵문제 등으로 긴장이 계속되는 이 지역에서 경제적 번영과 평화 실현을 달성하겠다는 시도였다.[2] '동북아시대 구상'은 수사에만 그친 것이 아니라 참여정부는 학술계를 적극 지원하고 담론을 흡수하여 동북아시아 정책을 수립했으며[3] 이는 '동북아시대위원회'와 '동북아역사재단'의 설립으로 이어졌다.

아울러 동아시아론이 활성화되면서 한국의 위상과 '장소성'도 재인식되었다. 한국은 지정학적으로 4대 강국의 한복판에 위치할 뿐만 아니라, 고유한 역사경험과 근대화과정은 한국이 중심적 역할을 맡아야 할 이유로서 조명되었다. 먼저 한국은 강대국도 패권국도 아니라는 주장이 나왔다. 한반도는 19세기 말엽까지 중화제국의 영향권 아래 있었으

---

2 동북아시대위원회 『평화와 번영의 동북아시대 구상』, 동북아시대위원회 2005, 6~7면.

3 국민의 정부까지를 포함한 통계지만 1999~2006년 학술진흥재단에서 지원한 국내 대학 중점연구소 지원현황에 따르면 총55개 지원 연구소 중에서 동아시아와 연관된 명칭을 사용하는 연구소는 10여 개에 이르고, 아시아와 동아시아 관련 주제에 지원한 과제들은 55개 연구소 중 15개를 차지했다. 이동연 「동아시아 담론형성의 갈래들—비판적 검토」, 『문화과학』 52호(2007) 99면.

며, 이후에는 일본과 미국의 지역질서 속으로 편입되었고, 분단의 시련을 경험했다. 그리하여 강대국들이 경합하는 이 지역에서 한국은 약소국들에서는 공감을 이끌어내고 강대국들 사이에서는 중재 역할을 담당할 수 있는 자격을 지닌다는 것이다.

또한 한국의 근대화 경험도 한국형 지역구상의 자원이라 보는 논자들이 있다. 한국전쟁의 잿더미 속에서 한국은 국가주도형 발전전략을 내세워 '아시아의 네마리 용'의 선두주자가 되었고, 지금은 IT강국으로 부상하며 한류라는 문화적 콘텐츠를 확산시키고 있다. 실제로 한류의 잠재력을 국가경쟁력으로 흡수하기 위해 재정지원이 잇따르고 여러 담론이 유포된 바 있다.[4] 그리고 한국의 발전모델은 경제모델일 뿐만 아니라 정치모델이라는 주장도 나온다. 한국은 분단과 독재에도 불구하고 경제발전(근대화)으로 정치발전(민주화)을 쟁취한 드문 사례라는 것이다. 그리하여 한국의 근대화 경험은 이 지역의 개발도상국들 정치·경제·문화 부문에서 매력적인 모델을 제공하며, 그것이 상이한 발전단계에 있는 역내 여러 국가들을 한국이 중재할 수 있도록 운신의 폭을 넓혀준다는 논지다.

동아시아론은 사실상 최원식·백영서 등의 인문학자들이 그 싹을 틔웠고, 국가전략의 측면에서 탄력을 받아 사회과학계에서도 강력한 담론효과를 발휘했다. 그러나 정책적 뉘앙스가 짙게 밴 까닭에 동아시아론에는 '후원담론'이라는 그림자가 드리우고 내수용 담론으로 굳어간다는 인상을 주고 말았다. 참여정부 시절에 등장한 정책적 동아시아론은 장기적 모색보다 단기적 과제에 무게가 실렸다. 더구나 역내외의 타

---

4 참여정부 시기에는 기존 문화관광부 중심의 한류자문위원회를 범정부 차원에서 지원할 수 있도록 100여명에 달하는 '한류확산자문위원회'를 구성했고, 2006년에는 『한류의 세계화 전략』이라는 보고서가 작성되었다.

국이 어떻게 받아들일 것인지에 대한 충분한 고려 없이 한국의 상황에 기대어 실천의 당위성을 과도하게 주장했다. 정책적 입장에서 사고하고자 한다면 어떤 동아시아상이 바람직한가라는 규범적 물음은 어떤 동아시아상이 가능한가라는 실질적 조건 위에서 던져져야 한다. 그러나 무엇보다 정책적 지원을 받는 동안 동아시아가 '실험적 공간'이 아닌 '실용적 공간' 내지 경제팽창의 영역으로 기울어갔다는 점을 지적해 두고 싶다.

이 대목에서 사상의 각도로 옮겨가 한국발 동아시아론이 지니고 있는 한가지 속성을 끄집어내야겠다. 한국의 동아시아론은 강국들 주변에 위치한다는 한국의 장소성과 역사성으로부터 한국의 입지를 구축해내는 논리를 발견한다. 중국과 일본(및 미국)의 '주변'이라는 사실을 역전시켜 '매개성' 혹은 '중심성'을 이끌어내는 것이다. '주변은 매개다. 매개는 실상 이쪽과 저면을 연결하기 때문에 중심이다.' 그리하여 정책적 관점에서 동아시아론이 흡수되었을 때 한국은 다리 역할을 맡는 국가로서 묘사된다. 중추교량국가(hub bridge state), 가교국가(bridge building state), 중견국가(middle state), 거점국가(hub state), 협력국가(cooperation-promoting state) 등 내용은 조금씩 다르더라도 모두 중간자 혹은 다리 역할의 발상에서 제출된 국가론들이다.

또한 한국이 지정학적으로 강국들 주변에 자리 잡고 있다는 사실 말고도 한국의 경제적·정치적 발전의 수준에서 한국이 지역 내의 매개자 내지 중재자를 맡아야 한다는 역할론이 나오기도 한다. 그런데 한국의 지정학적 위치와 경제적 발전단계, 역사적 경험을 강조하는 이런 주장은 가령 타이완이나 싱가포르를 끌어들인다면 효과가 반감되고 말 것이다. 하지만 국가정책 버전의 한국발 동아시아론의 시야에는 애초 이러한 나라들이 들어오지 않기 때문에 문제가 되지 않는다. 여기서 주목해야 할 것은 주변성에서 중심성(매개성)을 이끌어내는 논리적 전도는 바로 한국의 동아시아론을 성립케 하는 요소가 한국 내부에 존재하지 않는 데서 발생한다는 사실이다. 즉 기본적으로 환경에 반응한 산물이며, 한국의 동아시아론은 '대(對)-담론', 즉 대-미국, 대-중국, 대-일본 담론이다. 그러나 대-타이완, 대-싱가포르, 대-몽골 담론은 아니다. 그런 국가들을 향해서 동아시아론은 그다지 쓰임새가 없으며, 지리적으로 그 국가들이 미국보다 가깝다고 하더라도 한국 동아시아론의 지역적 시야에서는 누락되어 있기 때문이다.

대-담론은 누구를 상대로 하느냐에 따라 논리와 지향이 달라진다. 지역지평으로서의 동아시아, 지역질서로서의 동아시아, 지역연대로서의 동아시아, 기획의 동아시아, 기억의 동아시아는 누구를 대상으로 하느냐에 따라 복잡하게 교차한다. 참여정부에서 의욕적으로 내놓았던 '동북아 균형자'론은 기본적으로 미국과 중국이라는 강대국의 시선에 들기 위해 한국이 발돋움한다는 성격을 지녔다. 미국에서 서쪽을 보았을 때 제일 먼저 눈에 들어오는 대상은 중국이며, 다음이 일본과 북한 순일 것이다. '동북아 균형자'론은 냉정하게 말해 그렇게 오가는 대국들(북한은 별도로 이해해야 한다) 사이의 시선에 들어가기 위한 시도였다.

일본과의 관계라면 경제협력 같은 '기획의 동아시아'와 아울러 관계의 특수성으로 인해 '기억의 동아시아'도 활성화된다. 중국과의 관계와 비교해보았을 때 그 차이는 뚜렷하다. 일본과의 관계에서 일궈진 동아시아론은 제국-식민지의 역사와 아시아·태평양전쟁의 경험을 반추하고 이 지역에서 탈식민·탈냉전의 실현을 사상적으로 모색하는 해방·평화·인권의 가치가 좀더 짙게 깔린다. 아울러 민족주의와 국가주의의 동학을 비판적으로 극복하는 운동적 관점, 아래로부터의 '지역연대로서의 동아시아'가 가동된다. 일본과의 관계에서 공동의 동아시아를 모색하는 데는 '동아'라는 망령이 따라다니기 때문이다.

한국은 동아시아를 실체로서 품을 수 있는 조건을 갖추고 있지 않다. 중국과 같은 지리공간상의 규모나 외교력도, 일본과 같은 경제력이나 제국의 역사경험도 갖고 있지 않다. 한국의 동아시아상을 가능케 하는 조건은 한국 내에 있지 않다. 바로 그 제약은 한국의 동아시아론이 대-담론으로 성장하는 동시에 내수용 담론으로 기우는 이유로 작용한다. 그러나 사고의 제약 조건은 바로 가능성의 조건이기도 하다. 동아시아가 실체일 수 없기에 한국 사상계에는 동아시아를 사고의 지평이자 기획의 단위로 삼으려는 강한 동기가 부여된다.

그리하여 다시 말하지만 동아시아론은 풍년이자 버블기를 맞이했다. 그리고 참여정부가 물러나자 동아시아론은 정책적 지원이 끊겨 '후원담론'으로서의 위상을 상실했으며, 그간 구축되어온 동아시아상은 '신아시아 외교'라는 이명박 정권의 모호한 외교구상 속에서 뒤틀리고 있다. 신아시아 외교가 신냉전적 양상을 연출하는 동안 외형적으로 성장한 동아시아론에서는 거품이 빠지고 있다. 호황이 끝나고 거품이 빠지면 현실은 초라한 속살을 드러내게 마련이다. 동아시아론은 그리될 것인가. 그러나 가혹한 풍토는 억센 사상을 낳는 조건이기도 하다. 그런 의미에서 후원담론이라는 지위를 잃은 지금, 한국의 동아시아론은 진정 사상적으로 자립해야 하는 환경에 내몰린 것이 아닐까. 이 글은 그 자립을 위한 시도다.

4. 유동하는 지역개념: 동양에서 동아시아까지

동아시아론의 내실을 다지기 위해서는 동아시아라는 사고의 지평에서 교차하는 다양한 차원과 요소들을 종합적으로 읽어내야 한다. 즉 역내외의 힘관계, 역내 국가들의 비대칭성, 지역지평·지역질서·지역연대라는 세 차원의 중첩된 관계, 기획과 기억이라는 다른 시간의 벡터를 포착해 입체적인 좌표축을 구축해야 한다.

동아시아의 지리적 경계는 유동적이다. 경우에 따라 동아시아는 한·중·일을 표상하기도 하고 동남아시아까지 넓어지기도 한다. 더러는 지정학적 맥락에서 미국이 동아시아의 일원으로 간주되는 경우도 있다. 동아시아는 지역의 이름이니 지리적 인접성이 중요하다. 그러나 지역(region)을 지대(area)와 구분한다면 지역은 같은 지대에 있다는 지리적 연관을 가질 뿐만 아니라 정치적·경제적·사상적·문화적으로도 긴밀하게 얽힌 것이다. 마루까와 테쯔시(丸川哲史)는 지역의 어원이 동사 '통치하다'(regin)로부터 파생된 체제(regime) 및 군관구역(regiment)에 있다고 말한다. 지역이란 말에서 정치적·군사적 지배 및 통제의 어감을 분리하기란 어렵다는 것이다.[5] 확실히 동아시아의 경계는 지리적 경계일 뿐 아니라 지정학적 경계이며 가치판단의 경계다. 그런 의미에서 동아시아는 지리·역사·정치·문화의 과거와 현재가 복잡하게 얽혀있는 지정학적 개념이자 지문화적 개념으로 사고해야 한다.

공간으로서 동아시아는 국민국가체계가 도입되면서 발생한 내부의 침략과 피침략, 그리고 서양과의 유착과 대항의 공간이다. 그런데 동아시아는 역사상 여러 이름들을 거쳐왔다. 역사적으로 이 지역을 19세기 후반 서양 진출의 시기, 20세기 전반 내부 침략의 시기, 20세기 중반 냉전의 시기, 20세기 후반 이후 미국 패권의 시기로 구분해본다면 각각의 국면마다 지역명도 달라졌다. 단지 이름만 바뀐 게 아니다. 지역의 구획

---

5 마루까와 데쓰시 『리저널리즘』, 백지운·윤여일 옮김, 그린비 2008, 19면.

과 지역명의 변화는 광의의 지적·전략적 활동의 산물이다. 그리고 공간은 시간의 퇴적 위에 존재한다. 따라서 지금의 동아시아론을 체계적으로 이해하고자 할 때 지역인식의 변천과정을 긴 호흡으로 되돌아본다면 귀중한 사고의 자원을 얻을 수 있을 것이다. 동아시아라는 공간에는 동양·아시아·동아·극동 등의 지나간 지역상들이 새겨져 있다. 각각의 지역상은 다른 지역상이 등장한다고 사라지지 않으며, 이어서 등장하는 지역상 속으로 스며들고 누적된다.

1) 동양과 아시아

지역상은 공간적으로(어디부터 어디까지인지) 사고할 수 있지만 시간적으로(언제부터 언제까지) 사고할 수도 있다. 19세기 말엽 유럽 열강의 파고 앞에서 이 지역은 아시아라고 불렸다. 분명 아시아는 명명된 지역이다. 아시아는 광대한 규모와 인종적·종교적·생태적 다양성에도 불구하고 유럽의 외연이라는 이유로 하나의 지역명 아래 포괄되었다. 불교·유대교·기독교·힌두교·이슬람교·시크교·도교·조로아스터교·유교 등이 존재하며, 세계 육지의 3/5과 인구의 반 이상을 차지하는 대륙이 아시아로 묶였다. 그리고 유럽에 의해 규정된 아시아는 내부에서 다시 일본제국에 의해 구획되었다. 아시아는 서양의 오리엔탈리즘과 서양에 대항하는 이데올로기가 교착하는 공간이며, 그런 의미에서 아시아는 사실상 지리적 실체와 그다지 긴밀한 연관없이 출현하고 성장했다고 말할 수 있다.

한편 동양(Orient)이 있다. 동양 역시 유럽의 시선에 따라 변용되어 온 지역개념이다. 그러나 아시아가 지도 위에서 그 윤곽을 모호하게나마 가늠할 수 있다면 동양의 변화폭은 아시아보다 컸다. 그리고 유동적인 동양의 이미지가 아시아에 주입되어 아시아도 그 외연을 획정하기가 더욱 어려워졌다. 에드워드 싸이드(Edward Said)의 『오리엔탈리즘』에서 동양은 지리적으로 주로 이른바 중근동을 가리켰다. 그가 아랍 출신인 까닭도 있겠지만, 비교적 이른 시기부터 기독교 세계인 유럽은 이슬람 세계인 오늘날의 중근동을 일컬어 동양이라고 불렀다. 동양 안에 중국이 포함된 것은 나중 일이다. 유럽인들이 서양이라는 집합성을 인식하는 과정과 동양이라는 지역을 규정하는 과정은 동시에 진행되었다. 서양이 집합의 표상으로 강력하게 작용할수록 그 여집합인 동양은 비문명 지역으로 넓게 규정되었다. 그리하여 동양은 좁게는 중근동에서부터 넓게는 남아시아·동남아시아·동북아시아를 총칭하기도 하며, 극단적으로는 유럽과 북미 대륙을 제외한 모든 지역을 아우르는 개념으로 사용되기도 한다.

서양과 동양에서 '서'와 '동'은 그저 방위를 가리키지 않는다. 헤겔(G. W. F. Hegel)은 『역사철학강의』의 '세계사의 시대구분'에서 이렇게 말한다. "세계사는 동에서 서로 향한다. 유럽은 세계사의 끝자락을 쥐고 있음에 불만이 없으며, 아시아는 세계사의 시작이기 때문이다. 그냥 동쪽이라고 하면 상대적이지만 세계사에는 절대의 동이 존재한다. 왜냐하면 지구는 둥글지만 역사는 원을 그리며 그 주위를 도는 것이 아니라, 오히려 특정한 동을 출발점으로 하기 때문이다. 그것이 아시아다."[6] 헤겔은 동양을 인간의 '유년기'에 비유했으며, 아시아를 '일출과 기원의 대륙'이라고 묘사했다. 동양과 아시아에서 시작된 세계사는 유럽에서 완성으로 향해간다. 그리하여 동양과 아시아는 역사발전의 초기 단계에 머물러 있는 사회의 범주를 가리킨다. 앞의 인용구에 이어 헤겔은 이렇게 말한다. "동양은 과거로부터 현재에 이르기까지 한 사람의 자유

---

6 G. W. F. 헤겔 『역사철학강의』, 권기철 옮김, 동서문화사 2008, 109면.

를 인식할 뿐이며, 그리스와 로마 세계는 특정인들이 자유롭다고 인식하며, 게르만 세계는 만인이 자유임을 인식한다. 따라서 세계사에서 볼 수 있는 첫번째 정치형태는 전제정치이고, 두번째가 민주제 및 귀족제, 세번째가 군주제다."[7] 헤겔 이후 '동양적 전제' '아시아적 정체'는 지역명과 가치판단이 결부된 낙인의 언어로서 자주 활용되었다.

그러나 유럽중심적 동양개념이 이 지역에서 그대로 통용되지는 않았다. '동양'의 사용을 둘러싼 복잡한 역학관계가 이 지역에서 '동양'의 용법을 재가공했다. 애초 오리엔트(Orient)를 동양이라는 말로 번역한 곳은 중국이었다. 당시에는 서양도 유럽 전체가 아닌 중국의 인근 서쪽 지역을 가리키는 말로 사용되었고, '동양'은 동쪽인 일본을 지시했으며 거기에는 경멸의 어조가 담겼다. 이런 용례에서는 중국을 중심으로 동과 서를 가르는 세계관이 엿보인다.

그러나 '서세동점(西勢東漸)'의 파고에서 동양과 서양이라는 말에는 문명의 위계라는 색채가 스며들었다. 중국 역시 동양으로서의 자의식을 갖기 시작했으며 대신 중국의 동쪽에 위치한 미국도 서양으로 포함되기에 이른다. 조선의 '동도서기(東道西器)', 일본의 '화혼양재(和魂洋才)', 중국의 '중체서용(中體西用)'에서 공통적으로 서양은 진보된 물질문명, 적어도 기술적 우위를 지닌 장소로 표상되었다. 다만 조선이라면 '동(東)'의 자리에 중국은 '중(中)'이 자리하는데, 이는 중화질서에 대한 자의식에서 비롯된 것이다(지금도 중국에서는 동서가 아닌 중서中西라는 표현을 자주 사용한다). 한편 일본은 '화혼양재'로 '동'과 '서'라는 방위개념을 피하고 있는데, 이것은 '동양'이라는 지역명에 관한 역내의 경합을 예고하고 있다.

---

7 같은 곳.

실제로 이 지역에서 '동양'은 서양의 대립 개념으로는 포착할 수 없는 복잡한 내부의 역학구도를 내장했다. 동양만이 아니다. 동양과 아시아 이래 창안된 모든 지역명은 경합의 장이었다. 왜냐하면 이 지역의 역사가 뒤틀려 있기 때문이다. 먼저 일본은 '동양'을 활용해 중화적 질서로부터 벗어나고자 했다. 중국을 '지나'로 명명하며 동양에 속한 하나의 나라로 상대화했다. 스테판 타나까(Stefan Tanaka)의 표현을 빌리자면 "일본과 '동양'의 과거를 담지하고 질서를 부여한 이 개념을 통해 일본인들은 자신들의 근대적 정체성을 창출해냈다."[8] 중국이 동양의 고루한 세계라면 서양은 유동적인 미래상을 자극한다. 그리하여 일본에서 동양을 입에 담을 때는 "중국의 몰락, 온갖 기술적·문화적 문물을 지참한 서구의 도래, 인간사의 보편성에 관한 새로운 문제, 문화적 정체성 문제" 등이 두루 포함되었다.[9]

한편 러일전쟁에서 승리하자 일본은 인종론과 문명론으로 무장한 '아시아주의'를 내놓았다. 아시아는 유럽이 명명한 지역이지만 일본이 그것을 권역의 이름으로 전용한 것이다. 일본은 인종론을 내세워 유럽을 저지했고 문명론으로는 중국을 견제했다. 그러나 이 지역을 적극적으로 묶어내겠다는 아시아주의는 필연적으로 누가 아시아의 주인인가라는 물음을 내장하고 있었다. 이에 대해 중국의 쑨 원은 '대아시아주의'를 설파하여 패권을 추구하는 일본은 아시아의 주인일 수 없다고 답했다.[10]

---

8 스테판 다나카 「근대 일본과 '동양의 창안」, 전형준 외 엮음 『동아시아, 문제와 시각』, 문학과지성사 1995, 186면.

9 같은 책 187면.

10 쑨 원의 「대아시아주의」는 일본에서의 강연 기록인데 이런 말로 끝맺는다. "일본 민족은 이미 유럽 패도의 문화를 이룩했고 또 아시아 왕도의 본질도 갖고 있습니다. 이제부터는 세계 앞날의 문화에 대하여 서방 패도의 주구가 될 것인지 아니면 동방

그러나 간과해서는 안 될 것은 '동양'과 '아시아'에는 오리엔탈리즘의 요소나 지역패권의 논리만이 아니라 패자와 약자의 연대의식도 담겼다는 사실이다. 안중근은 「동양평화론」을 내세웠고, 오까꾸라 텐신은 서양에 패배했다는 점에서 "아시아는 하나다"라고 밝혔다. 아울러 일본의 아시아주의도 지배 일관의 담론은 아니었다. 거기서 침략과 연대는 쉽사리 가를 수 없었으며, 그런 모호함은 오늘날의 동아시아론에도 남아 있다.

그러나 오늘날의 동아시아론에 가장 깊이 새겨진 논리를 과거의 지역인식에서 찾아본다면 그것은 『문명론의 개략』(文明論之槪論, 1875)과 「탈아론(脫亞論)」에서 엿보이는 후꾸자와 유끼찌(福澤諭吉)의 문명론일 것이다. 후꾸자와는 동양을 문명권 바깥의 정체된 지역으로 보았다. 분명 그의 동양관·아시아관은 헤겔의 역사철학적 냄새를 풍긴다. 그러나 특기해야 할 사실은 후꾸자와의 문명론은 서양의 우위를 인정하되 시간의 틀을 끌어들여 문명의 위계를 발전단계로 번역해냈다는 점이다. 그는 문명과 야만 사이에 '반개(半開)'를 도입했다. 문명과 야만의 장소는 현재 지리적으로 나눠져 있는 것처럼 보이지만 유럽만이 진보할 수 있는 것은 아니다. '반개'를 거쳐 비유럽도 진보를 향해 나아갈 수 있다. 이 발상은 '동아시아론'에 깃들어 있는 근대화론의 원형을 보여준다.

후꾸자와는 아시아를 벗어나겠다는 '탈아론'으로 기울었다. 하지만 '탈아론'을 섣불리 단죄하기란 어렵다. 그것은 쑨 거가 지적하듯이 "연대감과 확장욕의 역설을 내포하는 것이면서, 참된 위기의식과 서구열

왕도의 간성이 될 것인지 여러분 일본인 스스로 잘 살펴 신중히 선택하십시오!" 쑨원 「대아시아주의」, 최원식·백영서 엮음 『동아시아인의 '동양' 인식』, 문학과지성사 1997, 178면.

강에 대한 저항의식을 내포한 것이기도 했"기 때문이다.[11] 더욱이 쑨 거는 일본의 근대화가 "탈아와 홍아의 이중변주"를 반복해왔다고 표현하는데,[12] '탈아'만이 아니라 '홍아(興亞)'마저도 후꾸자와 논리의 자장 안에 있다고 말할 수 있을 것이다. 즉 지역은 자연적 경계만이 아니라 문명의 위계에 따라서도 구획된다. 그리고 지역과 문명의 짝짓기는 고정되어 있지 않다. 따라서 일본은 국력과 자기상의 성질에 따라 탈아입구와 아시아주의 사이의 진자운동을 거듭했다. 이것이 후꾸자와가 암시한 지역인식의 중요한 시사점이다. 그러나 '탈아'든 '홍아'든 그런 지역 정체성이 서구를 기준으로 삼는다는 점도 지적해둬야 할 것이다. 한 지역을 총체적 단위로 상정하려는 시도는 서양에 되비친 자기상을 '자아'로 여긴다. 그리하여 이곳의 지역인식에는 근대화론이 깊이 새겨져 있다. 이 사실로부터는 '동아'도 무관하지 않고 '동아시아'도 자유롭지 않다.

2) 동아와 극동

범박하게 말하자면 '동아'는 '탈아'를 기도했던 일본이 지역의 패권자로 귀환하려는 시도였다. '동아'는 지역상으로서 두가지 의미를 갖는다. 우선 '동아'는 일본적 오리엔탈리즘에 근거해 중화문명을 대체하려 내놓은 개념이었다. 그리고 1941년 대동아전쟁의 발발과 함께 일본제국의 전략적 시야가 남태평양으로 확대되자 '동아'에서 '대동아'라는 광역권 개념이 파생되어 나왔다. 학자들은 전쟁이 가져온 지역 시야의 확대를 정당화하고자 이론을 구축했다. 가령 동양사학자인 야노 진이

---

11 쑨 거 「아시아는 무엇을 의미하는가」, 『아시아라는 사유공간』 65~66면.
12 같은 책 82면.

찌(矢野仁一)는 '대동아사'의 범위를 이렇게 획정했다.

　　대동아사의 범위가 대동아공영권의 범위라야 한다는 것은 두말할 나위도 없다. 대동아사는 일본을 중심으로 해야 한다. 그 범위는 지금까지 우리 동양사의 대상으로 다루어왔던 지나를 중심으로 한 지나 주위의 여러 나라, 여러 민족, 즉 지나의 정치문화사권에 속하는 여러 국가, 여러 민족과 지나의 정치문화적 세력보다 인도, 아라비아 등의 상업적·종교적·문화적 영향을 많이 받았으며 따라서 오히려 지나 정치문화사권 바깥에 속하는 것으로 생각할 수 있는 남방권의 여러 민족, 여러 국가를 포함하는 것이다.[13]

　　그리하여 '대동아'는 '동아'보다 넓은 권역을 표상한다. 그러나 '대동아'는 일본제국의 패색이 짙어가던 수세적 국면에서 제출된 지역명이었기에 실질적 의미를 상실한 채 확대되어갔다. 특히 1943년 이후의 간행물을 보면 '대동아'라는 허울 좋은 말이 인쇄된 종이의 질은 몹시 열악해 '대동아'라는 찬란한 수사와 현실 사이의 괴리가 두드러진다. '대동아'의 아시아는 실상 구체성을 상실한 잔여범주에 가까웠다.

　　다음으로 '동아'는 '극동'이라는 유럽적 시각에 맞서는 개념이었다. 대동아전쟁이 발발한 1941년 12월 8일에서 일주일가량 지난 12월 16일 『요미우리신문(讀賣新聞)』 석간 1면에는 '극동'이라는 말의 사용을 금지한다는 기사가 실렸다. 지역 표상이 지닌 정치역학을 보여주는 사례로서 전문을 인용하겠다.

---

13 矢野仁一『大東亞史の構想』, 東京: 目黑書店 1944, 32면.

극동이라는 언사 말살, 영국 본위의 호칭 허락하지 않기로 정보국에서 결정

정보국에서는 종래 관민을 막론하고 이제까지 관용해온 '극동'이라는 용어가 원래 영국을 세계의 중심으로 한 사고방식에서 나온 말이기 때문에 대동아 신질서, 나아가 세계의 신질서 건설에 매진하고 있는 지금, 일본인이 이를 사용하는 것은 터무니없는 인식의 결여이므로 금후 이 말의 사용을 금할 것을 결정했다. 15일 정례 차관회의 석상에서 오꾸무라 차장이 제안하여 우선 관청 측의 찬동을 얻었기 때문에 신문·잡지를 비롯하여 일반 민간에서도 이에 협력하도록 같은 날 정오 다음과 같은 정보국 차장 담화가 발표되었다.

"오늘 차관회의에서 앞으로 '극동'이라는 언사를 정부는 공식 자리에서든 비공식 자리에서든 사용하지 않기도 합의했다. 따라서 민간에서도 이 취지에 맞춰 신문과 잡지, 선언이나 결의 또는 일반 대화에서도 이 말을 사용하지 말기를 희망한다. 원래 극동이라는 말은 영어 Far East의 번역어로 메이지 초기 이래 70년간 사용해온 괴이한 단어다. 이 말은 당연히 영국을 세계의 중심으로 보는 관념에서 만들어져 영국과 앵글로색슨 질서의 세계에서는 당연시되는 말이다. 우리가 사는 동아의 천지는 영국에서 보면 머나먼 동쪽이겠지만, 일본인과 아시아인에게는 세계의 중심이지 결코 머나먼 동쪽이 아니다. 대동아전쟁을 선언한 오늘, 대동아의 신질서가 건설되고 있는 오늘, 지금까지 영국식의, 영국중심의 말이 우리가 사는 동아를 가리키는 호칭으로 사용되고 일본인 스스로 이를 사용한다는 것은 지극한 불명예이며, 동시에 절대 용서할 수 없는 부주의다. 대동아전쟁이라는 명칭이 발표되고, 영미 격멸의 대전과를 이루고 있는 이때, 1억 국민 각자가 이 굴욕적 언사를 일본에서 일소해주기를 간절히 바란다. 말이란 관념과 세계관의 표현이므로 결코 가볍게 볼 수 없다. 국내 여론을 지도하는 입장에서 충심으로 국민에게 바라는 바다."

극동은 유럽중심적 개념이며 '동아'는 거기에 맞서는 권역으로 제시되었던바 여기에는 세계관의 변혁도 수반되었다. 전선의 확대와 함께 대동아공영권 사상은 서구 근대의 초극 사상으로 분식되었다. 가령 니시무라 에이이찌(西村榮一)는 『대동아 건설 경제원리』에서 "문화에는 자연적 환경과 사회적 환경이 있다. (…) 자연적 환경은 넓은 의미에서 풍토라고 불리는데 토지와 기후를 뜻한다. (…) 사회적 환경이란 정치 및 경제를 그 두드러진 내용으로 삼는데, 거기에는 시간성, 즉 역사와 전통이 당연히 포괄된다"고 주장하며[14] 동아로 흘러들어온 유력한 서양의 사조로서 "①(영국류) 공리주의, ②(프랑스류) 자유주의, ③(독일류) 국권주의, ④(미국류) 기독교박애주의 4대 사조"를 꼽고 이를 일소해야 한다고 역설한다.[15] 이것은 예외적인 주장이 아니었다. 동아·대동아라는 권역은 서구적 근대의 극복을 (표면적으로나마) 기도하고 있었다.

그러나 일본은 패전했다. 그것은 동아 구상의 패배이기도 했다. 동아가 무너진 자리에는 다시 '극동'이라는 지역개념이 들어섰다. 일본을 격파하고 점령한 미군은 극동군사령부(Far East Command)였고, 일본의 점령관리는 극동위원회(Far Eastern Commission)가 맡았으며, 일본의 전쟁범죄는 극동국제군사재판(International Military Tribunal for the Far East)에서 심리되었다. 그리고 극동군사령부는 '대동아전쟁'이라는 명칭을 금지하고 '태평양전쟁'이라고 부른다고 선포했다.

---

14 西村榮一 『大東亞建設經濟原理』, 大阪: 湯川弘文社 1943, 216~17면.
15 같은 책 227면.

'동아시아'는 '극동'에서 분석된 개념이다. CIA는 1949년까지 극동이라는 용어를 사용했으며 그것을 "이란 동쪽, 소련 남쪽의 아시아와 주요 열도들"이라고 정의했다.[16] 그러나 극동이란 용어는 점차 사라지고 미국 국무부 내에는 '극동업무'(Far Eastern Affairs)를 대신해 '동아시아업무'(East Asian Affairs)라는 명칭을 단 부처가 등장했다. 아시아는 전후 미국의 정치적·군사적 개입의 필요에 따라 '동아시아'(East Asia), '동남아시아'(South-East Asia), '서남아시아'(South-West Asia)로 구획되었다.[17] 1950,60년대 미국의 아시아 연구는 '아시아연구협회'(Association for Asian Studies)가 주도했는데 이 학회의 전신은 1948년 창설된 '극동협회'(the Far Eastern Association)였다. 냉전기 지역문제를 다루는 학회들은 미국정부와 긴밀하게 공조하며 정부의 아시아정책에 발맞춰 동아시아·동남아시아·서남아시아를 지리적으로 나눠 전문화된 연구체계를 정비해냈다.

'동아시아'는 미국의 지역정책에 따른 필요성에서 등장한 것이다. 그것은 유럽중심적 지식권력구조(극동)가 미국중심적 지식권력구조로 전이했음을 뜻하기도 한다. 그러나 지역명의 변화보다 주목해야 할 점은 '동아시아'가 '극동'에서 파생되었지만, 냉전기 동아시아의 지역질서에서 '동아'가 실질적으로 살아남았다는 사실이다. 이것은 전후 제국적 지형 위에 세워진 냉전의 체제화와 깊게 관련되어 있다. 백원담은 이렇게 분석한다. "전후 아시아는 '종전'과 '확전', 그리고 그 이후 후식민

---

16 CIA, "ORE 69-49 Relative US Security Interest in the European-Mediterranean Area and the Far East" 12 Sept 1949, PSF: Intelligence File, HSTP, box 257, HSTL.

17 Mark T. Berger, "Decolonisation, Modernisation, and Nation-Building: Political Development Theory and the Appeal of Communism in Southeast Asia, 1945-1975", *Journal of Southeast Asian Studies* 34 (3) 2003, 421~48, 432면.

과 잔여전쟁이 지속되는 1950년대 초반에 이르기까지 아시아 재편기획의 각축장이었고, 거기서 그 재편의 논리들은 새로운 체제 귀속 전쟁을 야기했다는 점에서 병영적 권역주의의 변주 혹은 냉전적 아시아주의로 파악할 수 있을 것이다. 아시아가 세계 재분할 혹은 세계적 지배구도 속에 재배치된 것이다. 전후 아시아는 서구와 아시아의 비대칭성이 재현되고, 아시아 지역 내 국가간 비대칭성이 강화되었으며, 전체적으로는 미소 냉전체제에의 분할적 귀속 여하에 따라 두 개의 아시아라는 분열적 아시아상이 만들어졌다. 그리하여 전후 아시아에서 아시아에 의한 아시아 인식에는 냉전성이 내재한다. 냉전성이 내재된 아시아주의 곧 냉전적 아시아주의가 개진된 것이다. 여기서 변주된 병영적 권역주의란 '황국신민화'를 기치로 일본이 아시아를 일본적 동화로 획책해갔던 전전의 유산을 일본을 포함한 아시아가 내재화한다는 함의를 안고 있다."[18]

동아시아는 '동아'에 대한 아시아적 해결과정을 거치지 않고, 미국과 소련의 각축 속에서 분할되었다. 그리하여 위쪽의 동아시아에서는 과거 러시아제국과 중화제국의 잔영을 간직한 대륙의 사회주의권이 형성되었고, 아래쪽의 동아시아에서는 유럽의 '극동'과 대결하며 일본제국이 추구했던 '동아'라는 지역구도가 '거대한 초승달' 지역을 확보하려는 미국의 지정학적 틀 안에서 온존되었다. 아래쪽의 동아시아는 군사적으로는 한·미·일 삼국관계가 골격을 이루고 경제적으로는 일본중심의 수직적 경제체제가 형성되어 일본은 이 지역으로 복귀했다.

여기에 한편으로는 제2차 세계대전이 끝나기 전부터 지속된 '제3세계주의'라는 지역상도 존재했다. '제3세계주의'는 비동맹운동과 함께

---

18 백원담 「전후 아시아 사회주의권에서의 아시아주의」, 『문화과학』 52호(2007) 123면.

식민지 해방과 민족국가 형성을 기도하는 지역주의 노선으로서 아시아에 의한 아시아 인식을 정초했다. 그러나 제2차 세계대전 중에 분출한 해방운동의 마그마는 냉전의 도래로 냉각되었고, '제3세계주의'는 냉전적 편제와 길항하며 세력화를 꾀했으나 점차 힘을 잃고 말았다. 무엇보다 전후에 미국은 범아시아주의의 부활을 경계했다. 그리하여 이 지역에서 아시아 인식은 제국적 지형 위에 세워진 냉전의 체제화로 회수되어갔다.

3) 동아시아와 동북아시아

동아시아는 냉전의 도래와 함께 바깥에서 명명되고 분절된 지역으로서 등장했다. 그러나 탈냉전기 한국의 사상계는 동아시아에 내적 요구를 주입했다. 동아시아를 주체적으로 전유하려는 시도는 최원식 등 주로 창비 측 논자에 의해 1990년대 초반에 시작되었고, 직후 문사철 영역의 인문학자들이 논의를 심화했으며 이후 동아시아 발전모델론을 매개해 사회과학자들이 가세했고, 국민의 정부 시기에 이르러서는 동아시아 지역주의론이 활성화되었다. 그리고 참여정부에 들어서는 한국의 전략적 단위로서 '동북아'라는 지역명이 부상했다. 노무현 전 대통령이 2003년 발표한 취임사 '평화와 번영과 도약의 시대로'에서 '동북아시대'를 중심 개념으로 제시한 것이다.[19] '동북아시대'는 참여정부의 대외정책 기조이자 국가발전의 장기전략으로서 제출되었다. 이에 대해 동북아시대위원회 위원장을 지낸 이수훈은 '동북아시대 구상'이 서구중심적 역사관과 세계관을 극복하고 동북아 지역주의를 지향하는 것이라

---

19 제16대 대통령 취임사(2003년 2월 25일) '평화와 번영과 도약의 시대로'에서 동북아는 16회, 동북아시대는 9회 사용되었다.

고 설명한다. 나아가 궁극적으로 유럽연합과 대등한 아시아연합을 창설하는 목표를 갖는다고 밝히고 있다.[20]

그러나 지역주의 색채가 짙은 '동북아'라는 지역개념의 외연이 무엇인지는 정작 모호하다. 한국의 언론에서는 종종 한·중·일을 일러 동북아라고 부르는데, 여기서 이미 북한의 존재는 누락되어 있다. UN에서는 아시아·태평양지역(Asia and Pacific region) 산하에 동북아시아를 하위구역(subregion)으로 정하여 한국·북한·중국·일본·몽골·러시아의 6개국을 포함한다. 한편 북한의 『조선대백과사전』 6권(과학백과사전출판사 2002)의 '동북아시아' 항목에는 "아시아의 북동부를 차지하는 지방, 일명 극동이라고도 한다. 동북아시아에는 우리나라와 중국의 동북지방, 러시아의 연해주와 쿠릴-캄차카 지방, 일본열도 등이 속한다"고 명기되어 있다.[21] 여기서 "우리나라"는 남북한을 뜻하는데 흥미롭게도 남북한과 일본은 국가 단위로 들어가지만 러시아·중국은 일부 지역만이 들어간다. 지리적 규모의 차이가 반영된 결과다.

지리적 시야에서 타이완을 포함해야 한다는 견해도 있는데, 그 경우 타이완이 어디에 속하는지에 따라 동북아와 동남아의 경계가 갈린다. 그 이전에 국가라는 단위에서 동북아의 범위를 사고할 경우 타이완이라는 정치체를 동북아에 포함시켜야 하는가라는 정치적 쟁점이 발생한다.

한편 지문화적 시각에서 동북아를 바라본다면 한자를 사용하고 유교의식 등의 문화습속을 공유하는 지역으로 이해할 수도 있다. 그 경우에는 한국·북한·중국·일본·타이완과 더불어 지리적으로는 떨어져 있는 베트남의 존재가 부각된다. 또한 이 경우에는 중국에 초점이 맞혀 동북

---

20 이수훈 『세계체제, 동북아, 한반도』, 아르케 2004, 124~30면.
21 와다 하루키 『동북아시아 공동의 집』, 이원덕 옮김, 일조각 2004, 76면에서 재인용.

아는 중화문명권과 겹쳐진다.

지경학적·지정학적 관점으로 동북아의 지평을 그린다면 정치·군사·경제의 측면에서 영향력이 크고 이해관계가 긴밀히 얽힌 나라들이 포함되는데, 그 경우 동북아의 범위는 대단히 광활해진다. 유럽과 국경을 맞대고 있는 러시아가 포함되며, 다른 대륙에 속해 있지만 미국이 동북아의 핵심국가로 부상한다. 그렇게 한국·북한·미국·러시아·중국·일본으로 구성되는 동북아라면 세계인구의 1/3 이상이 거주하고, 세계 GDP의 1/3 이상이 산출되며, 세계 3대 교역권에 해당하며, 10대 강대국의 절반이 상접하며, 세계 군사비의 2/3가 집중 지출되는 지역으로서, 지구상의 지역단위 가운데 가장 커다란 정치·군사·경제적 영향력을 보유하게 된다.

그런데 이렇게 정의되는 동북아라면 그 외연은 이미 동아시아를 포괄한다. 논리적으로는 동아시아가 동북아시아보다 넓은 범주이나, 동북아와 동아시아는 지향성에 따라 외연이 달라지며, 포함관계를 따지는 일은 복잡하다. 따라서 지리적 규모로서 비교할 것이 아니라 그러한 지역상이 왜 요구되는가라는 동기와 현실적 설명력을 주목하는 편이 생산적이다.

가령 이수훈은 '동북아'라는 개념이 동아시아보다 분명한 가치지향성을 갖는다고 주장한다.[22] 박종철의 경우는 안보영역에서는 동북아라는 지역구상이 좀더 현실적이라고 강조한다. "적어도 경제나 문화와는 달리 안보문제에 관한 한, 한국이 한반도 또는 동북아로부터 보장받는 것이 동아시아 차원에서 보장받는 것보다 역사적으로나 미래에 대비하더라도 설득력이 있고 타당한 접근책이 되는 것이다. 한국이 안보영역

---

22 이수훈, 앞의 책 134면.

에서는 강대국이 위치하고 있는 동북아지역에서 일차적으로 보장받을 중요성이 더 확실하며 그 이상 지역으로 확대된 보장 장치는 여분적일 수도 있다."[23]

그러나 최원식은 '동북아'보다 '동아시아'를 선호하는데 그 이유에 관해 "'동아시아'라는 이름의 선택을 통해서 나는 세계지도의 완성과정에서 서구가 구획한 동북아와 동남아의 경계를 일정하게 교란하는 한편, 동아시아론이 동북아 중심주의로 경사하는 것을 예방하는 이중효과를 기대한다"고 밝힌다.[24] 아울러 백영서도 자본의 획일화 논리에 저항하는 거점으로서 일국 단위를 넘되 전지구적 규모로는 비약하지 않는 중간단위로서 '동아시아'가 적절하다는 입장을 내놓았다. "동아시아로 일단 한정하는 것은 그것이 우리가 일상적으로 하나의 문명 단위로 간주하는 지역범위이기도 하지만, 한민족공동체가 자기 속의 타자(즉 동아시아)와 타자 속의 자기를 돌아보는 성찰적 주체로 성장하는데 적절한 범위이기 때문이다."[25] 박명규 역시 월러스틴의 세계체제론을 끌어들여 동아시아는 "국민국가를 넘어선 지역질서의 공간과 수십년의 중기적 시간대가 만나는 범주로서, 복수의 국민국가들이 독자적인 지정학적·문명론적 조건을 공유하고 상호영향을 주고받으면서 존속해온 시공간"을 의미한다며 긴요한 지역상이라고 주장한다.[26]

일괄하기는 힘들지만 하나의 지역을 국제정치적 단위로 상정하는지,

---

23 박종철 외『한국의 동북아시대 구상』, 오름 2006, 28면.

24 최원식「주변, 국가주의 극복의 실험적 거점」, 정문길 외 엮음『주변에서 본 동아시아』, 문학과지성사 2004, 313면.

25 백영서「20세기형 동아시아문명과 국민국가를 넘어서」,『동아시아의 귀환』, 창작과비평사 2000, 35면.

26 박명규「복합적 정치공동체와 변혁의 논리 ― 동아시아적 맥락」,『창작과비평』107호(2000) 10~11면.

아니면 일국 단위의 사고에서 벗어나는 인식지평으로 삼는지에 따라 '동북아시아'와 '동아시아'에 대한 선호가 갈리는 양상이 엿보인다. 이런 맥락에서 백원담의 지적은 종합적이다. "동북아로 초점을 맞추면 문제의 긴박성을 드러낼 수 있지만 해결 방안은 없다. 그래서 관점과 시공간을 넓혀서 동아시아라는 확장된 시공간 속에서 봐야 한다."[27]

5. 동아시아 상상의 균열

지역은 고정된 경계와 구조를 가진 지리적 실체가 아니라 주체의 문제의식과 행위의 방향성에 따라 유동하며, 지역을 구획하고 인식하는 것은 공간을 정치적·지적으로 지배하는 일과 관련되며, 바깥에서 명명된 지역명이라도 그것을 둘러싸고 복잡한 내부경합이 발생한다. 그런 까닭에 동아시아는 모호할 뿐만 아니라 균열로 가득 차 있다. 역내외 국가들은 다양한 양상으로 동아시아에 자신의 기획을 투사하며 경합한다. 더구나 동아시아라는 지평이 각국에서(아울러 각국의 각 영역에서) 갖는 비중도 다르다. 나라마다 동아시아상은 교차하고 갈라진다.

중국의 연구자를 만나보면 중국에서 '동아시아'는 그다지 실감어린 개념이 아니라는 말을 듣는다. '동'아시아라는 지리적 한정을 받아들이기 어렵다는 것이다. 중국이 어디엔가 속한다면 그것은 적어도 아시아일 것이며, 그때 아시아는 유럽·아메리카와 맞먹는 규모로서의 아시아일 것이다. 쑨 거는 동아시아 담론만이 아니라 아시아 담론조차 중국의 학계에서 자리를 잡지 못했다고 지적한다. "중국의 학계에도 '아시아

---

27 백원담·강내희 외 「좌담: 오늘의 동북아시아」, 『문화과학』 42호(2005) 14면.

태평양 연구'라는 분과학문이 존재하지만, 거의 냉전기의 유물로 남아 있을 뿐이다. 이러한 사정이니 아시아라는 '과제'가 사상의 계기로 전화될 리 만무하다. 아시아라는 감각마저 마련되지 않았다. 물론 근년에 중국에서도 아시아 담론이 등장했다. 하지만 대다수 중국인 사이에는 중국의 어느 지역을 말하는 것이 곧 아시아를 말하는 것이라는 사고방식이 완고하게 버티고 있다. 따라서 아시아를 말한다며 실은 자신을 확대할지도 모른다는 위험성을 늘 경계해야 한다."[28]

그러나 정작 '중국의 굴기'는 동아시아 범주에 현실감을 부여하는 가장 중요한 동인이며, 중국 역시 1990년대 초부터 다자주의를 모색하며 동아시아 협력에 적극적으로 나서고 있다. 특히 중국에 동아시아는 미국과 일본의 대중국 견제에 대처하기 위한 중요 전략지대다. 중국은 1993년 동북아협력대화(NFACD)가 창설된 뒤 꾸준히 참석했으며, 상하이협력기구(SCO)를 만들었고, ASEAN+3와 6자회담에 적극 가담하고, 아세안지역안보포럼(ARF)에서 발언권을 높이고 있으며, 인국과의 자유무역지대(FTA) 추진을 적극적으로 제안하고 나섰다. 더욱이 1997년 아시아 통화위기와 1998년 북대서양조약기구(NATO)의 베오그라드 중국대사관 '오폭' 사건은 미국 패권을 견제하는 지역주의 노선이 여론에서 부상하는 계기가 되었다. 동아시아 정체성은 한국보다 옅지만 미국과의 긴장관계로 인해 중국에서 동아시아라는 지역지평은 점차 무게를 더해가고 있다.

동아시아에 관한 일본의 지리적 상상에는 과거 대동아공영권의 지리적 감각이 묻어 있어서인지 한국보다 넓고 거기에는 동남아시아가 들어온다. 일본에서 '동아시아'가 테마인 심포지엄에 참가하면 한·중·일

---

28 쑨 거 「기억 속의 아시아」, 『사상이 살아가는 법』, 278면.

관계가 중심에 놓이더라도 좀더 다양한 지역의 연구자들이 참석하는 경우가 보통이다. 일본에서는 '동북아' 대신 '북동아'라는 표현이 일반적으로 사용되는데, 주로 중국의 동북 3성과 한반도 그리고 몽골과 시베리아 일부가 포함된다. 한국에서는 동북아시아와 동아시아의 외연이 중첩되며 관계가 모호하지만, 일본에서 북동아와 동아시아의 외연은 동아시아 쪽이 분명히 크다는 인상이다.

탈냉전기 일본은 동아시아로 회귀하고 있다. 역사 속에서 '동아'의 죽음을 목도한 전후 일본은 이웃나라들과의 적극적 관계 구축을 유보해왔으며, 동아시아라는 지역상은 유예되어 있었다. 그러나 일본의 경제부흥과 재강국화에 따라 동남아시아를 포함하는 동아시아상은 부활했고, 탈냉전기에 들어서는 '동아'에 관한 연구가 쏟아져나오고 있다. '동북아시아 공동의 집'[29] 같은 비판적 연대론이 나왔을 뿐만 아니라 『제군!(諸君!)』『정론(正論)』 등의 우파 잡지에서는 대동아공영권 구상이나 1943년 대동아공동선언을 재조명하고 재평가하는 논문들이 이어졌다. 사상계만이 아니라 정치권에서도 동아시아 논의는 빈발하고 있으며, 동아시아공동체 구상도 수차례 등장했다.

일본의 근대화 과정을 메이지유신으로부터 150년 정도라고 여긴다면 그동안 일본발 동아시아론은 주요하게 세 차례 등장했다. 최초의 것은 메이지유신을 전후한 19세기 후반의 아시아연대론, 다음은 1930년대 후반의 동아협동체론이며, 현재 동아시아공동체론이 세번째 일본발 동아시아 구상이다. 시기마다 주장의 양상은 다르지만 일본의 (동)아시아공동체론은 중국과의 관계가 일차 관심사였으며, 그것은 탈냉전의

---

29 와다 하루키『동북아시아 공동의 집』; 강상중, 『동북아시아 공동의 집을 향하여』, 이경덕 옮김, 뿌리와이파리 2002.

국면에 들어선 현재도 마찬가지다. 현재 중국의 부상이 가속화되어 역내 경제통합의 구심점이 되고 중국 역시 적극적 행보에 나서자 일본은 체계적인 대중국 구상을 모색하고 있다. 2004년 학자·재계·정치가·관료가 공동으로 구성한 '동아시아공동체평의회'는 중국 주도의 '동아시아 싱크탱크네트워크'의 출범에 대한 대응책이었으며, 동아시아정상회의의 성격 규정을 놓고 중국과 외교적 경쟁을 벌이기도 했다. 또한 다자제도의 결속을 통해 중국을 견제하려는 일본의 동아시아 구상에서 미국은 육중한 존재감을 갖는다. 미일동맹은 일본 외교의 바탕이며, 미국에 "노"라고 말할 수는 있지만 미국을 떠날 수는 없는 일본에 동아시아 구상은 미국의 이해로부터 자유로울 수 없다.

그리하여 미국은 다른 대륙에 속해 있지만, 동아시아의 '주인 같은 손님'이자 사실상 동아시아를 이루는 중심축이다. 현재 동아시아의 지역질서를 보면 한국·일본·중국 그리고 북한마저 미국과의 관계를 중심으로 도열해 있다. 한국은 미국의 하위파트너로 경제성장을 이루었으며, 근래에는 미국의 '전략적 유연성'을 인정하고 FTA를 체결하기도 했다. 일본은 미일동맹으로 경제를 재건해 '기러기 대형의 선두'로 나섰다. 중국은 미국의 최대 채권국으로 성장했지만 경제발전의 고삐를 늦추지 않기 위해 최대시장인 미국과의 관계를 조율하고 있으며, 북한은 미국과 적대관계지만 미국과의 협상을 가장 고대하고 있다. 동아시아 역내 관계의 한복판에는 역외에 있는 미국의 존재감이 뚜렷하다.

미국은 지리상 동아시아 국가가 아니다. 2006년도 국가안보전략(NSS) 보고서는 "미국은 동아시아에 대해 광범위한 이해관계를 지닌 태평양국가(Pacific nation)이다"라고 명기했다.[30] 그 '광범위한' 이해관

---

30 "The National Security Strategy of the United States of America", March 2006

계 속에서 미국은 동아시아에 분명 내재하고 있다. 경제적으로 한·중·일은 미국의 국채를 사들여 미국의 적자를 메워주고 있는데, 그것은 미국이 경제위기에 처한다면 달러화를 벌어들일 수출시장이 사라지기 때문이다. 군사적으로 미일동맹과 한미동맹은 일본과 한국에서 안보틀의 핵심이며, 문화적으로 이 지역에서 미국문화에 대한 종속 정도는 심각한 상태다. 따라서 동아시아의 부상이 곧 미국의 퇴장 내지 영향력 감소를 뜻하지는 않는다. 한국과 일본 정부의 동아시아공동체 구상이 열린 지역주의, 제도화 수준이 낮은 공동체에 머물고 있는 까닭은 미국의 동아시아 정책과의 마찰을 피하기 위해서다.

한편 미국의 동아시아 전략에서 핵심은 중국이다. 통상 나이 리포트(Nye Report)로 알려진 논문에 따르면 미국과 일본 사이의 경제적 충돌이 안보협력체제를 훼손해서는 안 되며, 양국은 중국의 영향력 확대를 제어하기 위해 긴밀한 군사공조체제를 유지해야 한다고 밝히고 있다.[31] 미국은 중국을 잠재적 패권 도전국으로 지목하고 중국을 견제하고자 미일동맹, 한미동맹, 타이완 군사협력, 호주 및 싱가포르와의 동맹관계를 기반으로 동아시아에 대한 전략적 비중을 높이고 있다. 클린턴 행정부 시기 신태평양공동체(New Pacific Community)를 선언하고 APEC 회의를 정상회의로 격상시킨 것도 중국 주도의 동아시아 블록화를 제어하기 위해서였다. 그리고 지금은 태평양을 거대한 전략적 공간으로 활용해 호주, 뉴질랜드, 동북아와 동남아를 연결하고, 나아가 인도와 EU, NATO로 이어지는 경제적·안보적 벨트를 구축해 중국을 포위하는 구상이 진행중이다.

(whitehouse gov/nsc/nss html).

31 Joseph S. Nye, Jr., *United States Security Strategy for the East Asia-Pacific Region*, Department of Defense 1995, 94~95면.

아울러 냉전 이데올로기는 수그러들었지만 중국을 제어하기 위해 다양한 가치 내지 이데올로기가 활용되면서 냉전 이데올로기 없는 냉전 감각이 지속되고 있다. '신태평양공동체' 선언에는 '민주주의'가 공유 가치로 명시되었으며, 일본도 '자유·민주·인권·법치·시장경제'를 동아시아공동체가 체화할 가치로 내놓았다. 이러한 가치(내지 이데올로기)는 중국을 견제하는 포위수단으로 기능할 수 있다. 미국과 일본이 오스트레일리아·뉴질랜드·인도를 동아시아공동체에 끌어들이고자 경주하는 까닭도 이러한 국가들을 결속하여 이른바 '자유와 번영의 호'를 형성해 가치외교로 중국을 압박하기 위함이다. 아울러 중국위협론도 부추기고 있다. 지리적 규모, 경제력과 외교력 등 중국의 압도적 존재감에서 파생되는 경계심을 자극할 뿐만 아니라 일당지배, 인권문제, 소수민족 독립문제 등을 거론해 정치·사회체제에 대한 불신감을 부추기는 등 이데올로기로서는 해제된 냉전감각이 활용되고 있으며, 신냉전적 대립구도가 연출되고 있다.

이처럼 동아시아 상상은 나라에 따라 갈리고 동아시아상에는 균열이 가 있다. 한국에서 범박하게 한·중·일을 일컬어 동아시아라고 부르는 까닭은 그렇게 상상된 동아시아에서 한국이 중심에 놓이기 때문이다. 한·중·일이라는 동아시아상은 한국을 중심에 두고 컴퍼스를 돌려 그려낸 지역인식에 불과하다. 그러한 동아시아상을 타국에서 그대로 수용할 가능성은 희박하다. 아울러 동아시아정상회의를 개최하는 과정에 터져나온 잡음도 동아시아상의 균열을 실감케 한다. 애초 동아시아정상회의는 한·중·일에서도 ASEAN+3 정상회의를 개최해야 한다는 필요성 때문에 제기되었다. 하지만 먼저 ASEAN은 경제규모가 큰 삼국이 같은 자격으로 참여하는 것에 부담을 가져 유보의사를 밝혔다. 그러나 이후 중국과 말레이시아는 경쟁적으로 동아시아정상회의를 제안했으며, 이에 대해 인도네시아·싱가포르·베트남이 반발했지만 결국 2005년 동아시아정상회의를 개최하기로 합의했다. 그러자 미국과 일본은 동아시아정상회의가 중국의 지역패권 수단이 될 것을 우려해 동아시아정상회의의 지역주의적 성격을 희석하고자 회원국 확대를 요구했다. 일본은 자신이 주도하지 못하는 동아시아정상회의에 오스트레일리아·뉴질랜드·인도를 부르자고 주장했다. 그 이면에는 중국의 지역패권을 경계하는 일본과 미국의 견제가 깔려 있지만, 동아시아라는 표상을 둘러싸고 자신을 중심으로 위치 짓는 방식의 차이를 보여준다고도 하겠다.

역내의 국가들은 함께 동아시아공동체를 입에 담지만 동아시아는 지역 수준에서 국민국가를 확대재편성하는 계기로 활용되고 있으며 동아시아상은 갈라지고 있다. 애초 동아시아는 바깥에서 주어진 이름이었으나 지금은 경제권역으로 패권화하는 중이다. 이 지역에는 '동아시아 공동의 번영'이라는 수사로는 감출 수 없는 적대관계가 아로새겨져 있다. 분단, 과거사 문제, 양안문제, 영토분쟁 문제가 상존하여 한국과 북한, 한국과 일본, 중국과 타이완, 북한과 일본, 중국과 일본 사이에는 갈등이 잠재해 있다. 그리고 역내 국가들은 직접적인 횡적 연결망을 구축하지 못한 채 미국과의 양자관계를 중시해 미국을 중심으로 한 위계질서가 동아시아 지역질서를 관통하고 있다. 역내 국가들 사이의 갈등이 고조될수록 미국이 동아시아에 내재하기 쉬운 환경이 조성된다. 그리하여 미국의 존재는 동아시아라는 지역질서를 실체화하지만 지역연대를 가로막고 있다.

동아시아 협력은 요원하다. 그러나 바로 성사되기 어렵기 때문에 더욱 요청되는 것이 지금의 형국이다. 그리하여 긴장관계로 맺어진 이곳에서 동아시아론은 연대를 일궈내기 위해 직관적인 협력의 제안보다 복잡한 성찰을 요구받고 있다.

6. 동아시아라는 물음

동아시아 상상에는 균열이 가 있다. 그것은 동아시아가 인식의 대상인 동시에 인식 주체의 입지점이기 때문이다. 즉 동아시아를 인식한다는 것은 어디서 동아시아를 인식하는가, 즉 누가 어떤 동아시아를 왜 인식하는가로 구체화되어야 한다. 동아시아를 인식대상으로부터 인식하는 주체의 장소성을 추궁하는 쪽으로 바짝 끌어와 동아시아 인식을 음미해야 하는 것이다. 결국 '동아시아는 어디인가' '동아시아는 무엇인가'라는 물음은 '동아시아는 어디서 누가 왜 발화하는가'라는 물음으로 우리를 인도한다.

그런 의미에서 동아시아를 하나의 시좌(視坐)로서 사고할 수는 없을까. 시좌라는 말에는 '본다'는 행위와 어디서 보는가라는 '장소성'이 결합되어 있다. 그 표현이 풍기는 일본어 뉘앙스를 댓가로 지불하더라도 '누가 어디서 왜 동아시아를 보는가'를 문제로 드러내려면 시좌라는 말이 요긴하다. 동아시아를 시좌로 사고한다면 발화위치가 문제로 부각되어 동아시아론은 긴장감을 갖게 될 것이다. 무엇보다 그 말이 지닌 모호함에 기대어 동아시아를 상황에 안이하게 갖다붙이는 것이 아니라 동아시아라는 관념이 역사 속에서 변화하고 성장해왔음을 인식할 수 있을 것이다.

동아시아라는 관념이 상황에 따라 신축적으로 유동하고 역사 속에서 성장한다는 통찰력을 결여한 까닭에 현재 동아시아론은 일국 단위의 시각을 재생산하는 양상을 띠고 있다. 연구자가 일국 단위에서 다뤄오던 주제와 각국의 기대를 그대로 '동아시아'라는 애매한 담론장으로 옮기는 경향이 농후하다. 그런 사고의 빈곤함에 기댄 비교연구, 지역론이라면 아무리 거듭해도 국가 단위의 발상을 깨뜨릴 수 없으며, 동아시아를 사상의 지평으로 삼을 수 없을 것이다.

그리하여 '동아시아라는 물음'은 여기에 이른다. 동아시아라는 시좌는 진정 국가 단위의 관점을 해체하고 복잡한 상황과 착종하는 역사관계로 우리를 이끌어줄 수 있는가. 그리하여 우리는 여러 동아시아론에 삼투해 있는 근대화론의 요소를 주시하게 된다. 동아시아상에서 거의 무의식적으로 국가가 담론의 단위로 설정되는 까닭은 동아시아론이 근대화론의 변형된 판본이라는 속성을 지니기 때문이다. 경제·안보와 관련된 정책연구나 사회과학계의 지역연구만이 아니라 인문학계의 문화·사상 연구도 국가라는 틀에서 자유롭지 못하다. 그런 의미에서 동아시아를 국민국가의 지역적 종합이 아닌 시좌로서 사고한다는 것은 국민국가 질서와 근대화론을 되묻고 그것들과 깊이 연관된 오리엔탈리즘, 내재적 식민화, 냉전체제하의 분단화, 자본의 세계화, 경제권역화의 역사과정을 재검토하기 위함이다.

그러한 동아시아의 시좌를 만들어내려면 거쳐야 할 사고의 절차가 있다. 먼저 서양이라는 거울에 비춰 동아시아의 상을 만드는 사고의 타성을 타파해야 한다. 유럽중심주의에 맞서고자 동아시아의 특수성을 내세우는 지역특수주의는 거꾸로 선 보편성의 주장에 불과하다. 이 지역을 섣불리 하나의 경제적·문화적·정치적 단위로 간주하는 것은 서양 내지 유럽을 참조항으로 삼기에 나오는 발상이다. 물론 이러한 오리엔탈리즘의 문제점은 이미 논의되고 있다. 다만 그것이 근대화론의 형태로 동아시아론에 깊이 새겨져 있음은 다시금 환기해야 한다.

그러나 더욱 버거운 절차가 있다. 오리엔탈리즘의 경향을 짚어내거나 서양과 동아시아의 충돌과 길항관계를 논하는 일은 상대적으로 수월하지만, 동아시아 각국의 역사인식이나 규모의 낙차를 사고하는 일은 다루기도 어렵고 감정적 문제로 비화할 소지가 있다. 그러나 그 버거운 문제를 직시하지 않는다면 섣불리 한국·중국·일본 같은 국민국가의 합으로 동아시아를 떠올리는 착시현상에서 벗어나지 못할 것이다.

지금의 동아시아론은 대개 각국의 물리적·역사적 규모의 차이를 간과하고 국민국가라는 일률적 전제 아래 한·중·일처럼 나라명을 나열하여 동아시아를 표상한다. 그러나 이 지역의 국가 간 규모의 차이는 서유럽과는 사뭇 다르다. 국민국가체계를 전제하는 세계체제론으로는 포착할 수 없는 문제군이 이 지역에는 자리하고 있다. 그런 지리적 규모와 역사경험에서 빚어지는 낙차는 국민국가에 대한 감각도 불균등하게 만든다. 그리고 불균등한 국가감각은 동아시아 상상의 균열을 가중한다.

특히 중국은 규모가 서유럽이라 불리는 지역 전체보다 넓으며 다민족국가다. 중국은 유럽의 국가모델로는 실상을 파악하기 힘들다. 프랑스 중국현대사 연구자 장 셰노(Jean Chesneaux)는 "중국 현실은 이제 서구의 대안(도전)이 아니라 제3세계나 '선진국'이 모두 겪고 있는 '근대성'의 미해결 주제들의 압축이다"라고 말한 바 있다.[32] '중국의 굴기'는 그 규모로 말미암아 동아시아(나아가 아시아) 지역의 동학에서 핵심적 요소다. 그러나 중국의 규모를 감안하는 인식을 결여한다면 그것은 쉽사리 중국위협론으로 비친다. 한편 지리적 규모에서 대국은 아니지만 경제적 위상과 제국의 역사적 경험에서 일본도 한국의 동아시아상으로는 좀처럼 담아내기 어려운 대상이다.

이러한 비대칭적 규모가 국가감각과 역사인식에서 간극을 빚어내는 한가지 사례로서 고구려사 문제를 들 수 있다. 고구려사 문제가 불거진

---

32 Jean Chesneaux, "My Forty Years of Chinese History," *The Australian Journal of Chinese Affairs* No. 22 (July 1989) 140면; 백영서 『동아시아의 귀환』 141면에서 재인용.

직접적 계기는 이른바 '동북공정'이었지만, 고구려사 문제는 한국이 냉전기의 고립된 '섬'의 위치에서 벗어나 대륙과의 '국경'을 의식하게 되었다는 점에서 한층 중요한 의미를 갖는다. 한반도의 긴장국면이 점차 해소되자 북한이라는 유예된 공간이 시야에 들어오면서 중국과의 민족주의 충돌, 역사서술의 문제가 부상한 것이다. 아울러 고구려사 문제로 인해 지금의 정치주권에 고대사를 귀속시킬 수 있는가라는 물음이 수면 위로 오르기도 했다.

그러나 여기서는 고구려사 문제가 한국과 중국 간의 상호인식의 비대칭성을 보여주었다는 사실에 좀더 주목하고 싶다. 사실상 중국 내부에서 동북공정은 정부 지원액수로 보건대 핵심적 사업이 아니었다. 중국의 여론에서도 그다지 회자되지 않았다. 그러나 한국에서는 중국위협론과 겹쳐지며 사회적 이슈로 달아올랐다. 고구려사가 어디에 귀속되어야 하는가보다 이 감각의 낙차가 동아시아를 사고할 때 중요한 의미를 지닌다. 즉 한국의 사회여론은 중국 내부 상황에서의 경중을 가려볼 만한 시각을 지니지 못했던 것이다. 따라서 고구려사는 중국과 한국 간의 문제라기보다 한국의 중국인식에 관한 문제라고 말해야 할지도 모른다. 이처럼 규모의 차이를 간과하여 발생하는 착시현상은 역사문제만이 아니라 오늘날 동아시아상 자체에 아로새겨져 있다.

여기서 덮어두었던 문제를 꺼내야겠다. 앞서 '동아시아의 유동성'을 거론하며 상황에 따라 포함 국가들이 달라진다는 데서 논의를 접어뒀으나 이제 거기서 한 걸음 더 나아가야 한다. 가령 한국에서 한·중·일을 일러 동아시아라고 명명해보아도 그때 표상되는 중국은 주로 베이징 그리고 상하이를 포함한 동부 연안지역에 머무른다. 일본이라면 토오꾜오와 오오사까는 시야에 들어오지만 홋까이도오는 떠오르지 않는다(한편 오끼나와는 미군기지 등의 문제로 시야에 들어온다). 국가 단위의 동아시아 표상이라고는 하나 한국 측에서 무관심한 지역은 지워져 있다. 그러면서도 국가 단위의 동아시아 표상은 각국 사이의 실체적·기능적 규모의 차이를 뭉뚱그릴 뿐 아니라 한 국가를 균질적 단위로 간주한다는 문제점을 안고 있다. 와다 하루끼(和田春樹)는 "동북아시아가 국가만으로 구성되는 것이 아니라 타이완·오끼나와·사할린·쿠릴열도·하와이 등의 큰 섬도 이 지역 제2의 구성요소로 보는 것이 좋다"고 말한 바 있다.[33] 국가 단위의 표상으로는 한 국가 내부의 복잡한 분절선과 동학을 읽어낼 수 없기 때문이다. 오끼나와의 미군기지 이전 문제는 토오꾜오만큼이나 제주·평택과도 긴밀히 얽혀 있다. 그러나 국가 단위로 사고한다면 일국을 넘어선 지역문제를 다룰 때 이해의 최대치는 '상호작용'이나 '연동관계'에 그치고 만다. 이것으로는 이 지역을 가로지르는 내재적 연관을 포착해내기 어렵다.

그리하여 동아시아라는 물음은 좀더 이론적인 문제로 내딛는다. 기성 학문에서는 개인·사회·국가라는 분석범주가 지배적이다. 찰스 틸리(Charles Tilly)가 지적하듯이 사회는 국제세계의 기본적 구성단위가 되고, 세계를 분할하면 자기충족적인 문화와 정부, 경제를 가진 유기적 통일체로서의 사회가 나타난다는 것이 상식이다.[34] 한 사회와 한 개인은 하나의 국민국가에 속하며, 국제세계는 복수의 자기충족적 단위인 '사회=국민국가'로 구성된다고 여겨진다. 여기에는 배타적인 종적 동일성의 원리가 깔려 있다. 한 사람이 복수의 국민·민족·인종일 수 없다는 것이다. 그러므로 국민의 집단은 배타성을 띤 채 자기를 한정한다. 이처럼 사회를 분할불가능한 개체(individumm)로 보는 견해는 개인

---

33 와다 하루키 『동북아시아 공동의 집』 83면.
34 C. Tilly, *Big Structures, Large Processes, Huge Comparisons*, New York: Russell Sage 1984.

(individual)을 분할불가능한 실체(individumm)로 보는 개인주의와 함께 근대 국민국가의 기본 논리가 된다. 어떤 사회는 한국사회이거나 일본사회이며, 어떤 개인은 한국인이거나 일본인인 것이다.

그러나 동아시아라는 시좌는 개인·사회·국가(개인<사회<국가)라는 범주를 달리 생각하게 만든다. 국민국가 내부는 균질적이지 않으며, 개인의 정체성도 국적으로 한정되지 않고 중층적일 수 있다. 동아시아라는 시좌는 기존의 국가 단위 분석으로 회수되지 않는 사고의 지평을 요구한다. 그리하여 동아시아를 사고하는 단위가 국민국가여야 하는가라는 물음에 다다른다. 그렇다면 우리는, 아직 나라명을 피해 동아시아를 표상할 방법이 없는 우리는 가령 한국·중국·일본을 말하더라도 그 사이의 비대칭성과 그 내부의 비균질성을 인식하여 나라명을 나열하는 동안에도 그것에 대한 위화감을 간직하는 훈련을 쌓아가야 할 것이다.

그런데 나라 간 경계를 간단히 부정하는 것은 경계를 지나치게 강조하는 것만큼이나 진정한 문제를 외면하도록 만든다. 그리하여 이번에는 이론적 문제가 아닌 감정적 측면의 문제와 마주하게 된다. 동아시아라는 사상과제에는 '객관화'할 수 없는 일면이 있다. 이 지역에는 지난 세기 대동아공영권의 그림자가 드리워 있으며, 이 지역은 뜨거운 냉전기를 보냈고, 탈냉전기에는 대국과 소국 사이의 비대칭성으로 말미암아 상호이해에 역사적 장애물이 가로놓여 있다. 거기서 초래되는 민족감정의 충돌은 이론적으로 해소하기 어려운 문제다. 동아시아론은 아무리 이론적으로 구축하려고 해도 생활인의 감정에서 떼어내기 어려운 구석이 있으며, 그러한 비합리적 측면은 사회여론만이 아니라 연구자의 문제의식, 문제 제출방식, 논의의 방향마저도 규정한다. 그리하여 미묘한 정치적·역사적 쟁점을 마주하면 이론적 정합성은 힘을 잃고 감정적 반응에 자기 자리를 내준다.

여기서 우리는 이런 감수성을 사상의 자원으로 삼을 수 있는가라는 물음과 마주한다. 사상을 매개하지 않은 감정은 단순한 충동이 되어버리기 십상이다. 그러나 거꾸로 감정의 결을 거스르는 지식은 복잡한 상황 속으로 진입하지 못한다. 그러한 날것의 감수성을 외면하지 않고 어떻게 사상으로 숙성시킬 수 있는가. 여기서 동아시아를 시좌로서 사고하는 일은 중요한 의미를 갖게 된다. 바로 감정적 간극을 살피는 작업은 한 사회 내부에서 올바른 주장, 일국에서 통용되는 논리가 다른 사회에서는 그런 식으로 작동하지 못한다는 자각에 기초하기 때문이다.

동아시아는 충돌과 경합의 장이다. 동아시아상에는 금이 가 있다. 동아시아론에는 민족감정에 기댄 비논리성이 은연중에 잠복해 있다. 그것이 우리가 부득불 대면할 수밖에 없는 동아시아의 실상이다. 그렇다면 동아시아에 감돌고 있는 감정과 감각의 간극 그리고 적대성을 성찰하는 일이야말로 '동아시아라는 시좌'를 일구기 위한 불가결한 전제일 것이다. 그러려면 국가 단위를 절대시해서도 안 되지만 국경의 문제를 가볍게 여겨 섣불리 비약을 범해서도 안 될 것이다. 동아시아라는 시좌는 바로 이 '사이 공간'에서 성장할 것이다.

7. 동아시아의 불/가능성

2005년은 조선의 식민화를 결정지은 '을사보호조약'으로부터 100년, 러일전쟁으로부터 100년, 일본의 패배이자 한반도의 해방이자 타이완의 광복이자 대륙 중국에겐 항일전쟁의 승리였던 1945년으로부터 60년, 한일수교로부터 40년에 해당하는 해였다. 10년의 주기로 돌아오는 기념비적 역사관에 커다란 의미를 부여할 필요는 없지만 분명 역사적 총괄을 요구받은 시기였다. 한일 양국정부는 2005년을 '한일 우정의 해'로 정해 교류와 우호 증대를 꾀했다.

그러나 2005년은 '한일 우정의 해'라기보다 '반일 시위의 해'로 각인되었다. 역사교과서 문제, 영유권 문제, 일본의 UN 상임이사국 진출시도가 맞물려 한국과 중국에서 반일 시위가 격발했다. 타국을 비판해 자신의 정당성을 구하는 운동은 국민국가들 사이에서 쉽게 연쇄반응을 일으켰으며 2005년은 그 적대성이 두드러지게 가시화된 해로 기록되었다. '우정과 공동번영'이라는 수사는 역사교과서나 영토분쟁 문제를 만나자 현실에서 설 자리를 잃었으며 '동아시아'라는 공동의 미래는 역사상대주의와 국사의 복원으로 금세 후퇴하고 어그러졌다.

그러나 그해에는 귀중한 연대의 성과도 나왔다. 한·중·일 삼국의 연구자들이 공동으로 기획하고 편집하여 『미래를 여는 역사』가 동시 출간된 것이다.[35] 이 책은 19세기 중엽 이후 침략과 전쟁으로 얼룩진 과거의 역사인식을 공유하고 편협한 국수주의에서 벗어나 서로를 존중하고 공존하는 미래지향적 역사인식을 전달하겠다는 지향 아래 동아시아의 근현대사를 기록했다.

『미래를 여는 역사』는 삼국의 연구자들이 학술적 연대를 모색한 소중한 시도였다. 그러나 소중한 한계이기도 했다. 그들의 고투에 지지를 보내면서도 그 한계를 소중한 출발점으로 삼기 위해 문제점을 짚어본다면 첫째, 동아시아상에 관한 이해가 편협하다. 『미래를 여는 역사』의 부제는 '동아시아 3국의 근현대사'다. 이 책의 동아시아상에서 북한·타이완·몽골 등의 이웃나라들은 제외되었다. 물론 모든 나라 연구자들이 함께 모여 역사책을 만들 수는 없는 노릇이다. 다만 동아시아 삼국지가

---

35 한·중·일3국공동역사편찬위원회 『미래를 여는 역사』, 한겨레신문사 2005.

되고 말지 모를 동아시아상이었음을 짚어줄 필요가 있다.

둘째, 역사서술의 단위를 국민국가로 설정해 동아시아가 국사들의 합이 되고 말았다. 『미래를 여는 역사』는 현재의 국민국가 단위로 집필을 분담하고 역사상을 배분해 일국사를 병렬하는 모습을 보였다. 더구나 서장 '개항 이전의 삼국'은 17세기부터 19세기까지를 다루는데 한국·일본·중국이라는 국가가 이미 존재했던 것처럼 서술된다. '국사'는 현재의 영토적 경계를 과거로 투사하고 과거를 현재에 이르는 목적론적 역사서술의 틀에서 기술하는데 『미래를 여는 역사』도 그러한 문제의 소지를 안고 있다.

셋째, 역사과정 속의 복잡한 길항관계를 읽어내지 못했다. 동아시아라는 시각이 비교사의 관점에 머무른 까닭에 서양에 의해 아시아가 자각되고 근대화 과정에서 삼국 사이에 발생했던 모순과 갈등, 대항이 드러나지 않는다. 『미래를 여는 역사』의 동아시아는 '일본의 침략'을 초점으로 획정된 공간인데, 한국과 중국은 일본의 행동에 반작용하는 이차적 주체라는 인상을 풍긴다. 또한 제국주의와 민족주의의 대항이라는 확고한 틀에 입각해 서술한 나머지 중층적이고 유동하는 저항의 지대를 포착해내지 못했다.

넷째, 동아시아적 정체성을 제시하지 못다. 『미래를 여는 역사』는 일본의 가해 사실을 역사기술의 중점에 놓고 있다. 물론 보수적인 일본의 역사교과서에 대응한다는 의의를 지니지만, 그런 내러티브는 한국과 중국의 기존 역사교과서에 이미 반영되어 있기 때문에 동아시아 시각을 열어가는 데 얼마만큼 효과적인지 의문이다. 아울러 일본의 독자에게도 동아시아에 대한 정치적 책임을 자각하도록 이끌 수는 있겠지만, 국가 단위의 역사편제 방식이 얼마만큼 동아시아 정체성을 일깨울지는 미지수다.

이렇듯 『미래를 여는 역사』의 역사서술 방식은 한계를 노정하고 있다. 그러나 거듭해서 말하지만, 그 한계는 현재 동아시아론의 인식이 어디까지 왔는지를 표지하는 값진 한계다. 즉 『미래를 여는 역사』가 내어준 값진 한계로부터 한 걸음을 더 내딛으려면 동아시아상을 거듭 물어야 하고, 국민국가 단위를 재검토해야 하며, 국가 간의 대립과 침략만이 아니라 그 틈새로 벌어지는 유착과 연대의 중층적 역사관계로 진입해야 하며, 경계의 불확정성을 밝히고 역사의 귀속성 문제를 들춰야 한다. 압축해서 말하자면 동아시아라는 시좌를 통해 동아시아 역사서술 방식을 역사화해야 한다.

그러려면 무엇보다 국사 서술의 이론적 지주인 역사주의와 대결해야 한다. 역사주의는 가장 진보했다고 여겨지는 '서양'이라는 담론구성체에 자신을 비추어 자기 위치를 마련하는 인정투쟁의 역사관이다. 그런 역사주의의 도식에서 보았을 때 동양 내지 아시아보다 동아시아는 지체를 만회한 이름일지 모른다. 역사적으로 동양과 아시아는 근대 유럽에 대한 패배의 이름이었으나 현재 동아시아는 권력화의 배제적 범주가 되고 있기 때문이다. 동아시아경제협의체(East Asian Economic Caucus), 동아시아비전그룹(East Asian Vision Group), 동아시아연구그룹(East Asia Study Group) 등에서 사용되는 '기획의 동아시아'는 그런 뉘앙스를 짙게 풍긴다.

그러나 우리는 동아시아를 근대화 경주에서 승리하기 위한 해법이 아닌 사상적 물음으로서 간직해야 한다. '동아시아라는 물음'이란 탈근대(post-modern)를 묻는 것이다. 서양의 근대는 아시아를 자신의 이전 시기(pre-modern)로 간주하며 시작되었고, 아시아의 근대는 서양에 패배하며 시작되었다. 탈근대는 근대 이후에 오는 연대기적 시간이 아니다. 그것은 유럽적 근대, 국민국가들의 근대, 근대화를 추구해온 역사

궤적에 대한 본질적 물음으로서 언제나 존재하고 있었다. 따라서 동아시아에서 탈근대란 탈식민·탈국가·탈패권을 의미한다. 타율적 근대화 이후 동아시아는 식민화를 거쳤으며, 냉전이 성립하자 양극체제의 분할 속에서 국민국가로 구획되었으며, 지금은 대국이 되기 위한 경쟁 속에서 여전히 온전한 동아시아상을 구도해내지 못하고 있다. 뒤틀린 동아시아상은 바로 정치적·정신적 식민화, 국가주의, 패권경합의 징후다.

어쩌면 온전한 동아시아상은 불가능한 것인지 모른다. 동아시아상은 앞으로도 균열이 가 있을 것이며, 복잡한 분단선과 비대칭관계는 결코 쉽사리 사라지지 않을 것이다. 그러나 그 불가능성에서 동아시아의 가능성을 발견해야 하지 않을까. 미완인 채로 동아시아는 그렇게 '물음'을 안겨주고 있다. 자국에 관한 책임을 지면서도 일국 단위의 사고방식을 무너뜨리는 역설적 입장을 만들어낼 수 있느냐고 말이다.

5장 방법으로서의 동아시아

어떤 말, 특히 인문사회과학의 어떤 개념은 현실 대상을 지시하는 데서 머물지 않는다. 정의(定義)에 의해 의미가 고정되면서도 개념의 살아 있는 부분 내지 잉여성은 유동하며 사람들에게 복잡한 상상을 안긴다. 그런 개념이 사회현실의 여러 측면과 반응해 입체적 담론공간을 빚어낼 때 그 개념은 하나의 화두가 된다. 지금 동아시아라는 말은 그렇게 하나의 화두다. 그 말은 사회현실을 다양한 각도에서 조명하고, 기존의 학문적 개념들은 그 말과 반응하여 색채가 바뀐다.

그렇듯 '동아시아'라는 말로 표현되는 담론공간을 동아시아론이라고 불러본다면, 거기서는 기존의 여러 개념이 복잡하게 뒤얽힌다. 동아시아라는 말은 시간/공간, 주체/타자, 근대/탈(반)근대, 국가/지역, 이론/역사, 미래/과거 등 어느 개념과도 강하게 반응한다. 그러나 동아시아라는 말이 환기하는 문제의식들은 멀리서 넉넉하게 표현한다면 다양하다고 하겠으나, 바짝 다가가서 내실을 들여다보면 여러 모순과 갈등이 드러난다. 동아시아는 문제의식이 전개되는 전제로 깔리기도 하며, 문제상황을 갈무리하는 결말로 오기도 한다. 문화연구에서는 현실의 면모를 새롭게 들추는 분석틀로서 쓰이며, 맑스주의가 힘을 잃으면서 생긴 이념적 공백을 메우기도 한다. 동아시아라는 말은 직관과 추상을 오가며 다양하게 회자되고 있다. 그 다양함은 그대로 나열한다면 다양함일 테고 포개놓는다면 서로 어긋나고 예기치 못한 긴장을 불러일으킬지 모른다.

이것이다, 저것이다 하며 '동아시아'라는 말을 가지고서 여러 관점과 의지들이 오가고 때로는 경합을 벌이며 화두로 육박해오는 까닭은 '동아시아'라는 말이 지리상의 명칭이지만 거기에 안착하지 못하기 때문이다. 그 말은 다양한 가치를 환기하고, 미래의 기획들과 결부되고, 과거의 기억들을 소환한다. 그리하여 입에 담는 사람에 따라 떠올리는 동아시아의 지도는 달라지며 문제의식의 방향, 실감의 양상이 갈라진다. 동아시아라는 말은 유동하며 동아시아 상상에는 균열이 가 있다. 하지만 이것은 동아시아라는 말의 무용함을 뜻하지 않는다. 오히려 응고되지 않고 균열들로 말미암아 풍부한 환기능력을 갖는다면, 그것은 동아시아라는 말이 지니는 생산성이라고 이해할 수도 있다.

그러나 한 개념이 사회적으로 힘을 발휘하는 데는 유통기한이 있다. 한 개념의 환기능력은 시간이 지나면 줄어들고 새롭게 등장한 화두라도 빛이 바래간다. 애초 생경했던 어떤 개념은 점차 익숙해지면 이윽고 능란하게 구사할 수 있는 무기가 된다. 하지만 그 개념이 통속화되고, 그 개념과의 긴장감을 잃어버려 그 무기가 사고를 다듬기보다 안이하게 만드는 데 쓰인다면 오히려 그 무기는 부리는 자를 상처 입힐지 모를 일이다.

동아시아 역시 화두로서 부상했지만 어느덧 지적 대상으로 응고되고 있다. 애초 생경했던 동아시아라는 문제의식은 알 만해져 이윽고 동아시아라는 사유지평은 일국 단위, 분과학문 단위의 종합으로 굳어가고 있다. 그렇게 독특한 환기능력을 잃고 마치 당면한 여러 문제상황을 해결하는 답처럼 안이하게 활용된다면 동아시아론은 사고의 도피처가 되고 말 것이다. 이 글은 바로 동아시아론의 유통기한을 늘리고자 하는 시도다. 아울러 동아시아라는 말의 유동성에서 주체감각의 유동성을 길어올리려는 시도이기도 하다.

1. 로서의 동아시아

사상계에서 동아시아론이 부상한 가장 중요한 배경을 꼽는다면 사회주의 몰락과 탈냉전의 도래였다. 사회주의의 몰락으로 자본주의가 승리했다는 주장이 힘을 얻기도 했지만, 한편에서는 근대성 전반에 대한 숙고가 요청되었다. 그리하여 사회주의라는 거대서사가 실종된 자리에 동아시아를 매개해 새로운 진보담론을 세우려는 시도가 등장했다. 더불어 탈냉전기에 소개된 후기구조주의의 여파로 서구적 가치체계를 향한 발본적 물음이 등장하고 동아시아의 특수성이 주목받기도 했다. 거기에는 '세계화는 곧 미국화'라는 현실에 대한 거부감도 반영되었다. 서구 추종의 경향으로 자신이 속한 지역에 관해 자발적 망명상태에 있던 사상계는 탈냉전과 서구의 위기 가운데서 동아시아를 재발견하게 된 것이다.

그리하여 초기 동아시아론의 제출은 인문학자들이 주도했다. 박노자는 "한국 지성계에서 '동아시아' 이야기를 사회주의적 색깔의 변혁운동이 커다란 위기에 봉착했던 1990년대 초기에 '제3세계론'이나 '종속이론'의 대체물로 부활시켰던 것은 『창작과비평』을 중심으로 활동하는 백낙청 선생과 최원식, 백영서 교수 등 일군의 문화비평가와 사학자들이다"라고 말한다.[1] 특히 최원식의 「탈냉전시대와 동아시아적 시각의 모색」은 동아시아론의 포문을 열었다고 할 만 한데, 그는 한국 사상사의 흐름 안에 존재하는 '변방적 경직성'을 질타하며 글을 시작하고 있다. 교조의 권위에 매이지 말고 자기가 딛고 있는 현실과의 변증법적 관여를 통해 창조적 비약을 이룩해야 한다는 것이다.[2]

그러나 탈서구의 몸짓이 곧 탈패권을 의미하지는 않았다. 동아시아론은 서구적 패권을 비판하는 모습을 취했지만, 거기에는 각국이 자신을 지역 수준에서 확대재생산하는 논리도 내장되었다. 더욱이 탈서구의 주장이 곧 서구적 근대의 극복을 뜻하지도 않았다. 서구는 담론 수준에서 상대화되었을지 모르나 서구적 근대를 향한 동경은 감각의 차원에서 동아시아론에 깊이 새겨져 있다. 그리하여 서구적 근대를 극복할 대안 문명과 대안 체제로 동아시아를 내세우더라도 그것은 서구적 근대의 복제라는 양상을 취하곤 했다. 가령 경제적 성공에 힘입어 등장한 유교자본주의론은 근대화론의 변형된 판본에 불과했다. 따라서 탈패권과 탈서구는 동아시아론이 여전히 마주해야 할 과제로 남아 있다.

그러나 동아시아론은 '아시아 대 서구'라는 구도에서만 의미를 갖는 것은 아니며, 분명 이 지역의 나라 간, 문화 간 논의에도 새로운 공간감각을 제공해주고 있다. 무엇보다 동아시아를 살아가는 우리에게 '동아시아를 인식한다'는 것은 인식의 주체와 대상이 명료하게 분리되지 않고 인식대상 속에 인식주체의 모습이 비친다는 인식론적 문제와 대면할 것을 요구한다. 동아시아라는 인식의 장에 서 있으려면 자타의 관계

---

1 박노자 『우리가 몰랐던 동아시아』, 한겨레출판사 2007, 20면.
2 최원식 「탈냉전시대와 동아시아적 시각의 모색」, 『창작과비평』 79호(1993) 205면.

가 유동하고 안과 밖이 교섭한다는 의식을 지니고, 타자를 이해하려면 자기를 돌아봐야 한다는 긴장감을 간직해야 한다. 그 의식과 긴장감을 견지하지 못한다면 동아시아는 사유의 지평이 아닌 건조한 지역범주에 머무르고 말 것이다.

그리하여 '로서의 동아시아'다. 즉 동아시아를 지리적 실체가 아닌 사유의 지평으로 삼으려는 시도가 등장하는 것이다. 여기서 백영서의 글을 인용해보자.

일본 사상사 연구자 코야스 노부쿠니는 '방법으로서의 동아시아'를 제안하면서 "자국·자민족 중심주의를 상대화"하기 위한 수단이고 "'동아시아'를 국가간 관계로 실체화하지 않고 생활자의 상호적 교류를 가능하게 하는 관계 틀로서의 지역개념"이라고 설명한다. 타이완의 천꽝싱은 '아제간'(亞際間, inter-Asia)이란 다소 낯선 용어를 통해 비판적 아시아 인식을 하던 데서 더 나아가 요즈음 '아시아를 방법으로 삼는다'는 발상을 다듬고 있는 중이다. 중국대륙에서 동아시아론을 구상하는 쑨 거는 '기능으로서의 동아시아'를 말한다. 필자 자신도 '지적 실험으로서의 동아시아'란 개념을 제시한 적이 있다. 사용하는 용어는 조금씩 다를지라도 기본적으로 문제의식을 같이하는 것으로 판단된다.[3]

인용구를 통해 '로서의 동아시아', 즉 동아시아를 실체가 아닌 사고의 장으로 삼으려는 시도가 여러 지역의 논자들에게서 공통적으로 나타나고 있음을 알 수 있다. 그러나 인용구는 각국의 논자들을 거론하고

---

3 백영서 「주변에서 동아시아를 본다는 것」, 정문길 외 엮음 『주변에서 본 동아시아』 14~15면.

있으나 각 논자들의 논지를 섬세히 가려내지는 못했다. 동아시아를 인식주체와 인식대상이 서로를 비추는 복합적 사고의 장으로 여긴다면, 동아시아를 실체로서 다루지 않았다는 공통점을 확인하기보다 어떤 맥락에서 그리고 어떤 방향으로 동아시아를 실체로부터 끄집어냈는지 그 차이점을 주목하는 것이 좀더 긴요한 작업일 것이다. 그리하여 여기서는 백영서 자신이 내놓은 '지적 실험으로서의 동아시아'의 문제의식을 살펴보도록 하자.

백영서는 「중국에 '아시아'가 있는가?」라는 논쟁적 글에서 이렇게 말한다. "동아시아적 시각이란 좀더 구체적으로는 지적 실험으로서의 동아시아를 뜻한다. (…) 중국인의 역사적 경험을 비판적으로 검토하다보면, 중국을 포함한 동아시아를 위해 앞으로 요구되는 것은, (문명이든 지역이든) 실체로서의 동아시아와는 차원이 다른, 발견적 방편으로서의 동아시아에 대한 담론이 아닐까 하는 생각에 도달하게 되었다. 그 결과 필자가 (잠정적으로) 찾은 언어가 바로 '지적 실험으로서의 동아시아'이다. 이것은 동아시아를 어떠한 고정된 실체로도 간주하지 않고 항상 자기성찰 속에서 유동하는 것으로 파악하는 사고와 그에 입각한 실천의 과정을 뜻한다. 이런 태도를 몸에 익힘으로써 자기 속의 동아시아와 동아시아 속의 자기를 돌아보는 성찰적 주체가 형성될 것으로 기대한다."[4]

구체적 내용을 들여다보면, 그가 내놓은 '지적 실험으로서의 동아시아'는 동아시아 패권경합의 한복판에 있는 한국의 장소성과 깊이 결부된다. 같은 논문의 말미에서 그는 "'대국'도 '소국'도 아닌 중간 규모의 한반도에서야말로 '지적 실험으로서의 아시아'를 구체화할 과제를 수

---

4 백영서 『동아시아의 귀환』 50~51면.

행할 충분한 조건이 갖춰진 셈이 아닐까"라고 물음을 던지며[5] '지적 실험으로서의 동아시아'가 지니는 가능성으로서, 첫째 동아시아 내부의 수평적 관점을 획득하기 위해 복합적 국가구조를 창안할 상상력을 제공해주며, 둘째 세계자본주의 체제와 국민국가의 중간매개항인 동아시아의 역할을 각인시키며, 셋째 1990년대 남한이 당면한 민족주의 운동의 재구성에 유용한 시각을 제공해준다는 점을 꼽고 있다.

이렇듯 동아시아를 지역적 범주 이상의 의미로서 전유하려는 시도에서는 그 시도의 지역적 배경이 관건적이다. 다양한 위치와 조건에 속한 주체들의 문제의식과 시선이 교차하는 가운데 여러 양상의 '로서의 동아시아'는 입체적 담론공간을 형성하는 것이다. 동아시아는 그 자체로 가치지향을 담지 않은 모호한 개념인지라 여러 문제의식과 더욱 복잡하게 반응한다. 가령 앞서 창비 측 논자들이 동아시아론을 개척했다는 공로를 인정한 박노자는 그러나 창비 측 논의가 국민국가 재형성론으로 기울고 있다고 비판하며 "사실 담론의 추상성은 높은 반면, 생활 속에서 느끼는 동아시아에 대한 얘기는 별로 하지 못했다"고 지적한다.[6] 그래서 '실감으로서의 동아시아'를 제안한다. 동아시아화된 생활세계에 기반해 국가 차원이 아닌 민중의 수준에서 긴밀한 연대를 도모해야 한다는 것이다.

이처럼 활성화된 '로서의 동아시아'를 백영서가 언급한 쑨 거의 표현을 빌려 정리하자면 "실체로서의 동아시아, 방법으로서의 동아시아, 개념으로서의 동아시아, 모순으로서의 동아시아, 무의미한 단위로서의 동아시아 등등, 동아시아에는 지금껏 보지 못했던 동아시아론의 풍작

---

5 같은 책 66면.
6 박노자 『우리가 몰랐던 동아시아』 22면.

시대가 도래했다. 이 사실은 동아시아가 전에 없던 격동의 시기로 들어섰음을 의미할지 모른다."[7]

2. 지역학의 자장

사상계에서 동아시아는 지리적 실체로부터 탈각해 화두로 부상했지만, 학술영역에서는 여전히 지역적 범주에 붙들려 있다. 더욱이 동아시아 연구에는 지역학의 감각이 깊이 스며들어 있다. 지역학에서 동아시아는 중남미·남아시아·동유럽처럼 구획된 비서구 지역의 이름 가운데 하나다.[8] 그리고 지역학적 동아시아 연구에서는 '시민사회' '인권' '공공영역'과 같은 서구적 개념의 등가물을 지역 단위인 동아시아에서 찾으려는 시도가 지배적이다. 즉 앎의 주체로서의 서구와 서구의 앎이 적용되는 장소인 동아시아라는 위계적 구도가 성립되는 것이다. 여기에는 오리엔탈리즘이 농후하다.

지역학의 철학적 원형을 제공한 것은 헤겔의 『역사철학강의』다. 헤겔은 자기의식이 발달해가는 상이한 단계와 유한한 수명을 지니는 상이한 유형의 민족정신을 조합해 세계사를 작성했다. 그는 세계정신의 발전을 역사과정의 단계들로 분할했고, 각각의 시대정신을 구현하는 각 민족이 있다고 주장하여 공간적 차이를 시간적 위계 속으로 끌어들였다.

---

7 쑨 거 「왜 '포스트 동아시아'인가?」, 『사상이 살아가는 법』 323면.
8 지역학에 대한 논의는 펭 치아, 권순모 옮김 「보편적 지역 — 변화하는 세계에서의 아시아 연구」, 『흔적』 1호(2001)를 참조하라.

특정 민족정신은 세계사의 발자취 속에서 하나의 개체에 불과하다. 왜냐하면 세계사란 정신의 신성하고 절대적인 과정을 최고의 형태로 표현하는 것이며, 정신은 하나하나의 단계를 거치는 가운데 진리와 자기의식을 획득해가기 때문이다. 각 단계에는 저마다 세계사상의 민족정신의 형태가 대응하고, 그곳에는 민족의 공동생활, 국가체제, 예술, 종교, 학문의 본모습이 나타나 있다. 하나하나의 단계를 실현해가는 것이 세계정신의 끊임없는 충동이고 거역하기 힘든 욕구다. 단계로 나누어 그것을 실현해가는 것이 세계정신의 사명이기 때문이다.[9]

헤겔은 보편적 세계정신을 민족적 특수성으로 배분했으며, 한 민족의 정치제도와 문화적 생산물을 민족정신으로 소급했다. 그런데 각각의 특수한 민족정신은 자신의 지역을 초월하지 못한다. 그것들은 역사과정 안에서 유럽(게르만국가)의 등장을 위해 깔린 계단들이다. 각각의 민족들은 자기 민족정신의 세계사적 의의를 자각하지 못한다. 그 민족들은 세계정신의 보편적 진리를 소유한 주체가 인식해줘야 할 대상이다.

이러한 헤겔의 사고를 지역학으로 옮겨 풀이하자면 지역학은 서양의 앎을 빌려 비서양을 점검한다. 동아시아는 바로 비서양의 어느 지역의 이름이다. 여기에는 학문적 위계가 공고하다. 동아시아가 날것의 데이터를 제공하면, 그 의미에 관한 설명은 서구이론의 몫이다. 이러한 자료 수집과 이론 구성의 역할 분담은 특수자와 보편자의 대립으로 소급된다. 특수자는 경험의 직접성에 매여 있으나 보편자는 논증적 지식, 추상적 개념을 매개해 자신의 직접성을 초월한다. 이론의 주체인 서양은 보편자로 고양되나 동아시아는 서양이론의 빛으로 조명해야 비로소 그

---

9 G. W. F. 헤겔 『역사철학강의』 61~62면.

의미가 드러난다.

물론 서양과 비서양의 이런 위계적 대립은 서양중심주의라며 비판을 받는다. 그러나 이런 위계적 대립은 한국의 대학체계에서 학문적 편제의 골격을 이루고 있다. 대학의 사회과학과 인문과학의 분과학문들은 통상 완곡하게 '서양'이라고 뭉뚱그려지는 유럽 내지 미국의 지식을 전파하고 번역하기 위한 중개자로 설립되었으며, 실제로 그곳의 학자들은 서양지식의 모방자와 수입상 역할을 맡아왔다. 그리고 한국에서 지역학이 분과학문으로 자리 잡지 못했다는 사실은 거꾸로 각 분과학문에 지역학적 요소가 삼투해 있음을 반증한다. 동아시아 연구도 이 사실로부터 자유롭지 못하다.

먼저 동아시아를 비서양과 구분되는 문화권으로 설정하려는 동아시아 연구가 존재한다. 즉 한자를 의사소통의 수단으로 삼고 유교전통에 기반한 국가주의, 관료제, 가족제도, 부계율, 혈연조직을 공유하는 하나의 문화권으로 상정하는 것이다. 좀더 적극적으로 동아시아는 서구의 이성중심주의, 주객이분법, 인간과 자연의 대립, 개인주의를 극복하는 문명적 자산을 가지고 있다는 주장이 나오기도 한다.

그러나 유교와 같은 지역인자를 찾아 동아시아를 문화권으로 설정하려는 시도는 무망하다. 유교만으로는 중국의 문화적 구성조차 설명해내지 못한다. 더욱이 서구 근대의 이원론적 세계관과 차별화된 일원론적 세계관, 자연합일의 사상이라면 동아시아만이 아니라 유럽의 사상전통 안에도 존재했으며 인도나 아프리카 같은 타지역에서도 발견할 수 있다. 보다 강조되어야 할 사실은 문화를 단위로 동아시아의 통일성과 특수성을 도출해내려는 것은 서양을 거울삼아 반사된 논리에 불과하다는 점이다. 동아시아를 하나의 문화권으로 내세우려는 시도는 유럽중심주의에 대한 도전처럼 보이지만 유럽중심적 보편주의와 동아시아적 특수주의의 공범관계를 재생산하고 만다.

한편 동아시아를 지리적 범주도, 이미 존재하는 문화권도 아닌 앞으로 구축해야 할 경제권역으로 접근하는 동아시아 연구 또한 존재한다. 이것은 오늘날의 블록화 경향 속에서 현실감을 더해가고 있다. 그러나 이 역시 근대화론이 깊이 스며든 지역학의 틀에서 자유롭지 못하다. 19세기 유럽의 동양학은 식민학의 성격을 띠고 있었지만 주로 동양의 고전을 연구대상으로 삼았다. 그러나 20세기 미국의 지역연구는 사회과학적 방법을 채택해 비서구 지역의 경제·문화양식을 분석했다. 지역연구의 체계화에 중요한 공헌을 한 것은 월트 로스토우(Walt Rostow)의 근대화론이었다. 주지하다시피 그의 『경제성장의 단계: 반공산주의자 선언』(*The Stages of Economic Growth: A Non-Communist Manifesto*, Cambridge University Press 1960)의 논리는 소련 사회주의에 대한 대항 이데올로기로서 기능했다. 그는 저개발국은 선진국가의 과거 상태에 해당한다는 전제 아래 '전통적 사회' '도약 준비 단계' '도약 단계' '성숙 단계' '고도 대중소비 단계'라는 경제발전의 다섯 단계를 제시했다. 아울러 로스토우는 비서구 지역을 연구할 때 그 고유성들을 계수화할 수 있는 방법론도 제공했다.

경제발전 단계설을 장착한 로스토우의 근대화론에는 세계사의 단선적 전개과정을 제시한 헤겔 역사철학의 그림자가 드리워 있다. 저개발국은 선진국이 밟아갔던 길을 따라서만 발전해나갈 수 있다는 것이다. 그러나 헤겔의 세계정신은 유럽(게르만국가)에서만 성숙기로 무르익을 수 있었지만, 로스토우의 근대화론 도식에서는 저개발국가도 경제발전 단계를 거쳐 경제적 후진성에서 벗어날 수 있다. 그리하여 로스토우식의 발전주의적 근대화론은 이 지역에서도 활발히 차용되었다. 그의 근대화론만이 아니라 방법론도 유입되어 동아시아 경제공동체는 지표화된 수치들을 통해 현실감을 더해가고 있다. 그러나 이런 근대화론 판형의 동아시아론은 여전히 '지체와 만회'라는 도식에서 벗어나지 못한다.

한편 탈식민주의와 같은 비판담론도 지역학의 자장에서 자유롭지 않다. 비서구의 '저항적 재구성' 과정이 오리엔탈리즘적 아시아를 낳을 수도 있는 것이다. 탈식민주의는 서구와 비서구 사이의 위계관계에 스며든 식민성과 서구이론에 내재된 폭력성을 직시한다. 그러나 탈식민주의 역시 하나의 '이론'으로 수입되고 유통되는 양상을 띤다면, 기존의 식민지적 학문의 관행에 충실하게 합치된다. 알제리나 인도에 대한 식민지배 경험을 유럽의 지식인이 반성적으로 흡수하여 만들어낸 탈식민주의를 다시 서구를 원산지로 하는 보편이론으로서 이 지역으로 수입하고 유통시켜 보편자와 특수자의 위계구도를 반복하고 마는 것이다. 자기 내부의 식민성을 극복하고자 다시 서양에서 나온 이론에 의지하고 그 이론에 자기 경험을 하나의 사례로서 내주는 것이다. 그리하여 피식민지 민중의 해방적 서사를 모색하는 탈식민주의가 식민주의적 방식으로 소비되는 아이러니가 발생한다. 실상 서양의 사상이 '이론'으로 기능하는 것은 비서양의 식민지적 무의식 속에서다.

따라서 우리는 동아시아 연구에 지역학적 요소가 깊이 삼투해 있음을 인식해야 한다. 동아시아 연구는 종종 '서양 대 비서양'이라는 위계적 이항대립구도에 기대고 있다. 근대화론 판형의 동아시아 연구도 이를 암묵적으로 전제하고 있으며, 비판담론조차 자유롭지 못하다. 그리하여 우리는 서구이론이 지닌 유효성과 한계지점을 인식론의 위상에서 재검토해야 한다. 그러나 저러한 위계구도는 돌파해내기가 쉽지 않다. 그렇다면 차라리 동아시아론은 자신 안에 내재된 식민성을 사고의 출발점으로 삼아야 한다. 그것을 은폐하거나 중성화하지 않고 명확하게 직시하는 데서 동아시아론을 모색해야 한다. 그리하여, 후술하겠지만 타께우찌 요시미의 「근대란 무엇인가」는 동아시아론이 거듭 되돌아와야 할 텍스트가 되는 것이다.

3. 지역학의 외곽

서양/비서양, 유럽/(동)아시아라는 대립구도는 전통적인 것과 근대적인 것, 토착적인 것과 이식된 것, 낡은 것과 새것을 구분하는 기준이다. 동아시아의 문명적·인종적 정체성은 그러한 대립구도로부터 직조된다. 동아시아론은 이러한 자기 안의 오리엔탈리즘을 적출해내야 하는 과제를 안고 있다.

그러나 또다른 버거운 과제가 있다. 동아시아론은 유럽중심주의와 관련된 문제일 뿐 아니라 이 지역 내부 패권관계의 문제이기도 하다. 서양에 의해 인식되고 서양을 향해 인정투쟁을 한다는 오리엔탈리즘의 구도만으로는 포착할 수 없는 문제군이 있는 것이다. 사실상 오늘날 동아시아라는 범주를 실감케 하는 것은 문화권 논의가 아니라 북핵문제, 역사갈등, 영토분쟁 같은 갈등 사안이다. 서구와의 비대칭관계와 역내의 복잡한 패권관계는 긴밀하게 얽혀 있으며 그것이 이 지역의 진정한 상황이다.

동아시아는 분명 지역학의 대상, 즉 '지역범주'만을 의미하지 않는다. 동아시아는 탈냉전을 거쳐 복원된 '지역지평'이자, 미국을 위시한 강대국들의 지역전략이 관통하고 있는 '지역질서'이자, 이 지역 내에서 식민주의를 극복하고 평화체제로 이행하기 위한 '지역연대'의 장이기도 하다. 지역지평·지역질서·지역연대라는 세 차원은 동아시아라는 담론공간을 입체화하고 있다. 아울러 경제·안보·환경 분야의 협력을 통해 당면과제를 해결하고 공동의 미래를 도모하는 '기획의 동아시아'가 있다면, 식민과 전쟁의 쓰라린 과거로서 대면해야 할 '기억의 동아시아'도 있다. 지역지평·지역질서·지역연대라는 세 차원과 '기획의 동아시아'와 '기억의 동아시아'라는 시간의 두가지 벡터는 지역학의 감각으로는 포착할 수 없는 동아시아상을 구도해내고 있다.

이에 더해 각국은 동아시아를 지역 수준에서 자국을 확대재생산하는 논리로서 활용하고 있어 입체적인 동아시아상에는 균열마저 가 있다. 서구와 비서구의 비대칭관계, 역내의 패권경합, 지역지평·지역질서·지역연대라는 세 차원의 공간성, 기획과 기억을 향한 시간의 양방향성으로 짜이는 동아시아라는 방정식은 지역학의 관점으로는 결코 풀어낼 수 없다.

또한 지금의 동아시아가 발 딛고 있는 복잡한 역사지층의 문제도 간과할 수 없다. 오늘날 동아시아를 하나의 문화권으로 아우르려는 것은 무망한 시도다. 그러나 중화문명권에서 주변 지역이 분화되는 과정은 각국의 민족주의가 발아하고 성장하는 데 동력을 제공했음이 분명하다. 또한 서구의 충격에 반응하며 국민국가를 형성하는 과정에서 각국에 전파된 주자학이 어떻게 기능했는가와 같은 역내의 내재적 연계는 연구과제로 남아 있다.

이와는 다른 각도에서 야마무로 신이찌(山室信一)는 문명의 매개자였던 일본을 축으로 국민국가 형성과 동아시아의 재편성 사이의 관련성을 포착한 바 있다. 즉 이 지역의 국민국가는 서구와의 일대일 대응으로 발생한 것이 아니라 평준화·동류화·고유화라는 세가지 과정을 거쳐 한·중·일이 경합하는 가운데 창출되었음을 밝혔다. 특히 먼저 국민국가를 형성한 '일본의 충격'이 종래의 지역질서를 교란하며 재편성해나

가는 원동력이 되었다는 것이다.[10]

그의 논지에 첨언하자면 유럽에 맞서겠다며 등장한 일본의 아시아주의 혹은 대동아공영권이 어떤 식으로 중화제국의 전근대질서를 흡수하고 재편해나갔는지도 밝혀내야 한다. 아울러 아시아주의 혹은 대동아공영권은 논리상 민족국가를 넘어선 표상을 내세웠는데, 그 표상과 전후에 등장한 국민국가의 길항관계도 분석해야 할 과제로 남아 있다. 연구 역량이 부족해서 여기서는 까다로운 과제들을 나열하는 데서 그치지만 한가지, 동아시아의 역사지층을 결코 서구 대 비서구의 대립구도로는 해명할 수 없음을 강조해두고자 한다.

그리고 대동아공영권이 해체되고 나서 냉전구조가 초래한 적대성의 이중화와 은폐작용도 동아시아 지역상의 복잡성을 가중했다. 냉전의 분단선으로 인해 일본과 중국 그리고 북한의 관계는 냉전 대치의 이쪽과 저쪽으로 분할되어 적대성이 이중화되었고, 일본과 한국과 타이완은 같은 서방진영에 놓이면서 냉전 이전의 적대성이 은폐되었다. 한편 탈냉전에 접어들고 나서 상실했던 동아시아 지역상을 회복했지만, 각국의 규모와 발전 정도의 낙차로 인해 공동의 지역상을 만들어내기란 쉽지 않은 형국이다. 여기에 냉전체제의 등장으로 억압되어 있던 냉전 이전의 역사기억이 탈냉전과 함께 회귀하면서 어지러운 기억의 전투가 이어지고 있다. 긴장관계가 어려 있는 각국 간 역사인식의 충돌, 현실적 규모의 차이에서 빚어지는 지역인식과 세계인식의 간극은 동아시아의 문제상황에서 눈에 보이지 않는 뼈대를 이루고 있다. 일국 단위의 발상도 정형화된 이론도 지역학의 도식도 이러한 문제상황에 모두 무력하

---

10 야마무로 신이찌 「국민국가 형성의 삼중주와 동아시아세계」, 『여럿이며 하나인 아시아』, 임성모 옮김, 창작과비평사 2003, 93~100면.

다. 그 대립과 균열을 덮어두는 섣부른 연대의 요청도 현실 앞에서 공소해지고 만다.

4. 비대칭성과 '주변에서 본 동아시아'

그런 의미에서 '주변에서 본 동아시아'론은 지역학의 시야는 외면하는 이중의 비대칭성, 즉 동아시아가 세계체제의 주변에 있고 또한 한국은 동아시아에서 열위에 있다는 조건을 사상적으로 발효시켜 일궈낸 지적 입장이다. 여기서는 지역학의 틀은 놓치고 있는 문제들이 부상한다. 잠시 류준필의 발언을 인용해보자. "주체(국가) 내적인 의지와 힘을 초월하는 더 큰 외부적 요인과 힘에 의해 주체의 삶이 결정되는 상황일 때, 혹은 주체가 통제할 수 없는 외적 조건에 의해 규정되는 상황일 때, 그 주체는 외적 변수에 가장 능동적으로 대처 가능한 방식을 선택하게 된다. 그 주체는 명확한 실체로서 자기 자신을 주장하기보다 가급적 가변적이고 유동적인 탄력성의 구조를 지향할 수밖에 없다. 달리 말해서 통제 가능한 내적 변수에 비해 외적 규정력이 내부의 힘을 초과할 때, 그럼에도 불구하고 독자성과 자립성을 유지하는 경로는 무엇인가."[11] '주변에서 본 동아시아'론은 바로 그 지점을 사고해냈다. 주변에 처해 있고 힘의 열위에 놓여 있다는 제약조건을 발화입지로 최적화해내고자 한 것이다.

앞서 언급했듯이 백영서는 '지적 실험으로서의 동아시아'를 제창했는데, 아울러 동아시아를 중심이 아닌 '주변의 관점'으로 보기를 촉구

---

11 류준필 「복안의 동아시아론」, 『황해문화』 63호(2009) 444면.

했다. "이제 우리는 동아시아 안팎의 '이중적 주변의 눈'으로 새로운 동아시아의 지도를 그리는 작업에 착수한다. 그 과정은 동아시아에서 역사적으로 형성된 주변의 정체성을 새롭게 정립하여 전체 구조를 변화시키는 동력을 확보함으로써 주변에 내재하는 비판성을 제대로 발휘하게 하는 지적·실천적 수행에 다름 아니다."[12] 그리고 주변의 관점에서 한국의 역할을 부각한다. 동아시아에서는 주도권 쟁탈전이 치열한데 상대적으로 소국인 한국은 '중국의 위협'과 '일본의 패권'에 모두 의문을 제기할 수 있는 자격을 갖췄다는 것이다.

최원식도 비슷한 주장을 내놓았다. "근대 이후 구미의 타자로 조정돼온 동아시아, 그 가운데서도 비서구 식민지 경험의 유산 속에 분단된 한반도의 남쪽에서 그림자 전쟁의 긴 터널 끝에 마침내 아시아에 발 딛고 세계를 바라보는 동아시아론이 제기되는 것 자체가 중심에 억압된 주변의 시각을 의식화한 것이다."[13] 동아시아는 세계체제에서 주변이며, 한국은 다시 주변의 주변, 즉 '이중의 주변'에 위치하기 때문에 한국의 동아시아 시각은 국가주의와 패권화의 경향을 경계하는 요소를 지녀야 한다는 것이다. 최원식은 한국의 동아시아론에 강하게 제언한다. "한국의 동아시아론은 기존의 중심주의들을 비판하고 새로운 중심을 세우는 것이 아니라, 중심주의 자체를 철저히 해체함으로써 중심 바깥에, 아니 '중심'들 사이에 균형점을 조정하는 것이 핵심"이어야 한다.[14]

그런데 한국의 지정학적 주변성을 강조하는 것이 그대로 한국의 역

---

12 백영서 「주변에서 동아시아를 본다는 것」 정문길 외 엮음 『주변에서 본 동아시아』 36면.

13 최원식 「주변, 국가주의 극복의 실험적 거점—동아시아론 보유」, 같은 책 321면.

14 최원식 「한국발(發) 또는 동아시아발(發) 대안?—한국과 동아시아」, 『문학의 귀환』, 창작과비평사 2001, 381면.

할론으로 이어질 수 있는지에는 의문의 여지가 있다. 물론 백영서는 주변성의 강조가 바로 한국의 위상과 직결되지 않는다며 주의를 기울였다. "'주변'을 강조한다고 해서 그것을 특권화해서는 안 될 것이다. 중심에 거주하는 개인이나 집단도 '주변'적 사고를 할 수 있듯이, 주변에서도 '중심'적 사고를 할 수 있는 것이다. 따라서 필자가 말하는 '주변'은 형용사적 의미로 읽히기를 바란다."[15] 그러나 지정학적 관계에서 국가가 지니는 주변성과 소수자적 개인이나 집단이 갖는 주변성의 차이 내지 관계를 좀더 구체적으로 분석하지 않은 결과 지정학적 주변성에서 한국의 새로운 위상을 이끌어내려 한다는 의혹은 가시지 않는다.

여기서 잠시 우회하도록 하자. 한국처럼 중국과 일본의 '주변'에 위치한 타이완에서는 과거 리 덩후이(李登輝) 총통이 동남아시아를 방문한 이후 동남아시아로 진출한다는 이른바 '남진(南進)'이 제기되었는데, 아래 인용하는 우 미차(吳密察)는 그 대표적 논자다.

아시아 대륙을 중심으로 하는 지도는 타이완의 진정한 위치와 역사의 지역성 전개를 확실하게 보여주지 못한다. 만약 타이완을 지도의 중심에 두게 되면, 타이완이 동아(동중국해 지역)와 동남아(남중국해 지역)의 연결점 위에 놓이는 완전히 새로운 광경이 펼쳐질 것이다. 말할 것도 없이 이러한 위치지정은 상당한 정도로 타이완 역사의 전개 방향을 결정하는 동시에 잠재되어 있던 타이완의 가능성을 예언한다.[16]

여기서는 주변부의 숙명론을 역전시켜 '중국의 변경에서 남양의 중

---

15 백영서 「중국에 '아시아'가 있는가?」, 『동아시아의 귀환』 65면 주39.
16 천꽝싱 『제국의 눈』, 백지운 외 옮김, 창비 2003, 60면에서 재인용.

심으로' 가고자 하는 욕망이 표출되고 있다. 주변을 경계로 치환하고 다시 경계를 매개로 역전시키는 논리, 즉 거점론은 주변 국가로서는 지역론을 모색하고 욕망하는 한가지 현실적 의의인 것이다. 물론 자국의 활로를 모색하고자 주변성에서 논리적 전환을 거쳐 매개성(중심성)을 이끌어내는 우 미차의 논지가 백영서의 '주변에서 본 동아시아'와 같다는 뜻은 결코 아니다. 그러나 동아시아 내의 주변의 위치에서 새로운 위상을 구축하고자 활용하는 지도제작적 상상력은 닮은 구석이 있다. 백영서는 말한다. "우리들의 사고를 제한해온 것은 구미를 중심으로 하는 지도이다. 이제 우리에게 필요한 것은 동아시아 안과 밖의 '이중적 주변의 눈'으로 새로운 지도를 그리는 작업이다."[17] 그는 새로운 지도에 무엇이 어떤 모습으로 그려지는지는 상세하게 말하지 않았다. 다만 새로운 지도에서 한국은 매개자로서의 위상을 가질지 모른다.

이는 억측이 아닐 것이다. 국가주의 극복을 주장하지만 분명 '주변으로서의 동아시아'론은 국가론과 친화성이 뚜렷하다. 물론 창비 측 논자들은 패권적 국민국가가 아닌 독특한 복합국가론을 제시하고 있다. 백영서는 「20세기형 동아시아문명과 국민국가를 넘어서」에서 "복합국가는 국가권력에 대한 획기적인 민주적 통제의 원리를 관철시킴으로써 정당성을 확보해, 한민족공동체를 통합할 다층적 복합구조의 정치체제를 구상하려는 '지향으로서의 국가'"라고 밝힌다.[18] 개괄적으로 정리하자면 한반도 안에서는 통일 혹은 연방국가를 이루고, 동아시아 지역 수준에서는 한민족 디아스포라를 아우르며 지금의 국민국가를 쇄신하자는 것이다. 그렇게 건설되는 복합국가는 대국주의·패권주의로 점철된

---

17 백영서 「주변에서 동아시아를 본다는 것」, 정문길 외 엮음 『주변에서 본 동아시아』 16면.
18 백영서 『동아시아의 귀환』 34면.

이 지역에서 완충 역할을 하리라고 기대한다.

그리고 여기서 다시 한번 한국의 발화입지가 강조된다. "동아시아론이 빠지기 쉬운 함정으로 가장 많이 지목되는 것이 자민족중심주의의 부활 또는 팽창주의에 대한 경계이다. 일본의 아시아주의나 중국의 중화주의는 각각 일국 중심의 대국질서 내지 팽창주의를 역사적으로 경험한 분명한 증거가 되겠지만 저들에 비해 우리는 그런 유산이 없는 만큼 오히려 이 혐의에서 어느 정도 자유로울 수 있다."[19] 그러나 이러한 한국의 역할론이 동아시아 내의 패권주의를 견제하는 데 얼마나 실천적 의의를 가지며 또한 인국으로부터 공감을 얻어낼 수 있는지는 의문이다.

한편 백낙청의 '분단체제론'에서 연원하겠지만, 복합국가론이 한반도의 모순을 과도하게 부각하여 지역 내의 다양한 쟁점을 한반도의 문제로 환원하는 논지도 '동아시아의 시각'에서 따져봐야 할 대목이다. 백영서는 동아시아를 향한 관심이 자민족중심주의로 전락하지 않으려면 국가중심으로 치우치지 않는 긴장이 요구된다며 이렇게 주장한다. "우리의 경우 국가의 시각이든 사회 영역의 시각이든 한반도 한쪽만에 치우쳐서는 안 되고 남북한 모두를 감싸 안아 분단이 작동되는 체제에 대한 온전한 인식 및 그 극복의지와 결합된 동아시아 인식일 때에야 그것이 패권주의의 우려를 씻고 실천성을 일정하게 확보할 수 있지 않을까 한다. 그래야만 (국민)국가의 강제력을 어느 정도 제약하는 새로운 형태의 복합국가를 창발적으로 상상할 수 있는 기반이 닦일 것이다. 역사적으로 동아시아 민족 간의 갈등을 제어하는 '방파제' 역할을 해온

---

19 백영서 「진정한 동아시아의 거처: 20세기 한중일의 인식」, 최원식·백영서 엮음 『동아시아인의 '동양' 인식』 12면.

한반도가 이제 어떻게 통일을 이루는가 하는 과정 자체는 아시아 여러 나라의 진로를 가늠하는 나침반이다."[20]

"우리의 경우"에 남북한 모두를 감싸안는다면 왜 "패권주의의 우려를 씻"을 수 있는지, 그리고 한반도의 통일이 "아시아 여러 나라"에 어찌하여 진로를 가늠하는 나침반 구실을 할 수 있는지, 이 비약들은 한국발 동아시아론에 관해 사고할 때 숙고해야 할 대목이다. 이런 비약은 백영서의 다른 글에서도 확인할 수 있다. 「중국에 '아시아'가 있는가?」에서는 "한반도 남북주민의 서로 다른 경험이 융합되면서 분단체제를 극복하는 운동이 제대로 진행된다면 복합국가는 자연스럽게 요구될 것이고 그 과정에서 주변 국가나 민족과의 개방적인 연계도 가능하여 동아시아 지역공동체가 출현할 수도 있다"[21]라며 '한반도 통일' '복합국가 건설' '동아시아 지역공동체 출현'을 너무나 쉽사리 조합하고 있다.

그러나 이 점을 다시 확인하려고 인용한 문구는 아니다. 인용문 바로 앞 문장에는 "우리의 경우"가 아닌 '중국의 경우'에 '복합국가'론을 적용해야 한다는 주장이 나온다. "이 발상을 중국에 적용할 경우, 홍콩을 통합하면서 적용한 1국가2체제나 타이완에 대해 제안한 1국가3체제 구상에서부터 해외 민주화운동가들이 제기하는 연방제에 이르는, 복합적인 국가의 다양한 실험의 향방이 ─그 과정에서 거대한 영역을 통합한 공산당의 역할이 바뀌면서 통상적인 의미의 국민국가가 분해되는 위기로 비칠지도 모르겠지만─새로운 의미로 떠오른다. 이것은 타이완, 티베트 문제를 해결할 수 있는 방안인 동시에 동아시아에 대한 수평적 사고의 촉진제가 될 수 있다."[22]

---

20 같은 글 13면.
21 백영서 『동아시아의 귀환』 64면.
22 같은 책 63~64면.

여기서는 역전된 한국 확장의 논리가 엿보인다. 결과적으로 복합국가론을 도입했을 때 "우리의 경우"는 한반도가 통일하고 주변의 한민족 디아스포라를 아우르며 외연이 확장되지만, 중국은 지금의 체제가 분해되는 것이다. 백영서는 이를 '수평적 상황'이라고 이해하지만, 그 수평성의 판단기준으로는 상대적으로 왜소한 한국의 규모가 자리 잡고 있다. 즉 주변(혹은 소국)이라는 조건이 중심(혹은 대국)을 판단하는 잣대가 되는 것이다. 동아시아론의 진정한 사상사적 의의가 바깥에서 주어진 정형화된 이론에 의존하지 않고 자신의 장소성에 근거하여 사고를 숙성시키되 그 사고를 타자에게 번역해내고 타자와 고투를 나눠 갖는 것이라고 한다면, '주변에서 본 동아시아'는 절반의 성공이다. 백영서는 중심-주변은 지리적 결정론과는 관계가 없는 상대적인 것이며, "주변의 시각을 갖는다는 것은 지배관계에 대한 영원한 도전이요 투쟁이다"라고 발언하여[23] 중요한 시사점을 남겼다. 그러나 '복합국가론'에서 파생되는 주장은 그런 발상과 낙차를 보인다. 우리는 여기서 한가지 중요한 과제와 마주하게 된다. 사상의 위상에서 중심-주변을 사고한 내용을 국가 간 관계에서 중심-주변의 구도로 번역해낼 때는 어떤 사고의 절차를 거쳐야 하는가.

또다른 주변성의 문제가 있다. 복합국가론을 주장한 논자들에게 동아시아라는 지평은 한민족 디아스포라의 공간과 포개진다. 복합국가론은 한국과 북한이 어울리고 그로써 한민족 디아스포라를 아우른다는 전망을 전제로 갖고 있다. 가령 최원식은 "'한반도계 일본인'이라는 3중의 정체성을 포용함으로써 재일동포사회를 관통하는 한반도의 남/

---

23 백영서 「주변에서 동아시아를 본다는 것」, 정문길 외 엮음 『주변에서 본 동아시아』 18면.

북과 일본의 경쟁하는 국가주의를 넘어서는"[24] 동아시아를 구상한다. 그러나 디아스포라의 '중층적 정체성'을 중시하더라도 민족을 정체성의 표지로 삼아 재일조선인, 중국의 조선족을 포용하자는 주장은 한민족중심주의의 논리일 수 있다. 겉보기에는 한민족공동체가 경직된 국민국가체제를 상대화하는 대안일지 모르겠으나, '포용'의 의미를 명시하지 못하는 한 현재의 국민국가 이데올로기를 강화하는 논리일지도 모른다는 의심을 거둬서는 안 된다. 따라서 대국들 주변에 위치한다는 한국의 주변성과 시민권을 갖지 못한 채 소수자로 살아가는 한민족 디아스포라의 주변성이 어떻게 다르고 또 접목될 수 있는지는 좀더 구체적으로 해명되어야 한다.

아울러 다른 주변들과의 연대라는 사상적 과제도 남아 있다. 가령 주변으로서의 오끼나와, 주변으로서의 한국은 같은 주변인가. 한국은 하나의 국민국가지만 오끼나와는 그렇지 않다. 이 상황에서 서로의 주변성에 근거해 입장을 공유하는 경우 미국을 상대하느냐, 일본을 상대하느냐에 따라 효과는 몹시 달라진다. 즉 일본을 상대하는 경우, 한국 측에서는 일본과의 관계에서 '국민국가'로서 주변에 위치한다는 자신의 입지를 보완하는 효과가 발생하지만 오끼나와는 그렇지 않다. 따라서 양자의 다른 주변성을 사상의 수준에서 어떻게 풀이할 수 있는가, 각 주변성의 중첩된 힘관계는 정치적으로 어떻게 사고할 것인가, 상이한 주변 사이에 운동의 차원에서의 연대란 어떻게 가능한가라는 물음이 남아 있는 것이다. 이상의 물음들을 외면하고 중심과 주변의 구도가 한국의 장소성을 설명하기 위한 논리로 안착될 때 그것은 대국과 소국의 나라 간 논리로 응고되고 말 것이다.

---

24 최원식 「주변, 국가주의 극복의 실험적 거점」, 같은 책 332~33면.

그리하여 끝으로 근대인식의 문제를 짚고 싶다. '주변으로서의 동아시아'론의 주변성에 관한 성찰이 궁극적으로 국가 단위에서 머무는 이유와 관련되기 때문이다. '주변으로서의 동아시아'론에는 백낙청의 '근대극복과 근대적응의 이중과제'론이 근대인식의 근간으로서 자리 잡고 있다. '이중과제론'은 근대적응과 근대극복을 순차적으로 사고하지 않고 내재적으로 관련지어 근대성 논의에 내적 긴장을 부여했다. 또한 바깥에서 주어지는 근대가 아닌 한국의 모순을 직시하여 근대성 문제를 천착하도록 촉구했다. 그러나 '이중과제론'에는 전근대·근대·탈근대가 여전히 시계열적 순서로 남아 있으며, 근대의 총아인 국민국가가 사고의 거점으로 자리 잡고 있다는 사실도 간과할 수 없다.

가령 한국은 유럽과 달리 '서구 근대의 충격'으로 전근대성을 유지한 채 근대적 국민국가가 건설되어 전근대성과 근대성이 혼재된 까닭에 근대적응과 근대극복을 동시에 진행해야 한다는 논의(한편 세계화·정보화·탈냉전 등의 조류로 말미암아 한국에는 전근대·근대·탈근대가 공존한다는 변형된 판본도 있다)는 한 공간 안에 상이한 시간대가 병존하거나 포개져 있는 것처럼 전근대와 근대(그리고 탈근대)의 관계를 표상하도록 만든다. 전근대와 근대(그리고 탈근대) 사이의 착종하거나 길항하는 관계는 제대로 포착되지 않는다.

또한 전근대를 극복하는 주체로서 국가에 초점이 모인다. 근대성은 시간적으로는 전근대를 극복하고 공간적으로는 바깥의 세력을 막아 '국민'이라는 통일된 정치집단을 만들어내는 역사운동으로 이해되는 것이다. 그리하여 '주변에서 본 동아시아'론은 주변성을 사상적 물음으로 이끌어냈다는 함의를 지니지만, 국가론으로서는 중심을 향한 욕망을 드러낸다. 그러나 바로 그 한계는 귀중한 성과이기도 하다. 한국의 동아시아론이 사고를 단련해야 할 지점을 표시해주고 있기 때문이다.

즉 주변성에서 사상적 계기를 찾으려면 필연적으로 근대인식을 재검토해야 한다.

전근대-근대-탈근대라는 계열은 연대기적 순서가 아니다. 그것은 세계인식의 지정학적 구도를 벗어나서는 존재하지 않는다. 역사주의의 도식은 국민·문화·전통·인종의 위치를 체계적으로 이해하는 관점을 제공했다. 탈근대라는 말이 등장하기도 했지만, 전근대와 근대를 지정학적으로 짝짓는 것은 비판담론에서도 동아시아론에서도 담론을 조직하는 주요 기제로 기능하고 있다. 그런 점에서 동아시아론은 지역에 대한 인식이며 지정학적 인식이자 근대인식의 한 측면이다. 만약 탈근대가 근대로부터 다음 시기로 이행한다는 의미가 아니라면, 그것은 전근대와 근대라는 지정학적 짝짓기가 파열하는 징후로 이해해야 할 것이다. 그리하여 동아시아를 하나의 '사유의 지평'으로 삼는 데까지 동아시아론이 왔고, 더구나 주변성에 대한 검토가 긴박한 사상과제라면, 그곳을 다시 출발점으로 삼아 떠나기 위해 우리는 여기서 타께우찌 요시미의 「근대란 무엇인가」를 우회해야 할 것이다. 그리고 그렇게 했을 때 아시아를 실체로부터 적출해낸 선구적 논문인 「방법으로서의 아시아」를 오늘날 거듭 활용할 여지가 생겨날 것이다. 즉 동아시아의 근대를 사고하기 위해 동양의 저항으로 돌아가고자 하는 것이다.

5. 동양의 저항과 탈식민의 가능성

서양과 동양은 담론적 구성물이다. 그러나 서양과 동양의 관계는 비대칭적이며 둘은 같은 방식으로 작동하지 않는다. 서양은 경계 지어진 영토상의 명칭이지만 자기한정을 거부하고 바깥으로 뻗어나간다. 서양은 자신이 하나의 특수로서 다른 항(동양)과 대립하지만, 다른 항이 자신을 특수로서 인식할 때 보편적 준거점으로 작동한다. 동양은 서양과의 차이를 통해 자기인식을 획득한다. 따라서 서양은 '서양 대 동양'이라는 대립관계의 한쪽 항이자 그 대립 자체가 발생하는 장소다. 서양의 '근대'와 동양의 '근대화'는 그 동학을 통해 진행된다.

'서양 대 동양'의 구도에서 서양과 동양은 등질의 공간적 평면 위에 존재하지 않는다. 그 구도는 시간적 함축을 갖는다. 서양의 근대와 동양의 근대화는 헤겔의 역사철학이 그러하듯 공간상의 차이를 시간상의 낙차로 전위시키는 조작 속에서 전개되었다. 서양의 근대성은 근대에 선행하는 자기 안의 전근대와 대립하는 동시에 지정학적으로는 비근대, 즉 비서양과 대비된다. 그리하여 지정학적 조건은 역사적 단계로 번역되며, 그런 역사주의적 도식은 다중적인 근대성을 근대화=서구화로 환원했다.

그렇다면 동양의 위치에서 근대의 극복이란 서양이 확장해나갔던 시공간 구조에 관한 근본적 물음일 수밖에 없다. 하지만 근대 비판은 근대의 외부가 존재한다거나 동양의 고유성을 찾아서는 방식으로는 성사될 수 없다. 그것은 반근대 내지 토착주의라는 노스탤지어에 빠질 공산이 크다. 또한 서양중심주의 비판을 통해 근대 비판을 수행하고 동양의 가능성을 찾으려는 시도도 자가당착에 빠지게 마련이다. 서양적 근대는 유럽이라는 지리상의 장소에만 머물러 있지 않는다. 서양적 근대를 비판하는 언어조차 후기구조주의 담론을 빌리고 있는 데서 엿보이듯이 탈근대 내지 반근대는 서구 근대에 내재된 회의의 논리를 전유한 것에 불과하다. 그러한 부정항은 서양의 근대논리 안에 이미 내장되어 있다. 오히려 동양에서 근대극복이란 '서양 대 동양'이라는 관계 바깥이 아닌 그 비대칭적 관계에 내재함으로써만 이루어질 수 있다.

바로 그 이유에서 타께우찌 요시미의 「근대란 무엇인가」는 동양의 저항을 사고하고자 할 때 거듭 돌아와야 할 텍스트다. 「근대란 무엇인가」는 동양이 서양에 패배했으며, 동양의 근대화는 서양에 의한 식민화로 견인되었다는 사실을 사고의 출발점으로 삼고 있기 때문이다. 「근대란 무엇인가」는 1948년에 발표되었다. 당시 일본 사상계에서는 강화논쟁과 더불어 패전국 일본은 승전국 미국으로부터 어떻게 독립해야 할 것인가라는 논의가 비등했으며, 전전의 국수주의와 일본주의에 대한 반작용으로 이른바 서양산 지식을 끌어들여오자는 '근대주의'가 횡행했다. 바로 그러한 시대 분위기 속에서 타께우찌는 동양의 근대와 저항을 사고했다.

「근대란 무엇인가」의 첫째 절은 '근대의 의미'다. 그러나 정작 타께우찌는 근대의 의미를 밝히지 않는다. 루쉰이 근대문학의 건설자라는 진술만이 나온다. "루쉰은 전근대적 면모가 많지만, 그럼에도 역시 전근대를 품는 모습으로 근대라고 해야 한다."[25] 다만 여기서 두가지 함의를 끌어낼 수 있다. 타께우찌는 전근대와 근대를 연대기적 순서로 나누지 않았으며, 동양의 근대를 루쉰적 근대로 읽어냈다. 즉 동양은 저항을 통해서만 자신의 근대를 이룰 수 있다.

이어지는 절은 '동양의 근대'와 '서양과 동양'이다. 여기서 타께우찌는 서양과 동양의 관계를 명시한다. 서양과 동양은 용어의 대등함과 달리 등질평면 위에 존재하지 않는다. '서양 대 동양'의 대(對)는 힘의 비대칭성이라는 위계관계를 품고 있다. 그 위계관계에 근거하여 서양은 동양을 자기 세계로 내부화했다. 아니, 동양을 생산했다. "동양의 근대가 유럽이 강제한 결과라는 점 혹은 그 결과에서 도출되었다는 점은 일

---

25 다케우치 요시미 「근대란 무엇인가」, 『선집 2』 218면.

단 인정하지 않을 수 없으리라."[26] 반면에 서양의 "근대란 유럽이 봉건적인 것으로부터 자신을 해방하는 과정에서(생산의 면에서는 자유로운 자본의 발생, 인간의 면에서는 독립되고 평등한 개체로서 인격의 성립) 그 봉건적인 것에서 구별된 자기를 자기로 삼아 역사에서 바라본 자기인식이다."[27] 풀이하자면 동양의 근대는 강제된 산물이지만, 서양의 근대는 유럽의 자기인식으로 출현한 것이다. 그 비대칭성으로 말미암아 서양에 근대란 자기실현이지만 동양에 근대화는 서양화다.

그런데 동양의 근대화는 서양에 대한 저항을 동반했다. "저항을 통해 동양은 자신을 근대화했다. 저항의 역사는 근대화의 역사고 저항을 거치지 않는 근대화의 길은 없었다."[28] 하지만 동양이 저항한다고 서양의 세계로부터 벗어날 수 있는 것은 아니다. "동양에 대한 유럽의 침입은 동양에서 저항을 낳았고 그 저항은 자연스레 유럽으로 반사되었지만 그조차 모든 것은 궁극적으로 대상화할 수 있다는 철저한 합리주의의 신념을 흔들어놓지 못했다. 저항은 계산 속에 있었고, 저항을 거쳐 동양은 점차 유럽화할 운명이라고 예견되었다. 동양의 저항은 세계사를 보다 완전하게 만드는 요소에 불과했다."[29]

동양은 서양화되는 동시에 서양에 저항하나 그 저항은 서양의 근대를 보다 완전하게 만들 뿐이다. 바로 헤겔의 역사철학이 주장한 바다. 또한 서양중심주의에 대한 섣부른 탄핵이 무위로 그치고 마는 이유기도 하다. 그리고 동양은 저항의 결과 패배할 뿐이다. 힘의 비대칭성은 해소되지 않았기 때문이다. 그러나 바로 그 지점에서 타께우찌는 서양

---

26 같은 글 219면.
27 같은 글 220면.
28 같은 글 224면.
29 같은 글 222면.

에는 보이지 않는 저항, 이차적 저항을 말하고 있다. 이것이 근대극복과 탈식민의 계기를 모색하고자 「근대란 무엇인가」로 돌아가는 이유다.

패배는 저항의 결과다. 저항에 의거하지 않는 패배란 없다. 따라서 저항의 지속은 패배감의 지속이다. 유럽은 한 걸음씩 전진하고 동양은 한 걸음씩 후퇴했다. 후퇴는 저항을 수반한 후퇴였다. 이 전진과 후퇴가 유럽에는 세계사의 진보이자 이성의 승리로 인식된다는 사실, 그것이 지속되는 패배감 속에서 저항을 매개로 동양에 작용했던 때 패배는 결정적이 되었다. 결국 패배는 패배감으로 자각되었다.

패배가 패배감으로 자각되기까지는 어떤 과정이 있었다. 저항의 지속이 그 조건이다. 저항이 없는 곳에서 패배는 일어나지 않으며, 저항은 있되 지속이 없다면 패배감은 자각되지 않는다. 패배는 한 번뿐이다. 패배라는 한 번뿐인 사실과 자신이 패배한 상태라는 자각은 직접 연결되지 않는다. 오히려 패배는 패배라는 사실을 잊는 방향으로 자신을 이끌어 이차적으로 자신에게 다시 결정적으로 패배하는 일이 잦기 때문에 그 경우 패배감은 당연히 자각되지 않는다. 패배감에 대한 자각은 자신에게 패배한다는 이차적 패배를 거부하는 이차적 저항을 통해 일어난다. 여기서 저항은 이중이 된다. 패배에 대한 저항임과 아울러 패배를 인정하지 않는 것 혹은 패배를 망각하는 것에 대한 저항이다.[30]

앞서 말했듯이 동양의 근대는 서양에는 자기인식이다. 동양은 서양 속에 포함되어 있다. 동양은 서양을 자기 바깥의 상대로 인식하지만, 서양에 동양은 자기인식의 일부일 따름이다. 따라서 '동양 대 서양'이라

---

30 같은 글 224~25면.

는 구도는 동양 측에서만 의미를 갖는다. 동양의 세계(표상)는 늘 서양의 세계보다 작다. 그렇다면 상대를 대상화할 수 없을 때, 혹은 자신이 상대에 속해 있는데도 상대에게 저항해야 할 때 그것은 어떻게 가능한가. 상대 속에 내재하기 때문에 상대의 바깥에서 상대를 대상화할 수 없으며, 상대의 바깥에서 대상화할 수 없기 때문에 대결의 논리 혹은 판단의 척도 또한 실체성을 지닐 수 없다. 바로 '주변으로서의 동아시아'가 조우해야 할 한계상황은 구조적으로 이러하다.

이제 인용구로 돌아간다면, '일차적 저항'은 동양의 의식상의 '동양 대 서양'에서 발생하는 저항이다. 그것은 지체를 만회하기 위해 근대화를 꾀하는 저항이며, 서양에 반사되는 저항이며, 서양에 승인을 요청하는 저항이며, 서양에 보이는 저항이다. 그러나 '이차적 저항'은 자신이 패배하고 있음을 망각하지 않는 것, 철저하게 패배자, 약자, 노예의 입장을 견지하고 그 한계조건을 다시 자기 안으로 내재화하는 저항인 것이다. 따라서 동양의 '이차적 저항'은 서양에는 보이지 않는다.

그리고 '이차적 저항'은 헤겔 변증법에서 반(反)이 되지도 않는다. 부정이 부정된 항에 대립하여 주체가 정립된다는 의미라면, 이차적 저항은 부정이 아니다. 이차적 저항은 상대와 더불어 자신도 와해시키고자 한다. 서양과 서양을 통해 반사된 자기상 사이의 표상관계를 착란에 빠뜨리고, 자신보다 강한 상대를 비판하여 얻어지는 자기동일성마저 거부하는 것이다.

그러나 타께우찌 요시미는 이차적 저항의 구체적 방법은 알려주지 않았다. 다만 이러한 무력감을 우리에게 단서로 내주었다. "그러나 그렇다 하더라도 저항이 무엇인지 나는 알지 못한다. 나는 저항의 의미를 파고들지 못하겠다. 나는 철학적 사색에 익숙하지 않다. 그런 것은 저항도 뭣도 아니라고 누군가 말한다면 하는 수 없는 노릇이다. 나는 단지 거기서 무언가를 느낄 뿐 그걸 뽑아내 논리적으로 조립하지 못한다. (…) 그리고 그때 루쉰과 만났다. 내가 느끼는 그 공포에 루쉰이 몸을 던져 견디고 있는 모습을 보았다. 아니, 루쉰의 저항에서 나는 내 마음을 이해하는 실마리를 얻었다. 내가 저항을 생각하기 시작한 것은 그때부터다. 저항이란 무엇인가 하고 누군가 내게 묻는다면, 루쉰에게 있는 그러한 것이라고 답하는 수밖에 없다."[31]

앞서 타께우찌 요시미는 루쉰을 전근대적 면모를 지닌 채로 근대적이라고 말했다. 이제 우리는 타께우찌의 이차적 저항을 사고하기 위해 루쉰을 탈근대적으로 읽어내야 하는지도 모른다. 그러나 이것은 타께우찌와 루쉰을 탈근대론자로 이해한다는 뜻이 아니라 타께우찌의 사상, 루쉰의 문학을 통해 탈근대론을 쇄신한다는 의미다. 그때의 탈근대는 근대 이후에 오는 연대기적 시간이 아니다. 서양의 근대는 동양을 전근대로 대상화하여 출발했고, 동양의 근대는 서양에 패배하며 시작되었다. 패배와 패배에 따른 저항으로 출현한 동양의 근대 시간에 탈근대는 늘 감돌고 있었다.

그런 의미에서 타께우찌는 우리에게 진정한 근대 비판의 단서를 내주었다. 그는 '동양이 서양을 극복할 수 있는가'라고 묻지 않았다. 그것은 비대칭적 힘관계를 망각하는 것이다. 오히려 그의 시도 가운데 탈근대 내지 탈식민적이라고 표현할 만한 대목이 있다면, 그것은 서양의 근대가 동양에 그대로 이식되어 동일한 방식으로 전개되지 않는다는 사실에 기반하여 그가 동양의 역사 속에서 서양의 근대를 '역사화'하려고 했다는 점이다. 서양의 근대는 그 비대칭적 구도로 말미암아 동양의 역사에서 결코 같은 위상이나 의미로 전개되지 않았다. 그 사실로부터 타

---

31 같은 글 234~35면.

께우찌는 동양의 근대를 재해석하고, 서양의 근대마저도 '역사주의'에서 적출해내 '역사화'하려고 했다. 그것이 동양의 탈근대, 곧 탈식민의 가능성이다.

6. 방법으로서의 아시아

바로 그 대목에서 「방법으로서의 아시아」는 중요한 문헌이 된다. 글의 말미에 나오는 유명한 구절이다. "서구의 우수한 문화 가치를 보다 큰 규모에서 실현하려면 서양을 다시 한번 동양으로 감싸 안아 거꾸로 서양을 이쪽에서 변혁시킨다는, 이 문화적 되감기 혹은 가치상의 되감기를 통해 보편성을 만들어내야 합니다. 서양이 낳은 보편 가치를 보다 고양하기 위해 동양의 힘으로 서양을 변혁한다, 이것이 동과 서가 직면한 오늘날의 문제입니다."[32] 타께우찌는 피부색이나 생김새는 다를지언정 인간은 본질적으로 동등하다고 강조하고, 그런 평등의 가치는 서구적 근대의 소산임을 인정한다. 그러나 서양은 그러한 문화가치를 보편화하지 못했으며, 오히려 서구적 가치의 보편화가 비서구에 대한 식민지 침략의 논리로 전도되었음을 지적한다. 그리고 그러한 착취를 절감하는 곳, 서구적 근대가 지나간 자리에 남은 상흔들을 마주하는 곳이 동양이니만큼 동양은 "문화적 되감기 혹은 가치상의 되감기"를 통해 그 문화가치를 보편화해야 한다는 것이다.

그리고 이어지는 마지막 구절이다. "그 되감기를 할 때 자기 안에 독자적인 것이 없어서는 안 됩니다. 그게 무엇이냐고 하면, 아마도 실체로

---

32 「방법으로서의 아시아」, 『선집 2』 64면.

는 존재하지 않겠죠. 하지만 방법으로는, 즉 주체 형성의 과정으로는 있지 않겠는가 생각하는 까닭에 '방법으로서의 아시아'라는 제목을 달아보았지만, 이를 명확히 규정하는 일은 제게도 벅차군요."[33]

타께우찌는 분명히 말끝을 흐렸다. 그러나 아시아를 실체가 아닌 방법으로 내놓은 것은 후세대 논자들이 (동)아시아 문제를 사고할 때 귀중한 영감이 되었다. 다만 섣불리 마지막 구절을 취해 「방법으로서의 아시아」의 결론으로 삼아서는 안 될 일이다. 그러면 '방법으로서의 아시아'는 그저 사용하기 유용한 수사가 되어버릴지 모른다. 실제로 그렇게 차용되기도 한다. '방법으로서의 아시아'를 타께우찌의 문제의식으로 좀더 바짝 다가가 이해하려면 다시금 「근대란 무엇인가」로 돌아가야 한다.

「근대란 무엇인가」에서 확인했듯이 동양의 통일성을 보장하는 내적 원리는 존재하지 않는다. 서양이 대상화하고 종속시킨 지역이라는 사실을 제외한다면 동양은 공통성을 갖지 않는다. 거꾸로 서양 역시 균질한 통일체가 아니다. 서양이라는 담론적 구성물이 공간상 그리고 시간상의 무엇을 가리키는지는 분명치 않다. 하나의 동양은 오리엔탈리즘 안에서 존재하며, 하나의 서양은 동양의 식민화된 무의식 위에서 존재한다.

타께우찌는 동양과 서양을 지리적 실체가 아닌 운동하는 항으로 보았다. "만약 유럽도 동양도 아닌 제3의 눈을 상정한다면, 유럽의 일보전진과 동양의 일보후퇴(이는 원래 표리관계다)는 하나의 현상으로 비치리라."[34] 서양은 무력을 동반하여 동양으로 침입하고 동양은 식민화된

---

33 같은 글 64면.
34 「근대란 무엇인가」, 『선집 2』 226면.

다. 그러나 서양은 무력으로 침입할 뿐만 아니라 정신세계로도 침입한다. 이 점이 「근대란 무엇인가」에서 핵심 대목이며, 오늘날 아시아가 여전히 서양의 식민통치를 받는 것은 아니지만 「근대란 무엇인가」를 다시 검토해야 하는 이유기도 하다.

타께우찌는 말한다. 서양에서는 물질만이 아니라 정신도 전진한다. "모든 개념은 개념의 장소에 머물지 않는다. 그것들은 장기판의 말이 전진하듯이 나아간다. 말이 나아갈 뿐만 아니라 말이 놓인 판 자체가 말이 나아감에 따라 나아가는 듯이 보인다. (…) 이성·자유·인간·사회 무엇도 말이라고 가정할 수 있다. 아마도 진보라는 관념은 이 운동 속에서 자기표상으로 튀어나왔으리라."[35] 서양은 정신이 운동하기에 부단히 자신을 넘어선다. 그러나 동양은 운동하는 서양의 정신과 만나면 그것을 정태화하고 실체로 여긴다. 서양의 전진이 곧 동양의 후퇴라는 상호매개의 관계는 망각되고 동양 측에는 단순한 가치판단과 서양을 향한 동경만이 남는다. "동양에는 이와 같은 정신의 자기운동이 없었다. 즉 정신 자체가 없었다. (…) 새로운 말이 잇따라 생겨나기는 하지만(말은 타락하게 마련이니 새로운 말이 필요하지만 동시에 새로운 말은 옛 말을 타락시킨다), 그것은 본디 뿌리가 없는 까닭에 탄생한 것처럼 보여도 탄생한 것이 아니다."[36]

그리하여 서양에 진보란 정신의 운동과정에 관한 자기표상, 자기 과거와의 대결을 통한 자기갱신이지만 동양의 진보란 서양에서 새것을 찾아 들여오는 일이 되어버린다. 타께우찌는 일본이 그런 동양의 표본이라고 보았다. "나는 일본문화의 구조적 성질 때문에 일본이 유럽에

---

35 같은 글 230면.
36 같은 글 230면.

저항하지 않았다고 생각한다. 일본문화는 바깥을 향해 늘 새것을 기대한다. 문화는 늘 서쪽에서 온다."[37] 일본문화의 구조적 성질이란 무엇인가. 일본은 '우등생문화'다. 즉 지체를 만회하려고 분발하는 문화다. "일본문화는 진보적이며 일본인은 근면하다. 그건 정말이지 그렇다. 역사가 보여준다. '새롭다'가 가치의 규준이 되며, '새롭다'와 '올바르다'가 포개져서 표상되는 일본인의 무의식적 심리 경향은 일본문화의 진보성과 떼놓을 수 없으리라."[38]

일본은 애초 '정신이 공석'이었던지라 서양의 진전이 곧 동양의 후퇴라는 상관성을 놓치고 서양의 진보를 고립된 실체로 여겨 그것을 좇는다. 그렇게 일본은 동양의 타국에 비해 재빠르게 근대화를 성취했다. 그러한 근대화를 위해 일본은 타께우찌가 말하는 이차적 저항, 루쉰적 근대를 방기했다. 타께우찌는 신랄하게 표현한다. "우월감과 열등감이 병존하는 주체성을 결여한 노예감정의 근원이 여기에 있으리라." 그리하여 타께우찌는 일본을 표본으로 삼아 동양의 이중적 면모를 이끌어낸다.

그 현상(서양의 진보를 실체로 여겨 좇아가는)이 가장 두드러진 곳은 일본이 첫째가 아닐까 싶다. 그런 의미에서 일본은 가장 동양적이다. 물론 어떤 의미에서 일본은 동양의 나라들 가운데 가장 동양적이지 않다. "어떤 의미에서"라 함은 일반적으로 회자되는 생산력의 양적 비교를 일컫지 않는다. 나는 동양을 두고 저항을 생각하고 있으니 그 저항이 작다는 의미에서다. 이것은 일본이 자본주의화에서 보여준 눈부신 속도와 관

37 같은 글 263면.
38 같은 글 239면.

계될 터다. 그리고 그 진보로 보이는 것이 동시에 타락이라는 점, 가장 동양적이지 않은 것이 동시에 가장 동양적이라는 점과도 결부되리라.[39]

여기서 동양은 오리엔탈리즘의 동양과 저항의 동양이라는 두가지 계기를 갖는다. 그리고 타께우찌는 각각의 동양을 일본과 중국에 배분하며 두 사회를 정반대로 평가했다. 중국은 일본과 달리 이차적 저항으로 서양화에 뒤처졌지만 자신의 근대를 개척해갔다는 것이다. 「근대란 무엇인가」의 부제는 '일본과 중국의 경우'다. 여기서는 우등생식으로 한번 패하자 저항을 내려놓고 '근대화'에 매진한 일본과 저항을 지속하여 패배를 거듭하고 패배했다는 사실을 잊으려는 자신에게마저 저항하여 자신의 근대를 성취하는 중국이 대비된다.

이러한 일본과 중국 근대의 비교는 「방법으로서의 아시아」에서도 이어진다. 타께우찌는 말끝을 흐렸지만 이미 거기에는 아시아를 방법으로 사유하기 위한 단서가 마련되어 있는 것이다. 바로 '방법으로서의 중국'이다. 따라서 「방법으로서의 아시아」에서 중국과 관한 내용을 소거한다면 '방법으로서의 아시아'는 그저 그럴듯한 수사가 되어버린다. 그러나 그가 중국과 어떻게 대면했는지를 읽어낸다면, 오늘날에도 여전히 귀중한 사상의 자원을 얻을 수 있다.

「방법으로서의 아시아」의 전반부는 타께우찌가 어떤 연유로 중국에 관심을 갖게 되었는지와 더불어 '학문'을 대하는 그의 태도가 나온다. 그에게 중국연구란 중국에 관한 지식을 축적하는 일이 아니라 자신의 지적 감도를 시험하는 일이었다. 그는 자신이 지나문학을 전공하게 된 경위를 밝힌 뒤 '문학'을 독특하게 정의한다. "제 전공은 문학입니다만,

---

39 같은 글 233~34면.

저는 문학을 넓게 봅니다. 어떤 나라의 사람들이 생각하거나 느끼는 방식, 나아가 그것을 통해 좀더 깊은 곳에 있는 생활 자체, 그것을 연구대상으로 삼는 학문 말이죠. 사물 쪽에서 생활을 보는 게 아니라 마음의 면에서 생활을 응시해야 문학이다, 이런 태도로 연구를 해왔습니다."[40]

그가 독특한 문학관을 갖게 된 계기는 유학 체험이었다. 그는 유학하는 동안 중국 사회생활의 주름진 곳으로 진입하지 못한다는 무력함을 느꼈으며, 그 무력함에서 출발해 문학의 과제를 설정했다. 그것은 흔한 지역연구와는 다른 태도다. 즉 타께우찌는 대상을 자기 지식에 끼워맞추는 것이 아니라 대상 속으로 진입하지 못한다는 사실로부터 자기 지식의 감도를 되물었다. 그리하여 그는 말한다. "그때까지 저는 중국을 공부해 일본인이 지닌 중국에 대한 인식상의 결핍 혹은 오류를 고쳐나가 학문의 성격을 바꿔가겠다고 목표를 세워두었습니다. 종래에도 한학이나 지나학이 있었지만 그런 죽은 학문 말고 실제로 살아 있는, 이웃의 인간이 지니는 마음을 탐구해 우리의 학문 자체를 바꿔가겠다는 것이 그때까지 제가 지닌 바람이었습니다."[41]

그리고 "그때" 이후 타께우찌는 중국연구에서 다음 걸음을 내딛는다. "그때"란 1945년의 패전을 가리킨다. 패전 후 타께우찌는 일본의 근대화 과정이 어디서부터 뒤틀렸는지를 파고들겠다고 마음먹었다. 그 작업을 위해 일본과 중국의 근대를 비교한 것이다. "후진국의 근대화 과정에는 둘 이상의 형태가 있지 않을까. (…) 일본의 근대화는 하나의 형태가 될 수는 있어도 동양의 여러 나라 혹은 후진국이 근대화하는 유일하고도 절대적인 길은 아니며, 그 밖에도 다양한 가능성과 길이 있지

---

40 「방법으로서의 아시아」, 『선집 2』 34면.
41 같은 글 37~38면.

는 않을까 생각했던 것입니다."[42]

타께우찌는 일본의 근대를 해명하려면 '서양 대 일본'이라는 기존의 이항대립이 아니라 중국을 참조하여 새로운 분석틀을 짜야겠다고 생각했다. "저는 근대화의 두 가지 형태를 생각할 때 이제껏 그래왔듯 일본의 근대화를 서구 선진국하고만 비교할 일이 아니구나 생각했습니다. 학자만이 아니라 보통의 국민들도 그랬습니다. 정치가도 경제계 인사도 모두 그런 식이어서, 정치제도는 영국이 어떻고 예술은 프랑스가 어떻고 하며 곧잘 비교하곤 했지요. 그런 단순한 비교로는 안 됩니다. 자기 위치를 확실히 파악하려면 충분치 않습니다. 적어도 중국이나 인도처럼 일본과 다른 길을 간 유형을 끌어다가 세 개의 좌표축을 세워야겠구나, 그 당시부터 생각했습니다."[43]

'서양 대 일본'이라는 이항대립은 오늘날 지역학의 틀에서 익숙하게 접할 수 있다. 그 경우 서양을 중심으로 방사형의 좌표평면이 만들어져 기타 지역들은 서양을 준거 삼아 자기를 인식한다. 그러나 타께우찌는 말한다. "단순한 이원대립이 아니라 좀더 복잡한 틀을 세워야 하지 않겠느냐고 당시 생각했습니다."[44] 즉 보편과 특수를 서양과 비서양에 배분하는 것이 아니라 보편/특수의 관계를 근저에서 묻고자 서양과의 관계에서라면 또 하나의 특수에 놓일 중국을 참조축으로 도입한 것이다. 중국을 끌어들인다면 일본의 근대는 달리 표상될 수 있으며, 일종의 전위(轉位)가능성을 경험하게 된다. 이후의 진술은 「근대란 무엇인가」의 내용과 크게 다르지 않다. 성공적이라 여겼던 일본의 근대화는 실상 서양의 것을 빌려오고 흉내낸 것에 불과하지만, 중국은 서양을 따라가

---

42 같은 글 40면.
43 같은 글 47면.
44 같은 글 48면.

기를 거부해 뒤처졌으나 보다 튼실하게 자신의 근대를 일궈냈다는 것이다.

그러나 이러한 타께우찌의 중국 평가를 두고서는 이견이 많다. 중국의 근대를 지나치게 이상화했다는 것이다. 그는 루쉰을 매개 삼아 중국을 이해했으며, 일본인의 주체성과 일본의 근대를 사상적으로 되짚을 때 일본 상황의 열악함을 부각하는 참조축으로 중국을 끌어들였다. 확실히 이처럼 이상화, 차라리 기능화된 그의 중국이해는 실제의 중국으로부터 괴리될 수도 있었다. 더욱이 '중국의 굴기'가 현실화되고 있는 지금 타께우찌의 '저항하는 중국'을 액면 그대로 받아들이기는 어렵다.

하지만 타께우찌는 저항하는 중국, 뒤처진 근대에서 한가지 사상의 가능성을 길어올리고자 했으며, 그것은 오늘날의 동아시아론에 몹시 중요한 시사점을 갖는다. 뒤처진 자는 앞서간 자가 자명시하는 것들을 의심할 수 있는 사상의 계기를 쥔다는 것이다. 서양에서는 근대가 오랜 시간 축적되어(그렇다고 여겨져) 그 성격이 은폐되어 있지만, 서양의 외부에서는 몹시 압축적으로, 더구나 폭력을 동반하여 진행되었기 때문에 근대의 실상이 노출된다. 그 조건에서 지체를 만회하고자 서양을 분주하게 뒤좇을 수도 있지만, 뒤처졌다는 한계에서만 가능한 근대 비판의 계기를 움켜쥘 수도 있다. 그 후자가 타께우찌가 이해한 루쉰의 문학이며, 아시아 '근대성'의 진실된 모습이다.

또한 타께우찌는 중국의 근대를 '방법'으로서 도입했다. 즉 '방법으로서의 중국'은 '보편 대 특수' '서양 대 일본'이라는 구도에 주박당한 세계인식을 뒤흔들고, 근대 과정에 새겨진 식민성과 폭력성을 일깨우도록 만들었다. 일본의 근대화에서 아시아를 방법이 아닌 실체로 삼을 때 그 정치적 귀결은 집단방위권을 설정하고 서양에 맞선다는 명목 아래 주변 지역을 식민화하고 전쟁에 동원하는 것이었다. 서양이라는 '보편'의 거울에 자기를 '특수'로서 비추는 한 일본이 가질 수 있는 욕망의 최대치는 주인-노예의 관계에서 주인의 위치로 자리를 옮겨가는 것이었다. 그러나 타께우찌는 「근대란 무엇인가」에서 말한다. "노예는 자신이 노예라는 자각을 거부하는 자다. 그는 자신이 노예가 아니라고 생각할 때 진정으로 노예다. 노예는 자신이 노예의 주인이 되었을 때 완전한 노예근성을 발휘한다."[45] 그러한 노예근성이 발휘되는 패권의 장이 아시아였던 것이다.

그러나 이것은 비단 일본의 근대화에만 한정된 문제가 아니다. 현재 '동아시아'는 주도권을 둘러싼 경합 가운데 배타적 범주가 되어가고 있다. 특정 기준에 따라 실체화되는 동아시아는 권력화될 것이다. 그러나 타께우찌가 아시아를 방법으로 삼았을 때 그것은 '서양 대 동양'이라는 구도가 함유한 독소를 직시하기 위해 성찰적 지평을 마련하고, 서양을 척도 삼아 경주해온 근대화의 노정을 되묻고, 이곳의 역사 속에서 서양의 근대마저도 역사화하기 위한 시도였다.

우리는 여기서 다시 이중의 저항으로 돌아간다. 서양이라는 타자를 거부하지만 서양을 뒤쫓아 자신을 실체화한다. 이것이 일차적 저항이고 근대화와 민족주의의 모습으로 드러난다면, 이차적 저항이란 서양이라는 타자에 저항하는 동시에 자신의 실체화 역시 거부하는 운동일 것이다. 그 운동은 어떻게 표상가능할 것인가. 답하기는 쉽지 않지만, 타께우찌의 아시아가 그 운동의 궤적을 그려내는 '방법'이 되어주지 않을까.

---

45 「근대란 무엇인가」, 『선집 2』 250면.

7. 이차적 저항과 한국발 동아시아론의 가능성

이제 타께우찌 요시미의 아시아를 동아시아로 옮겨올 차례다. 타께우찌는 아시아를 지리적 실체도, 문화권도, 권력의 쟁탈장도 아닌 자기비판의 방법이자 자타관계의 새로운 타개책으로 내놓았다. 우리는 타께우찌의 아시아를 지금의 동아시아로 번역해내야 한다. 그런데 아시아를 하위범주인 동아시아로 번역해내는 일은 어떻게 가능한가.

먼저 동아시아가 내어주는 지리적 실체감에 안주하지 말아야 한다. 아시아는 지리적 윤곽이 뚜렷하지 않다. 아시아는 서양(the West)이 아닌 기타(the Rest)에 속하는 서양의 잔여범주다. 그리고 패배하고 뒤처진 이름이다. 타께우찌는 실체화하기 어렵다는 아시아의 모호성을 탈근대=탈식민을 모색하는 사고의 계기로 삼았다. 동아시아의 '동' 역시 어느 나라가 거기에 속하느냐는 배제적 논리로 기능해서는 안 된다. '동아시아란 무엇인가'라는 물음에 나라 이름을 나열하여 답한다면, 그것은 결국 패권을 둘러싼 경합의 장이 되고 말 것이다. 동아시아의 '동'은 지리적 한정이 아니라 문제의식의 초점과 긴박성을 담기 위한 말로 풀이되어야 한다.

결국 '동아시아란 무엇인가'라는 물음은 우리를 유동적 상황으로 이끌어가는 매개다. 궁극적으로 답에 이르지 못할 물음이나, 답에 이르지 못한다는 자각을 지닌 채로 그 물음을 간직할 수 있다면, 그 물음은 우리를 기존의 학문적 감각으로는 포착할 수 없는 장으로 견인해갈 것이다. 동아시아는 각 사회가 서로를 마주보고 참조하며 서로의 변환지점을 표시해주는 지평이다. 서로 다른 의미와 의지가 오가고 충돌하는 장이며, 이질성을 확인하고 소통하는 공간이다.

타께우찌에게는 중국이 바로 그런 아시아였다. 일본은 누구에게 추궁받아야 자기인식과 타자인식을 쇄신할 수 있는가. 그 실감의 상대가 중국이었다. 일본은 패전했다. 그러나 중국에 패배했다는 사실은 애써 외면했으며, 중국을 향한 멸시감은 가시지 않았다. 그렇기에 타께우찌는 일본의 주체성을 부단히 공박할 매개체로서 이른바 문명국이나 서구의 승전국이 아닌 중국을 끌어왔다. 그때의 중국은 중화인민공화국이기 이전에 타께우찌가 사상적으로 조형해낸 루쉰적·저항적 중국이었다.

바로 '주변에서 본 동아시아'론은 한국의 상황에 근거하여 타께우찌가 해석한 (꼭 중국이 아니더라도) '중국과의 관계'를 발견해내야 한다. 거기서 맞닥뜨려야 할 물음은 이것이다. 주변자가 주변성에 의지하지 않고도 중심-주변의 구도를 사고할 수 있는가, 피해자가 피해의 경험에 의존하지 않은 채 가해-피해의 구도를 넘어설 수 있는가. 앞서 중심-주변의 구도와 관련해 대국인 중국과의 관계는 언급한 바 있다. 이제 가해-피해의 구도에 관해 일본과의 관계로 초점을 옮겨보자.

'기억의 동아시아'. 과거를 소환해내는 동아시아론에서는 으레 일본이 한 축으로 놓인다. 한국에서 민족주의의 발산 경로가 필요할 때 일본은 가장 편리한 대상이다. 한국의 민족주의에는 한국과 일본의 '일대일 구도'를 유지하며 그 안에 머물고자 하는 욕구가 있다. 일본을 상대로라면 피해자로서 도덕적 우위를 가질 수 있으며, 그것이 한국 민족주의가 믿고 있는 자기정당성의 근거가 된다. 그러나 도덕적 우위는 가해-피해의 관계 안에서만 유효할 뿐 그 관계를 떠난다면 효력을 상실한다. 그리하여 한국의 민족주의는 존재의 불안을 희석하고자 일본과의 가해-피해 구도를 재생산한다.

그러나 일본과의 '일대일 구도'에 다른 참조틀을 도입하면 한국의 민족주의는 제대로 기능하기 어려워진다. 가령 현재 민족주의의 구도를 한국 → 일본 → 북한 → 미국(한국이 일본을, 일본이 북한을, 북한이 미국을 적대의 축으로 삼는다)이라고 단순화해본다면, 그리고 이런 사정으로 서로의 민족주의가 서로를 마주보지 못한다면, 이 구도에 중국 내지 타이완을 들일 경우 상황은 복잡해지고 각각의 민족주의는 정당성의 근거가 흔들릴 것이다.

더욱 중요한 문제는 '한국 대 일본'이라는 구도에 안주하려는 민족주의적 욕망이 사고에 제약으로 작용한다는 사실이다. 그것은 한국에서 지역인식의 확장과 쇄신을 가로막고 있다. 어떤 의미에서는 친일의 역사를 청산하는 작업만큼이나 '한국 대 일본'이라는 대립구도를 깨뜨리는 것이 진정한 탈식민의 과제일지 모른다. 그 구도에 붙들려 거기에 머무르려는 태도가 식민성의 구조를 재생산하기 때문이다. 마치 '서양 대 동양'의 구도가 서양의 정치적 통제가 사그라든 오늘날에도 정신적 족쇄로서 동양을 옭아매고 있듯이 말이다. 그리하여 우리는 다시 타께우찌의 이차적 저항을 상기해야 한다. 바로 식민과 제국의 구도는 타께우찌가 내놓은 동양과 서양의 구도와 겹쳐지기 때문이다. 또한 이차적 저항 속에서 한국발 동아시아 담론의 가능성을 모색하기 위해서다.

식민지와 제국의 관계는 비대칭적이다. 식민지는 제국을 자기 바깥의 대상으로 인식하지만, 제국에 식민지는 자기인식의 연장이다. 또한 서양의 근대 과정이 그러했듯 제국은 자기로부터 벗어나 영토를 확장하기 때문에 탈민족적 사유의 장을 만들어낸다. 그러나 결국 제국주의는 한 민족이 다른 민족을 포섭하는 형태로 전개되어 민족 간의 대립을 야기하고 그 대립을 거쳐 제국과 식민지에는 국민의 서사가 만들어진다.

여기서 타께우찌의 '일차적 저항'을 식민지 상황에 도입한다면 그것은 민족독립의 투쟁이 될 것이다. 민족독립투쟁은 제국에 대한 투쟁이며 제국에 보이는 투쟁이다. 그렇다면 '이차적 저항'은 무엇일 것인가. '일차적 저항'이 국권 상실의 경험에서 국가를 되찾으려는 운동이라면, '이차적 저항'이란 상실한 것을 결여의 형태로 간직하고 있는 게 아니라 그 결여마저 상실함으로써 국가를 단위로 하지 않는 다른 가능성을 움켜쥐는 것이 아닐까. 이러한 식민지의 이차적 저항을 제국은 표상할 길이 없을 것이다.

서양과 동양의 관계가 그렇듯 식민지의 세계(표상)는 늘 제국의 세계보다 작다. 그러나 제국이 넓은 세계의 시야를 가질 때 '이차적 저항'을 통해 식민지는 제국이라면 가질 수 없는 어떤 깊이를 경험할 수 있지 않을까. 달리 말하자면 탈국가화·탈영토화라는 식민지의 경험이자 한계를 식민지의 가능성을 사고하는 역사적 자산으로 삼을 수는 없을까.

이런 발언은 자칫 말장난이 되기 쉬우며, 이런 발상은 역사의 무게를 홀시하는 후대 인간의 망상에 머무를지 모른다는 사실을 알고 있다. 그러나 과거의 역사를 가볍게 다루기 위해서가 아니라 오늘의 현실을 무겁게 여기기에, 무리인 줄 알면서도 그런 생각을 거둬들일 수가 없다. 즉 지금의 조건에서 탈식민을 묻고자 하는 것이다. 피해자가 피해를 받았다는 사실을 자기정당성의 근거로 붙들고 있는 한 이차적 저항의 계기는 만날 수 없다. 분명 역사의 잘잘못을 가리고 죗값을 치르고 식민성을 극복하는 일은 동아시아의 당면과제다. 그러나 각 사회는 다른 방식으로 동아시아의 과제와 만난다. 한국의 경우 피해당했다는 기억이 동아시아 인식, 세계인식에 제약을 안긴다면, 탈식민은 일본이 반성하고 사죄한다고 이루어지는 것이 아니다.

진정한 탈식민이란 제국을 향해 그 잘못을 비판할 뿐만 아니라 제국의 위치에서는 보이지 않는 가능성을 자신의 한계상황에서 발견하고 거기서 사상을 빚어내 제국에로 '되먹이는' 것이다. 타께우찌가 「방법으로서의 아시아」 말미에서 아시아의 가능성을 암시했듯이 말이다. 아시아는 방법이다. 무엇보다 '주체형성'의 방법이었다. 타께우찌는 서양이 실현하지 못한 보편성을 서양에 대해서조차 실현하고자 아시아를 방법으로 삼았으며, 그때 아시아는 서양과 대립하기보다 서양을 '되감는다.' 인류는 동등하다. 그러나 평등은 실현되지 않았다. 그 사실을 절감하는 곳이 아시아였으며, 그 비대칭 구조를 자각해야 타께우찌의 아시아였던 것이다. 정치공동체는 동등하다. 그러나 착취와 억압은 끊이지 않는다. 그 사실을 자각하는 곳이 식민지다. 사상의 언어로 다시 쓰인 아시아처럼 사상의 위상에서 다시 사고될 식민지는 비대칭적 구조로 인해 한계에 놓이지만, 그 한계를 통해서만 억압구조의 와해에 이르려는 고투의 장인 것이다.

이것은 지나간 역사를 어떻게 받아안을 것인가의 문제만이 아니다. 대국과 소국, 중심 대 주변이라는 비대칭적 관계가 가로놓인 동아시아의 현실을 사고할 때도 긴박한 문제다. 한국은 주변성이라는 한계에 내재함으로써만 사상의 계기를 획득할 수 있다. 그것을 위해서는 지나간 식민지 체험과 근대 이식의 계보를 거슬러올라가 지금의 동아시아론 안에 잠재하는 중심을 향한 욕망을 직시해야 한다. 그 과정을 거쳤을 때 한국은 동아시아에 내재화될 수 있으며, 동아시아도 한국에 내재화될 수 있을 것이다.

8. 사상의 연대로

한국의 동아시아. 타께우찌를 경유한 우리는 이제 동아시아 속의 한국, 중국, 일본만이 아니라 한국, 일본, 중국의 동아시아를 묻는다. 이때 '의'는 소유격도 동격도 아니다. 그때 동아시아는 자기 사유의 한계와 만나는 곳이다. 따라서 한국의 동아시아는 일본의 동아시아, 중국의 동아시아와 다르다. 동아시아가 자기비판의 지평이라면, 일본에는 외면했던 아시아와 마주보고 멸시했던 이웃나라에 대한 시선을 바로잡는 일이 자기비판의 방식이 되겠지만, 한국은 일본과의 관계를 중심으로 재생산해온 동아시아 인식을 극복하는 일이 관건이 될 것이다. 중국에는 국력과 지리상 육중함으로 말미암아 주변의 관점을 어떻게 수용할 수 있는지가 문제로 부상하겠지만, 한국은 국가로서의 주변성이라는 조건에서 중심국가를 욕망하는 것이 아니라 어떻게 다른 위상과 양상의 주변성으로 이해를 심화해갈 수 있는지를 과제로 갖게 될 것이다. 그런 의미에서 서로가 갖는 '사상과제로서의 동아시아'는 다르며, 서로의 변환지점을 표시하는 장으로서 동아시아는 존재할 것이다.

그렇다면 왜 이 모두를 구태여 동아시아라고 명명하는가. 본래의 정의로부터 한정없이 멀어졌는데도 왜 다른 말로 대체하지 못하는가. 그것은 첫째, 이 지역의 각 사회는 서로가 서로에게 문제의 항으로서 존재하기 때문이다. 동아시아는 서로를 참조항으로 삼아 입체화되는 사상의 공간이다. 참조과정에서 자신을 기준으로 타자를 평가하지 않고, 서로의 차이를 발견하되 자기 내부의 차이도 드러나 자신을 분절화하는 계기다. 그렇게 임계점에 이르러 자기동일성에 균열이 일어나는 것, 그것이 타께우찌 요시미가 아시아를 '방법'이라고 불렀던 의미다. 역사적 착종관계와 현실의 적대성, 상호이해의 낙차를 품고 있는 각 사회는 서로를 매개해야 자기 사고의 한계와 대면할 수 있다. 동아시아는 내부의 시선만으로는 열리지 않는다. 서로 간의 시선들이 교차할 때야 비로소 열리는 공간이다.

둘째, 사상적 연대를 기도하기 위해서다. 동아시아의 연대는 '동아시아 공동의 인식'을 모색한다는 섣부른 기대로 성사될 수 있는 일이 아니다. 지리적·역사적·정치적 규모와 사회체계의 차이로 말미암아 각 사회의 표상은 그대로는 교환불가능하기 때문이다. 또한 자기 사고의 한계와 대면하기 위해 각 사회가 출발하는 곳도 도착할 곳도 다르다. 더욱이 무거운 역사기억, 영토문제, 근대화를 향한 각축 가운데 각 사회 사이에는 적대성이 어지러이 깔려 있다. 이 조건 속에서 연대는 어떻게 가능한가. 대립하면서도 대립하기에 도리어 하나를 이루는 이곳에서 연대를 이뤄내려면 '동아시아공동체'와 같은 섣부른 협력의 요구가 아니라 아득하니 어려운 사상적 실천을 모색해야 할 것이다. 어쩌면 화해가 아닌 긴장관계를 연대의 한가지 모습으로 읽어내는 사상의 감도가 필요할는지 모른다.

이렇듯 각 사회가 처한 현실이 다르다면 기도할 수 있는 연대는 '조건의 연대'가 아닌 '고민의 연대'일 것이다. 즉 같은 조건을 공유하기에 가능한 연대가 아니라 조건은 다르지만 서로의 고투의 농도 그리고 심도가 닿는 연대다. 그리하여 중요한 과제는 공동의 조건을 확인하거나 이념을 공유하는 것이 아니라 타자의 고투를 나눠갖는 일이다. 그러나 다시 말하건대 그 고투의 내실을 그대로 나눠갖는 일은 비대칭성, 적대성, 몇겹의 분단선으로 인해 불가능하다. 따라서 서로의 고투는 서로에게 번역되어야 한다. 그런 번역이 가능하려면 자기전환을 겪어야 한다. 나는 그 번역의 장을 동아시아라는 말이 아니고서는 달리 부를 방법이 없다.

그리고 이 글 또한 '방법으로서의 동아시아'라는 제목을 피해가기가 어렵다. 타께우찌 요시미를 흉내 내는 것이며 이미 남들이 사용한 제목이지만, '로서의'라는 일본어 어감을 댓가로 지불하고서라도 이 제목을 택해야 한다. 반세기가 지났지만 「방법으로서의 아시아」를 전편으로 삼아 그가 말끝을 흐린 곳을 채워넣고 후편을 이어쓰는 것, 그것이 내가 가야 할 동아시아이기 때문이다. 따라서 '방법으로서의 동아시아'는 아직 쓰지 못한 미래의 글을 위한 제목이기도 하다.

6장 동아시아라는 번역공간

1. 동아시아론의 유산화를 위하여

올해(2011) 『창작과비평』 봄호는 '다시 동아시아를 말한다'를 특집으로 삼았다. 거기서 백영서는 창비가 주창해온 동아시아론의 궤적을 돌아보며 분단체제에 매인 한반도의 조건에서 여전히 동아시아적 시각이 요구되는 맥락을 되짚었다. 이어 백낙청은 국가주의를 넘어선 한반도의 국가개조 작업이 동아시아에서 갖게 될 의의를 조명했다. 논자들의 글은 현실 진단만이 아니라 미래를 향한 강한 제언도 담고 있었다.

그러나 '다시 동아시아를 말한다'는 특집의 제목은 '또 동아시아인가'라는 피로감을 전했다. 논자들의 글을 읽고 나서의 감상은 아니다. 다만 '다시' 동아시아를 말하는 특집이 필요할 만큼 동아시아론은 이미 회고의 시간에 들어섰으며, 따라서 이제 동아시아론의 사상적 유통기한을 따져봐야 할 시기가 되었다는 감각이었다.

백영서는 글의 도입부에서 "돌아보면 한국에서 동아시아 담론이 출현한 1990년대 초부터 근 20년이 되어가는 지금"이라고 적었다.[1] 확실히 많은 연구자는 『창작과비평』 1993년 봄호 특집 '세계 속의 동아시아, 새로운 연대의 모색'을 동아시아 화두의 기점으로 삼는다. 그렇다면 '동아시아론'은 20년 가까운 수명을 누려온 셈이다. 그 20년이 동아시아론의 유통기한인지는 알 수 없는 노릇이다. 다만 동아시아론을 거론하려면 '다시'라는 표현을 달아야 할 만큼 동아시아론은 길게 이어져왔으며, 또한 '다시'라며 새로운 호흡을 주입해야 할 만큼 동아시아론은 담론으로서 생명력을 잃어가기 시작했다는 사실은 분명해 보인다.

물론 동아시아론은 앞으로도 지속될 것이다. 그러나 내리막길로 접어들어 이윽고 철지난 담론이 될지도 모른다. 계속 동아시아론이 양산되더라도 내리막길 위의 자전거 페달이 공회전하듯 담론은 지면과 무관하게 그간 쏟아져나오던 동아시아론의 관성으로 인해 자기 운동을 하는 것일지도 모른다. 이처럼 비관적 전망을 내놓는 까닭은 현재 동아시아론이 사회적 담론으로서 얼마나 문제제기적 효과를 발휘하는지가 의문이기 때문이다. 동아시아론의 사상적 체력이 고갈된 것은 아닌지 묻고자 하는 것이다.

만약 그렇다면 현재 동아시아론의 활황은 동아시아론의 버블로 진단되어야 할 것이다. 겉보기의 풍요로움이 담론의 생명력을 보증하지는 못한다. 그리고 만약 현재를 버블기로 진단한다면, 이제 동아시아론에 남아 있는 사상적 생명력을 측정하고 그간의 동아시아론 가운데서 한국 사상계의 자원에 값할 요소들을 골라내 유산화하는 작업에 나서야 할 것이다. 이 글은 바로 동아시아론을 유산화하려는 작업의 일환이다. 즉 동아시아론의 거품이 꺼져가더라도 그냥 흘려보내선 안 될 문제의

---

1 백영서 「연동하는 동아시아, 문제로서의 한반도」, 『창작과비평』 151호(2011) 17면.

식을 골라내고 움켜쥐려는 시도인 것이다. 만약 버블기라는 진단이 실상에서 벗어난 것이더라도 현재의 담론을 사상사의 유산으로 삼으려는 노력 속에서야 비로소 그 담론은 이후의 성장을 기약할 수 있다고 믿고 있다.

2. 동아시아론이 모호해진 이유

버블기의 특징은 외관의 풍요로움에 가리어 위기의 실체를 파악하기 어렵다는 데 있다. 동아시아론은 관련 연구의 규모를 보건대 활황임이 분명하다. 그러나 동아시아론이 무엇을 위한 담론인지는 여전히 모호한 상태며, 문제의 심각성은 동아시아론이 외적 성장을 거듭하자 모호한 채로 점차 알 만한 담론이 되어왔다는 데 있다. 동아시아론에서 '동아시아'는 지리적 범주를 지시하는 데서 머물지 않았다. 동아시아라는 개념은 유동성을 띠고 다양한 문제의식과 접속하며 풍성한 담론공간을 일궈냈다. 하지만 그 담론공간은 일관된 내적 논리 위에 기초해 있지 않으며, 거기서 생산되는 담론들을 보면 차라리 모순적이기조차 하다.

논자들에 따라 동아시아는 국민국가 단위의 자국중심주의를 극복하는 장으로 모색되기도 하지만, 국익을 지역 수준에서 확대재생산하기 위한 논리로도 활용된다. 또한 동아시아공동체는 서구적 근대와 자본의 세계화에 맞서는 대안으로서 지향되지만, 지역협력체를 구축해 경제적 근대화를 기도하기 위한 틀로도 고안된다.

이처럼 내용과 지향이 불분명한 채로 동아시아론이 확산된 것은 먼저 '동아시아'라는 개념이 지니는 실체성과 신축성이 모순되지 않은 채 활용되었기 때문이다. 동아시아는 여느 학적 개념과 달리 물리적 실체를 함유하기에 이 개념과 접속하면 현실성과 역사성을 띠는 듯한 착시 현상이 일었다. 그리하여 여러 학문영역은 지금껏 다뤄오던 내용을 '동아시아'라는 애매한 담론공간으로 옮겨 연구의 확장을 꾀했다. 그런데 그 연구들 가운데 일부는 '왜 동아시아여야 하는가'라는 본질적 물음을 누락한 채 동아시아를 모호한 지역범주로 삼고 그 말의 신축성에 기대어 연구범위의 확장을 꾀한 탓에 동아시아론의 모호함을 가중하고 말았다. 결국 그런 연구들은 구체적 현실과 마주했을 때 담론의 물질성이 휘발되고 추상성, 관념성을 노출하곤 했다.

따라서 동아시아론을 한국 사상계의 진정한 유산으로 삼으려면 동아시아론의 인식론적 토대를 되묻는 작업이 필요하다. 기존 동아시아론이 움터 나온 원인을 재검토해 동아시아론의 필요성을 지금의 조건에서 재구성해야 하는 것이다. 그 작업은 동아시아를 지리적 인접성에 기초한 지역범주 이상의 의미로 활용하되 그 개념의 신축성에 기대어 추상적인, 즉 분석불가능한 수사로 전락하지 않을 수 있는 동아시아의 용법을 발굴해내는 일이다. 이를 위해서는 현상황을 버블기라며 기존의 동아시아론을 뭉뚱그려 비판해서는 안 될 것이다. 그런 식이라면 이 글은 이제껏 축적되어온 소중한 노력들을 외면한 채 세대론적 인정투쟁에 빠져들어 공론이 되고 말 것이다. 따라서 기존의 동아시아론 가운데 진정 동아시아론에 값하는 연구와 그렇지 못한 연구를 가려내야 한다. 즉 동아시아론의 유산화 작업은 기존의 동아시아론을 포괄적으로 부정하기 위해서가 아니라 내재적 비판을 통해 동아시아론의 사상사적 의의를 도출해내기 위해 필요한 것이다.

3. 동아시아론의 갈래들

동아시아론이 성장하는 과정 속에서 모호해진 또다른 이유는 애초 동아시아론을 요청하는 시대적·사회적 맥락이 복잡했기 때문이다. 결국 '어떤 동아시아인가'를 결정한 것은 '왜 동아시아여야 하는가'였다. 어떤 객관적 조건과 주체적 모색에서 발생했느냐에 따라 동아시아론의 함의는 크게 달라졌다. 그 조건과 모색이 다양하고 상이했기 때문에 동아시아론은 활황을 구가할 수 있었고, 동시에 내실이 모호해졌던 것이다.

동아시아론이 발생한 가장 중요한 배경은 탈냉전이었다. 이 점은 대부분의 연구자가 공유하는 인식이다. 소련의 몰락, 동유럽 사회주의체제의 해체는 이 지역에서도 지역인식에 큰 변화를 초래했다. 탈냉전의 추세 속에서 동아시아는 새롭게 가시화된 지역지평을 의미할 수 있었던 것이다. 또한 상당수 연구자들은 탈근대의 추세도 동아시아론이 등장한 주요 배경으로 꼽는다. 비서구 사회에 이식된 서구적 근대, 그리고 비서구 학계에 자리 잡은 서구중심적 시각에 대한 성찰 가운데서 동아시아는 지역지평이자 지적 지평이 될 수 있었다.

그러나 탈냉전, 탈근대(론) 내지 서구적 근대에 대한 성찰을 공동의 배경으로 삼더라도 동아시아론은 다양한 갈래로 분기했다. 그 한가지 분기점이 제3세계주의적 문제의식을 견지하고 있느냐 여부였다. 냉전기에 제3세계주의적 문제의식은 서구중심주의에 대한 반성과 아울러 자본주의-사회주의 체제대립의 바깥에서 주체성을 건설한다는 모색을 견지하고 있었다. 바로 탈냉전기의 동아시아론은 제3세계주의의 연장선상에서 구성되느냐 여부에 따라 그 내실이 크게 달라졌다. 제3세계주의에 관한 고려는 인문학자 측에서 두드러지는데, 가령 최원식에 따르면 1990년대의 변화된 상황에서 민족민주운동을 성찰할 때 인접 지역과 문명으로부터 제3세계적 문제의식을 흡수하기 위해 중시된 것이 동아시아적 시각이다. 즉 1970년대 이래의 민족문학론이 제3세계주의와 결합해 동아시아론을 싹틔우게 된 것이다.[2]

제3세계주의를 사상적 자원으로 삼는 동아시아론은 동아시아를 지적 지평으로 삼을 뿐만 아니라 주체성 형성의 지평으로 구성해냈다. 특히 1980년대 말 사회주의권의 몰락으로 진보진영 담론의 현실적 준거가 사라지자 동아시아론은 이념적 색채마저 띠며 대안담론의 근거지 역할을 담당했다. 그러나 제3세계주의적 문제의식과는 별도로 자본의 세계화와 병행하는 지역화에 대한 대처로서 동아시아론에서 활로를 모색하는 경우라면 이 지역의 경제적 도약에 근거해 동아시아 경제권역을 지향하는 경향이 짙었다. 이런 논의는 주로 사회과학자들이 주도했다.

따라서 '어떤 동아시아냐'는 어떠한 학문적 배경에서 누가 동아시아를 발화하느냐에 따라서도 달라졌다. 사회과학의 영역에서 동아시아가 긴박한 분석범주에 가까웠다면, 인문학계에서는 주제 구성의 지평으로 주목을 모았다. '동아시아공동체'라는 개념을 두고도 견해는 갈라졌다. '동아시아공동체'라는 개념에는 동아시아에다 '공동체'라는 개념의 모호함마저 가중되었는데, 사회과학자들은 '동아시아공동체'를 지역협력체 제도화 과정의 상위 개념으로 설정하곤 했으며, 그 경우 '동아시아공동체'는 주로 EU와의 대비 속에서 그 의미가 해명되었다.

반면 백영서가 짚어내듯이 인문학자들은 국가 단위의 지역통합 매개체로서 '동아시아공동체'를 사고하기보다 비제도적 네트워크의 구축

---

2 최원식 「천하삼분지계로서의 동아시아론」, 『제국 이후의 동아시아』, 창비 2009, 64면.

을 중시했다.[3] 그 경우 '동아시아공동체'는 제도적 체계를 갖는 구성체라기보다 문학·철학·역사 해석에서 서구산 지식과 논리틀의 정당성에 문제를 제기하고 서구담론에 의해 포기, 망각되었던 가치를 구해내는 지평으로 여겨진다. 따라서 그들에게는 EU와의 비교연구를 통해 '동아시아공동체'의 제도화 절차를 밝히는 작업보다는 이 지역의 역사적 조건을 천착하는 일이 관건이 된다.

한편 사회과학적 연구와 인문학적 추구는 합류되기도 하여, 문화적 동질성을 탐구하려는 인문학자들의 모색이 정치경제적 공동체 형성을 뒷받침하는 논거로 활용되었다. 즉 동아시아는 지리적 인접성에 기댄 지역범주일 뿐 아니라 문화적·사상적으로 연관성을 갖는 문명권에 부합하며, 그런 지역적 특수성에 근거해 국가 단위를 넘어서는 정치경제적 공동체의 창출이 가능하다는 것이다.[4]

4. 한국적 조건의 재구성

이처럼 내용과 지향은 다르지만 동아시아론이 인문학계와 사회과학계에서 공히 비약적 성장을 거듭한 까닭은 동아시아론이 한국 지식계에서 자기인식의 쇄신과 확장을 위한 활로로서 기능했기 때문이다. 냉전기에 한반도는 체제대립의 분절선이자 최전선, 냉전의 발원지이자 고도로 남아 지역인식이 심각히 제약당했다. 그러나 탈냉전기에 접어들면서 한국 지식계에서 동아시아 시각은 일국적 시각과 세계체제적

---

3 백영서 「연동하는 동아시아, 문제로서의 한반도」 24~25면.
4 전재성 「전통시대 동아시아 지역질서와 21세기 동아시아 지역주의」, 『매력으로 엮는 동아시아』, 지식마당 2007.

시각의 매개항으로 기능하면서, 한국의 지역(세계)인식을 확장했다.[5] 나아가 앞서 거론했듯이 동아시아는 지역지평에 머물지 않고 지적 지평으로 활용되었을 뿐만 아니라 지역 구상의 논리로 전용되기에 이르렀다. 그렇듯 정책적 시각을 담지한 동아시아론은 참여정부 시기에 '동북아시대'론으로 제출된 바 있다.

동북아시대위원회는 '동북아시대 구상'에 관해 이렇게 밝혔다. "동북아지역에 누적되어온 과거 식민지 지배와 예속, 전쟁, 그리고 빈곤과 저개발의 역사적 유산을 극복하고 세계의 중심으로 급부상하고 있는 기회를 선용할 긴요성을 역사로부터 교훈을 많이 얻고 있는 한국이 적극 인식하여 실행함으로써 동일한 역사의 반복을 차단하고 새로운 역사로부터의 이익을 크게 도모할 수 있을 것이다. 따라서 '동북아시대 구상'은 한국을 중심으로 역내 국가들이 이 기회들을 적극 활용하고, 나아가 동북아지역의 평화와 번영을 이룩하기 위한 자산으로 전환시키려는 적극적 대응 전략이라 할 수 있다."[6] 동북아시대론 속에서 한국은 지정학적 자기인식을 일신했다. 즉 미국과 일본의 해양세력과 중국과 러시아의 대륙세력이 세력경합을 벌이는 충돌현장이었고 세계체제 및 동아시아 대립의 결절점이었던 한국은 이제 동(북)아시아에서 교량 역할을 담당해 한반도의 평화와 번영을 확보하고 이를 통해 세계적 평화와 번영에 기여할 수 있는 위치로 옮겨갔다.

그리하여 동아시아론에는 국가론의 색채가 짙게 깔렸다. 사회과학자들에 의해 중견국가(middle state), 가교국가(bridge building state), 거점국가(hub state), 협력국가(cooperation-promoting state) 등의 국가

---

5 박명규 「복합적 정치공동체와 변혁의 논리」, 『창작과비평』 107호(2000).
6 동북아시대위원회, 앞의 책 8~9면.

론이 제창되었으며,[7] 일군의 인문학자들도 소국주의론, 복합국가론 등 국민국가 혁신담론을 내놓으며 좁게는 중국과 일본 등의 역내 국가, 넓게는 해양과 대륙 세력 사이에서 한국의 발화입지를 구축해냈다.

그러나 동아시아론은 한국의 지정학적 위치에 근거해 현실정책 논의로까지 격상되며 성장했지만, 한국의 조건이 짙게 투영된 결과 역으로 동아시아론의 지역인식은 제약되기도 했다. 즉 동아시아론의 지역인식이 은연중에 한국중심성을 전제로 하는 상상된 지도로 동아시아를 한정한 것이다. 그리하여 실천의 당위성을 강조하더라도 그것이 역내의 현실적 조건에서 얼마나 실천력을 발휘할 수 있을지, 역내 타국의 공감을 얼마나 얻을 수 있을지가 의문에 부쳐졌다.

이렇듯 정부와 시민단체, 학계와 미디어에 이르기까지 동아시아를 욕망하여 동아시아론은 물신화의 함정에 빠졌으며, 그 안에 새겨진 한국중심성의 논리로 말미암아 동아시아론은 동아시아론임에도 불구하고 한국의 지식계에서만 통용되는 내수용 담론으로 기울었다. 더욱이 참여정부 이후 후원담론으로서의 지위를 상실하자 목하 동아시아론은 표류하는 중이다. 동아시아는 지역범주인지 사유지평인지 문명권인지 경제권역인지 역사의 유산인지 미래의 기획인지가 모호한 채 확장되다가 내리막길로 접어들고 있으며, 동아시아론에 담는 문제의식과 거기에 담긴 문제성 역시 점차 옅어지고 있다.

---

7 최영종 『동아시아 지역통합과 한국의 선택』, 아연출판부 2003, 181면.

5. 세계체제 주변부 사이의 번역

따라서 동아시아론의 재역사화가 필요하다. 동아시아론은 복잡한 역사적 맥락에서 분출했지만, 다양한 수요를 받아들이며 그 내실이 모호해져 현실 대응력을 잃어가고 있기 때문이다. 따라서 동아시아론을 다시 역사화해야 한다. 그리고 그 작업은 만연한 동아시아론 가운데서 내재적으로 동아시아를 필요로 하는 것과 그렇지 않은 것, 사상사적 함량을 갖는 것과 그렇지 못한 것을 가려내는 데서 시작되어야 한다.

애초 동아시아론이 지니는 사상사적 주요 의의의 한가지는 이식된 근대에 관한 성찰에 있었다. 동아시아를 지역범주만이 아니라 사유지평으로 삼으려는 논자들은 서구적 근대가 초래한 국가주의·제국주의·자본주의의 억압·독점·차별·착취 문제에 관한 비판의 시각을 조형하는 데 역점을 두었다. 따라서 이식된 근대로 인한 역사적 상흔과 현실적 갈등을 간직한 이곳에서 동아시아론은 근대이해의 성찰적 계기를 마련했으니 그 사상적 가치는 쉽게 저버릴 수 없는 것이었다.

다만 '서구적 근대극복'의 필요성을 내놓더라도 '왜 동아시아인가'는 여전히 해명해야 할 물음으로 남는다. '서구적 근대극복'을 실현할 만한 자원과 역량이 동아시아에 존재하는지를 충분히 검토하지 않은 채 동아시아를 서구적 근대의 대안으로 내놓는다면 서구적 근대에 관한 인식은 단순화되고, 동아시아는 물신화될 것이기 때문이다. 국민국가의 억압성, 민족주의의 폐쇄성, 자본주의의 착취적 속성 등의 부정적 면모를 서구적 근대에 안배하고 동아시아 가치를 그 대안으로 내놓는다면 근대성에 관한 몰이해일 뿐 아니라 동아시아에 관한 사고가 경화되고 만다.

이런 편향에 빠지지 않고 동아시아 시각의 의의를 도출해내고자 이 글에서는 번역의 문제의식을 끌어오고자 한다. 동아시아를 번역공간이라는 관점에서 조명했을 때 동아시아라는 사유지평이 여전히 지니는 사상사적 가치가 규명될 수 있다고 기대하기 때문이다. 동아시아론의 당면과제는 동아시아 문명이 서구적 근대에 맞설 수 있느냐가 아니다. 서구적 근대극복의 가능성을 동아시아 문명 속에서 찾으려는 시도는 노스탤지어적 인식으로 빠질 공산이 크다. 차라리 관건은 동아시아를 사유지평으로 삼아 우리 안에 새겨진 근대적 지(知)의 체계를 해부해내는 일이다. 그리고 이 과정을 겪는다면, 동아시아 문명을 서구적 근대와 대비시켜 대안으로 삼으려는 시도는 역오리엔탈리즘적 속성을 가지고 있음이 드러날 것이다.

　이 지역의 근대는 번역된 근대다. 원본성을 지니지 못하기에 언제나 '미완의 근대'에 시달리며 근대성은 근대화로 표상된다. 원본성은 서구 근대의 몫이다. 그리고 서구는 동아시아라는 개념에서 필수요소다. 서구의 존재 없이 동아시아는 성립하지 못한다. 그런데 서구는 실상 동아시아 이상으로 모호한 개념이다. 그것은 명백한 종족적·사회적·종교적·경제적 이질성에도 불구하고 하나의 지리적 단위로 표상되며, 서구의 윤곽 자체는 근대화에 관한 역사주의적 서사 속에서 신축적으로 움직인다. 그리하여 서구는 지리적 단위로 거론되다가도 어느 틈엔가 방사형태로 비서구를 향해 확산해나가는 운동체로 묘사된다.

　이런 역사주의적 도식으로부터는 비서구의 정치·경제·문화 영역만이 아니라 학문영역도 자유롭지 못하다. 가령 비서구의 사회과학 분과들은 서구의 근대적 사회구성체의 개념장치들을 내장하고 서구중심성에 기반하는 거대한 번역체계의 하위 영역을 맡는다. 그 번역체계의 중심에는 이론이 생산되는 장소, 서구가 있으며, 서구에서 생산된 이론은 비서구로 뻗어나간다. 그리고 비서구의 역사와 현실은 서구산 개념으로 번역되어야 그 의미가 확정된다.[8] 근대화의 역사주의적 도식은 비서구의 다중적 근대성을 동질화 과정, 즉 근대화=서구화로 번역해내는 것이다.

동아시아론은 바로 이런 위계적 번역체계에 관한 비판적 시각을 제공했다. 그 시각에 근거해 일군의 동아시아론자는 서구적 근대의 폐해, 즉 이성중심주의, 주객이분법, 자본의 획일화 논리, 국가중심주의, 나아가 소비주의와 개인주의를 극복하는 대안문명론으로 동아시아론을 가다듬었다. 그러나 앞서 지적했듯이 동아시아 문명 내지 동아시아적 근대를 실체화해 서구적 근대를 극복하려는 시도는 희망의 언어로 현실을 가려버리는 효과를 낳고 만다. 4장 「동아시아라는 물음」에서 살펴보았듯이 애초 동아시아라는 지역범주 자체가 제2차 세계대전 이후 미국의 아시아 연구에서 파생된 것이다. 물론 이 지역의 지식인들이 동아시아의 재전유 과정을 거쳐 동아시아론을 대안담론으로 끌어올렸지만, 지적 구성물로서의 동아시아론 역시 암묵적 대립항이자 내면화된 필수적 근거로 서구적 근대를 필요로 하고 있다. 따라서 동아시아를 하나의 대안적 문명권으로 내세우려는 시도는 서구중심주의에 대한 도전처럼 비치지만 실상은 사까이 나오끼(酒井直樹)가 지적하듯이 서구중심적 보편주의와 동아시아적 특수주의의 공범관계를 재생산하고 만다.[9]

박승우는 이를 두고 역오리엔탈리즘(reversed orientalism)이라고 표현한다. 즉 서구 근대극복을 기도하는 동아시아론은 서구와의 이항대립구도에서 동아시아를 파악하고, 동아시아 문화를 서구의 특성을 제거하고 남은 것들로 구성된 잔여물로 간주한다는 것이다. 따라서 그는

---

8 펭 치아, 앞의 글.

9 사까이 나오끼 「근대성 속의 비판: 보편주의와 특수주의의 문제」, 『번역과 주체』, 후지이 다케시 옮김, 이산 2005.

동아시아 사회, 동아시아 문화는 이상화된 서구사회의 역상으로서 구축된 추상적·논리적 사고의 산물에 불과하다고 지적한다.[10]

실제로 현재의 동아시아론에서 오리엔탈리즘적 편향은 경제적 근대화론의 각색된 버전으로 부상하고 있으며, 역오리엔탈리즘적 편향은 동아시아 근대를 실체화하는 대안문명론으로 등장하고 있다. 그러나 어느 경우든 서구중심성에 기반한 번역체계의 자장 속에 있다. 이런 문제가 반복되는 것은 동아시아론이 서구중심적 세계관에 대한 반발에 지나치게 매달려 비판 대상으로부터 거꾸로 사고를 제약당한 탓이다.

그러므로 동아시아론이 근대에 관한 성찰의 시각을 내려놓지 않으면서도 사상적 함량을 높이려면 동아시아의 근대를 이해하는 참조의 대상을 다원화해야 한다. 즉 서구가 중심에 존재하는 방사형의 지식체계 속에서 서구를 매개한 자기인식에 머무르는 것이 아니라, 주변과 주변 사이의 번역을 기도해야 한다. 결국 동아시아론은 서구적 근대를 대체할 내용을 찾아나서기 이전에 근대성의 대안적 운동형식을 발견해내야 하는 것이다.

따라서 동아시아론은 지금의 역사적 조건에서 제3세계주의적 시각을 다시 끌어안아야 한다. 과거 제3세계주의는 서구중심주의를 상대화하기도 했지만, 근대 이래 아시아에서 뿌리 깊던 동서문명 담론을 혁파한 공적도 있다. 동아시아론이 진정 서구적 근대를 내재적으로 비판할 수 있으려면 비서구의 타 지역에 대한 수평적 관심의 확산을 통해 근대성에 관한 자기인식을 재정립해야 한다. 그러려면 과거 제3세계주의 시각은 문학가를 필두로 한 인문학자들이 주도했지만, 현재 동아시아론

---

10 박승우 「동아시아 담론의 현황과 문제」, 『동아시아공동체와 한국의 미래』, 이매진 2008, 325~28면.

을 쇄신하려는 그 길에서는 인문학자와 사회과학자의 지적 협력이 필요할 것이다.

6. 역내 사상계 사이의 상호번역

물론 탈냉전 상황에서 한국의 동아시아론이 제3세계주의와 접목되는 것은 요원한 일이며, 그러려면 문제의식의 정비가 필요하다. 그러나 한국의 동아시아론이 역내 다른 사상계와의 상호번역을 도모하는 것은 지금 가능하며 또한 필수적인 일이다. 제3세계주의와의 접목을 시도해야 동아시아론이 서구로부터 반사된 자기인식에 머물지 않을 수 있다면, 역내 다른 사상계와의 교류를 통해서야 동아시아론은 내수용 담론에서 벗어날 수 있을 것이다. 아울러 다른 사상계와의 교류를 통해 막연한 동아시아상을 넘어 역내 질서의 복합적 변화과정에 관한 이해를 심화하고, 일국 단위의 분석틀을 극복하고 동아시아를 나라들의 병렬적 집합으로 간주하는 시야에서 벗어나 탈경계적 동향을 포착하는 쪽으로 문제의식의 지평을 넓혀가야 할 것이다.

그러나 역내 사상계와의 교류에 관한 기대 역시 낙관적이지 않다. 한국의 동아시아 연구는 으레 각국의 물리적·역사적 규모의 차이를 간과하고 국민국가라는 일률적 전세 아래 한·중·일처럼 나라명을 나열해 동아시아를 표상하곤 하지만, 동아시아 역내 국가들의 역량과 규모는 비대칭적이다. 역내 국가 간 규모의 차이는 서유럽과는 사뭇 다르다. 국민국가체계를 전제하는 세계체제론으로는 포착해낼 수 없는 문제군이 이 지역에 자리 잡고 있는 것이다. 그 결과 역내 국가들의 동아시아 상상도 저마다 크게 달라진다. 더욱이 동아시아론은 연대를 도모하기 위한 공동연구의 장을 마련하기도 하지만, 각 사상계에서 동아시아론은 자국의 논리를 지역 수준에서 확대재생산해 담론 권력화의 경향을 띠기도 한다.

'동아시아공동체'를 둘러싼 상상도 편차가 크다. 동아시아공동체의 범위를 어디까지로 설정할 것인지, 동아시아공동체의 제도적 성격을 어느 단계까지로 올려잡을 것인지에 관한 이해가 다르다. 이 균열에도 각국의 비대칭적 차이가 가로지르고 있다. 실상 동아시아공동체 구상이 현실성이 띠게 된 것은 규모가 큰 중국이 급부상했기 때문이지만, 동아시아공동체의 실현가능성이 높지 않은 것도 중국의 규모가 너무나 크기 때문이다. 그리고 '동아시아공동체'가 EU처럼 주권국가들이 일정한 정도로 주권을 이양하고 공유하여 구성되는 것이라면, 역내 국가들 가운데 한·중·일 삼국만 보더라도 한반도는 분단체제고 중국은 양안문제를 끌어안고 있으며 일본은 제2차 세계대전 이후 군사주권을 제약당한 상태로서, 동아시아공동체로 이행하려면 각 사회는 나름의 버거운 과정을 거쳐야 한다.

더욱이, 동아시아공동체 건설, 동아시아 공동의 번영이라는 수사가 빈번이 회자되지만, 그런 바람으로는 감당할 수 없는 갈등과 긴장이 역내 국가 사이에 상존하고 있다. 근대화를 향한 각축 가운데 각 사회 사이에는 적대성이 깔려 있으며, 각국 사이에는 분단상태, 양안문제, 영토분쟁, 역사갈등이 어지러이 수놓여 있다. 또한 대국과 소국 사이에서 발생하는 감각의 차이도 동아시아의 균열을 가중하는데, 뒤얽힌 관계 속에서 발생하는 문제들은 문제의 당사국 사이에서 각기 다른 의미와 무게를 갖고 있어 풀어내기가 지난하다.

이런 현실상황에서 '동아시아공동체'를 위한 공동성은 공동의 문명이나 공유된 사상처럼 어떤 동질성에 기댈 수 없다. 유교문화권을 내세우더라도 그것이 지니는 추상성은 이미 현실 앞에서 노출된 지 오래다. 대립하면서 도리어 대립하기에 하나를 이루는 것이 동아시아 '공동체'의 현주소일 것이다. 따라서 동아시아공동체의 버거운 일보전진을 위해 필요한 것은 동아시아 문명권을 탐구하는 작업이 아니다. 과거를 소환해낼 것이 아니라 미래에 실현될 공동성을 위해 국가 간의 불균등 발전과 비대칭적 규모의 차이라는 현실상황을 직시해 상호번역에 나서야 한다.

여기서 잠시 번역의 문제의식으로 우회해보자. 번역이란 언어가 다르다는 데서 출발해 관계를 구성하는 작업이다. 번역은 비연속성의 연속성이라는 모순적 실천이며, 약분불가능한 장소에서 관계를 개척하는 구성적 실천이다. 번역하는 언어와 번역되는 언어는 다른 언어지만, 상이한 언어들은 번역을 통해 마주하게 된다. 흔히 번역은 하나의 균질한 언어체계에서 다른 언어체계로 의미상의 등가성을 찾아 언어를 옮기는 과정으로 여겨진다. 그러나 번역의 표상에 머무르지 않고 번역의 실천에 나선다면, 한가지 언어체계 내의 균질성과 복수의 언어체계 사이의 의미교환의 등가성은 불분명한 전제임이 드러난다. 그리하여 진정한 번역의 실천에서 필요한 것은 의미의 표면적 등가성을 추구해 섣부른 공감을 꾀하는 게 아니라, 번역불가능한 지점을 주목하고 번역에서 발생하는 맥락의 전환에 관한 민감한 의식을 기르는 일이다.

동아시아를 번역공간으로 상정하는 까닭은 먼저 동아시아 각국의 착종된 역사관계와 현실의 적대성, 그리고 규모의 비대칭성에서 빚어지는 균열로 인해 사상계 사이의 의미 교환이 등가적일 수 없음을 드러내기 위함이다. 지리적·역사적·정치적 규모와 사회체계의 차이로 말미암아 동아시아론을 포함해 각 사상계의 표상은 그대로는 교환불가능하다. 따라서 번역의 문제의식이 필요하다.

그리고 동아시아를 번역공간으로 상정하는 궁극적 목적은 의미 교환만이 아니라 각 사상계가 서로를 참조축으로 삼아 서구의 역상에서 벗어난 입체적 동아시아상을 모색하기 위함이다. 바로 타께우찌 요시미는 아시아를 사유공간으로 모색하도록 이끈 원천 텍스트인 「방법으로서의 아시아」에서 일본의 근대를 해명하려면 '서양 대 일본'이라는 기존의 이항대립이 아니라 중국을 참조해 새로운 분석틀을 짜내야 한다고 주장했다. "저는 근대화의 두 가지 형태를 생각할 때 이제껏 그래왔듯 일본의 근대화를 서구 선진국하고만 비교할 일이 아니구나 생각했습니다. 학자만이 아니라 보통의 국민들도 그랬습니다. 정치가도 경제계 인사도 모두 그런 식이어서, 정치제도는 영국이 어떻고 예술은 프랑스가 어떻고 하며 곧잘 비교하곤 했지요. 그런 단순한 비교로는 안 됩니다. 자기 위치를 확실히 파악하려면 충분치 않습니다. 적어도 중국이나 인도처럼 일본과 다른 길을 간 유형을 끌어다가 세 개의 좌표축을 세워야겠구나, 그 당시부터 생각했습니다."[11]

즉 보편과 특수를 서구와 비서구에 각각 배분하는 것이 아니라 보편/특수의 관계를 근저에서 묻고자 서구과의 관계에서라면 또 하나의 특수로 놓일 중국을 참조축으로 도입한 것이다. 중국을 끌어들인다면 일본의 근대는 달리 표상될 수 있으며, 일종의 전위(轉位)가능성을 경험하게 된다. 바로 타께우찌 요시미의 실천이 시사하듯이 동아시아라는 번역공간은 각 사회가 서로를 마주보고 참조하며 자기인식의 변화를 꾀하고 서로의 변환지점을 표시해주는 지평이다. 서로가 서로에게 문제항으로서 존재하기 때문에, 서로를 참조축으로 삼아 입체화되는 사상의 공간인 것이다.

---

11 「방법으로서의 아시아」, 『선집 2』 47면.

오늘날 타께우찌 요시미의 문제의식을 계승해 동아시아라는 사유공간을 연마해내고자 매진하는 지식인의 한 사람이 쏟 거일 것이다. 그녀는 타 사회의 문제를 자기인식을 위한 매개로 삼아 자기변화를 꾀하고, 그 과정을 통해 기존의 국민국가적 주체의 분절화를 기도하고 있다.[12]

그리고 그녀는 동아시아 사상을 축적하기 위해 각 사회의 구체적 상황 속에서 원리성을 벼리자고 제안한다. 각 사회가 지니는 역사적 경험과 현실적 조건의 고유성을 훼손하지 않고 또한 섣불리 비약을 범하지 않으면서도 그 안에서 공유가능한 원리성을 발굴해 동아시아의 사상자원으로 삼자는 것이다. 이 제안에 응하려면 기존의 지역학적 구도를 넘어 동아시아의 근대성을 천착하고, 동아시아의 다원적 역사경험에 근거해 세계사에 관한 새로운 시각을 짜내야 할 것이다. 그리고 이 작업에 나서려면 인문학자와 사회과학자 간의 지적 협력, 아울러 다른 사상계 연구자들과의 지적 협력이 필요하다. 그 과정에서 기존의 학문적 구획으로는 끌어안을 수 없는 문제들이 불거질 것이며, 따라서 기존의 인식체계와 개념장치는 조정을 거쳐야 할 것이다.

7. 한국 사상계에서의 내부 번역

한국의 동아시아론도 한국의 역사적 경험과 현실적 조건에 근거해 원리성을 발굴해야 한다. 그리고 원리성을 갖춘 동아시아론이라면 한국의 사상계에서 용법을 가질 뿐만 아니라 번역가능성을 내장할 것이다. 즉 타지역의 상황에 그대로 적용될 수는 없겠지만, 한국 상황에서

---

12 「아시아라는 사유공간」, 『아시아라는 사유공간』 36~42면.

도출해낸 문제의식이 타지역의 상황을 해석하는 데 보탬이 될 수 있어야 한다. 그리하여 내수용 담론으로 기울어가는 동아시아론은 번역공간 속에서 연마되어야 한다. 그리고 한국의 동아시아론에 번역할 만한 가치를 지니는 원리성이 깃들기 위해서라도 동아시아론은 한국 사상계에서 강한 내부 번역을 거쳐야 한다.

사실 이 점에서 동아시아론의 부흥은 분명 사상사적 가치를 지닌다. 왜냐하면 한국 사상계에서 공통언어의 소실 현상은 그 정도가 심각하기 때문이다. 그 가운데서 동아시아론은 학문적 구획을 넘어 활발히 거론되고 학술 쟁점 이상의 담론 효과를 발휘해냈다. 그러나 아직 내부 번역이 착실히 진전된 상태라고 말하기는 어렵다. 각 분과에서 활발히 거론되었지만 논의가 공동의 논점을 향해 충분히 축적되지는 못한 상태다. 그런 연유로 동아시아론은 활황을 구가했지만 모호한 채로 남아 있는 것이다. 지금이라도 사회과학자, 인문학자 그리고 문제의식을 달리하는 논자들 사이에서 밀도있는 내부 번역이 이뤄져야 한다.

'내부 번역'을 강조하는 까닭은, 지금껏 '한국의 사상계'라고 단수로 불러왔지만 한국의 사상계 안에도 차이가 가로놓여 있으니 그 사이에서 번역이 필요함을 주장하기 위해서다. 앞서 번역의 일반적 표상에 머무르지 않고 번역의 실천에 나선다면, 복수의 언어체계 사이의 의미교환의 등가성은 물론 한가지 언어체계 내의 균질성도 불분명한 전제임이 드러난다고 밝힌 바 있다. 즉 '한국의 사상계'도 단수이자 동시에 복수로서 존재하며 그 사이에 대화가 필요한 것이다.

더 나아가 한국을 포함한 비서구 사상계에서 '내부 번역'의 부재는 정신적 식민화의 한가지 징후라는 사실을 강조하기 위해서다. 서구이론을 기성품으로 들여와 기성복처럼 갈아입는 비서구 사상계에서는 서구이론의 번역은 활발하지만 내부 번역은 원활하지 않다. 서구이론의 이식성이 만연해 자신의 현실에서 사상과제를 이끌어내기보다는 이미 제작된 이론의 결론에 자신의 현실을 끼워맞추려는 풍조가 짙다. 그리하여 서구에서 비서구로의 일방적 번역과정이 학술행위에서 지나치게 큰 비중을 차지하며, 직접 번역을 하는 게 아니더라도 연구 자체가 번역의 성격을 띤다. 즉 서구로부터 유입된 인식체계와 개념장치에 맞춰 연구대상의 의미를 옮겨내는 것이다.

그러나 유행처럼 유입된 서구이론은 이곳의 현실과 충분한 대결을 거치지 않은 채 빠르게 소화되지만, 그만큼 세속화되고 쉽사리 실질을 잃어버린다. 이런 지식 유입의 전통은 도리어 지적 전통의 수립을 가로막는다. 그리하여 바깥에서 꾸준히 들어온 이론들은 이곳의 사상계에서 교통하지 않은 채 그저 병존한다. 뒤섞임도 충돌도 없이 병존할 뿐이니 내부 번역은 이루어지지 않고 각각의 논의는 사회화되지 않은 채 각 분파 안에서만 통용되는 은어화 경향을 띤다.

과하게 묘사한 바가 없지 않지만 동아시아론은 바로 이렇듯 정신적 식민화의 경향을 띠는 한국 사상계에서 내부 번역의 기폭제가 되었다. 그러나 동아시아론은 여전히 충분한 내부 번역에 이르렀다기보다는 우리 안의 언어불통이 존재하며 내부 번역이 필요하다는 사실을 보여주었을 따름이다. 진정 내부 번역에 들어서려면 동아시아론을 둘러싼 논자들의 입장 차이가 명료하게 드러나고 쟁점이 구체화되어야 하며 논의가 축적되어야 한다. 바로 그 과정에서 한국의 동아시아론은 원리성을 가다듬을 수 있을 것이다.

이제 동아시아론을 둘러싼 내부 번역의 쟁점을 도출하고자 창비 진영의 논의를 검토하고자 한다. 그 까닭은 창비 진영이 동아시아론을 선구적으로 제시했고 여전히 내려놓지 않고 있을 뿐 아니라 무엇보다 한국의 조건에 근거해 동아시아론을 쟁점화해냈으며, 동아시아론을 한국적 사상으로 빚어내려고 분주했기 때문이다. 물론 창비 진영이 제기한 문제의식을 둘러싸고 여러 논의가 오갔으며 오가고 있다. 여기서는 쟁점을 정리하여 논의를 축적하고 동아시아론의 원리성을 버릴 수 있는 담론공간을 마련하고자 한다.

창비의 논의는 많이 알려져 있으니 단순화의 위험을 무릅쓰고 필요한 논점만을 추출하도록 하겠다. 창비의 대표적 논자인 백낙청은 비교적 최근의 발언에서도 한반도 분단체제 극복의 동아시아적 의의를 강조했다. "남북한이 느슨하고 개방적인 복합국가 형태를 선택하는 것이 곧 '동아시아 연합'으로 이어지거나 중국 또는 일본의 연방국가화를 유도할 공산은 작더라도, 예컨대 티베트나 신장 또는 오끼나와가 훨씬 충실한 자치권을 갖는 지역으로 진화하는 해법을 촉발할 수 있다. 또한 중국 본토와 대만도 명목상 홍콩식 '1국2제'를 채택하면서 내용은 남북연합에 근접한 타결책을 찾아내는 데 일조할지도 모른다."[13]

백낙청을 동아시아론자로 분류하기는 어렵다. 하지만 그는 일관되게 동아시아의 시각에서 한반도 분단체제의 극복이라는 과제를 사고해왔다. 현실상황의 변화에 따라 조절을 거쳐왔지만, 그의 지론은 한반도에서 폐쇄적 국민국가 단위를 극복하는 정치공동체의 실험이 절실하며, 세계체제와 동아시아 분단체제의 고리인 한반도의 분단체제를 해소하는 일은 한반도에서는 '근대적응과 근대극복의 이중과제'의 핵심이고, 아울러 동아시아에서 평화와 공존을 촉진하게 되리라는 것이다.[14]

창비 진영의 또다른 논자인 최원식은 동아시아적 시각을 더욱 선명하게 드러낸다. 그는 일찍이 한국 동아시아론의 선구적 논문인 「탈냉전

---

13 백낙청 「'동아시아공동체' 구상과 한반도」, 『역사비평』 92호(2010) 242면.
14 백낙청 「한반도에서의 식민성 문제와 근대 한국의 이중과제」, 『창작과비평』 105호(1999).

시대와 동아시아적 시각의 모색」에서 탈냉전 시대의 세계사적 변화 속에서 한국의 구체적 현실과 부딪쳐 창조적 모델을 도출해내기를 기도했다. 그 모색과정에서 그는 북한을 배제한 채 남한의 문맥에서 접근하는 반국(半國)주의적 시각을 넘어 북한을 시야에 포함한 한반도 차원의 일국주의로 나아간 것이 민족문학론이라면, 민족주의든 사회주의든 종래의 일국주의를 넘어 한반도가 자리한 지역을 숙고하는 새로운 세계 형성의 원리가 동아시아적 시각에 담긴다고 갈파했다.[15] 그후로도 그는 역내의 비대칭적 관계를 고려하되 한국 민족주의의 자기조절이라는 문제의식을 심화해 소국주의론을 내놓는 등[16] 동아시아적 시각을 가다듬는 데 매진하고 있다.

또한 백영서는 지적 실험으로서의 동아시아론, 주변으로서의 동아시아론을 모색하며 창비 논자들 가운데 가장 활발하게 동아시아론을 개진하고 있다. 지적 실험으로서의 동아시아는 "동아시아를 어떠한 고정된 실체로도 간주하지 않고 항상 자기성찰 속에서 유동하는 것으로 파악하는 사고와 그에 입각한 실천의 과정을 뜻"하며,[17] 주변으로서의 동아시아론은 "우리들의 사고를 제한해온 것은 구미를 중심으로 하는 지도이다. 이제 우리에게 필요한 것은 동아시아 안과 밖의 '이중적 주변의 눈'으로 새로운 지도를 그리는 작업이다"라는 문제의식에서 제출되었다.[18] 즉 동아시아가 세계체제의 주변에 자리하며, 또한 한국은 동아시아에서 열위에 있다는 조건에 근거해 동아시아적 시각을 육성하려는

---

15 최원식 「탈냉전 시대와 동아시아적 시각의 모색」, 『창작과비평』 79호(1993).
16 최원식 「세계체제의 바깥은 없다」, 『창작과비평』 100호(1998).
17 백영서 「중국에 '아시아'가 있는가?」, 『동아시아의 귀환』 50~51면.
18 백영서 「주변에서 동아시아를 본다는 것」, 정문길 외 엮음 『주변에서 본 동아시아』 16면.

것이다. 그리고 백영서 역시 분단체제론을 계승해 복합국가론을 발전시키며 한국의 동아시아 시각을 가다듬는 데 주력하고 있다. 그는 복합국가론이 '근대적응과 극대극복의 이중과제'처럼 '국민국가에의 적응과 극복'이라는 이중적 성격의 단일과제를 수행하는 성격을 갖는다고 주장했다.[19]

이처럼 창비 진영의 논자들은 한반도 분단체제의 해소를 기도하되 국가주의의 독소를 제어하고 자본의 획일화 논리에도 저항하며, 낡은 논법을 빌리자면 계급모순과 민족모순의 해결을 동아시아적 전망 속에서 녹여내고자 했다. 그러나 창비 논자들의 담론이 현실성과 사상성을 동시에 아우르려는 버거운 시도인 만큼 그것은 여러 방면에서 인문학자와 사회과학자들의 검증과 비판에 직면했다. 먼저 백원담은 창비 담론이 지닌 여러 문제를 검토하면서 계급적 시야가 결여되어 있음을 지적한 바 있으며,[20] 조희연과 박은홍은 창비 담론을 직접 공략하지는 않았지만 그것을 시야에 두고 자본주도형 아시아의 지역적 통합을 극복하는 '사회적 아시아', 즉 정치적 자유와 함께 사회경제적 권리를 보장하는 민주주의적 사회화를 지향할 것을 주창했다.[21] 강내희 역시 지금의 아시아 논의는 '국가'와 '엘리트'가 주도하고 있다며, 기층 민중들에 의한 '아래로부터의 연대'를 역설한 바 있다.[22] 이동연은 보다 직접적으로 창비의 복합국가론이 국가-자본의 공고한 체제를 해체하는 민중적 국가의 건설에 부합하는지 의문을 제기했으며,[23] 정선태는 창비의 동아

---

19 백영서 「20세기형 동아시아문명과 국민국가를 넘어서」, 『동아시아의 귀환』 32~36면.
20 백원담 「왜 동아시아인가」, 『실천문학』 56호(1999).
21 조희연·박은홍 「사회적 아시아를 향하여」, 『동아시아와 한국』, 선인 2007, 294면.
22 강내희 「동아시아의 지역적 시야와 평화의 조건」, 『문화과학』 52호(2007) 93면.
23 이동연, 앞의 글 106면.

시아론이 기존의 국가중심 사고에서 벗어나지 못한다고 지적했다.[24] 이런 지적들은 창비 담론이 특히 현실적 파급력을 가졌던 국민의 정부와 참여정부 시기에 한반도 평화체제 형성의 조건이 얼마간 조성되었지만, 그 가운데서 신자유주의의 전면 침투라는 위기를 위기로 자각하지 못하는 착시현상이 생겼으며, 분단 해체가 곧 남북한 민중의 삶을 개선하는 계기가 아니라 자본주의의 억압성을 한반도에 더욱 강하게 이식하는 매개가 될 수 있다는 반성에서 비롯되는 것으로 보인다.

아울러 창비의 동아시아론이 지니는 현실 효과가 아닌 내적 논리에 관한 비판도 제기되었다. 먼저 지역범주에 관한 인식에서 창비 논자들은 동아시아가 동북아시아와 동남아시아를 아우른다고 밝히지만, 그들의 구체적 문제의식은 한·중·일 관계에만 초점이 맞춰져 있음을 지적할 수 있다. 물론 현실개입적 성격이 짙은 창비의 동아시아론에 비추어 보건대 지정학적 조건으로 말미암아 중국 그리고 일본과의 관계에 무게가 실리는 것은 자연스러운 현상이다.

그러나 문제적인 대목은, 주변으로서의 동아시아론은 그 논리가 적용되는 외연으로 동아시아 상상을 제약한다는 사실이다. 주변으로서의 동아시아론은 한반도의 '이중적 주변성'을 환기하고 국민국가 중심의 동아시아적 재편에 맞서는 성찰적 시각을 제공했지만, 역으로 한·중·일 중심으로 동아시아를 사고한다면 그때의 주변성이란 중국과 일본 사이에서 한국의 발화입지를 다지기 위한 논거가 되는 것은 아닌가라는 비판이 제기되었다.[25] 아울러 '한반도 중심주의'라는 지적도 등장했다. 가령 이동연은 창비의 동아시아론이 국민국가를 넘어서는 분단체

---

24 정선태 「동아시아 담론, 배반과 상처의 기억을 넘어서」, 『문학동네』 39호(2004) 415면.
25 윤여일 「방법으로서의 동아시아」, 『오늘의 문예비평』 79호(2010); 이 책 5장 참조.

제 이후의 인식적 지도 그리기로는 지나치게 분단체제에 고착되어 있다며, 이를 '한반도 환원주의'라고 경계한다.[26]

물론 이에 대한 창비 논자들의 반론이 나왔다. 가령 '주변성'의 문제에 관해서는 일찍이 백영서가 "'주변'을 강조한다고 해서 그것을 특권화해서는 안될 것이다. 중심에 거주하는 개인이나 집단도 '주변'적 사고를 할 수 있듯이, 주변에서도 '중심'적 사고를 할 수 있는 것이다. 따라서 필자가 말하는 '주변'은 형용사적 의미로 읽히기를 바란다"라고 당부한 바 있으며,[27] '한반도 중심주의'에 관해서는 최원식이 "한국의 동아시아론은 기존의 중심주의들을 비판하고 새로운 중심을 세우는 것이 아니라 중심주의 자체를 철저히 해체함으로써 중심 바깥에, 아니 '중심'들 사이에 균형점을 조정하는 것이 핵심"이라고 밝힌 바 있다.[28]

그러나 지금은 논쟁의 추이를 검토하기보다 논점들을 정리하는 데 목적이 있으니 창비 논자들의 대응을 따라가기보다는 한가지 비판을 더 확인하도록 하겠다. 최근에 나온 주목해야 할 논문으로 「분단체제론과 동아시아론」이 있다.[29] 이 글에서 류준필은 분단체제론과 동아시아론이 얼마나 내적 논리의 연관성을 가지고 있는지를 추궁한다. 류준필에 따르면 분단체제론은 한반도 주민을 주체로 전제하는 담론이니, 분단체제론과 동아시아론의 내적 논리의 연관성이 해명되지 않는다면 분단체제론과 접목된 동아시아론은 한반도를 특권화한다는 혐의에서 자유롭기 어렵다. 아울러 창비의 동아시아론은 동아시아를 지역범주 이

---

26 이동연, 앞의 글 109~10면.

27 백영서 「중국에 '아시아'가 있는가?」, 『동아시아의 귀환』 65면.

28 최원식 「한국발(發) 또는 동아시아발(發) 대안? — 한국과 동아시아」, 『문학의 귀환』 381면.

29 류준필 「분단체제론과 동아시아론」, 이정훈·박상수 엮음 『동아시아, 인식지평과 실천공간』, 아연출판부 2010.

상의 지적 지평, 나아가 대안문명권으로 삼기를 기도하지만, 분단국가
론과 접목된 동아시아론이 과연 동아시아를 지리적 인접성에 기초한
지역범주 이상으로 사고하는지를 따져묻는다.

류준필이 생각하는 '동아시아적'임의 의미는 한반도에서 대안적 모
델을 창출할 때 역내의 현실상황을 참조해야만 하며, 아울러 한반도의
변혁이 역내 국가들의 내부 개혁으로 연계되어야 한다는 것이다. 이 대
목에서 류준필은 동아시아 내의 비대칭적 조건을 주목한다. 즉 창비 논
자들은 한반도에 복합국가가 형성되면 중국과 타이완 사이의 문제나
일본 본토와 오끼나와 사이의 문제를 해결하는 데 중요한 계기가 마련
될 것이라고 전망하지만, 류준필이 보기에 중국-타이완과 일본-오끼
나와 관계는 남북한 복합국가와는 층위를 달리하는 위계적 관계이기
때문에, 한반도 분단체제 해소가 지니는 동아시아적 가치는 좀더 면밀
하게 해명되어야 한다는 것이다. 따라서 그는 규모와 위계를 달리하는
질서가 중첩된 동아시아에서 국가의 위상을 재인식할 필요성을 제기하
고, 동아시아적 시각에 근거해 한반도의 복합국가를 구상하려면 '한·
중·일' 같은 국민국가 단위의 착시현상에서 벗어나 상위 단위인 각국
과의 관계를 고려하는 동시에 하위 단위인 각국 내부의 지역(홍콩·오
끼나와 등)과 연계되는 과정 속에서 한반도의 국가체제를 이중의 위상
으로 인식해야 한다고 역설한다.

이에 대해 창비 논자들도 응답을 내놓았다. 백낙청은 "분단체제론과
동아시아론의 상보관계가 그가 생각하는 만큼 미약한 것이 아님"을 강
조한 뒤 "동아시아공동체의 건설을 위해 한반도 분단체제의 극복작업
이 필수적임을 강조하는 것이 곧 한국 한반도 중심성인 것은 아니"라고
짚고서[30] 한반도 분단체제의 극복이 바로 세계체제 변혁으로 이어지지
않더라도 동아시아에서 국가주의를 넘어서는 작업이 탄력을 받아 일본

의 군국주의 노선을 제어하고, 중국으로서는 대국주의를 고집하기 어려워지고 양안문제나 티베트 문제에 유연하게 대처하도록 유도할 것이라고 기대를 밝혔다.

백영서 역시 한반도가 세계 차원의 패권적 지배체제의 결절점인 만큼 복합국가를 통해 국민국가의 자기전환을 시도하여 미국 패권주의에 균열을 일으키고 미국적 표준을 넘어설 공간을 확보한다면, 세계체제를 변혁시키는 촉매가 될 것이라고 전망했다.[31]

8. 동아시아론이 동아시아에 내재하기 위하여

그러나 논의는 더 지속되어야 한다. 류준필의 입장에서 창비 논자들은 역내의 비대칭적 조건을 어떻게 동아시아론의 내적 근거로 삼을 것인지에 관해 충분한 대답을 내놓지 않았다고 보일 것이다. 그렇다면 동아시아는 지리적 인접성에 기대어 한반도 분단체제의 극복 효과가 파급되는 범위를 뜻하는 데 그칠지 모른다. 그러나 류준필의 문제제기에 관한 대답은 창비 논자들만의 몫이 아니다. 그것은 바로 한국의 동아시아론이 동아시아적 가치를 가질 수 있느냐는 '상호번역'의 쟁점을 품고 있고, 그런 점에서 이 쟁점은 '내부 번역'을 거쳐 가다듬어져야 하기 때문이다. 바로 이 쟁점을 충분히 검토해 한국의 실상에 근거하되 타국 사상계와 공유할 만한 사상적 자원을 연마해내야 하는 것이다.

창비 논자들은 동아시아론을 선구적으로 내놓기도 했지만, 한국의

---

30 백낙청 「'동아시아공동체' 구상과 한반도」 236~37면.
31 백영서 「연동하는 동아시아, 문제로서의 한반도」 32~33면.

동아시아론을 동아시아적 가치를 갖는 담론으로 육성하는 데도 힘을 기울이고 있다. 서두에 언급한 백낙청 글의 제목은 「국가주의 극복과 한반도에서의 국가개조 작업」인데, 그 글의 부제는 '동아시아 담론의 현실성과 보편성을 높이기 위해'다. 창비 논자들은 현재 한국의 원리성을 담보하면서도 타국에 쓰임이 있을 담론을 구성하는 데 공을 들이고 있다. 그것은 한국 내에서 동아시아론의 현실성을 끌어올리면서 동시에 타국과 공유할 수 있도록 보편성(번역가능성)을 주입하는 과정일 것이다. 그 지향점은 바로 류준필이 강조했듯이 "한국 동아시아론의 궁극적 목표가 한국/한반도에 '동아시아'의 내재화를 실현하는 것"과 같은 방향을 향할 것이다.[32]

동아시아론은 현재 현실성과 보편성을 연마하는 노정에 있다. 그 길에서 동아시아론은 추출과 환원의 이중과정을 거듭하는 중이다. 즉 동아시아를 지리적 실체로부터 끄집어내 사유지평으로 삼지만, 다시 동아시아론의 원리성을 다지기 위해 한국의 현실로 되돌리는 과정인 것이다. 이 대목에서 창비 진영의 동아시아론을 포함한 한국의 동아시아론에 관한 비판으로 종종 등장하는 '한국중심주의'는 다시 사고되어야 한다. 만약 한국의 논리를 확대재생산하기 위해 동아시아를 모호하게 지역범주로 삼는 방식이라면 '한국중심주의'로 비판받아 마땅하며, 그런 동아시아론은 사상사적 가치를 지니지 못할 테지만, 한국의 상황에 내재해 그 조건에서만 가능한 문제의식을 발굴하려는 시도라면 섣불리 '한국중심주의'라고 치부해서는 안 된다. 그것은 사상적 집념을 표현하기 때문이다. 그러나 전자와 후자를 구분해내기란 결코 쉬운 일이 아니다. 타께우찌가 말하듯 '종이 한장 차이'일 것이다.

---

32 류준필 「분단체제론과 동아시아론」 207~08면.

여기서 번역가능성에 관한 의식이 다시 요청된다. 전자의 경우라면 타국 사상계에 번역될 만한 가치를 갖지 않는다. 타국 사상계가 자신을 이해하기 위한 참조축이 될 수 없다. 그러나 후자라면, 즉 한국의 상황에 천착해 자기 매뉴얼화를 시도한 경우라면, 그것은 다른 지역의 상황에 그대로 적용될 수는 없을지언정 원리성을 지니며 따라서 번역가능성을 갖는다.

그리하여 한국의 동아시아론은 백영서가 말하듯 '이중적 주변'이라는 한국의 조건을 어떻게 전유해내느냐에 따라 사상적 가치가 판가름날 것이다. 그리고 그것은 류준필의 표현을 빌리자면 "외부 조건과 힘이 주체의 의지와 힘을 능가하는 조건에서 독자성을 유지하면서도 탄력적일 수 있는 주체성을 어떻게 모색해낼 것인가"라는 물음으로 옮겨낼 수 있을 것이다.[33] 물론 여기서도 백영서의 '이중적 주변'과 류준필의 '이중적 자기인식'이 어디서 만나고 갈라지는지는 더 깊이 파고들어야 한다.

한국 동아시아론의 조건은 동아시아를 아우를 만한 실체가 한국에 없다는 사실에 있다. 한국은 일본 같은 제국의 역사적 경험이나 경제적·외교적 능력도, 중국 같은 거대한 지리적 규모도 없다. 오히려 한국은 자신의 의지와 통제범위를 초과하는 외부와의 관계 속에 놓여 있으며, 그 비대칭성에 내재함으로써 자신의 원리성을 발굴해내야 하는 조건에 처해 있다. 그 원리성이란 동아시아를 아우를 만한 실체적 요소가 한국에 존재하지 않는 만큼 현실적 조건과 변수들에 따라 탄력적일 수 있어야 하며, 그런 원리성을 담지할 때 한국의 동아시아론은 다른 주변 지역으로 번역될 가능성을 내장하게 될 것이다.

---

33 류준필 「복안의 동아시아론」, 『황해문화』 63호(2009) 444면.

바로 이런 조건에 처해 있기에 한국의 사상계는 동아시아를 지리적 실체 이상으로 가변화하여 여러 양상의 '로서의 동아시아'를 발전시킬 수 있었다. 그리고 때로는 지정학적 주변성을 역전시켜 한국의 역할론을 도출해내기도 했다. 그런데 자신의 조건을 특권화한 동아시아론은 역사성과 현실성과 보편성을 잃고 자기확장하다가 버블기로 접어드는 조짐을 보이고 있다. 그리고 지금은 거품이 꺼지기를 기다릴 때가 아니라 거품이 꺼져가는 와중에도 사상적 함량을 지니는 동아시아론을 가려내야 할 시기다.

그 선별과정을 거쳐 원리성을 도출하기 위해 동아시아를 잠정적으로 번역공간으로 명명해보고자 한다. 그것은 정신적 식민화로 인한 위계적 번역상황을 직시하고, 타국 사상계와의 상호번역에 나서고, 한국 사상계 안에서 강한 시차(視差)를 만들어내 내부 번역을 통해 그 마찰 가운데서 동아시아론의 원리성을 연마하기 위함이다. 그 번역공간에서 동아시아론은 서구의 경험에서 추출해 일반화한 이론을 응용하는 데서 그치는 것이 아니라 동아시아의 역사적 경험과 그로부터 산출된 사상적 자원을 보편(번역가능성)의 층위로 끌어올려 대안적 이론화의 길로 나아가야 할 것이다.

따라서 아직은 동아시아론을 장사지낼 때가 아니다. 후원담론의 지위를 상실하고 거품이 꺼져가는 지금이야말로 동아시아론이 한국 사상계 내에서 자립할 수 있는지, 타국 사상계로 번역될 만한 가치를 지니는지가 추궁되어야 한다. 그 물음과 마주하기 위해 동아시아론은 '다시' 그리고 몇차례고 번역공간으로 되돌아와야 한다.

제3부
:
비평의 장소

7장 비평의 장소
카라따니 코오진을 매개로 삼아

1. 기다림과 어떤 불안

카라따니 코오진(柄谷行人)에 관한 책이 나오기를 기다렸다. 번역서가 아닌 연구서나 비평집을 기다렸다. 카라따니 코오진은 일본 지식인들 가운데 유례가 없을 만큼 많이 번역되어 소개되었고, 근 10년간 한국의 문학계·비평계·사상계에 묵직한 흔적을 남겼다. 십수권의 번역서와 10년 가까운 독해의 시간은 내재적 독해가 발효될 만한 토양일 것이다.

하지만 기다림과 함께 어떤 불안감도 있었다. 카라따니에 관한 책이라면 그와 한국 사상계 사이의 미묘한 거리에 주목하여, 가령 현대 프랑스 철학자를 다룰 때와는 다른 독해가 나오기를 바라고 있었다. 카라따니 코오진이라면 그의 사유세계 한 구석에는 한국(혹은 한반도)이라는 맥락이 자리하며, 카라따니가 일본의 지식인이라는 조건도 있어, 그의 몇몇 아이디어를 차용하거나 철학적 개념과 씨름하는 식이 아니라 그의 전체상을 다룬다면 복잡한 문제군이 불거져나오지 않을까라고 기대했다. 그리하여 품고 있던 불안감이란 카라따니에 관한 책이 나올 경우, 그의 문제의식이 지니는 시대성과 장소성이 누락된 채 한 인간에게서 발한 사유들을 용어사전처럼 정리해놓거나 지적으로 덧칠하여, 어떤 이론적·철학적 경향에 관한 지적 취미를 만족시키는 데 머물지 않을까 하는 것이었다.

사상이 사상으로, 사상가가 사상가로 살아갈 수 있는 까닭은 틀릴 수 있다는 상대성에 매인 채로 도약을 감행하기 때문이다. 도약 이후 빛을 뿌리며 개화한 사상도 시간이 지나면 어느덧 응고되어 생명력을 잃는 때가 찾아온다. 그래서 사상은 사상가의 치열한 자기회의를, 그 고통을 대가로 치를 때 윤기를 띤다. 더구나 카라따니 코오진의 사상편력에서는 계속되는 이동과 단절이 엿보인다. 그 전환마다 한 인간의 고뇌가 담겨 있을 테며, 그러면서도 그 전환들을 하나의 사상으로 엮어간 이음매에는 한 인간의 처절한 의지가 새겨져 있을 것이다. 따라서 한 인간의 전체상을 살피지 않고 필요한 아이디어만을 가져오는 식이라면, 더구나 그 대상이 카라따니라면 개체가 지닌 고유한 사상적 긴장감은 걸러져버리고 말 것이다. 그래서 단순한 해설이나 직관적 응용이 아닌, 그의 사유 전체상을 감당하려는 책이 나오기를 바라고 있었다. 이는 그에게서 많은 시사를 받은 독자로서, 그리고 그의 사유가 한국의 사상적 전통 속에 생산적으로 뿌리내리기를 바라는 독자로서 가질 수 있는 기대이자 기다림이라고 생각한다.

작년(2008) 가을 『가라따니 고진과 한국문학』이라는 책이 출판되었다. 카라따니 코오진을 제목으로 달고나온 첫번째 비평서다. 저자는 조영일로 『근대문학의 종언』(近代文學の終り, インスクリプト 2005) 『세계공화국으로』(世界共和國へ, 岩波書店 2006) 『언어와 비극』(도서출판b 2004) 등 카라따니의 저작을 옮긴 장본인이기도 하다. 번역서에서 조영일은 매

번 꼼꼼한 자료조사를 바탕으로 카라따니 사유의 중요한 맥을 짚어주는 역자 해제를 작성했다. 그리고 이번 『가라타니 고진과 한국문학』에서 그는 제목이 암시하듯 카라따니의 주장을 정리하는 데서 그치지 않고, 카라따니에 관한 내재적 독해를 한국의 문학계에 대한 비평과 접목했다. 그때 비평은 텍스트를 넘어 한국의 문단권력과 한일 지식인 교류의 관성화된 방식까지도 사정권 안에 두고 있었다.

『가라타니 고진과 한국문학』은 출판 당시 저널리즘에서 얼마간 이목을 끌었으나 문학계·사상계 안에서는 그다지 빛을 보지 못했다. 저널리즘에서 거론될 때는 백낙청과 황석영을 비롯한 원로 비평가와 문학가 그리고 문단권력을 향해 도전적 문제제기를 했다는 점이 주목을 끌었으나, 사상계에서는 여진이 있는 '근대문학의 종언' 논의에 묻어갔을 뿐 독자적인 문제제기로서는 채택되지 않았다는 인상이다. 하지만 나는 조영일의 주장에 독자적이고 생산적인 요소가 있다고 본다. 그 대목은 문단권력 비판이나 '근대문학의 종언'에 관한 논의와 구분하여 다뤄봄 직하다. 이를 위해 먼저 조영일의 저작이 지닌 특징을 간추려보고자 한다. 첫째, 이 책은 메타비평의 성격을 취하고 있다. 비평에 대한 비평인 메타비평에서는 텍스트의 내용만이 아니라 사유구조, 세계관, 실존의 풍경 등이 한결 명징하게 드러난다. 조영일은 이 책에서 비평행위와 소설 창작의 욕구 같은 작가의 심리적 요소와 아울러 그 작품들이 읽히거나 외면받는 사회적 이유 등 민감한 대목을 건드리고 있다. 또한 메타비평이니만큼 글쓴이 자신의 욕구도 좀더 뚜렷한 형태로 표출되었다.

둘째, 그는 제도의 문제를 비평의 사정권 안으로 끌고왔다. 비평계와 문학계를 향한 다음의 지적을 확인해두자. "오늘날의 비평은 국문학(네이션), 대학(제도), 출판(자본)이라는 보로메오의 매듭에 갇혀 있다."[1] "한국문학은 바야흐로 근대문학이 이룬 훌륭한 성과인 '문학의 보로메오 매듭'(문학시스템), 즉 시장에서의 문학출판(자본)－대학에서의 문학연구('국문학'이라는 이념)－초중고 교육에서의 문학교육(입시산업) 속에서 행복한 안도감을 누릴 수 있게 되었다."[2] 여기서『가라타니 고진과 한국문학』이라는 책제목이 뜻하는 바가 무엇인지 짐작할 수 있다. 카라따니는 근대문학이 인간의 표현욕 때문에 자연스럽게 생겨난 것이 아니라 제도(혹은 장치)에 의해 만들어진 일종의 풍경이라고 보았다. 두 인용구에서 반복된 비평계와 문학계의 "보로메오의 매듭"이라는 착상 역시 카라따니가 「언어와 국가」, 『트랜스크리틱』 등에서 전개한 '자본＝스테이트＝네이션'이라는 자본주의체제의 '보로메오의 매듭' 논의에서 끌어온 것이다. 즉 조영일은 카라따니 코오진 독해와 한국문학 비판을 접목하고자 한 것이다. 그리고 그는 '보로메오의 매듭' 가운데서도 출판의 문제를 지적하는 데 가장 많은 공을 들였다. 그는『창작과비평』『문학과지성』『문학동네』 같은 주요 문학계간지를 도마 위에 올려놓았는데, 자신의 논조를 가진 매체로서의 면모를 문제 삼았을 뿐 아니라 신인 발굴, 원고 청탁, 심사, 책 출판 등에서 선택과 배제의 힘을 발휘하는 문단권력으로서의 속성도 짚어냈다.

셋째, 조영일은 한국 문학과 비평의 위기를 들추고자 '근대문학의 종언'이라는 테제를 세게 활용했다. 조영일은 카라따니 코오진의『근대문학의 종언』을 번역하기도 했는데, 이 테제는『가라타니 고진과 한국문학』 전체의 논리적 뼈대를 이루고 있다. 조영일이 황종연, 백낙청, 황석영 등을 차례차례 소추할 때 그들의 죄목은 '근대문학의 종언을 믿지 않은 죄'였다.

---

1 조영일『가라타니 고진과 한국문학』, 도서출판b 2008, 86면.
2 같은 책 129면.

넷째, 그는 카라따니 코오진과 한국 문인들의 교류 그리고 어긋남을 단서 삼아 '일본'이라는 맥락을 한국 사상계 안에서 검토해야 할 과제로서 제시했다. 그는 카라따니가 한국에서 어떻게 독해되었는지를 분석할 뿐만 아니라 카라따니와 한국 문인 간의 만남의 내력을 추적하기 위해 한일문학심포지엄으로 거슬러올라가는데, 그 과정에서 일본 상황에 대한 한국 문인의 무지 내지 피상적 이해를 꼬집었다. 그리고 한국의 사상계가 자기 이미지를 구축하는 매개물로 '일본'을 얼마나 안이하게 활용해왔는지에 대해 성찰을 촉구한다.

조영일에게 호명당할 일도 없고 전공도 문학과는 거리가 멀지만, 내가 그의 문제제기에 응하고 싶었던 까닭은 바로 저 네번째 논점 때문이다. 사실 네번째 논점은 조영일의 글에서 독립적으로 존재한다기보다, 두번째와 세번째 논점을 부각하기 위한 보조 역할을 맡고 있다. 하지만 나는 그의 글을 불쏘시개로 삼아 '일본'이라는 맥락을 한국의 사상계 안으로 들인다는 일이 어떤 문제상황을 초래하고, 거기서 움켜쥘 수 있는 사상적 계기가 무엇인지를 한가지 독립된 논점으로 끌어올리고 싶다. 그러려면 아마도 그의 글을 불쏘시개로 삼되 바람은 다른 방향으로 불어 불길이 다른 곳으로 번져가도록 해야겠다.

2. 점화되지 못한 이유 그리고 남겨진 논점

『가라타니 고진과 한국문학』을 읽는 동안 10년 전의 문학권력논쟁이 떠올랐다. 당시는 강준만, 김정란, 이명원, 진중권, 김규항 등 이른바 '전투적 논객'들이 지식인사회와 문단권력의 연고주의·패거리주의를 도마에 올려놓았다. 이 논쟁을 떠올린 까닭은 조영일이 이 책에서 주요 잡지들은 "서로를 거의 언급(호명)하지 않음으로써 각자의 영역을 안전하게 확보할 수 있었다"며[3] 권력분점의 묵계를 꼬집었기 때문만은 아니다. 그의 문체도 한몫을 했다. 문체가 그저 기교가 아닌 한 그것은 사유의 논리를 반영한다. 조영일의 글이 보여주는 텍스트에 대한 치밀한 독해, 상대를 움켜쥐고자 배경지식을 활용하는 방식, 공격적 어조, 실명 비판 등은 10년 전 논쟁에서 특히 두드러진 어떤 글쓰기의 공과를 상기시켰다.

그 문체가 논쟁에 얼마나 적절한지, 얼마나 기능적일 수 있는지는 단언하기 어렵다. 가령 실명 비판은 논의의 상대와 논점을 분명히 밝힐 수 있지만, 거론된 상대로서는 예기치 않게 그라운드로 불려나오게 된다. 한편 실명 비판이 아니라면 상대의 논지는 비판자의 관점에 따라 자의적으로 왜곡될 위험이 있으며, 비판자는 만약 반비판을 받으면 당신을 향한 비판이 아니었다며 퇴로를 만들어둘 수도 있다. 반면 실명 비판은 그 비판 안의 어떤 표현이 상대를 자극할 경우, 상대를 공적인 토론의 장소로 불러들이는 대신 논의를 자칫 사적인 감정다툼으로 이끌고 갈 가능성이 있다. 그 경우 제삼자가 논의에 끼어들기 어려워지며, 논의는 사회화되지 못한 채 둘 간의 혹은 그룹들 사이의 대결로 응고되고 만다. 조영일의 문체는 이처럼 기능적 면모와 아울러 문제의 소지를 지니고 있었다.

하지만 이번 조영일의 책은 별 반향을 얻지 못했다. "이것은 한국문학과의 전쟁이다!"라며 다소 선정적인 카피를 달고 나온 책에 상대가 응수하지 않은 것이다. 물론 한권의 책이 논쟁의 씨앗이 되는지 여부는 거기 실린 글의 질로만 결정되지 않는다. 그 주장이 제기된 타이밍, 당

---

3 같은 책 150면.

시 사상계의 논의상황, 비슷한 논의가 있었다면 과거 그 논의가 밟아갔던 전례, 혹은 누군가가 나서서 대응을 하는지, 반론에 나서는 자가 지닌 사회적 위치는 무엇이고 사상계 내의 명망은 어느 정도인지, 거기에 저널리즘이 반응하거나 다른 논쟁으로 번져갈 가능성이 있는지 등이 복잡하게 작용해 한 편의 글은 논쟁의 씨앗이 되거나 혹은 소멸한다. 대개의 메타비평은 논쟁으로 개화하지 못한 채 스러지는 것이 사실이다. 오히려 조영일은 번역자로서 '근대문학의 종언'을 둘러싼 논쟁에 밑거름을 제공했고, 필자로서도 저널리즘에서 상대적으로 주목받은 경우라고 하겠다.

다만 조영일의 글에는 상대가 응수하러 나오기 어렵게 만드는 요소가 있다고 보이는데, 이 대목은 비평, 특히 메타비평의 생산성을 위해 짚어두고 싶다. 즉 그의 책이 논쟁의 불쏘시개가 되지 못한 데는 단순히 "만지면 커진다"는 식의 문단의 기피의식만 작용한 것은 아니며, 그로 인해 그의 텍스트가 지니고 있던 소중한 논점들마저 묻혀버렸다는 사실이 못내 아쉬운 것이다. 만약 기피의식만이 아니라면(그리고 상대가 그의 텍스트를 읽었다면), 그의 문제제기가 응답을 얻기 어려웠던 데는 일단 두가지 이유가 있다고 생각한다. 첫째, 앞서 언급한 문체의 문제점이다. 상대를 분석해 자신의 논지를 짜고 논거를 들이밀고 상대를 논의의 장으로 불러내는 방식에 상대로서는 호응하기 어려운 구석이 있었다. 둘째, "근대문학의 종언이지 않느냐, 왜 그 사실을 인정하지 않느냐"라며 몰아붙이는 그의 거친 추궁이 상대로 하여금 말문을 닫도록 만들었을 수 있다.

먼저 문체상의 문제점부터 짚어보자. 여기서는 과격하거나 때로 비아냥거리는 어조, 혹은 자기 추임새에 그치고 마는 각주의 사용법 등은 넘어가고, 그가 상대를 거머쥐기 위해 논리를 짜내는 방식만을 문제 삼겠다. 그는 자신의 타깃을 분명하게 추출하고자 무리수를 두고 있으며, 그것이 메타비평에서는 더군다나 중요할 담론공간에 대한 의식을 형해화해버렸다. 우선 그는 '대표'와 '-화(化)'라는 표현을 곧잘 사용한다. 가령 이렇게 말한다. "오늘날 한국의 문학비평가는 크게 세 부류로 나뉘는 것 같다. Ⓐ『창작과비평』과 『문학동네』를 모두 비판하는 비평가와 Ⓑ『창작과비평』만을 비판하는 비평가와 Ⓒ이것도 저것도 아닌 비평가로 말이다. 이때 『창작과비평』은 시대의 변화에 '제대로' 민감하지 못하다는 이유로, 『문학동네』는 '너무나 제대로' 민감하다는 이유로 비판의 표적이 되고 있다."[4] 이리하여 오늘날 한국의 문학비평계는 두 잡지에 대한 입장 차이로 갈리고 그만큼 왜소화된다. 동시에 "문학의 문학동네화" "한국문학의 창작과비평화"라는 표현을 통해 문학계의 지평도 두 잡지의 포진으로 애써 환원한다.

물론 비평의 타깃을 골라내기 위한 수사라며 이해하고 넘어갈 수도 있다. 하지만 이후에도 몇차례나 단순화가 반복된다. 가령 『창작과비평』은 '백낙청'이라는 한 인물이 대표하고, 그의 논조가 『창작과비평』을 지배하고 있다는 주장이 그렇다. 한 인물이 해당 매체에 중요한 영향력을 행사하고 있다는 진술과 그 인물이 그 매체의 대표라는 진술은 의미가 다르다. 『창작과비평』에는 상이한 입장이 존재할 수도 있다. 같은 진영이라고 사유하는 개인들 사이에 입장 차이가 없거나 오직 집단의 논리만이 단색으로 펼럭이지는 않을 것이다. 하지만 조영일은 가령 『창작과비평』에 글을 싣는 젊은 비평가들을 이렇게 힐난한다. "그런데 흥미로운 것은 '그럼에도 불구하고' 해당 젊은 비평가들이 '창비라는 울타리' 안에 있다는 것을 매우 자랑스럽게 여기며 그 안에서 자족하고 있

---

4 같은 책 149면.

다는 점이다. 따라서 그들의 비판이란 외부로부터의 비판을 의식하여 스스로 미리 놓은 예방접종 같은 것이라 하겠다. 즉 그들은 창비가 보유하고 있는 자가면역시스템의 일부에 불과하다."[5] 그가 백낙청을 '대표'라고 부르고 『창작과비평』을 단색 집단인 양 뭉뚱그리는 것은 백낙청에게 공격을 가해 백낙청만이 아니라 『창작과비평』이라는 성채, 나아가 한국의 비평계까지 한꺼번에 움켜쥐고자 하는 이유에서다. 4장 「비평의 노년: 가라타니 고진과 백낙청」의 논리구조가 그렇다면, 5장 「입담 對 비평: 가라타니 고진과 황석영」에서는 황석영을 "한국문학의 에이스" "'국민'작가이자 대한민국 대표선수"라고 치켜세우는데, 이 또한 가시 돋친 상찬이어서 황석영에게 '대표선수'라는 지위를 부여해두고 그를 공략하여 한국문학 전체를 상대하기 위한 포석으로 보인다.

그리고 다시 한번 단순화가 이어진다. 이번에는 백낙청이나 황석영의 일부 발언이 그들 사유의 전체상을 보여주는 증거로서 활용된다. 가령 백낙청은 '한국문학의 보람'을 화두로 꺼낸 적이 있다. 여기서 조영일은 '보람'이라는 말에 착목해 그 말을 헤겔의 절대지로 옮겨간다. 보람이란 미래를 포기한 의식현상이며 "아포리아가 소멸되었을 때(절대지에 도달했을 때) 발생하는 역전현상(회고)에 불과하다"는 것이다.[6] '사명'이란 말이 나오자 이번에는 하이데거를 원용한다. "그럼, 사명이란 무엇인가? 그것은 역사의 부름에 응답하여 결단하는 것이다. 우리가 여기서 하이데거의 그림자를 발견하는 것은 매우 자연스럽다."[7] 이렇듯 지식의 현학적 사용을 거치자 상대는 거듭 단순화되는데, 결국 한 손으로 거머쥘 수 있을 만큼 작아진다. 또다른 경우로 그는 상대의 글을 자

5 같은 책 151면.
6 같은 책 44면.
7 같은 책 110면.

주 인용하는데, 인용한 구절을 짜맞춰보아도 원문의 전체상은 좀처럼 보이지 않는다. 혹은 긴 인용 끝에 스스로 인용구의 논점을 요약해놓기도 하는데, 그때 뉘앙스와 구문의 순서는 미묘하게 바뀌어 원래 문구와 다른 방향으로 배치된다.

황석영을 다루면서는 또다른 비약이 엿보인다. 그는 황석영의 『바리데기』(창비 2007)가 한국적 미의식을 담고 있다는 세간의 평가를 반박하고자 『바리데기』에서 '하루끼적 요소'를 읽어낸다. "최근 『바리데기』를 읽으면서 느끼는 것이지만, 어쩌면 황석영과 하루키는 생각만큼 크게 다르지 않을지도 모른다는 생각이 들었다." 그런데 이런 추측은 바로 같은 단락 안에서 어느덧 단정으로 바뀌어 있다. 만약 『바리데기』의 상업적 성공이 덤핑판매에 기인하지 않는다면 한국 독자들이 '하루끼다운 형식'에 익숙해져 있기 때문이라며 이렇게 말한다. "다시 말해, 우리는 황석영 속에서 하루키를 읽고 있는 셈이다."[8]

이같은 단순화와 비약은 한가지 이유에서 기인한다고 보인다. 상대를 자신이 마련해둔 비판의 틀에 맞는 모양새로 만들려는 의도가 지나쳤던 것이다. 가령 한국 비평계의 현상황은 『창작과비평』이 대표하며, 『창작과비평』은 백낙청이 대표하며, 백낙청의 사고는 그의 몇몇 발언을 훑어보는 일로 족하다. 작금의 한국 문학계가 얼마나 퇴보했는지는 황석영의 문학적 실패를 보면 알 수 있다(조영일은 그렇게 보고 있다). 『바리데기』는 한국문학 종언의 징후다.

이러한 무리수는 오독으로 보아 넘길 대목이 아니다. 비평은 비판과 평가라는 이중의 역할을 동시에 성취해야 한다. 따라서 대상 세계의 폭과 깊이를 충실히 읽어내는 작업은 늘 비평에, 특히 메타비평에 필수조

---

8 같은 책 172면.

건이다. 그것은 공정성 이전에 한편의 메타비평이 독자적인 사상적 생명력을 지닐 수 있는가와 직결된다. 더욱이 담론 지형을 분석할 때는 민감함이 요청된다. 한 개인을 상대하는 일, 한 집단 혹은 매체를 상대하는 일, 사상계 혹은 문학계를 상대하는 일은 다른 사고의 절차를 요구한다. 이 사실을 조영일은 부러 외면하고 있거나 아니면 거기에 둔감하다. 비평은 상충하는 가치들 한복판에서 자기발언의 장소를 일궈내는 행위다. 그 장소를 손쉽게 마련했을수록 그 비평은 뿌리가 얕아진다. 조영일의 글에서 느껴지는 내려다보는 듯한 시선은 자신의 발이 바닥에 닿아 있지 않은 까닭이다.

3. 근대문학의 종언을 둘러싸고

둘째, 그가 '근대문학의 종언'이라는 테제를 들이미는 방식도 상대로서는 좀처럼 대꾸하기 어렵게 만든다. 그의 주장을 살피기에 앞서 카라따니가 이 테제를 내놓은 이유와 그에 대한 한국에서의 반응을 확인해두자. 카라따니에게 이 테제는 자신이 줄곧 천착해오던 근대문학-네이션 분석과 맥을 같이하고 있다. 카라따니는 근대문학을 네이션의 산물이자 구성요소로 이해한다. 그리고 근대문학은 한동안 '윤리'와 '세계관'의 문제를 떠맡았지만 이제 비판정신과 전복성을 상실하고 유희로 변질되었으니 더이상 근대문학에 특별한 가치를 부여할 필요는 없으며, 따라서 '근대문학의 종언'인 것이다.

이 테제는 『문학동네』 2004년 겨울호에 「근대문학의 종언」이 실린 이래 반향 혹은 반감을 불러일으켰다.[9] 먼저 문제로서 작용한 것은 어감이었다. 근대문학의 '종언'이라는 수사는 마치 이제 문학은 끝났다는 사형선고처럼 들렸던 것이다. 그래서 이 테제에 거부감을 보인 이들은 먼저 문학 고유의 역할과 존재의의를 강조했다. 하지만 카라따니에게 '종언'이란 어떤 사태의 끝을 의미한다기보다, 이제껏 자명하다고 여겨온 전제의 전도성이 드러나는 시기가 도래했음을 의미한다. 따라서 카라따니에게 '종언'의 테제는 '기원'의 분석작업과 맞물려 있다. 어떤 사물의 기원이 보이기 시작하는 것은 그것이 끝날 때다.[10] '기원'의 탐색은 '종언'의 감각을 필요로 한다. 그러나 『일본근대문학의 기원』(日本近代文學の起源, 講談社 1980)이 전도된 '기원'을 추궁한다는 시도였지만 현상적인 '출현'을 찾아나서는 방법론으로 전용되어 오히려 근대비판이라는 명목하에 근대를 실체화하는 역설을 낳았듯이, 『근대문학의 종언』역시 카라따니의 의중보다는 '종언'이라는 수사 쪽이 주목을 끌었다. 둘 사이에 다른 점이 있다면 『일본근대문학의 기원』은 문화연구 혹은 문학텍스트 분석 등 연구의 장에서 방법론으로 환영을 받았지만, 『근대문학의 종언』은 창작과 비평의 장에 커다란 곤혹스러움을 안겼다는 사실일 것이다.

하지만 분명히 감정적 반응을 넘어 『근대문학의 종언』을 독해한 사례도 나왔다. 이런 경우는 먼저 카라따니가 그 테제를 꺼내야 했던 일본문학의 상황과 한국문학의 상황이 얼마나 같고 다른지를 비교하는 일이 반응의 선결조건이었다. 유사하다는 측에서는 일정한 공감을 표명할 테고, 다르다는 측에서는 그것은 일본의 상황일 뿐이라며 '근대문학의 종언' 논의를 거부할 가능성이 높다. 우선 유사하다는 입장에서는 가령 한국에서도 문학은 더이상 사회적 책임을 감당하지 못하며, 독자 역

9 가라타니 고진, 구인모 옮김 「근대문학의 종언」, 『문학동네』 41호(2004).

10 가라타니 고진 「문학의 쇠퇴—소세키의 『문학론』」, 『근대문학의 종언』, 조영일 옮김, 도서출판b 2006, 39~42면.

시 그것을 문학에 요구하지 않는다는 점, 그리하여 민족문학을 포함한 소위 진보적 문학의 사회적 영향력이 쇠락했으며, 일본소설 씬드롬에서 드러나듯 대중의 독서경향이 일본과 크게 다르지 않다는 점 등을 거론했다. 반면 일본의 상황과 다르다는 측은 최근 몇몇 신진작가가 사회문제를 오늘날의 문체로 그려내 성공을 거둔 사례를 들거나, 아니면 문학이 여전히 맡아야 할 사회적 역할을 강조했다.[11] 가령 유일하게 현존하는 분단국가인 한국적 현실과 양극화를 비롯한 사회문제를 거론하거나 혹은 문학이 짊어져야 할 사회적 책임을 당위적으로 강조하는 경우도 있었다.

한편 카라따니 코오진의 문제의식을 받아들이면서도 '근대문학의 종언'을 그대로 추인하기보다는 문학의 역할에 주목해 그 테제를 한국의 문단씨스템과 문학계에 대한 성찰의 계기로 삼자는 주장도 있었다.[12] 가령 한국에서 문학의 위상이 바뀌었음을 인정하고 카라따니의 테제를 비판적으로 수용하면서, 문예창작과와 국문과 일색의 문인양성제도와 작품해설에만 골몰하는 비평계에 대한 냉엄한 성찰을 요구하는 경우가 그러했다.

그렇다면 조영일은 어떠한가. 그는 단호하다. 그는 '근대문학의 종언'이라는 테제를 외면해서는 안 될뿐더러 자성 정도로는 부족하다고 본다. "사정이 이러하다면, 우리에게 주어진 길은 ①가라타니의 주장을 전면적으로 긍정하거나(만약 그렇게 한다면, 우리 모두는 문학을 떠나

---

11 이도흠 「근대, 근대문학은 아직 끝나지 않았다」, 『문학과경계』 23호(2006).
12 황종연 「묵시록 시대 이후의 문학」(『현대문학』 2006. 8); 권성우 「추억과 집착, '근대문학의 종언'과 그 논의에 대하여」(『낭만적 비평』, 소명출판 2008); 박판식 「근대문학의 종언인가, 새로운 지평인가」(『문학과경계』 23, 2006); 오길영 「근대와 근대문학의 '자명성'을 의심하기 ── 가라타니 고진 읽기」(『크리티카』 2호, 2007); 이장욱 「카라따니 코오진과 근대문학의 '종언'」(『창비주간논평』 2006. 5. 2) 등.

야 한다!), 아니면 ②적당한 선에서 타협을 하거나(위기가 기회다. 이제 다시 문학으로 돌아가 생산적인 작업에 몰두하자!), 이것도 저것도 아니라면 ③완전히 다른 제3의 길을 모색하는 수밖에 없다."¹³ 결국 여기서 ①과 ③은 동일한 선택지이며, 자성의 계기로 삼자는 발상, 즉 ②는 '타협'에 불과하다. 왜냐하면 조영일에게 '근대문학의 종언'은 "자연스런 논리적 결론"이기 때문이다. 그래서 '근대문학의 종언'을 둘러싸고 발생하는 입장의 미세한 차이들은 '근대문학의 종언' 테제에 대한 동의가 아니라면, 조영일에게는 모두 변명조로 간주되는 듯하다.

나는 조영일만큼 한국의 문학계와 비평계의 사정에 밝지 못하기에 '종언' 논의가 문학계와 비평계에 얼마만큼의 실감으로 다가오는지 알지 못한다. 다만 '종언' 논의가 위기론의 한가지 형태라면 그것은 현재 문학계에만 국한되지 않으며, 또한 위기론 주위에는 언제나 권력을 향한 의지들이 배회한다는 사실은 알고 있다. 위기론은 비평적 힘을 갖는 동시에 권력화의 계기를 품는다. 기득권을 놓치지 않으려는 쪽도, 기성 권력에 타격을 가하려는 쪽도 위기론을 입에 담는다. 어느 경우든 위기론은 자기 입지를 확보하고 자신이 원하는 방향으로 판을 짜려는 의지와 결합된다. 물론 위기감을 내세워 자신의 깃발 아래로 다시 사람들을 모으려는 자의 위기론과 스스로가 위기의 한복판에 있음을 자각하고 그 무게를 떠안고 새로운 모색을 시도하는 자의 위기론은 다르겠지만, 전자와 후자의 경우 모두 '권력화'의 성분을 머금고 있음은 사실이다. 전위의 권력은 미래에 속한 것이긴 하지만 말이다. 더구나 '위기적인= 비평적인(critical)' 감각이 요구되는 비평의 장에서 이 문제는 더욱 첨예할 것이다. 이때 관건은 위기론 안에 '권력화'의 계기가 잠재한다는

---

13 조영일 , 앞의 책 57면.

사실 자체가 아니라, 자기발화 안에 있는 권력화의 계기를 얼마나 더 민감하게 자각해낼 수 있는지가 될 것이다.

카라따니 코오진은 후자로 보인다. 즉 그의 위기감은 기존 문학세계에 대한 깊은 회의에서 나왔으며, 그는 단절을 요구하고자 '근대문학의 종언'을 내놓았다. 문학은 더이상 지적이고 도덕적인 과제를 감당하지 못하며, 더이상 특별한 가치를 지니지 못한다. 그래서 종언이다. 이런 판단은 옳고 그름 이전에 카라따니 자신이 걸어온 사상적 행보와 관련되기에 무게를 갖는다. 그의 사상적 궤적을 검토하는 일은 여러 방향에서 가능하겠지만, '윤리적 과제와 존재론적 문제의 접합'에 어떻게 부심했는지도 그 궤적을 이해하는 하나의 통로가 될 것이다. 이것은 카라따니 코오진의 사상이, 비평이 탄생한 시점부터 끌어안고 있던 물음이었다. 아니, 그의 사상은 왜 비평의 모습으로 출현했는지를 보여준다.

고도화된 자본주의 사회에서 사람들은 실존적 기초를 상실한 채 살아가고, 윤리적 과제는 구체적인 사회적 맥락을 잃은 채 실존의 물음에서 유리되어 점차 사변적으로 구성된다. 카라따니에게 철학적 담론에 깃든 '무근거성'을 탐구하려는 시도는 더이상 손에 쥘 수 있는 형태로는 존재하지 않는 윤리적 '근거'를 찾으려는 시도였으며, 그 윤리적 근거는 먼저 인식론의 수준에서 마련되어야 했다. 따라서 그의 작업은 비평의 모습을 취해야 했으며, 동시에 그때 비평이란 단지 문예비평이나 텍스트비평에 머물 수 없었다. 이후 철학의 영역에 좀더 깊숙이 발을 들여놓은 행보도, 결국 '근대문학의 종언'에 다다른 사정도, 더이상 근대비평 그리고 근대문학이 윤리적 과제와 존재론적 물음 사이의 괴리를 감당하지 못한다는 자각에서 비롯되었다. 그래서 그의 위기감은 자기 영역을 지키겠다는 심리와 무관하며, 동시에 위기감에 그치지 않을 수 있었다. 그리하여 「근대문학의 종언」 말미의 "나는 더이상 문학에 아무

것도 기대하고 있지 않습니다"[14]라는 진술은 타당한가 그렇지 않은가만으로는 잴 수 없는 함량을 지닌다. 그에게 '근대문학의 종언'은 근대문학 일반이 끝났다는 사실명제이기 이전에 '나의 사상적 모색 속에서 근대문학은 끝났다'는 이중의 종언을 뜻하며, 그래서 다른 시도에 나서겠다는 발화수행적 진술일 수 있었다. 더이상 문학에 기대하지 않는다는 저 인용구의 앞문장도 마저 옮겨보자. "다만 근대문학이 끝났다고 해도 우리를 움직이고 있는 자본주의와 국가의 운동은 끝난 것이 아닙니다. 그것은 모든 인간적 환경을 파괴하더라도 계속될 것입니다. 우리는 그 한복판에서 대항해갈 필요가 있습니다. 그러나 그 점에 관해 나는 더이상 문학에 아무것도 기대하고 있지 않습니다."

그렇다면 조영일의 경우는 어떠한가. 그의 위기론도 문학계·비평계의 기성질서를 거세게 추궁하는 방향으로 나아간다. 그는 누구보다도 강한 어조로 '근대문학의 종언'을 설파한다. 하지만 카라따니와 조영일의 어감 사이에서는 미묘한 차이가 느껴진다. 바로 여기에 비평성의 핵심 요소가 놓여 있다. 자기혁신의 울림을 지닌 카라따니의 수행적 발화 '근대문학의 종언'이 조영일의 입을 거쳤을 때는 어느덧 선언조로 바뀌어 있다. 가령 카라따니는 조영일처럼 「근대문학의 종언」에서 문학가와 비평가에게 문학을, 비평을 그만두라고 권한 적이 없다. 문학은 앞으로도 지속될 테지만, 자기가 걸어갈 길은 문학이 아니라고 말했을 따름이다. 그러나 조영일은 그렇지 않다. 그리고 조영일에게 '근대문학의 종언'은 자명한 명제가 되어버려 카라따니 코오진의 '나는 ○○○을 하겠다'는 사라지고 '당신들은 틀렸다'만이 남았다. 정작 카라따니에게 중요한 것은 앞으로 해야 할 바를 밝히는 목적어겠으나, 조영일의 경우에

---

14 가라타니 고진, 앞의 책 86면.

는 '나'라는 주어도 그 목적어도 빠져 있어 수행적인(즉 비평적인) 의미가 약화되었다.

또 한가지 짚고 넘어가야 할 대목이 있다. 조영일이 활용하는 세대론이다. 그는 저작의 곳곳에서 '근대문학의 종언'이 기성세대에는 외면당했지만 젊은 세대에는 적극적으로 수용되었다고 말한다. 또한 카라따니 코오진 역시 4·19세대와의 교류는 틀어져버리고 말았지만 오히려 한국의 젊은 층에는 깊은 감명을 안겼다고 주장한다. 그는 여기서 몇가지 자기 경험을 근거로 내놓는데, 경험의 일반화를 위한 사고의 절차는 보이지 않는다.

세대론은 언제나 검증도 반박도 불가능하다는 문제를 안고 있다. 차라리 '근대문학의 종언'을 둘러싸고 입장이 갈린다면, 그것은 오늘날 한국문학의 상황을 어떻게 진단하고 있는지, 그 조건에서 자신은 무엇을 하려고 하는지, 그러한 견해의 차이가 크게 작용할 것이다. 물론 세대에 따라 경험은 다를 수 있으니, 그 점에서 말한다면 카라따니를 더 혹은 덜 받아들였는지가 아니라 카라따니의 어느 부분을 더 주목하는지에서 편차가 생길지도 모르겠다. 민족문학 혹은 제3세계문학을 시도하려고 애쓴 이들에게, 맑스주의를 사회변혁의 무기로 삼았던 이들에게, 그리고 포스트구조주의 내지 포스트모더니즘의 이론적 세례를 받은 이들에게 아무래도 카라따니는 다른 사상적 자원으로 다가올 테며, 그 여러 요소가 카라따니 안에는 분명 존재하기 때문이다. 설사 그렇더라도 기성세대를 비판하려는 이에게 세대론은 가장 피해야 할 무기다. 더구나 비평이라면 비판의 칼날을 무디게 만들 뿐이며, 정작 상대에게 자기발화의 밋밋한 근거를 노출하고 말 뿐이다.

그러나 검증불가능한 세대론 자체보다 여기서 지적하고 싶은 것은 그가 발화의 입지를 만들어내는 방식이다. 비평은 궁극에서 옳고 그름을 확정할 수 없는 가치들이 충돌하는 장에서 이뤄지는 영위며, 따라서 진술의 정합성만큼이나 윤리성이 물어진다. 비평에서 윤리성이란 비판자가 내놓는 언설이 자기비판을 머금고 있느냐를 의미한다. 더구나 위기론과 결부된 비평은 앞서 말했듯이 기득권을 가진 측과 엎으려는 측 모두에서 권력의 문제를 발생시킨다. 하지만 기존의 거대 매체에 날 선 비판을 가하는 조영일은 그로써 파생되는 자기 권력의 문제에는 둔감해 보인다. 기성 권력의 성역에 도전하는 비판자는 바로 기성 권력에 대적했기에 그만큼의 반사효과를 얻는다. 이는 결코 기성 권력에 대한 비평을 금기시하자는 말이 아니다. 다만 도전을 감행하는 비평일수록 발화의 입지를 확보하는 과정에서 면밀한 자기진단이 필요하다. 그 자각 없이 비평성은 존재하기 어려우며, 전위는 금세 타락하게 마련이다. 상대의 그름이 자신의 옳음을 보증해주지는 않는다. 자기정당성의 근거는 스스로 일궈내야 하며, 비평 대상이 사라져도 서 있을 수 있도록 자기 발로 균형을 잡아야 한다. 그러려면 비평은 자기비평을 요구한다. 하지만 적어도 문면으로 보건대 조영일은 자기비평에 인색하다. 오히려 단순화와 비약을 거쳐 필요한 문제만을 작도해내고, 세대론이라는 모호한 전거를 방패로 삼았다. 바로 이 점이 카라타니와 조영일의 주장에서 비평성의 차이를 낳았다고 생각한다.

4. 네이션과 비평

그래서 나는 조영일의 문제제기를 단서로 삼을 작정이지만, '근대문학의 종언'에 뛰어들 생각은 없다. 능력이 부칠 뿐 아니라, 그 테제의 옳고 그름을 가리는 일에 비평의 본령이 있다고 생각하지도 않는다. 그보다는 한명의 외국 사상가가 꺼낸 테제로 야기된 저 여러 반응들을 재료로 삼아 화제를 '네이션과 비평'의 문제로 옮겨가고 싶다. 나는 이곳에서 논의의 싹을 틔우고 싶다.

소소해 보일지 모르지만 다시 한번 조영일의 글에서 소재를 취해본다. 그는 『가라타니 고진과 한국문학』에서 기성 비평가와 문학가를 공격할 때 '우리' 혹은 '누구도'라는 포괄적 수사를 종종 사용했다. 황석영을 향해 "이제껏 우리가 살펴본 바에 따르면 '해외문학에 대한 오해'는 그가 가장 많이 하고 있는 것 같다"[15]고 말할 때처럼 상대를 에워쌀 때 사용하는 표현의 기교다. 하지만 때로 과도하다는 인상을 주는데, 가령 "『일본근대문학의 기원』이 국내에 번역된 이후 이제 누구도 '근대문학'을 자명한 것으로 생각할 수 없게 되었다"[16]는 표현 등이 그렇다.

물론 이는 조영일만의 표현법이 아니며 일반적인 방식이다. 하지만 그의 글이기 때문에 더욱 문제로 삼고자 한다. 첫째 그는 카라따니 코오진을 자기 글의 논리적 뼈대로 삼고 있는데다가, 둘째 그의 글에서는 비평가와 문인들의 네이션 감각을 추궁하는 내용이 큰 비중을 차지하기 때문이다. 따라서 저런 부주의함도 사소한 문제로 보이지 않는다. 먼저 저 표현법이 지니는 일반적 문제점을 지적해둔다면, 특히 논쟁적이며 비판 대상이 분명하게 드러나는 글인 경우, 비평이나 논쟁에서 저렇듯 자신의 존재를 직접 드러낼 수 없는 독자들을 지레짐작으로 '우리' '누구나'라고 불러들여 논거 내지 글의 기세로 삼는 방식은 상대에 대한 우위를 텍스트 혹은 논쟁상황 바깥에서 마련한다는 점에서 문제적이다. '우리'는 뒤섞인 청중과 독자들로 구성되어 있으며, 말하는 자의 의도

---

15 같은 책 173면.
16 같은 책 230면.

가 '우리'에게 잡음 없이 전달될 수 있으리라고 가정해서는 안 된다. 비평감각에는 이런 민감함이 더욱 요구된다. '우리' '누구나'라고 호명된 제3자, 즉 독자는 모호한 논리적 보족물이 아니라 자신의 논리도 되묻도록 만드는 긴장감의 방편으로 삼아야 한다.

이제 조영일의 글이라서 지적한다면 첫째, 그는 카라따니 코오진을 논의의 축으로 삼으면서도 카라따니가 보여준 비평의 단독성, 이 경우에는 독자를 타자로 대한다는 감각을 결여하고 있다. '우리'라는 표현은 일본어 비평문에서도 자주 등장하지만, 카라따니의 글에서는 비교적 드물게 나온다(대담에서는 종종 쓰이지만 그 경우는 구체적인 청자가 있다). 이는 단지 문체상의 특징이 아니라 비평의 근거, 비평의 힘을 어디서 마련할 것인가와 관계된다.

둘째, 조영일은 '네이션과 비평'을 논제로 내놓았는데 시의적절하고 묵직했다. 그래서 생각한다. '우리' '누구도'라고 막연히 호명하면 응해줄 누군가가 있으리라고 섣불리 기대해서는 안 되며, 그렇게 표현의 관성을 의심하는 데서 '네이션과 비평'이란 화두의 복잡함을 감당할 수 있는 사고의 근력과 감각의 섬세함이 길러지지 않을까. 그리하여 문제는 '비평의 장소'다. 비평이 자기발화의 근거를 짜내는 작업이라면 '네이션'의 문제와 접목될 경우, 그때 비평이 가장 먼저 직면하는 난제는 '어디서 누구를 향해 발화할 것인가'가 되지 않을까. 자명하게 여겨온, 따라서 모호한 채로 남아 있던 '우리'가 누구를 가리키는지를 되물어야 하지 않을까.

바로 조영일은 일본과의 관계에서 '우리'라는 자명성을 심문하는 듯이 보인다. 그는 특히 한국의 문인과 비평가가 일본의 지식인들과 교류하는 장면을 집중적으로 분석했다. 조영일의 눈에 비친 교류의 풍경은 이렇다. 상대의 고민에는 진입하지 못한 채 교류가 거듭되어도 여전히 일본에 관한 통속적 견해에 머물고, 일본 지식인들과 인맥을 쌓거나 일본의 출판시장을 개척할 기회를 얻은 것을 교류의 성과로 여기고, 교류가 끝나고 자신의 현장으로 돌아와서는 과시하듯이 교류의 경험을 입에 올린다. 조영일은 1992년에 시작된 한일문학심포지엄으로 거슬러 올라가는 작업을 통해 한국의 문인들이 '일본'이라는 맥락과의 접촉을 자기회의의 계기로 삼지 않고, 오히려 자국 안에서 자기 입지를 굳히는 방편으로 삼았다고 비판한다. 이는 접하기 어려웠던 문제제기, 적어도 좀처럼 표면화되지 않았던 문제제기다. 그가 지적한 내용들이 사실이라면 그것은 뼈아프다. 그 내용을 일반화하기야 어렵겠지만, 한일 지식인 교류의 한 장면으로는 분명히 존재한다고 본다. 그래서 여기서 다시 문제로 등장하는 것은 '네이션과 비평'이다.

이는 '근대문학의 종언'을 검토하는 데도 생산적인 논점이다. 카라따니는 근대문학을 네이션의 장치로 이해했다. 그는 작품의 내용을 분석하기에 앞서 근대문학의 형식이라는 각도에서 네이션과의 관계를 추궁했고, 그것은 언문일치에까지 이르는 철저한 탐색이었다. 근대문학의 형식은 하나의 나라, 하나의 사회라고 간주되는 '공감'의 공동체를 상정한다. 네이션이란 혹은 '국내'란 중심을 향해 응축되는 공간이자, 그 안에서라면 감각이 공유되리라고 가정되는 단위다. 따라서 '근대문학의 종언'은 한편으로 국내용 문학의 재검토를 실천과제로 삼아야 했다. 그리고 조영일 역시 교류의 장면에서 네이션을 의미교환의 자명한 단위로 삼아 피(彼, 일본, 국외)와 아(我, 한국, 국내)를 쉽사리 가르는 비평과 문학의 감각을 꼬집었다. 바로 비평과 문학은 피아의 관계를 되묻는 지성의 영위이기에 그의 문제제기는 더욱 적절했다고 하겠다.

그러나 바로 이 대목에서 조영일의 글은 또 한번 아쉬움을 남긴다. 그의 글이 보이는 어떤 둔감함이 그가 '네이션과 비평'을 문제로 다루는 동안 줄곧 눈에 밟히는 것이다. 첫째, 한국의 문인과 비평가를 추궁하겠다는 목적의식이 너무 앞선 나머지 카라따니 코오진을 끌어들일 때 국경을 경계로 삼아 한국과 일본의 사상계에 대한 단순화를 범했다. 그가 '대표'라는 표현을 남용한다고는 앞서도 지적한 바다. 동시에 그는 의도치 않게 일본 사상계도 단순화했다.『가라타니 고진과 한국문학』의 전체 다섯 장 가운데 세 장의 제목은 이렇다. '비평의 운명: 가라타니 고진과 황종연' '비평의 노년: 가라타니 고진과 백낙청' '입담 對 비평: 가라타니 고진과 황석영'. 한국 비평계와 문학계의 '대표'들은 조영일에게 불려와 차례차례 카라따니 코오진 앞에서 고꾸라진다. 이 장면에서 카라따니 코오진은 비평의 잣대 그 자체가 되었으며, 조영일은 카라따니를 묘사할 때 자주 최상급의 수사를 사용한다. "가라타니만큼 한국문학과의 소통을 시도한 외국문학자는 이제껏 없었"으며 "그렇게 노력한 만큼 그는 다른 한편으로 실망할 수밖에 없었다."[17] 그리하여 실망을 느낀 카라따니가 한일문학심포지엄에서 발을 빼자 "그가 참석하지 않게 되는 제5차부터는 김빠진 작가들의 사교장처럼 되어버린다."[18]

카라따니에 대한 애정 탓인지(아니면 한국 문인에 대한 분노 때문인지), 그의 글에서는 카라따니만이 외롭고 그만이 고뇌하는 듯이 보인다. 이로써 카라따니를 우상화할 수는 있겠지만, 유산화하는 방법은 아니다. 하지만 더욱 문제적인 대목으로 조영일의 표현을 따르면, (한국의 문인이나 비평가들이 그러했듯) 화려한 국가대표로 나서는 대신 그 늘진 곳에 머무는 '우둔함'을 택했다던 카라따니 코오진은, 조영일의 '카라따니 코오진과 ○○○'라는 대비구도 안에서 번번이 일본의 대표

---

17 같은 책 8면.
18 같은 책 104면.

선수로 불려나온다. 조영일 자신은 그 경기의 중계를 맡고 있으며, 그 결과는 늘 일본 측의 판정승이다.

대결의 결과보다 주목하고 싶은 것은 그 대결의 장을 만들어내는 조영일의 문제구성 방식이다. 그가 카라따니를 최상급으로 묘사하는 것은 우회적으로 한국의 비평가와 문인을 비판하려는 의도에서 기인하겠지만, 동시에 일본의 지식인 중 카라따니만큼 한국문학과의 교류에 정력적으로 나선 이가 없었다는 식의 강조는 일본의 사상계마저도 단순화한다. 네이션을 경계로 삼아 논의를 전개하는 경우 한 측에 대한 단순화는 필연적으로 상호단순화를 동반한다. 더구나 그때 일본 측 대변자로 카라따니를 골랐다는 점도 문제적이다. 카라따니 자신이 한국 지식인들과 교류하면서 자칫 발생할지 모를 '대표 감각'을 신중히 다뤘으며, 그의 발화 장소는 엄밀히 말해 일본 내부라기보다 '미국을 경유한 일본'이라는 한층 복잡한 곳이기 때문이다. 하지만 한국의 문인과 비평가를 공략하겠다는 과도한 목적의식 탓에 조영일은 카라따니를 "전후 최대의 비평가, 사상가"로 치켜세우고,[19] 이 점이 양측 사상계에 관한 상호단순화를 낳는 또 하나의 원인이 된다.

이와 관련되는 문제로서 둘째, 조영일은 한국과 일본 사이의 어떤 낙차를 발화의 입지로 삼는다. 카라따니 식으로 말하자면 한국 비평계를 향한 조영일의 비평은 '상인자본주의'적이다. '상인자본주의'는 서로 다른 공간에서 거래되는 가격의 차이를 이용해 그 사이에서 이윤을 남긴다. 그러한 이윤획득 방식은 지식의 장에서도 종종 목격된다. 조영일 역시 일본 상황에 대한 자신의 배경지식을 자주 활용해 주장의 논거로

---

19 같은 책 18면. 또한 『근대문학의 종언』 한국어판에서 카라따니 코오진은 "일본을 대표하는 세계적인 비평가, 사상가"라고 소개되어 있다.

삼거나 발언의 권위를 만들어낸다. 물론 이는 일본의 상황을 면밀히 이해하지 않은 채 막연히 저평가하거나 일본 상황과의 법박한 비교에서 자기 작업의 의의를 이끌어내는 지식인이나 문인을 향해서는 비평적 효과를 갖는다. 하지만 다음과 같은 과시적 말투는 그냥 보아 넘길 수 없다. "이런 사정을 잘 모르는 이들은 '일본의 양심'하면 오에 겐자부로를 떠올릴지 모르겠지만 말이다."[20] "일본문학에 조금이라도 관심이 있는 사람이라면 다 아는 사실이지만, 신쵸사는 일본문학을 주로 출판하는 거대 문학출판사 중 하나로 (…)"[21] "나카가미 겐지와 가라타니 고진 사이에 있었던 문학적 교류 내지 우정은 너무나 유명하여 새삼 지적할 필요조차 없을 정도다."[22]

일본 사정에 '밝다'는 과시적 진술이 불편을 안길 뿐 아니라, '더 잘 알고 있다'는 그 격차를 발언의 권위로 활용하고 있다는 점을 짚어두고 싶은 것이다. 그리고 바로 이 대목에서 문면으로는 비슷해 보이지만, 카라따니 코오진이 '근대문학의 종언'을 내놓았을 때와 조영일이 선언조로 그 테제를 적용했을 때 비평성의 차이가 발생한다. 옳고 그름 이전에 무엇을 근거로 삼아 누구를 향해 어떤 어조로 그 테제를 꺼내는가라는 담론 위치의 차이가 발생하는 것이다. 카라따니 코오진의 비평성은 발화의 장소와 근거를 거듭 되묻는다는, '비평의 장소'에 관한 민감한 의식 없이는 성립하지 않는다. 그런 카라따니로부터 '네이션과 비평'이란 묵직한 화두를 끌어낸 조영일의 착상과 노고에 지지를 보내면서도 아쉬움을 느끼는 까닭은 바로 여기에 있다.

---

20 조영일, 앞의 책 218면.
21 같은 책 219면.
22 같은 책 234면.

5. '일본'이라는 맥락을 한국의 사상계 안으로 들이는 일

조영일의 책을 비판하는 게 이 글의 목적은 아니다. 다만 그가 내놓은 선도적인 문제제기와 그의 어조 및 논리 사이에서 엿보이는 괴리가 그 문제제기, 즉 '네이션과 비평'의 관계를 다룰 때 구체적인 생각의 재료를 제공해주는 것이다. 진정한 비평(아마도 문학과 인문학 역시)이라면 자신을 감싸고 있는 세계를 낯설게 만들고 자아를 재해석할 수 있는 계기를 내주어야 할 것이다. 하지만 네이션의 감각을 안전판으로 삼고 있는 비평은 어느 곳에선가 자기회의를 그만둔다. 국내란 중심을 향해 응축되는 공간이다. 그 공감의 안이함과 거기에 깔려 있을지 모를 배제의 폭력을 짚어내는 일은 비평의 또 한가지 중요과제다. 더구나 '일본'이라는 맥락을 끌어들여 한국과 일본 사상계 간의 교착관계를 검토한다면, 네이션의 감각을 둘러싼 논의는 추상적이고 이론적인 영역에 머물지 않고 구체적인 쟁점으로 육박할 수 있을 것이다. 친일문학논쟁에서 엿보이듯 일본은 문학계에 길게 그림자를 드리울 뿐만 아니라 사상계에도 깊은 음영을 남기고 있다. 그리하여 나는 '근대문학의 종언' 논의로 불거진 문학계의 문제상황에서 사고의 소재를 취해 사상계에 대한 논의로 옮겨가고 싶다.

여기서는 두가지 문제를 전면으로 끄집어내고자 한다. 첫째, 한국의 사상계가 일본을 자기인식의 매개로 삼는 방식이다. '한국의 사상계'라고 말해보아도 그것이 실체로서 존재할지, 존재한다고 해도 단수형으로 기술해도 될지, 앞으로 내놓는 문제 양상 가운데 얼마만큼을 '한국 사상계의 것'이라고 말할 수 있을지 사실 모르겠다. 이 말을 입에 담을 때의 어려움은 그 말이 아니라면 달리 표현할 방도를 찾지 못하겠다는 또다른 어려움과 포개어 '한국 사상계'라는 말의 복잡한 울림으로 일단 남겨두고 싶다. 더구나 나는 일본을 향한 내셔널리즘과 사상계의 자기 인식을 문제로 내놓고자 하기 때문에 '한국의 사상계'라는 말을 피해가기가 어렵다.

일본은 한국에서 내셔널리즘을 발산하는 가장 편리한 회로가 되어 왔다. 거기서 기인하는 한국 사상계의 인식론적 장애라고 불러도 될까, 20세기 한국의 사상계는 보편성 자체를 별반 문제로 삼아온 적이 없다. 거기에는 지리적 규모와 역사적 경험이 모두 이유로 작용할 것이다. 한국 사상계에서 한반도라는 지리적 경계를 넘어 지역문제를 사고하는 인식의 최대치, 그중 얼마간 실감의 영역이라고 상정될 수 있는 것은 한·중·일을 아우르는 동아시아일 것이다. 하지만 그 경우도 한국을 컴퍼스의 중심에 놓고 원을 그린 경우여서 중국은 베이징과 상하이 정도가, 그리고 일본은 토오꾜오와 오오사까 정도가 들어올 뿐, 내륙 중국과 홋까이도오 같은 '변방'은 한국의 동아시아 상상 안에 좀처럼 들어오지 못한다. 그 까닭은 동아시아라는 지역적 지평이 실상 지리적 실체를 의미한다기보다 때로 한국이 윤리적·정치적 정당성을 확보할 수 있는 외연의 최대치를 뜻하기 때문이다.

특히 일본과의 관계 속에서라면 윤리적·정치적 우위에 설 수 있어, 한국의 내셔널리즘에서는 일본과의 관계를 확대재생산하며 그 틀 속에 머물고자 하는 욕구가 엿보인다. 적어도 민족감정에서 일본과 대면할 때는 자기분열을 겪지 않으리라는, 안전하다는 감각이 존재한다. 그리하여 일본을 규탄하는 일은 자기동일성을 되묻는 작업으로는 좀처럼 이어지지 않는다. 하지만 일본과의 대응구도에서 벗어나지 않으려는 심리는 오늘날 한국 내셔널리즘과 사상계의 세계인식을 제약하고 있으며, 이것이야말로 한국의 사상계가 끌어안고 있는 또 하나의 탈식민 과제인지 모른다. 바로 그렇기 때문에 일본을 매개로 삼은 자기동일성의 구축과정은 거듭 되짚어봐야 할 한국 사상계의 과제가 된다. 타자인식과 세계인식의 구체적인 시험대가 되기 때문이다.

둘째, 내셔널리즘에서 이렇듯 일본과의 관계가 부각되는 것과는 반대로 어떤 감춤을 지적할 수 있다. 그것은 지적 유통과정에서 발생한다. 한국의 사상계가 얼굴을 맞대고 가장 자주 교류를 나누는 외국인은 아마도 일본의 지식인들일 것이다. 거기에는 지리적 근접성도 역사적 경험도 이유로 작용하겠지만, 중국과 비교한다면 '말이 섞인다'는 느낌도 한몫 할 것이다. 한국어와 일본어는 언어적 연접성이 높고 용어 사용법도 닮은 구석이 많을 뿐만 아니라, 양국의 사상계가 이론적 맥락을 공유하는 정도도 높다. 그렇듯 개념어를 공유하고 지식의 유통양상이 닮아 있는 주요한 이유는 근대 이래 많은 개념과 담론이 시간적 낙차를 두고 일본을 경유해 한국(혹은 조선)으로 들어왔기 때문이다. 하지만 오늘날의 활발한 지적 교류 한편에서 일본이라는 존재가 한국의 사상계에 남긴 흔적은 가려져 있다는 인상이다.

그 사정은 무엇보다 한국 사상계에 깔려 있는 지식의 위계구조와 관련된다. 사회과학만이 아니라 인문과학에도 한국에서는 지역학적 요소가 농후하다. 한가지 학문분야로서의 지역학이 아니라 지식의 생산-유통-소비방식으로서의 지역학 말이다. 즉 비서구 지역은 스스로 앎을 생산하지 못한다. 비서구의 경험은 그 자체로는 자료일 뿐 서구산 지식을 통해 인증 절차를 거쳐야 한다. 비서구 지역이 지니는 경험의 특수성과 서구산 이론의 보편성 간의 결합은 비서구 지역에서 지식의 생산-유통-소비를 에워싸고 있다. 변혁이론이나 심지어 탈식민주의 논의도 이 안에 포함된다. 서구산으로 간주되면 그 담론은 다른 장소에 적용가능한, 즉 '세계담론'이 될 수 있는 하나의 자격을 취득하는 셈이며, 그것을 도입하고 소개하는 일에는 늘 권위가 동반된다. 하지만 서구산이라는 승인을 얻지 못한다면, 아류로 평가받거나 다른 장소로 유통되는 일 자체가 곤란을 겪는다.

이 경우 일본을 경유한 지식은 애매한 위치로 남게 된다. 한국의 인문사회과학에서 유통되는 주요 이론들은 다수가 일본을 경유해 들어왔다. '근대'를 둘러싼 주요 개념어는 태반이 일본에서 번역한 말을 다시 옮겨온 것들이다. 물론 그 과정은 단순한 도입이 아니라 내부의 논쟁을 동반하며 가치체계의 전환을 거쳤다. 그렇다고 하더라도 한국의 인문사회과학은 해방 이후에도 일본어 세대의 힘으로 정비되었으며, 맑스주의에서 포스트구조주의에 이르기까지 오늘날의 많은 이론적 조류 역시 일본어를 통해 소개된 바가 크다. 번역서든 연구서든 요약서든 용어사전이든 간에 말이다. 그런데 일본(혹은 일본어)이 그저 투명한 창이 아니라면 일본(혹은 일본어)을 경유하면서 그 지식과 개념은 변화를 겪기 마련이다. 하지만 그러한 일본의 흔적이 한국의 지(知)의 세계에서 넓고 깊게 남아 있다는 사실을 인정하는 데 한국의 사상계는 몹시 인색하다. 이러한 감춤을 단적으로 보여주는 사례는 일본어로 읽고 영어로 각주달기겠다. 그리고 중요한 사실은 이러한 감춤과 내셔널리즘에서의 저 드러남은 따로 떼어서 생각할 문제가 아니라는 점이다.

동시에 일본발 사유에 관한 저평가도 지적할 수 있다. 일본의 상황에 천착하여 일군 일본어 연구물은 아무리 우수해도 세계담론에는 들지 못하며, 따라서 낮은 등급에 머문다. 가령 논문에서 참고하더라도 '선행연구'는 될지언정 '이론틀'의 자리에는 오지 못한다. 바로 이웃나라의 사유에 대한 이러한 저평가는 한국의 상황에 착목해 내놓은 사유에 대한 저평가를 댓가로 치르고 있다. 일본 비평가로서 한국에서 가장 널리 소개된 카라따니 코오진을 둘러싼 상이한 평가도 이 사실을 반영한다. 그가 한국에서 많은 독자층을 확보한 데는 그의 사유가 독창적이라는 점도 작용했겠지만, 그가 미국에서 활약하고 서유럽의 지적 흐름과 병행하며 작업하여 세계담론으로서 유입되었다는 사실도 무시할 수 없다. 한편 카라따니 코오진은 참신한 해석가이지 사상가의 반열에는 오르지 못한다고 보는 이들은 그의 사유가 지니는 어떤 한계를 지적하기도 하겠지만, 이러한 평가에는 일본 출신의 지식인이라는 약점도 분명히 작용한다.

이 드러남과 감춤의 상관관계는 일본을 올바로 인식하는 일로는 풀어낼 수 없다. 대상에 대한 인식이 아니라 자기인식이 요구되며, 그럴 때 일본이라는 '맥락'을 한국 사상계 안으로 들여 사고하는 일은 비평성과 사상적 생산성을 지닐 수 있다. 가령 이런 물음들을 기대할 수 있다. 한국과 일본의 지식인 교류는 어떻게 제국-식민지의 역사적 무게를 외면하는 국제주의적 자유인 간의 만남이 되지 않으면서도 일본인의 '집합적 유죄'와 한국인의 '세습적 희생자의식' 구도에 빠지지 않을 수 있는가. 그 경우 한국의 해방 이후 세대가 해방 이전의 자국사로 진입하려면 어떤 사고의 절차가 요구되는가. 또한 일본의 오늘날 세대와 교류할 때 자국의 지나간 역사를 마치 재산처럼, 자신의 물건처럼 다루지 않으려면 어떤 역사적 감도가 필요할 것인가. 일본을 상대로 이쪽을 하나의 실체로 만들거나 구획된 자기 영토를 확보하려는 사고의 습관은 어떻게 타파되어야 하는가. 그 경우 서로 간에 생산적 균열을 낼 수 있는 교류는 어떻게 가능할 것인가. 지식의 영역에서 일본에 대한 '감춤'과 내셔널리즘에서 일본의 '드러남'을 어떠한 관계로 사고할 것인가. 이모든 물음을 한데 모은다면 이렇게 되겠다. '일본'이라는 맥락을 한국의 사상계 안으로 깊숙이 끌어들여 사고한다면 어떤 일이 벌어지는가.

그 가장 중요한 효과는 '우리'라는 자명성을 의심하고 자신이 속한 담론공간에 관해 좀더 민감한 의식을 기르는 일이지 않을까. 즉 '일본'을 하나의 실체로서 설정해 그 반작용으로 이쪽도 하나의 실체로 만드는 '대형상화(對形象化)'라는 사고의 타성을 문제로 들출 기회를 얻는 것이다. 사상의 교류는 각국의 사상계 사이에서만 존재하는 것이 아니다. 이른바 '한국 사상계'도 단수이자 늘 복수로서 존재하기 때문이다. 오히려 타국 사상계와의 교류에서 드러나는 것은 자국 사상계 안에 있던 깊은 골과 언어불통처럼 가려져 있던 문제들일지 모른다. 여기서 사상적 주체는 분절화를 경험해야 한다.

아마도 그렇다면 일본 지식인과의 교류 역시 그 목표는 화해나 입장의 합일이 아니게 될 것이다. 오히려 서로를 매개로 삼아 자기 안의 문제를 하나씩 끄집어내고, 그렇게 어려운 한 걸음을 떼고 있는 서로를 응시하는 일이 진정한 교류의 모습이 아닐까. 그 걸음들은 서로를 같은 장소로 인도하지 않을지도 모른다. 내셔널리즘의 문제라고 하더라도 한국과 일본의 지식인이 자기 사회에서 짊어질 무게는 다르며, 무게를 짊어지는 맥락도 다르다. 그래서 진정한 교류에 값하는 것은 '섣부른 입장의 공유'가 아닌 '고민의 연대'라고 믿고 있다.

6. 카라따니 코오진을 매개로 삼아

바로 이 장면에서 카라따니 코오진이라는 한 개인에게 바짝 다가간다면, 좀더 구체적인 논의가 가능해진다. 카라따니를 소재로 삼는다면 내셔널리즘이라는 자기인식의 폐쇄회로, 서구산과 비서구산 지식 사이의 위계, 그리고 국경을 넘어선 지식(인) 교류라는 문제들을 모두 들춰낼 수 있다.

카라따니 코오진은 한국에서 일본의 혁신파 지식인 가운데 한명으로 알려져 있으며, 실제로 일본의 식민주의를 분석하고, 일본의 내셔널리즘을 해부하고, 헌법 9조 논의에 적극적으로 나섰다. 한편 그는 한국에서 일본발 사유가 어떻게 수용되는지를 검토할 경우에도 흥미로운 사고의 단초를 제공한다. 그의 발상은 한국 학계에서 '방법론적 유행'이 되기도 했으나(특히『일본근대문학의 기원』), 독창성을 간직한 사상가라기보다는 유럽의 철학과 사상을 독자적으로 해석한 연구자로서 위치지어졌다는 인상이다(가령『탐구』에 대한 평가). 그의 책은 여느 유럽 사상가보다 많이 번역되었지만, 그의 착상을 연구에 활용하는 경우는 있을지언정 카라따니 자신을 연구의 대상으로 설정하려는 시도는 아직 접하지 못했다. 더구나 한 인간으로서 지니는 전체상과 다양한 면모를 조명해 그의 사상이 어디서 출현하고 어디로 나아가는지를 밝히는 평전 형태의 연구물이 나올 가능성은 희박해 보인다. 이는 십수권에 이르는 번역서들에서 그가 일본의 현실을 비평하거나 일본 사상사를 탐색한 작업보다는 대개 철학적 내용이 주종을 이룬다는 데서도 확인된다. 그는 늘 일본의 현실과 일본 사상계를 사고의 한 축에 두고 작업했지만, 한국에서 그는 주로 포스트구조주의의 지적 유행 속에서 '세계담론'으로서 수입되었으며, 또한 그런 한에서 유럽 사상가들에게는 못 미치는 아류로 취급받기도 했다. 그리고 이 모든 상황에서 읽어낼 수 있는 것은 카라따니 코오진의 사상적 질이 아니라 차라리 한국 사상계의 어떤 단면일지 모른다.[23]

---

23 만약 세계담론의 형태가 아니라면 일본 지식인으로 누군가가 카라따니 코오진만큼 한국에서 소개될 수 있을까. 그럴 가능성은 거의 없다고 본다. 또한 거꾸로 물어보자. 만약 한국의 지식인으로 누군가가 카라따니 코오진만큼 정력적으로 작업하고 또한 이른바 세계담론의 지위를 인정받더라도, 그/그녀가 한국에서 카라따니 코오

이제 여기서 거꾸로 카라따니의 한국인식을 살펴보고 싶다. 물론 그에게 반드시 한국론이 있어야 할 이유는 없으며, 있더라도 그의 사상적 진수가 아닐 수도 있다. 하지만 그는 일본제국주의의 역사를 비판하고 식민지배의 책임을 논하는 이른바 진보적 지식인으로 알려져 있으며, 한국에서는 '지한파' 내지 '친한파' 지식인으로 분류된다. 그렇다면 그가 이웃나라인 한국을 어떻게 이해했는지는 한 사상가가 네이션 감각의 속박에서 어떻게 벗어날 수 있는지와 관련해 하나의 단서를 제공해주지 않을까. 긍정적인 형태로든 부정적인 형태로든 말이다.

먼저 조영일의 평가를 참조하고 싶다. 그는 카라따니가 한국문제에 깊이 개입했다고 말한다. "그들은(카라따니 코오진과 나까지마 켄지) 일본인이라는 자기동일성이 위태로운 지점에 다다를 때까지 한일 간의 공통성을 확보해감으로써 역으로 최저한으로 존재하는 '미묘한 차이'를 발견하려고 한다. 이는 그들의 '한국'에 대한 관심이 선진국 시민이 도상국 시민에 대해 갖는 우월감이나, 적당한 제스처로 자신의 정치적/윤리적 정당성을 안전하게 확보하는 것과는 전혀 무관하다는 것을 의미한다. 즉 그들에게 있어 '한국'이라는 존재는 우리가 생각하는 것보다 근원적이다."[24]

여기서 흥미로운 것은 인용한 문장의 앞 내용이다. 조영일은 말한다. 카라따니(와 나까지마)는 여느 일본인처럼 한국에서 한국을 발견한 것이 아니라 한국에서 일본을 발견했기에, 그들의 한국인식은 근원적이었다. 확실히 카라따니가 자신의 작업 안에서 한국을 다룰 때는 대개가 일본론을 전개하면서다. 그런데 그 의미란 무엇인가. 그리고 조영일이

<hr />

진이 각광을 받은 만큼 일본에서 주목을 모을 수 있을까. 그럴 가능성 역시 거의 없다고 본다. 이 낙차는 무엇을 뜻하는가.
24 조영일, 앞의 책 236~37면.

말한 '미묘한 차이'가 뜻하는 바는 무엇인가. 그것은 '차이'라는 이유로 네이션의 경계를 확인하는 작업이 되고 마는가, 아니면 '미묘'하다는 이유로 네이션의 경계를 의문시하는가.

카라따니가 한국의 한 사상가가 아닌 '한국'(혹은 한반도 내지 조선) 자체를 언급하는 경우는 「일본적 '자연'에 대하여」나 「일본정신분석」처럼 한국을 일본의 비교항목으로 삼을 때였다. 이 경우 카라따니의 노림수는 분명하다. 일본의 '바깥'을 도입하여 폐쇄적 일본론을 해체하겠다는 것이다. 가령 「일본적 '자연'에 대하여」에서는 일본인이 국가를 세우거나 경계를 긋는 등 세계를 인위적으로 구분하는 데 서툰 까닭은 일본인의 속성 탓이 아니라 한국과 비교하건대 일본은 해안선을 경계로 삼는 나라라서 그렇다고 말한다. 「일본정신분석」에서는 먼저 '국가'를 구축적인 것, '사회'를 생성적인 것이라고 구분한 다음 일본에서 구축과 생성은 확실하게 나뉜 적이 없다고 강조하는데, 그 까닭은 한반도가 중국과 일본 사이에 버티고 있어 일본은 한번도 대륙으로부터 직접 침략을 받은 적이 없기 때문이라고 설명한다.

이런 분석은 일본 내의 자기함몰적 일본론을 상대하는 방법으로야 유용하겠으나, 그 자체로는 네이션의 감각을 추궁하는 작업도 아니며, 이웃나라를 향한 윤리적 모험도 아니다. 더구나 고유명을 분석하고 세계종교를 도입하며 네이션(공동체) 감각을 해부한 『탐구』(探究 I·II, 講談社 1986, 1989) 등의 논의와 견주어보면 낙차마저 느껴진다. 그리하여 질문을 던진다면, 이 경우 카라따니가 한국에 가진 관심은 가령 라깡 (Jacques Lacan)이 일본에 가진 관심과 질적으로 어떻게 다른가. 라깡은 일본의 에크리뛰르(écriture)에 매료되어 몇차례나 관련 글을 썼다. 세 가지 표기법을 갖는 일본어 에크리뛰르는 라깡에게 무의식이 억압되지 않고 드러난 사례로서 간주되었기 때문이다. 이러한 라깡의 예시는 카라따니에게서 빌려온 것이다.[25] 그렇다면 한국에 대한 그의 관심은 자신의 이론적 지향에서 파생된 라깡의 일본에 대한 관심과 어떻게 다른가. 더 나아가 이웃나라를 향한 그의 관심이 단순한 지적 취미에 머물지 않는다면, 한국의 사상계는 '일본'이라는 맥락을 끌어들일 때 카라따니로부터 어떤 시사점을 이끌어낼 수 있을 것인가.

이와 관련해 사소해 보일지 모르지만 한가지 미묘한 오해의 장면을 짚어두자. 카라따니 코오진은 「근대문학의 종언」에서 '근대문학의 종언'이 일본에만 국한된 일이 아니며, 오히려 한국의 상황을 보고 '근대문학의 종언'을 확신했다고 말한다. 이때 그는 한국에서는 문예비평가가 최근에 모두 문학에서 손을 뗐다는 발언을 했다. 이는 아마도 카라따니가 어느 한국 지식인에게서 들은 말이 와전되어 그리되었을 테며, 국경을 넘어선 지식인 교류에서 언어나 뉘앙스의 차이 혹은 누구와 주로 교류하느냐에 따라 발생할 수 있는 부주의한 사례라고 하겠다. 하지만 '모두 손을 뗐다'라는 진술을 곧이곧대로 받아들인 카라따니의 순진함에는, 어쩌면 자신의 논리적 전거를 만들기 위해 이웃나라의 상황을 단순화하는 사고법이 투영되어 있다고도 볼 수 있지 않을까.

카라따니의 책은 한국어로 널리 소개되었을 뿐만 아니라, 그는 많은 번역서에 한국어판 서문을 실었다. 한편으로는 번역자와 출판사의 정성을 보여주며, 거기에는 한국어 독자를 향한 카라따니의 배려도 있었겠다. 하지만 한국어판 서문들을 보건대 자신의 책이 한국어로 옮겨진다는 사실에 긴장감을 갖고 번역 자체를 사상적 소재로 삼아 작성한 내용은 찾아보기 어렵다(『일본근대문학의 기원』의 「한국어판 서문」을 제

---

25 가라타니 고진 「일본정신분석」, 『일본정신의 기원』, 송태욱 옮김, 이매진 2003, 63~70면.

외한다면). 많은 번역서에 한국어판 서문을 실었지만 그 서문이 반드시 한국어 독자를 향하지는 않는다는 사실, 적어도 문면으로 보건대 카라따니 코오진에게 한국과의 만남의 정도는 이 두가지 태도 사이만큼이 아닐까. 좀더 그가 한국에 관심을 가져줬으면 하는 아쉬움에서 꺼내는 말이 아니다. 그를 '지한파' '친한파'라고 분류하는 한국 저널리즘의 그 모호한 레테르가 무엇을 뜻하는지, 그것이 일본 지식인에 대한 한국 저널리즘의 어떤 태도를 반영하는지를 묻고 싶은 것이다. 저러한 '지한파' '친한파'라는 레테르는 일본 내에서 카라따니의 유명세와 이쪽의 필요 요구가 국경을 사이에 두고 거래된 흔적이라고 본다면 지나친 말일까. 적어도 조영일처럼 카라따니가 일본 지식인들 가운데 한국과의 교류에 가장 적극적으로 나섰다는 식의 발언은 그 교류의 현장에서 실제로 분투하고 있는 일본의 많은 지식인을 위해서도 결코 수긍할 수 없다.

한편, 앞서 지식의 위계라는 논점과 관련해 카라따니 코오진의 사상적 독창성(원본성)이 한국에서 의문시되는 경우도 살펴봐야 한다. 그는 여러 방면에 걸쳐 작업을 했으며, 그 안에는 비평도 철학적 탐구도 이론적 사고도 모두 담겨 있다. 하지만 그 가운데 한국에서는 비평이나 일본 사상론보다는 주로 철학적·이론적 논의가 수용되었으며(적어도 번역되었으며), 그는 아이디어로 차용되는 동안에도 한명의 독자적 사상가로서 여겨졌다고 보기는 힘들다. 카라따니의 사고는 앞서 말했듯이 세계담론의 형태로 유입되었는데, 그 까닭은 그가 1970년대 후반부터 모든 형식체계가 지니는 무근거성에 대한 철학적 고찰에 나서 그 시기 프랑스 현대사상과 어떤 병행성을 보였기 때문이다. 그 작업은『마르크스 그 가능성의 중심』(マルクスその可能性の中心, 講談社 1978)『은유로서의 건축』(隱喩としての建築, 冬樹社 1979)『내성과 소행』(內省と遡行, 講談社

1985) 『비평과 포스트모던』(批評とポスト·モダン, 福武書店 1985) 『탐구
1』(講談社 1986)로 이어졌다. 하지만 한국어로 번역되었을 때는 이미 푸
꼬, 들뢰즈, 데리다 등이 읽히고 있던 터라 그들과의 시간적 낙차도 있
어, 그의 저작은 사상의 원본이라기보다 독창적 해석 정도로 받아들여
졌다는 인상이다.

한편 그가 유럽철학사의 주요 텍스트를 종횡무진으로 오가고 있다는
점도 특히 철학을 전공하는 이들에게 비판을 산 이유로 보인다. 맑스,
칸트, 니체, 비트겐슈타인, 데까르뜨, 스피노자, 프로이트, 후설, 하이데
거, 레비나스, 데리다, 레비스트로스, 싸르트르 등을 넘나드는 그의 과
도한 상호텍스트성은 한편으로는 다양한 사상가를 겹쳐읽거나 문제를
을 옮겨서 사유하는 대입의 참신함을 보여주었지만, 그 사상가들에 관
한 연구는 이미 축적되어 있었기 때문에 그가 내놓은 해석의 올바름은
도마 위에 오르지 않을 수 없었다. 이 경우 카라따니의 개념 설정이 작
위적이지 않은지, 사상가 간에 비교와 접합은 적절한 방법론을 취하고
있는지, 개념적 명확성이 요구되는 대목에서 논리적 비약을 보이지는
않는지, 경우에 따라서는 왜 인용한 글의 출처를 정확하게 밝히지 않는
지 등이 문제시되었다.

물론 이런 검증은 보다 엄밀한 지식을 갖추기 위해 필요한 절차이며,
카라따니 코오진에게는 분명 문제의 소지가 있었다. 그러나 다만 한가
지, 카라따니 코오진이 저렇듯 여러 사상가들을 독해할 때 그들의 '장
소성'에 주목했다는 사실, 무리하게까지 보이는 그의 해석이 거기서 기
인한다는 사실은 외면받는 것 같다. 그리고 그 외면은 카라따니 코오진
의 '장소성'을 주목하지 않는 또다른 외면으로 이어진다. 저러한 검증
가운데 어떤 것들은 만약 고유한 자기 사유를 지녔다고 인정받는 (서양
의) 사상가라면 그다지 문제로 들춰지지 않았을 것들이었다. 그리고 이

장면에서는 그가 지닌 사상의 질만이 아니라 그가 일본의 지식인이라는 사실도 작용한다고 여겨진다.

카라따니 자신이 이런 수용의 양상을 감지하고 있다. 물론 한국에서 자신이 어떻게 읽히는지는 잘 알지 못하겠지만, 일본 안에서조차 자기 사유의 '원본성'이 의심을 산다며 분개한 적이 있다. 한 인터뷰에서 그는 자신이 「아동의 발견」을 쓰면 자신의 작업에서 영향을 받은 흔적이 역력한데도 연구자가 그 사실을 숨기려고 필립 아리에스(Phillippe Ariès)의 『아동의 탄생』(L'enfant et la vie familiale sous l'Ancien Régime, Pion 1960)을 가져오거나, 때로는 자신이 아리에스를 모방했다는 소리가 나오기도 한다며 서운한 마음을 꺼낸다. 카라따니가 '내셔널리즘'을 분석하면 그것이야 벌써 베네딕트 앤더슨(Benedict Anderson)의 『상상의 공동체』(Imagined Communities, Verso 1983)에서 나온 소리가 아닌가라는 반응이 나오고, 데까르뜨나 칸트에 관해 독창적 해석을 내놓으면 그것은 누구누구의 독해방식과 닮아 있다며 인용할 때면 굳이 그 저작을 찾는다는 것이다.[26]

한국에서 그를 두고 벌어진 논쟁의 첫 장면도 이와 무관해 보이지 않는다. 그의 첫번째 번역서인 『마르크스 그 가능성의 중심』(김경원 옮김, 이산 1999)이 출판되자 작은 논쟁이 일었다. 정치경제학자 정운영은 서평에서 카라따니 코오진의 가치형태론 이해를 문제 삼으며 "학생의 답안이라면 서슴없이 F학점을 매기겠지만 사계의 권위자 말씀이니 나로서는 채점을 보류하는 수밖에 없다"고 힐난했다.[27] 반박에 나선 이는 『일본근대문학의 기원』의 번역자기도 한 박유하였다. 그녀는 한달 뒤 같

---

26 가라타니 고진 「아이러니 없는 종언」, 『근대문학의 종언』 181~82면.
27 정운영 「『마르크스 그 가능성의 중심』에 대한 논쟁서평」, 『출판저널』 1999년 7월 20일자.

은 신문에 반박문을 실어 『마르크스 그 가능성의 중심』은 독창적인 『자본론』 독해를 통해 맑스 자신도 자각하지 못했던 무의식적 사유체계를 발견했다고 높이 평가했다.[28] 하지만 내용만큼이나 주목하고 싶은 것은 반박문의 제목이다. 제목은 "가라타니 고진은 '무식'한가?"였다. 이 선정적 제목은 필자가 정했을 수도 있으며, 잡지사 측이 고른 것일지도 모른다. 어쨌든 이 제목은 정운영의 독해와 더불어 카라타니에 관한 논의가 지식의 정합성 여부를 둘러싸고 진행되었음을 보여준다.

그런 의미에서 이번 「근대문학의 종언」이 일으킨 파장은 한결 생산적이라고 하겠다. 적어도 지식의 옳고/그름만이 아니라 그 주장의 무게가 한국의 사상계·문학계 안에서 무엇을 뜻하는지, 그러한 자기물음으로 이어질 수 있었기 때문이다. 여전히 논의가 분분하지만, 좀더 깊은 교류가 이뤄질 가능성을 시사한 장면이라고는 말할 수 있다. 이런 만남을 위해서는 많은 시간이 필요했다.[29]

7. 비평의 장소

하나의 사유가 출현한 장소 바깥으로, 네이션의 경계를 넘어 묵중하게 전달될 때 그 방식에는 범박하게 말해 두가지가 있으리라 생각한다.

---

28 박유하 「가라타니 고진은 '무식'한가?」, 『출판저널』 1999년 8월 20일자.
29 서영채는 카라타니 코오진의 종언론이 반향을 불러일으킨 이유 가운데는 그것이 일본발 메시지라는 사정도 있다고 지적한다. 첫째, 한국인에게 일본은 제국주의적 가해자이면서 동시에 경제적 모델이라는 양가적 존재였기에 일본에서 나온 종언론이 복잡한 울림을 안겼다는 점, 둘째, 일본은 '시간적 외부'여서, 즉 한국이 나아갈 미래로부터 날아온 '불길한 전언'이기에 그것은 한층 강한 정서적 강도로 다가온다는 것이다. 서영채 「역설의 생산: 문학성에 대한 성찰」, 『문학동네』 58호(2009).

한가지는 그것이 출현한 장소에 내리고 있는 잔뿌리를 털어내더라도 생명력을 유지할 수 있도록 번역가능성을 내장하는 방식이다. 이런 경우 추상도는 높아지며 대개 이론의 형태를 취한다. 그만큼 다른 장소에서 활용가능성도 높아진다. 다른 한가지는 애초 발화의 장소에 깊게 뿌리를 내린 경우로, 그렇다면 그 모습 그대로 다른 장소로 옮길 수야 없겠지만 그 고민의 농도가 다른 장소의 누군가에게 공감을 불러일으킨다. 앞서 표현을 가져온다면 '고민의 연대'라고 부를 수 있을 테며, 이 경우는 이론의 모습보다는 사상의 모습을 취할 것이다. 카라따니 코오진은 이런 두가지 면모를 모두 지닌다고 보인다.

이는 발화의 '장소성'에 관해 카라따니가 복잡한 태도를 취하고 있다는 사정과 무관치 않을 것이다. 즉 그는 자신이 일본에서 작업한다는 사실에 관해 이중적 의식을 지녔다. 그는 추상도가 높은 작업만이 아니라 구체적인 비평작업에도 몰두했으며, 일본적 언설에 관한 검토에도 나섰다. 그러나 그에게 일본연구는 일본의 특수성을 밝힌다는 의미가 아니었다. 그는 지역학적 감각에 기반한 여느 학문이 그러하듯 일본의 사례를 서양적 기준에서 미달되거나 왜곡된 것 혹은 예외적인 것으로 여기지 않았다. 오히려 그는 우등/열등, 원본/복사물, 중심/주변이란 틀에서 벗어나 일본이라는 '장소'가 세계사 과정의 흔적을 간직하고 있기에 일본연구는 세계사적이며 보편적인 의의를 가질 수 있다고 생각했다.

일본 근대의 '기원'에 천착한 사정도 마찬가지다. 서양은 장기간에 걸친 근대화 과정을 거쳤기에 근대의 성격이 은폐되어 있지만, 일본은 극도로 압축된 근대화를 경험했기에 그 성격이 좀더 분명하게 노출된다는 것이다. '뒤처진 자'는 '앞서간 자'가 자명하다고 여긴 것들을 근원적으로 되물을 기회를 갖는다.[30] 그리하여 일본 근대의 전도성을 해명하는 작업의 의의는 일본에만 머물지 않았다. 가령 『일본근대문학의 기원』이 미국의 연구자에게도[31] 한국의 문학연구에서도 주목을 얻었던 것은 그가 자신의 장소성에 깊이 천착하고, 그 결과를 다른 장소에서도 공유할 수 있는 언어로 옮겨낸 까닭이겠다.

하지만 그는 동시에 일본에서 작업하는 일에 회의도 품었다. 한 대담에서 그는 말한다. "그런데 아메리카에 가면, 아아 일본에서 쓸데없이 시간을 낭비했다, 바깥에서 통용되는 일을 하지 않으면 존재하지 않는 것이나 마찬가지인데, 하는 후회가 밀려오는 것입니다."[32] 이 후회는 무엇을 뜻하는가. 중요한 것은 이런 후회에 사로잡힌 1990년 무렵을 스스로 전환점이라 부르고 있으며, 실제로 이 시기 이후로 이론적 작업으로 무게중심이 옮겨가고 문체마저 바뀐다는 사실이다. 가령『카라따니 코오진 초기 논문집』(柄谷行人初期論文集, 批評空間 2002)을 보면 글은 꼬여 있고 불투명하다. 이때는 상대성이라는 사상의 운명에 시달려 논리를 다 짜내고도 가시지 않는 그림자가 늘 남지만, 1990년 이후의 글들은 그전의 비평문에서 보이던 떫은맛이 사라진다. 이론에의 의지가 존재의 어둠을 집어삼킨 듯하다.

1990년은 그가 컬럼비아 대학에 객원교수로 정기적으로 강의를 나가기 시작한 시기다. 그리고 이때부터 그는 잡지『비평공간(批評空間)』을 조직해 편집 역할을 맡으며 공동작업에 나섰다.『비평공간』은 그에게 이론에 기반한 '현실과의 투쟁'을 뜻했다. 한일작가회의에 참석하기 시작한 것도 이 무렵이다. 그런 자리를 어색해하던 자신으로서는 커다란

---

30 가라타니 고진「아이러니 없는 종언」, 앞의 책 195~96면;「와야 할 어소시에이션이즘」, 같은 책 214면.

31 브렛 드 베리「가라타니 고진의『일본 근대문학의 기원』」, H. D. 하루투니언 · 마사오 미요시 외『포스트모더니즘과 일본』, 곽동훈 옮김, 시각과언어 1996.

32 가라타니 고진「아이러니 없는 종언」, 앞의 책 186면.

변화였다고 술회한다. 이후 『트랜스크리틱』에 다다르는 칸트 재독해도 이 시기부터 이뤄져 '비평'이란 말을 좀더 의식적으로 문예비평과 구분해 주로 철학적인 의미에서 '비판＝근거의 음미'로 사용하기 시작했다.[33] 전에는 '철학자'나 '이론가'로 불리면 위화감을 느꼈지만 이 시기부터는 그 위화감을 걷어냈다.

한 시기에 집중된 이 모든 변화의 의미를 헤아리기는 어렵다. 다만 여기서 한가지만을 물음으로 내놓는다면, 해외에 나가서 느끼는 리얼리티와 일본으로 돌아와서 갖는 리얼리티가 자기 안에서 좀처럼 양립하지 않는다는 고민과, 외국의 독자가 읽을 수 있도록 글을 써야 한다는 초조함은 이 전환에서 어떤 영향을 미쳤을까. 그 와중에 전개된 일본론 비판으로서의 일본론에서 한국(혹은 한반도)은 어떤 참조의 역할을 맡고 있는가. 사실 바깥을 향해 써야 한다는 그의 강한 실감은 특히 미국에서도(그리고 영어로도) 통하는 이론을 만들어야겠다는 의지와 맞닿은 듯이 보이며,[34] 그의 일본론에서 한국이 일본에는 부재하는 것을 간직한 공간처럼 묘사되는 까닭도 일본과 한국의 관계를 바라보는 시점이 그야말로 바깥(가령 미국)에 마련되어 있기 때문이라는 인상이다. 만약 그렇다면 그때의 한국은 일본론의 논리적 보족물에 지나지 않는다. 그리하여 이 두서없는 물음은 다시 하나의 주제로 수렴된다. 바로 '비평의 장소성'이다.

카라따니는 이미 여러가지 '비평의 무기'를 제공했다. 무엇보다 그는 비평이 '위기'를 발명하는 무기라고 알려주었다. 시대정신이나 거대담

---

33 같은 글 185~94면.

34 대담에서는 예기치 않게 속내가 드러나는지 모른다. 그는 가령 바깥을 향해 써야 한다는 실감을 야구에 빗대어 말한다. "역시 일본에서의 히트와 미국에서의 히트는 다릅니다." 같은 글 215면.

론은 모두 어떤 소실점에 근거해 작도되고, 논쟁은 무언가를 밝은 곳으로 드러내는 동시에 무언가를 은폐한다. 따라서 위기의 발명이란, 즉 비평이란 거대담론의 작도법을 해부하고 논쟁의 구도에서 가려진 문제를 되묻는 일이다. 또한 그는 '세속적 타자'를 통해 비평의 감도를 되물었다. '타자'라는 말은 자칫 추상화되면 낯선 존재를 범박하게 처리하는 사유의 도피처가 되고 만다. 그가 말하는 세속적 타자는 그 세속성으로 인해 어떠한 절대적 관념으로도 녹아 사라지지 않는다. 그 세속적 타자는 바로 쉽사리 실감을 나눠가질 수 없는 외국인 같은 존재다.

그렇다면 이제 그가 쥐어준 '비평의 무기'를 들고 그의 '비평의 장소'로 향할 수 있지 않을까. 한 사상가는 자신의 고유한 속도를 갖는다. 카라따니의 발걸음은 몹시 빨랐으며, 그에게는 속도 자체가 바로 사유의 깊이를 뜻했다. 그는 자신의 사유가 간편한 아이디어로 쓰일 때면 그 자리를 떠났다. 그에게 한 자리에 머문다 함은 사상이 실체가 되어버린다는 의미였다. 그리하여 지금 우리가 그의 것이라며 손에 들고 있는 것들은 빠른 걸음으로 지나가며 그가 남긴 흔적들이다. 하지만 그 속도로 걸어간 자와 그 모습을 바라보는 자는 분명 다른 것을 경험한다. 그렇기에 낱낱의 흔적이 아니라 '장소성'을 밝혀내려는 시도가 카라따니 코오진 같은 사상가를 향해서라면 더욱 요구된다.

무엇보다 카라따니 자신이 그렇게 했다. 그는 데까르뜨, 스피노자, 칸트, 맑스 등 각 사상가의 '장소성'에 천착하여 일반 철학사가 정리한 발전도식에서는 빗겨나는 고유한 사색들을 건져냈다. 우리도 카라따니가 그 사상들의 장소성을 찾아나선 노력을 그에게 되돌려줘야 하지 않을까. 하지만 그 작업은 카라따니가 데까르뜨, 스피노자 등을 읽을 때와는 다른 감도를 요구할 것이다. 그가 품은 사상적 긴장감은 바로 우리 시대의 긴장감이며, 그가 설정한 사유의 장 속에는 우리의 위치도 포함되어 있기 때문이다.

카라따니 코오진은 왜 고민하고, 어떻게 고민하고, 어디서 머물렀는가. 카라따니 코오진은 한국의 사상계에서 왜 주목받고, 어떻게 주목받고, 또 무엇이 가려진 채 남아 있는가. 이 물음들을 해명하려다 보면 지식의 위계와 유통방식, 사상과 이론의 차이, 타국 이해와 네이션의 감각 등의 문제군에 맞닥뜨릴 것이다. 그리하여 나는 카라따니의 장소성을 분석하는 일이 '일본'이라는 맥락을 한국의 사상계 안으로 들여 그 의미를 음미하는 작업의 단초가 될 수 있다고 생각한다. 그의 '장소성'을 읽어내는 작업은 그를 매개로 삼아 한국 사상계를 분석의 대상으로 삼는 또다른 작업을 수반할 것이다. 그렇듯 복잡한 전환을 거친다면 그는 한국 사상계의 전통 속에서 의미있는 일부가 될 수 있을 것이다. 그래서 나는 아직도 그에 관한 연구를 기다린다.

8장 틀렸다. 하지만 어디가 얼마나? 그래서?

'역사주체논쟁'에서 논쟁되지 않은 것들

1. 불편한 거리

약 10년 전, 일본에서 벌어진 논쟁으로 진입하고자 한다. 1995년 카또오 노리히로(加藤典洋)의 「패전후론」으로 불붙은 논쟁은 1997년 '역사주체논쟁'이라는 이름을 얻어 2000년대 초반까지 지속되었다. 지금도 끝났다고는 말할 수 없다. 여전히 미열이 가시지 않는 까닭은 이 논쟁이 내셔널리즘 논쟁으로 번졌고, 내셔널리즘 논쟁을 다시 타오르게 만들 불씨는 일본사회의 변동 속에서 늘 잔존하기 때문이다. 논쟁의 유통기한은 끝나지 않았고, 따라서 '10년'이라는 시간적 거리에 특별한 의미를 부여할 필요는 없을지 모른다. 하지만 그 거리가 학적 대상으로 삼기에 어정쩡한 것이라고는 말할 수 있겠다. 10년이라는 시간은 그 논쟁을 돌아보기에도, 논쟁에 참여하기에도 미묘한 거리다. 당시 논쟁에 이름을 올렸던 이들은 지금도 왕성히 활동하고 있는 터라 논쟁에 접근하는 일이 현존 인물들에 대한 사후적 평가가 되어버리기 십상이다. 또한 불씨는 꺼지지 않았을지언정 그 논쟁을 지금 다시 들먹이는 것도 다소 식상한 감이 있다.

한편 일본에서의 논쟁이었다는 사정도 시간적 거리만큼이나 다루기 어려운 대목이다. 역사주체논쟁은 애초 패전과 전쟁책임, 전전/전후의 주체성이라는 문제로 터져나왔기에 한반도의 역사경험과 한국의 사상계가 알게 모르게 그 배경의 일부를 이루었기 때문이다. 강 건너 불구경하듯 다룰 수는 없는 노릇이다. 실제로 논쟁에 적극적으로 개입한 한국의 논자는 없었지만, 논쟁의 와중에서 한국(내지 조선)과 한국을 포함한 아시아는 논쟁의 중요한 참조점이 되었다. 다만 어떤 방식으로 언급되었는지 그 양상만큼은 따로 검토해야 할 문제다.

이런 사정으로, 제목을 다는 일부터가 고민이었다. 학적 대상으로 삼기에 어정쩡한 10년 전의 논쟁을 지금 다뤄도 되는 근거를 마련하고자 '아직 끝나지 않은 논쟁'과 같은 제목을 고려해보았지만, 이것은 되레 '끝나가고 있는'이라는 인상을 준다. 하지만 이 논쟁을 검토하기로 마음먹었던 이유는 비단 역사주체논쟁만이 아니라 다른 논쟁에서도 얼마든지 반복될 수 있는 논쟁의 구도가 이 논쟁에서 잘 드러난다고 생각했기 때문이다. 따라서 역사주체논쟁이 여전히 회자되고 있는지는 중요치 않았다. 그보다는 논쟁을 떠받쳤던 반복되는 구도 자체가 논쟁상황에서 드러났는데도 쟁점으로 포착되지 않았으며, 그런 의미에서 얼마간 불모하게 끝나갔다고 해야 할 역사주체논쟁은 그런 문제상황을 보여주는 가장 가까운 사례라는 점에 마음이 끌렸다.

하나의 논쟁이 역사가 되거나 역사적으로 의미를 갖는다면, 그 이유는 그것이 시대의 분위기를 보여주면서도 동시에 그 과정을 겪으면서 지적 세계에 재편이 일어나기 때문이다. 또한 다른 논쟁에서 참조가 될 만한 요소를 내장하고, 시대의 경향이라며 뭉뚱그려서는 안 될 독자적인 사상의 역사를 수놓기 때문이다. 역사주체논쟁이 그랬다. 그것은 1990년대 중후반 일본의 사회적 분위기를 반영하면서도 논쟁을 통한 지적 편성과정에서 지식계, 아울러 현실정치에 영향을 미쳤다. 그리고 논쟁과정에 참여한 논자들이 논리를 운용한 방식을 보면 그후로도 (아마도 그전에도) 드러나는 사상계의 조감도를 얻을 수 있다. 그 조감도를 주목한 것은 카또오 노리히로가 「패전후론」 이후에 발표한 「전후후론」을 읽고 나서였다. 이후 자세히 언급하겠지만, 그는 반복되어왔던 일본 사상계의 논쟁상황을 '문학과 정치'라는 구도로 움켜쥐었다. 여기에는 '보수와 진보' 내지 '우파와 좌파'의 대결이라는 구도로는 설명할 수 없는 문제군이 자리 잡고 있다는 것이다. 카또오 노리히로에 대해서는 분명 비판해야 할 대목이 적지 않으나, 그를 제대로 비판하기 위해서라도 이러한 '조감도'를 통해 이데올로기적 세대결로 걸러지고 남은 부분에서 역사주체논쟁이 지니는 역사적 '기능성'을 건져내야 할 것이다. 그것이 기능성인 이유는 논쟁의 복잡한 편성은 개별 저작에서는 나오기 어려운 문제들을 토해내며, 사상은 거기서 또 한번 성숙할 가능성을 얻기 때문이다. 하지만 역사주체논쟁의 추이를 살펴보면 이 기능성은 주목받지 못하고 가능성인 채로 흩어져버렸다. 따라서 역사주체논쟁이 지녔던 그 기능성을 되살리는 일이 이 글의 목적인 것이다.

그런 이유로 다소 조잡한 제목을 달아보았다. "틀렸다. 하지만 어디가 얼마나? 그래서?" 이때 "틀렸다"는 말은 카또오를 향한 말이다. '역사주체논쟁'에 참가한 많은 논자들, 특히 타까하시 테쯔야(高橋哲哉)는 카또오 노리히로의 논의를 체계적으로 공박했고 많은 대목에서 공감할 수 있었다. 카또오 노리히로는 틀렸다. 그런데 묻고 싶다. "하지만 어디가 얼마나 틀렸는가?" 틀렸다는 것을 카또오 노리히로를 독해하는 전제이자 결론으로 삼지 않는 한, 그가 어디서 얼마만큼 틀렸는지를 물어야 하며, 그 '얼마만큼'에 이 논쟁이 내셔널리즘을 둘러싼 이데올로기 논쟁으로 끝난다면 묻혀버리고 말 생산성이 있다고 생각한다. 마지막의 "그래서?"는 글을 쓰고 있는 나 자신을 향한다. 다른 나라의 사상계에 진입하고 그것을 평가할 때, 나는 어디서 무엇을 근거 삼아 그 작업을 수행할 수 있는가? 그리고 그 작업이 뜻하는 바는 무엇인가?

하나의 논쟁을 대상으로 삼는 일은 누군가에 대한 혹은 어떤 지적 진영에 대한 평가가 되어버리기 쉽다. 하지만 심판이나 변호에 머무르지 않고 그 논쟁이 품고 있었지만 주목받지 못한 곳에 육박할 수 있다면, 하나의 논쟁을 다루는 일은 한쪽의 손을 들어주는 일로 끝나지 않을 수 있을 것이다. 이미 결론이 났다고 간주되는 역사적 장면으로부터 지금의 사유를 위해 건져내야 할 가능성도 바로 거기에 있으리라. 그래서 역사주체논쟁에 접근하면서 간직하고 싶은 물음은 이것이다. 누군가에 대한 평가로 기울지 않으면서도 그 논쟁을 절개할 수 있는가. 이데올로기적 결론으로 귀착되지 않으면서도 생산적인 사상자원을 건져낼 수 있는가. 그렇게 그 논쟁 속에 응결되어 있는 '기능성'을 구해낼 수 있는가. 답할 수 없는 자문일지언정 이런 물음의 가치만이라도 확인되었으면 하는 바람이다.

2. 역사/주체/논쟁

1) 논쟁의 추이

역사주체논쟁은 카또오 노리히로가 『군상(群像)』 1995년 1월호에 발표한 「패전후론」으로 시작되었다. 그가 내놓은 핵심 개념은 '비틀림'이다. 그 비틀림은 정의롭지 못한 전쟁(태평양전쟁)을 치렀다는 비틀림이며, 패배하고도 그 의미를 자각하지 못했다는 비틀림이며, 전후가 되어서도 전전의 유산을 처리하지 못했다는 비틀림이다. 흥미로운 것은 그가 이러한 비틀림을 태평양전쟁 당시 "자국을 위해 죽었던 3백만 자국의 사망자"에 대한 애도와 "2천만 아시아의 사망자"에 대한 사죄의 문제로 다뤘다는 점이다. '3백만 자국의 사망자'를 애도하지 못한다면 '2천만 아시아의 사망자'에게 사죄할 수 있는 주체가 형성되지 않기 때문에, 전쟁책임은 회피되고 비틀림은 그대로 남는다는 것이다. 따라서 그는 "일본의 3백만 사망자를 먼저 애도하고, 그 애도를 통해 아시아의 2천만의 사망자를 향한 애도와 사죄에 이르는 길"을 발견해야 한다고 주장한다.[1]

이에 민감하게 그리고 발 빠르게 대응했던 논자는 타까하시 테쯔야다. 그는 「오욕의 기억을 둘러싸고」(『군상』 1995년 3월)를 써서 카또오의 주장은 사과할 주체가 아니라 닫힌 애도공동체를 만들 뿐이라고 비판했다. 여기서는 논쟁의 추이를 스케치하는 게 목표이니 자세한 주장은 뒤에서 살펴보도록 하자. 카또오는 카또오대로 「세계전쟁의 트라우마와 일본인」(『세계(世界)』 1995년 8월)에서 니시타니 오사무(西谷修)와의 대담을 통해 타까하시의 반응 등 그 사이에 나온 세간의 평가에 대해 자신의 입장을 직접 밝히면서도 「전후후론」(『군상』 1995년 8월)을 써서 '문학과 정치'의 구도로 우회해 들어갔다. 타까하시는 「'애도'를 둘러싼 대화」(『현대사상(現代思想)』 1995년 11월)라는 대담에서 「세계전쟁의 트라우마와 일본인」에 나온 카또오의 주장을 재반박했다. 이에 카또오는 「말투의 문제」(『중앙공론(中央公論)』 1997년 2월호)에서 타까하시야말로 공공성

---

1 카또오 노리히로 「패전후론」, 『사죄와 망언 사이에서』(이하 『사죄와 망언』), 서은혜 옮김, 창작과비평사 1998, 83면.

으로 나오지 않고 공동체 안에 머물러 있다며 응수했다. 이후 타까하시는 「'전후책임' 재고」「판결의 문제」「일본의 네오내셔널리즘 2」 등을 발표해 당시 문제로 부상한 '자유주의사관'과 함께 카또오를 비판했고, 서경식(徐京植)과의 대담집 『단절의 세기 증언의 시대』(斷絶の世紀 證言の時代, 岩波書店 2000)에서도 카또오의 내셔널리즘을 주된 화제로 삼았다. 그간에 오간 논의들은 각각 단행본으로 정리되어 카또오는 『패전후론』(敗戰後論, 講談社 1997)을, 타까하시 테쯔야는 『전후책임론』(戰後責任論, 講談社 1999)을 출간했다. 카또오의 책은 "시대의 요청에 응한 문제제기"라고 평가받기도 했으며(『요미우리신문』 1997. 11. 19), 출간된 1997년에는 수만권의 판매고를 올리며 "올해 논단에서 가장 화제가 된 책"이라는 평가도 얻었다(『아사히신문(朝日新聞)』 1997. 12. 2). 하지만 1999년 무렵에 니시오 칸지(西尾幹二)의 『국민의 역사』(國民の歷史, 産經新聞ニュースサービス 1999)가 출판되어 이윽고 베스트셀러가 되었다는 점을 감안한다면, 『패전후론』이 가져온 쎈세이션이 무엇을 뜻하는지 가늠하기는 쉽지 않다. 한국에서는 「패전후론」과 「전후후론」 그리고 「말투의 문제」가 엮여 『사죄와 망언 사이에서』(창작과비평사 1998)로 출판되었고, 타까하시의 『전후책임론』 역시 『일본의 전후책임을 묻는다』(이규수 옮김, 역사비평사 2000)라는 제목으로 번역되었다.

카또오 노리히로와 타까하시 테쯔야 위주로 논쟁의 추이를 살펴보았지만, 하나의 논쟁이 두 논자만으로 일궈질 수는 없는 일이다. 당시는 '역사교과서논쟁'도 있고 해서 『군상』『사상』『세계』『현대사상』『논좌(論座)』『비평공간』 등의 잡지에서 전후책임론, 네오내셔널리즘 등을 특집으로 다뤄 '역사주체논쟁'도 사회적 반향을 넓혀 갔고, 지면을 통해 이케다 히로시(池田浩士), 우까이 사또시, 서경식, 이순애(李順愛), 카라따니 코오진, 우에노 치즈꼬(上野千鶴子), 타께다 세이지(竹田靑嗣), 강상

중(姜尚中), 카와무라 미나또(川村湊), 호소미 카즈유끼(細見和之), 카와모또 사부로오(川本三郎), 이와사끼 미노루(岩崎稔), 니시까와 나가오(西川長夫) 등의 논자들이 나름의 입장에서 논의를 펼쳐갔다. 하지만 거듭되는 반박과 재반박을 나눈 자는 카또오 노리히로와 타까하시 테쯔야였기 때문에 역사주체논쟁에서는 이 둘이 쌍심원을 이뤘다고 말할 수 있다.

2) '역사주체논쟁'이라는 이름

'역사주체논쟁'이라는 이름은 아사히신문 편집위원인 니시지마 타께오(西島建男)가 붙인 것이다(「전후 일본의 재구상에 일석(一石)」, 『아사히신문』 1997. 5. 17). 정작 이러한 명명법을 두고 카또오 노리히로는 "나와는 무관하다"고 말했지만, 이를 하나의 명제로는 받아들였다. "과거의 역사를 이어받는다는 것은 무엇인가? 그것은 도대체 어떤 '역사'를 이어받는 것인가?"[2] 타까하시 테쯔야의 경우는 역사주체논쟁이라는 명명을 좀더 적극적으로 활용한 것처럼 보인다.

논쟁이 하나의 이름을 얻고 회자되는 데는 나름의 사회적 리얼리티가 있기 때문이다. 「패전후론」이 발표된 1995년은 전후 50년이라는 매듭의 해여서 근현대사에 대한 재성찰이 일었고, 아울러 일본 사상계는 냉전체제가 붕괴하자 맑스주의가 쇠퇴하며 이데올로기적 구도가 재편되는 과정에 있었다. 또 한가지, 이 무렵에는 전후 일본이 미국과 소련이 지배하는 냉전구조 아래서 강요된 죄책감에 시달려왔지만 "이제는 전후가 아니다"라며 이러한 '자학사관'을 불식해야 한다는 그룹들이 등장했는데, '새로운 역사교과서를 만드는 모임'은 그 전형이었다. 따

---

2 「후기」, 『사죄와 망언』 256~57면.

라서 전전과 전후의 관계는 정치문제로까지 번져갔고, "전후는 끝나지 않았다"는 발화는 사상적으로도 정치적으로도 중요한 화두가 되었다. 물론 "전후는 끝나지 않았다"며 카또오와 타까하시 및 많은 논자가 힘주어 말했지만 그 내용은 사뭇 다른 것이었다.

하나의 논쟁을 단순히 사회적 흐름의 반영으로만 봐서는 안 된다. 그래서는 논쟁에 참여한 입장들의 복잡한 편성을 읽어낼 수 없다. 하지만 역사주체논쟁이 그 이름을 얻은 데는 확실히 이와 같은 사회적 흐름이 배경으로 놓인다. 그 까닭에 역사주체논쟁은 당시 터져나온 '역사교과서논쟁'과 뒤얽혀 회자되기도 했다. 역사교과서논쟁은 이른바 '자유주의사관'의 입장에서 역사 개찬을 시도한 '새로운 역사교과서를 만드는 모임'과 그것을 비판한 지식인들 사이에서 발생한 논쟁이었다. 역사주체논쟁은 그 이름부터가 역사교과서논쟁을 상기시켰으며, 전후 세대 일본인의 책임문제, 구체적으로는 전쟁으로 죽은 자들에 대한 애도문제와 '국민서사'에 대한 욕망의 문제가 그 공통점으로 꼽혔다. 이렇듯 사회적 흐름과 역사교과서논쟁의 투영으로 역사주체논쟁은 역사(전전과 전후)와 주체(내셔널리티)의 문제로 그 방향성이 잡혀갔다.

3) 논쟁의 편성

'역사' '주체'는 둘 다 개입의 여지가 많은 말이다. 실제로 역사주체논쟁에는 많은 논자가 참가했다. 하지만 다양한 영역의 논자들이 참여하면 논쟁은 깊이를 더할 수도 있지만, 개념적 논의로 전이될 가능성도 높아진다. 논쟁의 규모가 점차 커지면 논쟁구도는 복잡해지지만, 필요한 부분만을 취사해 논쟁에 개입하려는 논자들도 늘게 마련이다. 역사주체논쟁에서도 양쪽의 가능성이 모두 현실화되었다. 여기서는 우선 역사주체논쟁의 편성과 교착을 확인하기 위해 다양한 논자들이 자신의 발화 자리를 어떻게 닦았는지 살펴보도록 하겠다.

역사주체논쟁은 역사교과서논쟁과 조금 다른 편성을 보였다. 역사교과서논쟁이 이론적 배경과 현실적 입장, 그리고 이데올로기적 위상에서 좀더 알기 쉽게 갈렸다면, 역사주체논쟁은 가령 우파와 좌파, 보수와 진보로는 쉽게 나뉘지 않았다. 이것은 얼마간 '새로운 역사교과서를 만드는 모임' 논자들과 카또오 노리히로의 주장이 닮았지만 미묘한 차이를 지녔다는 데서 기인한다. 자유주의사관 논객들은 일본의 역사교과서가 일본의 제국주의적 침략과 식민지배, 전쟁책임, 전쟁범죄 등을 지나치게 강조해 일본의 '어두운' 면만을 부각한다고 지적했으며, 특히 후지오까 노부까쯔(藤岡信勝), 니시오 칸지 등은 이를 두고 '코민테른사관'과 '토오꾜오재판사관'이 결합된 '자학사관'이라고 비판했다. 그러나 카또오는 「패전후론」을 통해 토오꾜오재판과 평화헌법에서 감출 수 없는 외래성은 문제 삼았지만, 전후의 시선에서 전전을 미화하기보다는 전전과 전후 사이의 비틀림을 지적했다. 따라서 자유주의사관 논자들의 '코민테른사관'과 '토오꾜오재판사관' 비판과는 일정 정도 포개지지만, '자학사관' 비판은 카또오의 것이라고 할 수 없다. 특히 전전과 전후의 인식과 관련해 '새로운 역사교과서를 만드는 모임'이 전후의 내러티브에서 전전과 전후 사이의 균열을 봉합하려 했다면, 카또오는 그렇게 할 수 없는 터진 자리, 혹은 그 기워진 흔적을 주시하는 일에 자신의 본분을 두었다.

이리하여 역사주체논쟁은 역사교과서논쟁과는 조금 다른 편성을 보이게 된다. 역사주체논쟁에 참가한 논자들은 같은 시대의 서로 다른 면모들을 징후로 언급하며 논쟁에 개입했는데, 양편으로 갈리기보다는 무엇을 이론적 배경으로 삼는지, 무엇을 가장 중요한 문제로 꼽는지에 따라 여러 대립의 양상이 그려졌다. 이 논쟁에 참여한 논자들을 크게 나눈다면, 네가지 입장으로 가늠할 수 있겠다. 하지만 중요한 것은 이 네가지 입장이라는 것은 실제로 존재하는 지적 그룹들이 아니라 서로 공박하는 와중에 상대방의 표현 속에서만 존재하는 진영이었다는 점이다. 따라서 모두 '소위'라는 말을 달아두어야 할 것이다.

첫번째로 현실주의를 입장으로 선택한 이들이 있다. 물론 이들은 자신을 현실주의자라고 밝힌 적이 없으며, '이상주의'를 비판하는 과정에서 역으로 규정되었다고 하겠다. 여기에는 카또오 노리히로나 이순애, 후꾸다 카즈야(福田和也), 그리고 넓게는 정치적 입장은 다르지만 와다 하루끼도 포함된다. 이들이 이상주의자라며 비판에 나설 때 타깃은 실상 보수파가 아닌 반체제주의자들이다. 이들은 "원리적 저항이냐 현실적 개혁이냐"라는 전래의 상투어가 이미 유효성을 잃었다고 보고, 보수파가 주장하는 '현실주의'를 극복하기 위해서라도 반체제 인사들의 관념 편향성과 '비판을 위한 사고'를 솎아내야 한다고 주장한다. 현실은 변화하는데 반체제를 자임하는 쪽의 현실 파악은 현실에서 유리되어 사상적 생명력을 잃고 있다는 것이다. 무엇보다 '국가는 악'이라고 간주해온 데 따르는 '사고의 정지'가 문제다. 그런 식이라면 정치적 올바름을 두를 수 있으니 자신들이야 떳떳할지 모르겠으나 정작 현실은 바꿔낼 수 없다는 것이다. 카또오는 특히 국민적 수준의 애도를 주장하면서, 혁신파나 타까하시 테쯔야 같은 지식인들은 현실을 보지 못한다고 몰아붙였다. 물론 어느 쪽이 좀더 현실과 밀착된 사고를 하는지는 따져볼 문제고, '현실'이라는 말에 대한 이해 자체도 다를 수 있겠지만, 소위 이상주의를 비판하며 논쟁에 개입한 자들의 주장은 이런 것이었다.

두번째는 혁신파 지식인이다. 여기에는 카라따니 코오진이나 우에노 치즈꼬, 니시까와 나가오 등이 포함된다. 물론 이들 역시 자신을 혁신파라 칭하지 않았다. 혁신파는 보수파와의 대비에서 의미를 갖는 말이다. 다만 앞서의 현실주의/이상주의의 경우와 다른 것은 혁신파는 보수파와 한쌍으로 비판되는 맥락에서 언급되었다는 사실이다. 보수파라는 레테르는 논쟁에서 실체가 불분명하여 학계·정치계·언론계에 만연해가는 반동적 경향 정도로 다뤄졌다는 인상이다. 그러나 혁신파라는 말은 그 외연이 좀더 좁아서 공동성을 부정하며 계몽주의적 시민성을 취해온 지식인과 시민활동가라고 간주되는데, 그들이 내세운 '공동성 해체'는 관념적이라서 대중사회 안에서 희석되거나 공동체를 혐오하는 낭만주의적 편향에 빠진다는 것이다. 따라서 1990년 중반부터 보수파가 신문·방송·학계·정계 등 일본사회의 공공영역으로 진출해 영향력을 발휘할 때도 그들은 적절하게 대응하지 못했다. 특히 그들에 대해서는 타까하시나 서경식의 비판이 통렬하다. 혁신파가 지닌 '다중적 정체성'이라는 감각은 오히려 내셔널하며 일본적인 자기를 보존하는 일에 활용될 수도 있다는 것이다. 가령 역사주체논쟁에서 카또오는 일본사회를 하나의 '인격'으로 간주하여 "지금 일본사회는 인격분열을 겪고 있다"고 주장했는데, 이를 두고 우에노 치즈꼬는 "언제부터 일본인이 단일한 인격을 상정할 수 있을 만한 집단적 주체가 된 것이냐"고 반박했다. 그녀는 줄곧 아이덴티티를 다양한 관계성의 집합으로 이해하고, 하나의 카테고리가 특권화되는 일에 맞설 것을 주장해왔다. 그런데 이를 두고 타까하시 테쯔야나 서경식이 비판을 내놓은 것이다. 특정한 맥락에서 어떤 관계성이 문제될 때, 가령 일본인으로서의 식민지배 책임을 추궁받을 때 젠더 등 다른 측면을 끌어와 비켜가서는 안 된다는 것이다. 내러티브의 다양성이 책임 회피의 구실로 사용되어서는 안 된다는 주장이다. 물론 혁신파라고 언급된 지식인들을 일괄할 수는 없지만, 소위 포스트모던한 주체성 주장이 일본사회에서 굴절되어 사용될 수 있음을 카또오 노리히로뿐만 아니라 타까하시나 서경식도 지적한 것이다.

그렇다면 타까하시에게 가해지는 비판은 무엇인가. 세번째 부류인 그를 두고서는 윤리주의적·국제주의적 지식인이라는 비판이 따른다. 특히 카또오 노리히로는 「패전후론」의 집필 동기를 '지구시민적 관점'에서 일본인의 심경을 무시한 채 책임을 쉽사리 논하는 지식인들에 대한 '위화감'이라고 밝힌다. 타까하시 테쯔야만이 아니라 특히 위안부 문제를 포함해 한일관계, 일본과 아시아 연대에 참여하고 있는 지식인들을 향한 비판인데 "초월적 입장에서 동포를 단죄하는 윤리주의자"라는 것이다. 그 '초월적 입장'이란 이론적이며, 더구나 서구이론적인 것이어서 그것으로는 비출 수 없는 심경의 그늘진 자리가 엄연히 존재하고, 이를 상대하지 않으면 제대로 된 책임도 지기 힘들다는 것이다. 물론 식민지배나 전쟁책임의 문제와 마주하기 위해서가 아니라 그것들을 회피하기 위해 타까하시 테쯔야 등을 비판하는 경우도 있어 "윤리주의" "고발주의" "심문주의" "정의에 의한 폭력"이라는 감정적 언설도 눈에 띈다. '새로운 역사교과서를 만드는 모임'의 입장이 그러한데, '대변의 논리'를 문제 삼기도 한다. 타까하시 테쯔야 등은 피해자를 상정해 놓고 그들을 대변한다면서 일본사회를 부정적으로만 기술한다는 것이다. 앞서 언급한 소위 혁신파의 일부 논자들도 이러한 '대변의 논리'를 문제 삼고 있어서 상황은 더욱 복잡하다.

마지막에 속하는 카또오 노리히로는 니시오 칸지의 '새로운 역사교과서를 만드는 모임'과 함께 '새로운 내셔널리즘'으로 비판받았다. 이들이 국민적 주체라는 공동성을 만들어 내셔널리즘의 복권을 꾀한다는 것이다. 가령 이와사끼 미노루는 "공동성을 이야기하는 방식에서 후지오까나 코바야시 요시노리(小林よしのり)처럼 조야하고 상스런 것에서부터 카또오 씨처럼 한편으로 전후의 문제를 나름대로 집요하게 파고

들면서 결국에는 일본인이라는 것으로 빠져버리는 주장까지 몇가지 차이는 있을지언정 나눠먹기라고 할까 분업 같은 것이 성립되어 있는 것은 아닐까요"라고 지적했고,[3] 타까하시 테쯔야도 카또오 노리히로와 자유주의사관은 이어져 있다는 견해를 피력했다.

이렇듯 역사주체논쟁에는 여러 이론적·사상적 배경으로부터 여러 논자들이 개입했다. 니시오 칸지 등 '새로운 역사교과서를 만드는 모임'에서 엿보이는 확고한 자기긍정의 입장을 제외한다면, 앞에서 언급한 논자들은 무엇을 기준으로 삼느냐에 따라 복잡한 편성을 보였다. 예를 들어 "과거를 쉽사리 부정하는 자기갱신이란 그렇게 부정되고 억압당한 과거로부터 반드시 복수를 당하는 법이다"는 누구의 발언일까. 언뜻 보면 식민지배의 책임을 외면하는 지식인을 향해 타까하시가 꺼낸 말로 보이지만, 이것은 카또오가 「패전후론」에서 적은 문장이다.

또한 앞에서 언급했던 우에노 치즈꼬의 논의를 좀더 살펴보면, 그녀는 『내셔널리즘과 젠더』(ナショナリズムとジェンダー, 靑土社 1998)에서 제2차 세계대전 당시 전쟁에 협력했던 여성들을 단죄하려면 두가지 조건이 필요하다고 지적했다. 하나는 그 전쟁이 '잘못된 전쟁'이라는 판단, 다른 하나는 그 잘못을 꿰뚫어보지 못한 '무지'에 대한 판단이다. 하지만 두가지는 모두 사후적이고 초월적인 관점을 전제하기에 승인될 수 없다는 것이다. 이에 대해 카또오 노리히로라면 우에노가 지적하는 '사후적이고 초월적인 관점에 의한 판단은 무효다'에는 공감하겠지만, 일본인을 '하나의 주체'로 상정할 수 없다는 주장에 대해서는 반대의 결론에 이를 것이다. 한편 타까하시는 『단절의 세기 증언의 시대』에서 우에노의 주장을 두고 제2차 세계대전은 당시에도 아시아의 대다수 사

---

3 岩崎稔·高橋哲哉「物語の廢墟から」, 『現代思想』 1997년 7월호, 137면.

람들에게는 명백한 침략이었으니 판단할 수 있는 문제이며, 판단이 불가능하다고 덮어두면 책임에 이를 수 없다고 분명하게 반대 의견을 밝혔다.

4) 논쟁은 반복되는가

카또오 노리히로의 「패전후론」이 발표되자 여러 논자가 발빠른 대응에 나섰고, 그것은 오히려 카또오 노리히로의 사회적 영향력을 확대하기도 했다. 특히 타까하시 테쯔야는 가장 열정적으로 카또오 노리히로의 논의를 반박하면서 역사주체논쟁을 '식민지배와 책임'의 문제로까지 심화하는 데 큰 역할을 했다. 또한 여러 논자가 내셔널리즘의 복귀, 냉소주의 만연, 이데올로기적 경직화 등 서로 다른 내용들을 시대의 징후로 삼아 논의를 펼쳐 역사주체논쟁은 그야말로 몇몇 지식인들로 한정되지 않는 사회적 논쟁으로 번져갈 수 있었다.

다만 당시 역사교과서논쟁까지를 포함한다면, 가장 선명한 입장의 차이는 카또오 노리히로와 타까하시 테쯔야보다는 니시오 칸지를 비롯한 '새로운 역사교과서를 만드는 모임'과 타까하시 테쯔야 사이에 있었다고 여겨진다. 이념적 차이를 포함해 논의의 자원, 스타일 등 모든 면에서 선명한 대조를 보였다. 니시오 칸지 등의 자유주의사관은 배타적이고, 일본전통 내지 일본성에 호소하며, 직관을 통해 선정적 측면을 돌출시키는 데 그 특징이 있었다. 반면 타까하시 테쯔야는 보편성을 지향하면서 이론적 결론을 응용했다. 따라서 감성에 호소하는 자유주의사관과는 달리 조목조목 논리적으로 따져드는 자세를 취했다. 자기연민적 혹은 자기도취적 아이덴티티와 보편성에 따르는 주체 사이의 차이는 고스란히 스타일의 차이로 반영되었던 것이다. 이후 살펴볼 문제지만, 카또오 노리히로는 이런 두가지 입장은 상호접촉의 여지가 없어 공전할 뿐이라며 그 사이로 비집고 들어가 자신의 자리를 마련했다.

　앞절에서 다뤘듯이 논쟁에는 여러 논자가 참여했고, 따라서 여러 논쟁의 구도를 기대해봄 직했다. 가령 타까하시 테쯔야와 소위 혁신파 지식인 사이에서 논의가 심화되었다면 서구의 이론을 응용하는 일이 현재 일본사회에서 지니는 의미는 무엇인지가 다뤄질 수 있었겠고, 카또오 노리히로와 보수파의 차이가 부각되었다면, 심정과 이론의 대립이라는 보수/진보 진영의 논쟁구도를 어떻게 효과적으로 타파해야 할지가 주제로 떠올랐을지 모른다. 또한 현실주의와 이상주의를 둘러싼 논의가 심화되었다면 이론이 현실에서 지니는 기능성과 나아가 지식인은 자신의 활동을 통해 어떻게 시대의 무게를 나눠가져야 하는지가 화두로 등장했을 수도 있다. 논쟁이 역사에서 하나의 의미를 획득하는 것은 이처럼 여러 각도에서 하나의 현상에 빛을 비춰 그 입체감을 드러낼 수 있기 때문이리라. 하지만 역사주체논쟁에서는 논쟁이 품은 이러한 기능성이 가능성인 채로 머물렀다는 인상이다.

　역사주체논쟁은 기본적으로 '내셔널리즘 논쟁'으로 진행되어, 다른 주제보다는 내셔널리즘을 긍정해야 할지 부정해야 할지, 그 발화가 내셔널리즘적인지가 주된 화제로 떠올랐다. 이 상황에서는 논쟁과정을 통해 사고의 재편이 일어나리라고 기대하기 어렵다. 왜냐하면 어느 쪽이건 사회의 어떤 단면을 두고, 혹은 논쟁의 어떤 양상을 두고 자기 주장을 뒷받침할 증거물들을 계속 발견해낼 수 있기 때문이다. 내셔널리즘의 긍정/부정을 놓고 겨루는 승부라면 말의 위상에서는 어느 쪽이든 지지 않을 발판을 마련해놓고 시작하는 셈이다. 아마도 역사주체논쟁이라는 이름 역시 논의가 이렇게 흐르게끔 방향을 유도한 요인 가운데 하나겠다.

　하지만 내셔널리즘 논쟁이더라도 그것이 내셔널리즘인지 아닌지, 긍정해야 할지 말지가 아니라 다른 측면들을 조명할 수도 있었다. 카또오 노리히로의 「패전후론」이 발표된 이후 나온 대응문들을 보면 내셔널리즘으로 타오를지 모를 불씨를 끄는 데 급급한 인상인데, 가령 그것이 내셔널리즘인지 아닌지가 아니라 불길은 왜 번지는지, 왜 잘 잡히지 않는지, 과거 비슷한 화재가 일어났을 때 불탄 자리에 무엇이 남았는지를 다룰 수도 있는 일이었다. 이 모두를 '일본사회의 우경화'라며 단순히 하나의 추세로 정리해버린다면 그것이야말로 사유의 나태를 드러내는 일이니, 오히려 저 물음들과 상대하며 내셔널리즘 비판론은 현실로 진입할 창구를 발견해야 할 것이다. 하지만 실제의 논쟁과정에서는 내셔널리즘에 관한 입장이 논쟁에 참가하는 이유이자 논쟁에 참가해서의 결론이 되곤 했다.

물론 하나의 논쟁에 참가할 때 누가 적인지 아군인지를 판가름하는 일은 중요하다. 그것은 긴장 어린 작업이며, 그 긴장감은 논자들을 학술적 내용의 개별 논문을 쓸 때와는 다른 감각으로 이끈다. 하지만 그렇게 마련되는 긴장감이 구체적 현실과의 관계에서 얼마만큼 진실된 것인지는 늘 되물어져야 한다. 그렇지 못하면 논쟁이라는 담론공간에 관한 의식은 형해화되고 자칫 개념 위주의 논의로 흘러 현실과의 접점을 찾지 못해 논쟁은 올바른 결론의 반복이 되고 만다. 이때 현실은 별스러운 것도, 논쟁상황과 동떨어진 무언가도 아니다. 다만 상대방의 주장이 엄연히 존재하는 하나의 현실이다. 따라서 상대방 주장의 결론만이 아니라 그 주장이 힘을 발휘하게 만드는 논리구조 전체를 상대해야 한다. 만약 논리구조 전체가 아닌 결론의 수준에서만 논의가 오간다면 그 논쟁은 사상적 생명력을 잃고 만다. 그렇지 않기 위해서는 입장이 다른 상대방을 적이 아닌, 자기 사유를 시험하는 리트머스지로 삼고 상대방이 결론에 다다르기 위해 거쳐간 그 밑바닥부터를 훑어야 한다. 가령 많은 논자가 카또오 노리히로의 「패전후론」을 두고 새로운 내셔널리즘이며 「전후후론」에서 제시된 '문학과 정치론'이나 「말투의 문제」에 나온 '뉘앙스의 문제'를 두고는 내셔널리즘을 긍정하기 위한 레토릭이라고 비판했다. 하지만 카또오 노리히로라면 이런 평가들 속에서 역설적으로 자신이 글들을 발표해야 할 이유를 발견했을 것이다. 「패전후론」에 나온 일부 결론만을 상대해서는 그를 결코 잠재울 수 없다.

이것은 카또오를 편드는 글이 아니다. 오히려 카또오 노리히로를 제대로 비판하기 위한 글이다. 하지만 이때의 비판이란 '틀렸다/맞았다'만을 따져묻는 일이 아니다. 시비를 판단하기 위해 자기 입장의 올바름을 먼저 전제하면 비판대상이 지닌 복잡함은 가려지고 만다. 현실이 '전부 아니면 전무'가 아니듯 비판대상에서도 양극 사이에서 움트고 있는 생산성을 포착해야 한다. 따라서 '논쟁의 사고'는 형식적 승부만을 가르고 끝날 수는 없는 것이다.

그리고 카또오 자신이 이 점을 문제로 제기했다. 카또오의 논의에는 적어도 두가지 고려해야 할 지점이 있다. 첫번째는 그가 역사주체논쟁이 '이데올로기 비판'으로 전개되고 있다고 지적한 대목이며, 두번째는 이론과 심경, 정치와 문학이라는 구도에서 역사주체논쟁은 과거의 다른 논쟁과 닮아 있다고 지적한 대목이다. 그렇다면 편들기로 끝나지 않고 역사주체논쟁에서 생산성을 얻기 위해, 그의 지적을 따라가며 면밀하게 검토해봐야 할 것이다.

첫번째 지적과 관련해 카또오는, 자신이 내셔널리즘에 빠져 있다는 비판에 대해 자신은 내셔널리즘의 문제를 의식하고 논의를 전개하고 있으며 자기에게 주어지는 비판들은 대개가 '이데올로기적 국민 비판'이라고 되받아친다. '이데올로기적 국민 비판'이란 무엇인가.

이데올로기적 국민 비판이란 국민을 우선 이데올로기로 파악하여 그 이데올로기로서의 국민에 대한 비판 입장으로, 소위 탑다운(상의하달) 식으로 갖가지 일들을 대처해가는 방식을 가리킨다. "국민을 단위로 하는 사고방식은 구조적으로 내셔널한 것에 대한 숭배를 그 내부에 감추고 있다. 따라서 그러한 사고의 틀에 사로잡혀 있는 한 최종적으로는 내셔널한 전전의 국민관으로 귀착할 수밖에 없는 것이다." 바로 이런 형태가 내가 말하는 탑다운식의 사고방식인데 이데올로기적 비판은 어김없이 이러한 조감하는 듯한 시점과 시간의 선취라는 이중의 선험적 구조를 지니며 그로부터 자유롭지 못하다.[4]

이 인용구에서 "조감하는 듯한 시점"과 "시간의 선취"라는 표현은 눈여겨봄 직하다. 이것은 "상황의 바깥에 머물며" "변동하는 역사의 바깥에 서 있다"라고 풀이할 수 있겠다. 카또오는 이런 시각이 "국민은 악이다"라는 추상적 견해를 낳고, 그런 견해는 틀림없이 "국민은 선이다"라는 반작용을 불러일으킨다고 경고한다. 카또오는 바로 이런 이항대립을 불식하겠다며 나선 것이다. 물론 여기에는 그냥 넘어가선 안 될 대목이 있다. 진보파 내지 평화주의를 기치로 내건 사상가들의 사고를 "국민은 악이다"라며 단순하게 처리해도 되는지, 그리고 과연 "국민은 선이다"라는 주장은 "국민은 악이다"라는 주장에 대한 반동으로 나오는 것인지, 그 주장들이 놓인 현실적 조건과 그 주장들이 지니는 현실적 무게는 동질평면에서 간단히 비교될 수 있는 게 아니다. 하지만 이 문제는 뒤에서 검토하도록 하자. 그보다는 우선 카또오의 논지를 좀더 따라가 보고 싶다. 그는 인용구 이후에 이러한 이데올로기적 대립상황에서는

---

4 「후기」, 『사죄와 망언』 254면.

"현실이 아닌 교조와의 합치 유무가 가치판단의 기준이 된다"고 말한다. 관념의 안정성을 전제로 삼고 있는 이데올로기적 판단은 현실에 진입할 능력을 잃는다는 지적이다.

두번째로 그는 논쟁의 반복되는 구조를 강조한다. 이것은 특히 「전후후론」에서 제기된 논점인데, 역사주체논쟁을 포함해 메이지 이후로는 '정치와 문학'이라는 문제틀에서 논쟁이 반복되고 있다는 것이다. 그에 따르면 1920년대·40년대·60년대·80년대 등 반세기 이상 논쟁이 되풀이되어왔으며 역사주체논쟁 역시 기존 논쟁들의 동심원적 구조 안에 있다. 바로 그 논쟁들은 '정치와 문학'이라는 구도로 회귀하는데 「전후후론」을 차근히 읽어보면 이 구도를 '순수한 이념과 복잡한 심정' '올바른 이론과 틀릴 수 있다는 현실' '타자의 사상과 자기의 사상' 혹은 '자명함과 불투명함'의 대립이라고도 풀이할 수 있겠다. 물론 이런 이항대립은 늘 단순화를 동반하니 경계해야 하겠으나, 일단은 그의 논지를 좀더 쫓아가자. 「패전후론」에서 한 대목을 인용해본다.

> 이 시대를 외관상 움직여온 틀을, 우리는 보통 보수와 혁신, 개헌과 호헌, 현실주의와 이상주의라는 식의 개념을 사용하여 이해하고 있다.
> 하지만 이러한 개념들로 이 전후라는 시대의 본질을 말할 수 있으리라고는 여겨지지 않는다. 이러한 개념들 자체가 이 시대의 산물, '작품'에 지나지 않기 때문이다.[5]

「전후후론」과 「패전후론」의 논지를 연결하면, 카또오는 역사주체논쟁까지를 포함한 전후의 논쟁을 '보수와 혁신'이라는 식의 구도로 읽어

---

5 「패전후론」, 『사죄와 망언』 56면.

서는 안 되며(그것은 전후라는 시대에 만들어진 '작품'이기 때문에), 오히려 올바른 이념과, 그 이념으로도 해소할 수 없는 혹은 이념이 제공하는 자명함을 거부하는 문학이야말로 본질적 대립을 이룬다고 말하는 것이다. 다만 그 올바른 이념의 자리를 1980년대까지의 논쟁에서는 맑스주의가 차지했으나, 1990년대에 들어 발생한 역사주체논쟁에서는 다른 이론이 대신했다는 차이가 있다. 또 한가지 보탠다면 1990년대에 이루어진 논쟁에서는 카또오 자신을 포함해 역사주체논쟁에 참여한 논자들 다수가 전후에 출생한 세대라는 점도 짚어둘 수 있겠다.

카또오 노리히로의 이런 두가지 논지를 쫓아간 이유는 그를 좀더 제대로 비판하기 위해서다. 그는 '이데올로기적 비판'을 받으면 '문학의 자리'에 진을 치고 맞설 것이다. 따라서 그는 바깥에서는 비판하기 어렵고, 자신이 말하는 전제에 비추어서만 비판될 것이다. 그러나 거듭 말하지만 그 비판의 결과가 한 측의 손을 들어주거나 "틀렸다/맞았다"고 평가하는 일은 아니다. 그보다는 카또오 자신도 포함해 그 역사주체논쟁에서 사고하지 않은 곳을 조명할 때, 그래서 그의 사고가 진척되지 못한 곳을 보여줄 때, 비판은 멈춰선 평가가 아니라 생산성을 지니는 무엇이될 수 있을 것이다. 이를 위해 우선 카또오 노리히로와 타까하시 테쯔야를 중심으로 역사주체논쟁에서 빛이 비춰진 곳, 논쟁이 되어 드러난 곳을 검토하고자 한다.

3. 카또오 노리히로와 타까하시 테쯔야의 논쟁

1) 카또오 노리히로, 인격 분열된 일본사회

논쟁은 개별 논자들 사이에서 오고간 것과 사회적으로 회자된 것 모두를 가리키는데, 후자의 논쟁이라 하더라도 몇몇 중심적인 개별 논자 사이의 논쟁이 그 향방을 결정하곤 한다. 역사주체논쟁에서는 카또오 노리히로와 타까하시 테쯔야 사이의 논쟁이 전체의 골격을 이루었다. 앞서 말했듯이 카또오 노리히로는 "역사를 물려받을 수 있는 주체를 어떻게 형성할 수 있는가"라는 문제의식에서 '역사주체논쟁'이라는 명명을 받아들였다. 이때 '물려받아야 할' 역사란 메이지 이후의 식민지배로 기울어 패전으로 마감된 전전의 역사를 뜻하고, '물려받는' 주체란 그 패전의 비틀림을 감당할 전후의 일본인을 가리킨다.

「패전후론」의 논지는 앞서도 언급했듯이 전후 일본은 패전이라는 오점을 안고 시작되었으며, 이 오점을 덮어왔기 때문에 일본사회는 인격 분열되었다는 것이다. 카또오는 여기서 침략전쟁에 동원되었던 일본의 전몰자를 가장 먼저 언급한다. 그들은 나라를 위해 죽어갔지만 그들이 목숨 바친 나라는 패전으로 그들을 추모해야 할 도덕적 정당성을 상실했다. '아시아의 사망자'들이라면 혁신파 지식인들이 애도와 사죄를 주장하지만, '자국의 전사자'들의 넋은 추도할 제단을 잃었다. 이 비틀림이 카또오가 일본의 전후를 이해하는 기본적 단서다. 만약 이 비틀림을 해결하지 못하면 아시아를 향한 사죄는 국내에서 반드시 반대의 주장을 낳게 되며, 거꾸로 자국 사망자들을 기리자는 야스꾸니파 등의 논리는 다른 나라로부터 인정을 받을 수 없다. 이 비틀림에서 연원하는 혁신파와 보수파의 대립으로 일본사회는 인격 분열되어, 혁신파는 '외향적 자기'로서 바깥에서 들여온 '보편성'에 의거하며, 보수파는 '내향적 자기'를 구축해 조국·천황·일본민족의 순수성 등에 자신을 맡긴다. 이렇듯 바깥을 향한 자기와 안을 향한 자기로 분열된 일본사회를 그는 '지킬 박사와 하이드'에 비유하는데, 보수와 혁신, 개헌과 호헌, 현실주의와 이상주의도 모두 이런 이중인격으로 설명해낸다. 이중인격이라면 자율적인 한 사람의 몫을 할 수 없기에, 그는 보수파의 논리를 소화한 애도의 방법을 제안한다. 그것이 바로 일본 3백만 사망자를 먼저 애도하고 그 애도를 통해 아시아의 2천만 사망자에 대한 애도와 사죄로 이르는 길이다.

이 주장이 지니는 결함에 대해서는 타까하시 테쯔야의 체계적인 비판을 통해, 다음 절에서 살펴보겠다. 하지만 "역사를 받아들일 주체가 형성되어 있지 않다"는 카또오의 초조함만큼은 공감하는 바가 있어 보충해두고 싶다. 가령 「패전후론」이 발표된 1995년은 전후 50년이 되는 해였으며 마침 내각이 사회당 정권의 무라야마(村山) 연립이기도 해서 다음과 같은 '전후 50년 결의'가 채택되었다. 중요한 부분만을 인용한다.

지난 전쟁 등에 의한 희생자에게 추도를 드린다. 또 세계 근대사에서 일어난 수많은 식민지 지배나 침략적 행위를 생각하고, 우리 일본이 과거에 저지른 일들과 타국민 특히 아시아 여러 나라 국민들에게 끼친 고통을 인식하며 깊은 반성의 뜻을 표명한다.

한눈으로는 잘 이해가 가지 않는 모호한 문장이다. 아니, 오히려 한눈에 들어오는 것이 그 모호함이다. 당시 결의안은 여러 정치세력들의 힘 관계 속에서 나왔는데, 연립정권으로 여당에 속해 있던 자민당 내에서는 '대동아전쟁 긍정론'의 입장에 선 '민족파'와 패전으로 일본은 다시 태어났다고 주장하는 '전후 개혁파(뉴라이트)'가 대립했으며, 야당 가운데서도 신진당은 침략행위나 식민지배라는 단어 자체를 인정하지 않았지만, 공산당은 그 말들이 핵심어이니 침략행위나 식민지배라는 말이 빠진다면 결의안은 의미가 없다고 주장했다. 그래서 결국 결의안에서는 '침략행위'가 '침략적 행위'라는 표현으로 완화되었고, "세계 근대사에서 일어난 수많은 식민지 지배나 침략적 행위를 생각하고"라는 식으로 일본의 행위를 세계적 추세 속에서 희석하는 듯한, 주체가 불분명한 문장이 나온 것이다.[6]

이런 '주체 부재의 상황'은 정치권만의 문제가 아니었다. 가령 서경식은 호헌파까지도 포함해 일본사회의 다수파는 스스로 책임지겠다고 나서기보다는 늘 남의 시선을 의식하다가 문제상황에 맞닥뜨리면 우물쭈물한다고 지적한다. "아시아 각국이 인정하지 않는다든지, 이웃 각 나라의 감정을 상하게 하기 때문이라든지 하는 식의 표현들, 말하자면 전차 안에서 떠드는 어린아이에게 웬 모르는 아저씨가 화를 내니까 떠들면 안 된다고 혼내는 식의, 남의 탓으로 돌리는 언설이 공적 공간에서 유통되어왔습니다. 그런 것에 대한 숨막힘, 초조함 같은 걸 저도 느끼고 있습니다."[7] 여기서 "저도"란 카또오 노리히로가 느끼는 주체 부재의 초조함을 서경식도 공감한다는 뜻이다. 물론 이어지는 문장은 이렇다. "그렇지만 카또오 씨는 그 출구를 위험한 방향으로 내고 있습니다." 이러한 서경식의 진단은 맞다고 생각한다. 다만 카또오의 "역사를 물려받을 주체가 없다"라는 진술에는 "그것은 국민적 주체형성을 꾀하는 것이고, 따라서 내셔널리즘이다"라며 섣불리 공격한다고 함락할 수 없는 근거와 무게가 담겨 있다는 점만큼은 확인해두고 싶다.

2) 타까하시 테쯔야의 비판

앞에서 카또오 노리히로의 논지를 정리해보았는데, 이것은 나만의

---

6 나카무라 마사노리 『일본 전후사 1945~2005』, 유재연·이종욱 옮김, 논형 2006, 217면.
7 서경식·다카하시 데쓰야 『단절의 세기 증언의 시대』, 김경윤 옮김, 삼인 2002, 109면.

방식이 아니라 카또오의 논지를 살펴보는 일반적인 방법이다. 물론 카또오 자신도 비틀림을 직시하고 애도의 방법을 찾아내는 데 자기 사상의 골자가 있다고 여러 차례 밝힌 바 있다. 다만 상대의 논지를 갈무리하는 방식은 논의의 범위를 어디까지로 정하고 상대를 어떻게 공략할지를 결정한다는 사실은 지적해두고 싶다. 타까하시 테쯔야는 앞절과 같은 방식으로 카또오의 논지를 정리했다. 따라서 그는 카또오의 「패전후론」이 발표된 이후 가장 먼저 대응에 나선 글 「오욕의 기억을 둘러싸고」에서 전몰자 문제를 핵심적 내용으로 다뤘다. 그는 이후의 논문과 강연 등에서 평화헌법, 쇼오와 천황의 전쟁책임 문제도 언급하고 있지만, 역시 카또오를 비판할 때는 전사자 애도의 문제에 가장 집중했다. 그래서 타까하시 테쯔야의 비판내용은 두가지, 즉 카또오가 내놓은 애도라는 방법과 그 방법을 떠받치고 있는 인격화의 논리구조를 타까하시가 어떻게 반박했는지로 정리할 수 있겠다.

애도의 문제

카또오는 태평양전쟁 중에 전사한 일본의 3백만 사망자를 먼저 애도하고 이를 바탕으로 아시아 2천만 사망자를 애도해야만 일본사회를 인격분열에서 구해낼 수 있다고 주장했다. 가령 야스꾸니 문제가 반복되는 까닭은 일본인들이 태평양전쟁 중에 사망한 자들의 넋을 공적 영역에서 추도하지 못해온 데서 기인하는 것으로, 그런 민족감정을 두고 일본사회 바깥의 시선으로 빈정댄다면 야스꾸니 문제는 결코 해소되지 않으리라고 내다봤다. 요컨대 '죽은 자'를 향한 민족감정을 먼저 어루만져주지 않는 한 일본사회는 사죄와 망언의 악순환을 반복하는 인격분열에서 벗어나지 못한다는 것이다.

이에 대한 타까하시의 비판은 세가지로 나눠볼 수 있다. 첫째, 순서의 문제다. 일본의 3백만 사망자를 아시아 2천만 사망자에 앞세워 애도한다면 윤리적으로도 정치적으로도 옳지 않다. 카또오는 3백만 사망자를 앞세운다고 해서 죽은 자들 사이에 경중이 있다는 뜻은 아니며, 다만이 순서가 아니면 문제가 풀리지 않는다고 말하지만, 타까하시는 태평양전쟁이 의롭지 않았으며 침략전쟁이었음을 인정한다면, 응당 2천만에 대한 사죄로부터 시작해야 한다고 주장한다. 카또오가 3백만 사망자의 넋을 먼저 기려야 한다고 말하는 까닭은 그래야 2천만 사망자에 대해 사죄할 수 있는 주체가 만들어진다는 것인데, 타까하시는 일본인이라는 주체는 아시아의 사망자를 마주볼 때에만 일으켜세울 수 있으며, 3백만 사망자를 먼저 애도하는 일은 일본인을 책임지는 주체가 아닌 닫힌 애도의 공동체로 만들 뿐이라고 비판한다.

둘째, '3백만 일본'의 사망자와 '2천만 아시아'의 사망자로 나눌 수있는지의 문제다. 태평양전쟁 당시에 죽은 3백만 사망자 가운데는 제국의 군복을 입어야 했던 조선인, 일본 군인의 총에 학살당한 오끼나와인처럼 폭력적으로 '일본신민'으로 끌려온 사람들이 포함되는데, 3백만사망자에 대한 추도는 그 분열을 가려버리고 말 것이다. 그리고 그 3백만 안에는 선두에 나섰던 지도자, 동원된 학도병, 원폭투하로 죽어간 민간인 등 여러 경우가 있는데, 이들을 한데 뭉뚱그리면 일본의 전쟁책임은 애매해진다. 또한 '3백만 자국'의 사망자도 '아시아의 2천만' 사망자도 중일전쟁 이후의 전몰자를 가리키는 것으로, 이들만을 추모한다면이전의 식민지배 책임은 방기하게 된다. 따라서 '3백만' 대 '2천만'이라는 이분법이야말로 위험하며, 카또오가 제시하는 추모방식은 아시아의타자를 일본인의 기억으로부터 밀어내는 구조를 만든다고 지적한다.

셋째, 실효성의 문제다. 카또오 노리히로는 자신이 내놓은 애도의 방식이 보수파의 논리를 끌어안는 현실적인 것이라고 말하지만, 타까하시는 그 방식이야말로 실효성이 없다고 지적한다. 카또오는 제2차 세계 대전에서 일본은 의롭지 못한 전쟁에 나서 자국의 사망자는 '무의미한 죽음'을 맞이했지만, '그럼에도 불구하고' 무의미함을 무의미함대로 애 도해야만 보수파와 혁신파의 대립을 해소하고 일본사회를 인격분열에 서 구해낼 수 있다고 말한다. 하지만 타까하시는 이 주장이 야스꾸니파 나 보수파에 받아들여질 리 만무하다고 주장한다. 그들은 바로 그 '무 의미함'을 거부하기 때문이다. 가령 『대만론』(臺灣論, 小學館 2000)을 그린 만화가 코바야시 요시노리는 카또오의 주장을 '자학적'이라고 일축했 다. 따라서 보수파와 혁신파의 분열을 극복하겠다는 카또오의 현실주 의적 주장은 어느 쪽에도 수용될 수 없는 비현실적 발상이라는 것이다.

인격화의 문제

일본사회의 인격분열은 카또오에게 논의의 전제다. '인격분열'은 물 론 분열을 극복해야 한다는 방향성 속에서 채택된 표현이다. 그리고 인 격분열이란 표현은 이미 일본사회를 하나의 인격으로서 가정하고 있 다. 타까하시는 이를 놓치지 않는다.

출발 전제부터 이론의 여지가 많다는 것을 알 수 있습니다. 마치 '일 본'이 원래 하나의 인격인 것처럼 상정하고 모든 논의를 시작하고 있습 니다. 원래 불가분의 인격적 통일체였던 일본 국민을 분열시키고 이중화 한 것이 바로 패전이라는 전대미문의 파국, 트라우마적 경험이었다는 것 입니다. (…) 본질적 모순과 대립을 추궁하지 않는 논의의 배후에는 이미 근원적인 국민적 일체성을 상정하여 일체성의 회복을 추구하려는 전형 적으로 내셔널리즘적인 발상이 숨겨져 있는 것은 아닐까요?[8]

카또오는 일본사회의 인격분열이 보수와 혁신, 내향적 자기와 외향적 자기의 분열로 나타난다고 말하는데, 사실 따지고 보면 이런 이분법 자체가 하나의 인격을 도출해내기 위한 사전작업일 수 있다. 다만 카또오는 심정과 실감에 호소하며 일본사회를 인격화하는데, 이것은 여전히 처리해야 할 문제로 남는다. 그는 이런 식으로 말한다. '3백만 사망자'는 떳떳치 못한 전쟁에 나가 무의미하게 죽었지만 지금의 우리(일본인)는 그들이 있었기에 이곳을 살아갈 수 있다, 남들이야 그들을 '침략자'라고 말하더라도 우리야 그럴 수 있겠는가. 가령 카또오는 '아버지'라는 표현을 종종 심정적 모티브로 사용한다. 죽은 병사들은 우리의 아버지이니 아버지가 살인자라고 해서 욕할 수 있겠는가라는 것이다. 그러나 구체적인 아버지는 3백만이라는 숫자로 승화될 수 없다. 바로 카또오의 말처럼 감정의 찌꺼기는 그렇게 쉬이 걸러질 리 없기 때문이다.

또한 카또오는 이런 비유도 사용한다. "큰불이 나서 땅위에 쓰러졌다. 그런데 누군가가 자기 몸 위를 덮쳤다. 정신을 차려보니 불은 꺼졌으나 그 사람은 이미 재가 되어 있고 자신은 그 자의 보호 덕에 살아 있었다. 그러한 자신이 맨 먼저 해야 할 일이 자신을 구하고 죽어간 그 사람을 부정하는 것이라고 한다면 그러한 비틀린 삶 속에서 도대체 '정답'이라는 것이 있을 수 있을까."[9] 이에 대해서는 타까하시가 잘 지적하고 있다. "그 화재가 사고였는지, 자연현상, 아니면 방화였는지 애매한 채로, 아무튼 화재라고만 말합니다. 불에 타죽은 것은 '자신을 지키고 죽은' 사람입니다. 그 사람을 '부정'해서는 안 된다고 말합니다만, 그 부정이 화재와 어떤 관계에 있는지 알 수가 없습니다. 자세히 따지고 보면

---

8 다카하시 데쓰야 「일본의 네오내셔널리즘 2」, 『일본의 전후책임을 묻는다』, 이규수 옮김, 역사비평사 2000, 154면.

9 「패전후론」, 『사죄와 망언』 28~29면.

그 화재는 스스로 주위에 방화해서 일어난 것임에도 불구하고, 우리 집 밖에서는 몇배의 사람들이 불타죽었다는 사실을 잊어버리고 맙니다. 다만 자신과 자신을 지키고 죽은 사람의 '고뇌'의 관계만이 마음에 남게 되지요."[10]

한가지만 이야기를 보탠다면, 카또오가 실감을 논할 때 활용하는 공간적 배치 내지 풍경도 마음에 걸린다. 카또오는 「패전후론」에서 요시다 미쯔루(吉田滿)의 『전함 야마또의 최후』(戰艦大和ノ最期, 創元社 1952)에 나오는 우스부찌 대위의 비장한 한마디를 인용한다. 전함 야마또 안에서 학도병들은 다가올 죽음을 예감하며 오끼나와를 향해 마지막으로 출항했다. 그러던 중 배 안에서 이런 뻔한 죽음으로 내몰리는 일이 과연 나라를 위한 것이냐며 죽음의 의미를 두고 소동이 일었다. 그때 우스부찌 대위는 이렇게 말한다. "진보하지 않는 자는 결코 이기지 못한다. 지고 나서 깨닫는 것이 최상의 길이다. 일본은 진보라는 것을 지나치게 경시해왔다. (…) 우리가 죽고 패하는 것에 의해 일본은 깨닫는다." 운명의 부조리를 감당하며 조국을 위해 죽는다는 이 나르시스적인 발언이 소동을 잠재운다. 이를 두고 카또오는 "비록 한 사람이라도 우리에게 이렇게 죽은 자가 있다는 것은 일종의 계시가 아니겠는가"라고 말한다.[11] 무의미한 죽음 속에서 의미를 발견하며 죽어간 우스부찌 대위, 그런 존재가 있는 한 태평양전쟁의 전사자들은 지금 우리에게 자신의 시대와 맞설 것을 요구한다는 것이다.

그러나 가만히 생각하면, 카또오 노리히로는 전함 야마또처럼 죽음마저 미학화할 수 있는 공간, 남자만의, 군인들만의, 더구나 종국에는

---

10 다카하시 데쓰야 「애도를 둘러싼 회화」, 앞의 책 247면.
11 「패전후론」, 『사죄와 망언』 71면.

죽음으로 개체들의 차이가 소거될 공간을 활용해 거기서 실감을 짜내고 교훈을 이끌어내고 있다. 「패전후론」만이 아니다. 카또오는 「일본인의 산기슭」(『헤르메스(ヘルメース)』56호)에서도 '토관(土管)'을 비유 삼아 토관 안에서 일어나는 일은 바깥에서 알 수 없다고 말했다. 일본인만이 느낄 수 있는 실감을 두고 한 이야기였다. 다시 말해 카또오의 실감은 이렇듯 서로 알 만하다고 간주된 공간 안에서 만들어진 실감이다. "우리라면 실감을 공유한다. 실감을 공유하지 않는 자는 우리에 속하지 않기 때문이다." 이것이 카또오가 말하는 일본인이라는 실감의 구조다.

그러나 전함 야마또에는 "죽기 싫다" "누가 나를 여기로 떠민 거야"라고 외치고 싶었던 사람도 있었을지 모른다. 하지만 그들은 우스부찌 대위의 비장함에 눌려 자기 실감을 토해내지 못했을 것이다. 심정적 모티브를 카또오처럼 사용하는 식이라면, 그것은 일본인 사망자에 대한 애도를 아시아에 대한 사죄와 교환하자는 발상이라는 혐의를 지우기 어렵다.

3) 틀렸다. 하지만

타까하시의 지적은 분석적이고 설득력도 있다. 전후 일본사회를 '인격분열'로 규정하고 해결책으로 '애도'를 제시한 카또오의 논의는 그 타당성이나 실효성, 그리고 정치성에서 모두 문제가 있다. 이밖에도 카또오 노리히로에게는 좀더 지적해야 할 사항들이 있다. 구체적인 내용보다는 그가 주장의 근거를 마련하거나 운용하는 방식에 관한 것들이다.

첫째, 이항대립의 문제다. 카또오는 자신의 자리를 혁신과 보수, 이론과 심정 사이의 공백지대에서 찾았다. 이것은 비단 카또오가 아니어도 필요한 시도였다. 하지만 카또오 역시 이항대립에 따르는 단순화의 위험을 피해가지 못했다. 가령 그의 발언에서 혁신파·호헌파·진보파 등은 무분별하게 섞여 있다. 또한 그는 혁신파에서 내놓는 아시아에 대한 사죄의 논리가 그 반동으로 망언을 초래한다고 주장하지만 이것은 사건이 발생하는 순서를 자기 필요에 따라 뒤집어놓은 것이며, 혁신파가 자국의 사망자를 고려하지 않는다고 비판할 때는 그들이 전후 일본사회에서 기울인 노력을 간과하고 있다. 말의 수준에서는 쉽사리 혁신과 보수가 등가적으로 이항대립하겠지만, 가령 타까하시가 지적하듯이 일본정부가 1990년대 초까지 자국의 전사자 유족에게는 40조 엔을 지급했지만, 아시아에 대한 대외 지불액은 1조 엔에 불과했다는 불균등한 현실은 애써 무시하는 것이다.[12]

또한 현실에서 배타적 내셔널리즘이 기승을 부리는 이유를 진보파 사상의 실패에서 이끌어내는 것도 무리다. 그렇게 하면 카또오야말로 사상의 성패를 현실에서의 성패로 환원해버리는 꼴이다. 카또오는 평화주의와 아시아연대를 기치로 내건 사상가들이 일본인의 심정을 억압했다며 그들에 대한 포괄적 비판을 통해 자신의 입지를 구축하지만, 그래서는 현실에 존재하는 힘관계를 무시하기에 사상은 현실과의 긴장감을 잃고 만다. 앞서 보았듯이 카또오 노리히로는 자신을 향한 비판을 두고는 그것들이 이데올로기적이라며 맞섰다. 이데올로기야 여러 정의가 있겠지만, 논쟁상황에서 이데올로기는 상대방의 논의를 한 손으로 거머쥐기 쉽도록 만드는 말이다. 하지만 상대방의 주장을 이데올로기라고 떠밀면, 그 반작용으로 자기 역시 이데올로기로 밀려나기 십상이다. 카또오 노리히로가 그랬다.

둘째, 자기모순이다. 자기모순이라기보다는 추상적이고 사상적인 문제를 다룰 때와 현실문제를 다룰 때 엿보이는 태도의 차이라고 하는 편

---

12 다카하시 데쓰야 「일본의 네오내셔널리즘 2」, 앞의 책 169면.

이 낫겠다. 「패전후론」 이후 2000년 초두에 이르기까지 발표한 논문들을 보면 그는 주로 비판적 지식인의 언설과 문학적 사고를 주된 테마로 삼고 있다. 하지만 이따금 현실적 쟁점에 관해 입장을 내비친 적이 있는데, 그럴 때면 논지가 엇갈리기도 했다. 가령 그는 「패전후론」에서 평화헌법을 개정해야 한다고 주장했는데, 그 이유는 평화헌법에는 외래성(미국)의 흔적이 남아 있으니 개악되더라도 일본인의 손으로 짜낸 새 헌법이 낫다는 것이었다. 하지만 1999년 히노마루·키미가요 논쟁에 참여하면서는 히노마루(일장기)는 제국 일본의 더러운 때가 묻은 채로 남아 있으니 그 흔적을 그대로 남겨두는 편이, 따라서 히노마루를 계속 일본의 국기로 사용하는 편이 좋다고 말한다. 이처럼 평화헌법과 히노마루에 대한 사고가 일관되지 않는다. 가령 평화헌법에 대해서도 외래성의 흔적이 남아 있으니 그대로 둬서 그 오점을 간직해야 한다고 말할 수도 있는 일이다.

하지만 일관성의 결여보다 지적하고 싶은 것은 어느 경우든 현실문제를 말의 수준에서 쉽사리 처리하려 드는 사고의 안이함이다. 이 공통점이 평화헌법과 히노마루에 대한 대응방식의 차이보다 근원적이며, 또한 그 차이를 낳고 있다. 가령 히노마루 문제에 대해 그가 언급한 부분을 확인해두자.

히노마루가 여전히 나쁜 이미지인 것은 전후 일본이 아직도 전쟁의 부채를 갚지 않았기 때문이며, 히노마루는 그 상징이다. 만약 히노마루를 나쁜 이미지로 더럽혀진 국기라고 한다면, 이를 받아들여 조금이라도 좋은 이미지로 바꿔나가는 것이 전후 일본에 요구된다. 하지만 만약 히노마루를 간단히 버린다면 그때야말로 피침략국의 사리 있는 주민들이 불신하는 씨앗이 될 것이다.[13]

여기서 눈에 거슬리는 것은 히노마루를 그대로 둬야 한다는 결론보다는 "간단히"라는 표현이다. 일본은 전후 반세기에 걸쳐 히노마루와 키미가요를 유지해왔다. 그것을 버리는 일은 결코 간단치 않으며, 헌법을 개정하는 문제만큼이나 복잡한 정치적 과정을 동반할 것이다. '히노마루다/아니다' '평화헌법이다/아니다'보다는, 그러한 국가상징이나 체계의 문제가 부상할 때 일본사회가 그 문제를 끌어안고 해결해가는 과정에서 길러질 민주적 역량이 중요할 것이다. 하지만 평화헌법은 강요된 것이니 국민투표로 그 '오점'을 불식해야 한다든가, 히노마루는 때묻어 있으니 간단히 버리지 말고 그 '오점'을 오점으로 간직해야 한다는 주장들은 표면적으로 상반될 뿐 아니라, 보다 깊은 곳에서 현실의 복잡한 정치과정과 그 안에 잠재된 다양한 가능성을 '이다/아니다' '한다/만다'라는 이분법으로 단순화한다는 점에서 공통된다. 그것은 안이함이고, 사고의 안이함이 진보적 지식인들에 대한 비판적 언술 뒤에 모습을 감추고 있다.

아마도 카또오 노리히로의 안이한 사고는 이른바 진보적 지식인들이 추상적이고 이론 위주의 사고를 거듭하는 동안에는 여전히 유효할 테고, 그의 발언은 현실적 힘을 지닐 것이다. 그러나 카또오 노리히로는 틀렸다. 정치적 올바름에 비추어 틀렸다는 것이 아니다. 그런 판단을 내리려면 또 한번 상황의 바깥에서 척도를 들여와야 하는데, 그러다 보면 다시 카또오의 논리 안으로 회수되고 만다. 그는 틀렸다. 그는 혁신파 내지 진보적 지식인의 추상적 사유를 비판했던 자기 자신의 기준에 비춰봤을 때 틀린 것이다.

---

13 加藤典洋 『可能性としての戰後以後』, 東京: 岩波書店 1999, 9면.

하지만 그렇다고 글을 여기서 정리할 수는 없다. 어느 한쪽의 손을 들어주는 데 이 글의 목적이 있지 않기 때문이다. 잠시 시선을 타까하시 쪽으로 옮겨가보자. 카또오를 상대하는 타까하시의 반론을 보면 점차 치밀해지지만, 어느 순간부터는 사고가 한정된 주제에만 맴돌고 있다는 인상이다. 물론 타까하시에게는 '올바름'에 근거해 설득하는 일이 중요하며, 따라서 일본사회 안에서 선교사의 입장을 자임한 자로서는 부득이한 한계일 수도 있다. 하지만 타까하시의 '올바름'으로 카또오의 '틀림'을 지적할 수는 있었지만, 그 논쟁에서 사상이 성숙해가고 있다는 느낌을 받기란 어렵다.

가령 타까하시는 어떻게 대응하고 있는가. 카또오에 대해 조목조목 반박한 내용 이외에 그만의 오리지널리티를 지니는 대목들을 찾아본다면, 아마도 '응답가능성' '철저조작' '정의에 대한 호소'라고 여겨진다. 응답가능성은 논리적 전거로서, 철저조작은 방법론으로서, 그리고 정의에 대한 호소는 결론 내지 입론으로 제출된다. 간단히만 살펴보면, '응답가능성'은 영어의 책임(responsibility)이 '누군가에게 답한다' (respond to)라는 의미를 품고 있다는 데서 끌어온 발상이다. 즉 책임은 타자의 호소에 대한 응답이라는 것이다. 만약 응답하지 않는다면? 타까하시는 '철저조작'(working through)을 마련해두고 있다. 이는 정신분석학의 용어인데, 환자가 분석가의 분석을 받아들이려 하지 않을 때 이 저항을 극복하기 위한 방법이다. 이 '철저조작'을 통해 아무리 괴롭더라도 환자는 과거를 상기하고 과거와의 비판적 거리를 만들어내야 한다. 가령 가해 사실을 부인하는 환자에게 가해자임을 인정하도록 만들려면 '철저조작'이 필요하다. 그리고 분석가의 이런 판단을 가능케 하는 것이 '정의에 대한 호소'다. '정의'는 자칫 획일적 잣대가 되면 그 자체가 폭력으로 변질될 수 있지만, 그 폭력조차도 정의에 의해서만 문제

삼을 수 있다는 것이다.

그런데 이때 등장하는 분석가의 위치는 곧장 카또오가 지적한 '조감하는 듯한 시점'과 '시간의 선취'를 떠올리게 한다. 바로 이렇게 이론을 운용하는 태도로 인해 '카또오의 자리'는 여전히 남는다. 그것은 카또오가 옳았음을 뜻하지도 않으며, 타까하시가 틀렸음을 뜻하지도 않는다. 다만 '옳다/틀리다'로 비출 수 없는 영역이 있을 뿐이다. 이 영역이란 '틀린' 카또오 노리히로에 대해 '옳은', 하지만 경직된 타까하시 테쯔야의 대응을 보면서 역설적으로 확인하게 되는 곳이다. 또한 여기에 역사주체논쟁에서 논쟁되지 않은 요소들이 남아 있다.

4. '역사주체논쟁'에서 논쟁되지 않은 것들

1) 논쟁의 사각지대

카또오 노리히로는 틀렸다. 하지만 그의 자리는 여전히 남는다. 왜인가. 그것은 이른바 비판적 지식인들이 올바른, 하지만 현실에는 가닿지 못하는 사고를 할 때 늘 생기는 구석진 자리가 있으며, 그곳을 카또오가 비집고 들어갔기 때문이다. '올바른 사고'가 만일 '조감하는 듯한 시점'과 '시간의 선취' 위에서 꾸려진다면 바로 이런 올바른 사고를 두고 투덜거리는 불만의 자리가 생겨난다. 이 자리는 비단 카또오만의 몫이 아니다. 가령 타까하시 테쯔야가 응답가능성, 철저조작, 정의에의 호소를 누군가에게 들이밀 때 그 누군가는 이렇게 대꾸할 수 있다. "당신이 뭔데? 난 몰라."

카또오는 바로 이곳을 비집고 들어와 진을 친다. 이곳은 보수와 진보, 혁신과 보수라는 대립범주로는 잡히지 않는, 이론적 방법으로도 잡히지 않는 사각지대다. 대처하기가 몹시 껄끄러운 영역이지만 그냥 방치해뒀다가는 정확한 이론적 입장조차 현실에서 유리되고 만다. 이 영역은 현실에 분명히 존재한다.

다시 한번 카또오 노리히로와 타까하시 테쯔야의 논쟁으로 돌아가자. 한가지 주목할 사실이 있다. 여러 차례 오간 논의에서 카또오는 조금씩 다른 쟁점을 제기했으나, 타까하시는 거기에 답하지 않았다는 점이다. 물론 거꾸로 말할 수도 있다. 타까하시의 입장에서 보면 카또오는 「패전후론」에서 자신이 내놓은 문제들을 해명하지 않고 정면대결을 피하면서 논점을 흐렸다. 따라서 응답을 하지 않은 쪽은 카또오다. 그러나 카또오가 「전후후론」과 「말투의 문제」에서 제기한 쟁점은 타까하시뿐만 아니라 다른 논자들도 논의거리로 간주하지 않았기에 오히려 중요해 보인다. 그것은 무엇인가.

카또오는 『사죄와 망언 사이에서』의 「후기」에서 책에 실린 세편의 논문 「패전후론」 「전후후론」 「말투의 문제」의 관계를 이렇게 푼다. "이 책은 서로 성격이 다른 세 편의 논고로 이루어져 있는데, 나로서는 「패전후론」이 정치론, 「전후후론」이 문학론, 그리고 「말투의 문제」가 양쪽을 연결하면서 그 밖의 문제의식과도 통하게 되는 이음매가 되리라 생각한다."[14] 「전후후론」의 문학론이란 일반적인 문학론이 아니라 '논 모럴'(non-moral)에 관한 내용이다. 간단히 말해 "나는 상관없어"다. 카또오는 "나는 상관없어"가 "당신은 기억해야 하고 책임져야 한다"보다 더 자연스럽고, 따라서 강하다고 말한다. 그리고 이러한 논 모럴이 없다면, 기억하고 책임져야 마땅한 통절함도 그 알맹이를 잃는다고 덧붙인다.

그런 그의 주장을 듣고 있자면 불쾌해진다. "나는 상관없어"는 누가

---

14 「후기」, 『사죄와 망언』 253면.

발화하느냐에 따라 의미가 전혀 다르다. 때린 사람이 "나는 몰라"라고 말할 때와 맞은 사람이 "상관없어"라고 말할 때. 차별받는 자의 "나는 상관없어"는 쓰라리며 때로 강한 비평적 효과를 지니지만, 기득권을 향유하는 자의 "나는 상관없어"는 그야말로 폭력이다. 더구나 카또오가 아시아에 대한 식민경험을 두고 일본인들에게 "나는 상관없어"를 허락해주는 것이라면, 그 역시 폭력이다. 하지만 카또오가 내놓은 '논 모럴'이 단순한 냉소주의가 아니라 나름의 무게를 갖는 까닭은 그것이 문학론과 연결되어 있기 때문이다.

그렇다, 이런 목소리(['논 모럴'한 목소리])가 단순히 미온적인 '무책임'함 때문이 아니라 그 권리를 우리 마음 깊숙한 곳에 요구할 만큼 강하게 나타나는 것은 문학에서다. 또한 문학을 제외하면 다른 곳은 없다. 여기 있는 것은 우리가 보통 문학이라고 부르는 것의 기저인 것이다. 그것은 어떠한 정의나 어떠한 진리에 의해서도 기초를 놓을 수 없다. 하지만 그것 없이는 어떠한 정의와 진리도, 그것이 정의이며 진리일 수 있는 의미의 중요한 한 부분을 잃게 된다. 저 '논 모럴'의 소리를 통하여 여기서 던져진 의문은 '문학'의 권리 문제, '문학'이 우리에게 어떠한 존재 이유를 지니는가 하는 문제인 것이다.[15]

그에게 문학이란 "올바름이 밖으로부터 찾아온다는 사실, 바로 그 사실에 대한 저항"이다.[16] 메이지 이후로 반복되어왔다는 '문학과 정치'의 구도도 바깥에서 올바름을 구해오는 태도와 이에 대한 저항을 뜻한

---

15 「전후후론」 111면.
16 같은 글 167면.

다. 사상은 틀릴 수 있기에 자유로우며, 옳게끔 제작된 사상은 사상으로서의 생명력을 잃는다. 그는 「전후후론」에서 자국의 죽은 자들을 앞세운다든가 사죄의 주체를 만들어낸다는 「패전후론」의 논의 역시 인간은 어떤 잘못을 저질렀든, 어떤 한계에 놓여 있든 거기서 출발해 자신의 진실을 거머쥘 수 있다는 의미라고 풀이한다. 이런 해명에 얼마만큼 귀기울여야 할지는 모르겠다. 그러나 그가 말하는 '사상의 자유'는 "사상은 틀려도 된다"로 기울 수 있기에 위험하지만 "사상은 늘 올발라야 한다"와 대치하기에 그만큼은 유효하다. 그가 두르고 있는 문학이란 이처럼 바깥에서 찾아오는 올바름에 대한 저항이기에 그를 비판해서 무릎 꿇리기란 쉽지 않다. 그의 문학은 적어도 사상을 사물처럼 대하는 태도에 맞설 수 있기 때문이다.

카또오가 '틀릴 수 있음'을 강조하는 것은 자기 발로 서는 사상 그리고 사상적 주체를 기도하기 때문이다. 누구도 자기가 속한 상황을 바깥에서 내다볼 수 없기에 '틀릴 수 있음'에서 출발해야 한다. 그리고 출발하고 나서 오차를 교정하려면 바깥에서 잣대를 들여와야 하는데, 그래서는 자기 발로 설 수 없다. 패전의 비틀림에서 출발한 전후를 살아가는 자들이 타국에 대한 사죄를 자기형성의 첫 단추로 삼아서는 안 된다는 것이다. 거기서 시작하면 사죄의 간절함은 자기 것이 되지 않는다. "문학은 틀릴 수 있는 상태에 놓인 올바름 쪽이 국외적인, 안전한 진리의 상태에 놓인 그런 올바름보다 깊다고 말한다. 깊다는 것은 무엇인가. 그것은 인간의 괴로움의 심도에 견딘다는 뜻이다. 문학은 틀릴 수 있음 속에서 무한을 본다. 틀릴 수 있는 한, 거기에는 자유가 있고 무한이 있는 것이다."[17]

---

17 같은 글 197~98면.

거듭 말하지만 이것이 카또오 노리히로가 지닌 사고의 맹점과 약점을 씻어줄 수는 없다. 하지만 바깥의 시선을 빌려오는 지식인들을 향해서는 비평적 효과를 지닌다. 「전후후론」 이후에 발표한 「말투의 문제」도 그렇다. 「말투의 문제」의 소재는 아이히만(L. A. Eichmann)의 재판에 취재를 간 한나 아렌트(Hannah Arendt)가 『예루살렘의 아이히만』(*Eichmann in Jerusalem*, Penguin 1963) 을 쓰면서 발생한 '문체(말투)의 문제'다. 아이히만은 나치 전범으로 아르헨띠나에서 숨어 지내다가 1960년에 이스라엘 국가기관에 붙잡혀 1961년 예루살렘에서 재판에 회부되었다. 『예루살렘의 아이히만』은 아렌트가 당시 아이히만 재판을 참관하면서 잡지 『뉴요커』(*The New Yorker*)에 기고한 르뽀르따주를 엮은 것인데, 이때 아렌트의 문체는 야유와 풍자가 뒤섞인 것이어서 당시 유대 지식인들을 곤혹스럽게 만들었다. 이 문제는 당시 헤브라이학의 일인자로 존경받던 유대 지식인 게르숌 숄렘(Gerschom Scholem)과의 논쟁으로 번져갔다. 그런데 카또오는 그 장면에서 아렌트가 공동성을 해체하고 공공성을 수립할 단서를 말투에서 찾았다고 독해한다. 물론 카또오는 자신을 아렌트의 위치에 두면서 숄렘처럼 정숙한 말투를 구사하는 일본의 지식인을 비판할 셈이었던 것이다.

역설처럼 들릴지 모르지만 타까하시의 생각에 대한 나의 최대의 의문은 그 말투에 있다. 아렌트와 숄렘의 경우와는 반대로, 나는 숄렘이라면 기뻐할 만한 경박한 구석이라고는 전혀 없는 타까하시의 반석 같은 강건한 말투에 대해, 그 말하려는 내용이 방법상의 정밀성을 요구하는 것인 만큼, 심각한 이견을 갖고 있다.

물론 그것은 타까하시에만 한정된 것은 아니다. 그것은 이른바 일본 전후의 '양심적' 지식인들이 종종 취해왔고 지금도 타까하시를 비롯해 많은 강단과 젊은 지식인들이 취하기 시작하고 있는 말투이다. 그러나 이러한 말투로 말하는 한, 뭐라고 말하든 전후 일본의 저 인격분열은 결코 극복되지 않을 것이다. 타까하시는 예컨대 그의 첫번째 비판에서 "국가와 국민은 오욕을 버리고 영광을 찾아서 나아간다"(나까소네 야스히로)는 식의 일본 국가주의자의 언명을 들어 이를 혹독하게 비판하는데, 말하는 내용은 대극적이지만 다른 관점에서 보면 양자는 대립하고 있는 것이 아니다. 양자가 모두 공동적인 말투라는 점에서 공통된다. (…) 공동적이지 않은 톤에 의해서만 공동성을 제거할 수 있다. 일본 전후의 왜곡의 문제는 이와 같은 정치함이 사상의 기저에 없으면 더이상 앞으로 나아갈 수 없는 지점까지 와 있는 것이다.[18]

「오욕의 기억을 둘러싸고」에서 타까하시가 "계속 부끄러워해야 한다"고 표현한 것에 대해 카또오가 "소름이 끼친다"고 비꼬았던 것도 이 맥락이다. 이때 카또오는 타까하시의 발언을 왜곡해 "한없이 부끄러워하고 책임을 잊지 않는다는 식의 말투를 접하면 거기서 소름끼치는 위화감을 느낀다"며 부러 과장하고 희화화했다.[19] 이는 분명히 짚고 넘어가야 할 문제인데, 여기서 엿보이는 것은 윤리적(카또오라면 '윤리주의적'이라고 했을) 사고에 대한 강한 거부감이다. 타까하시의 말투는 반듯하고 웅장하며, 보수파의 말투와 닮아 있어서 오히려 공공성에 이르지 못한다는 것이다. 말투의 문제와 관련해 한 대목을 더 들춘다면 카또오는 「한국어판 서문」에서 이렇게 적고 있다.

---

18 「말투의 문제」, 『사죄와 망언』 228면.
19 같은 글 246면.

나는 침략한 쪽의 인간이 침략당한 쪽 인간과 자기를 동렬에 놓는 것 같은 이런 말투를 썼다가는 틀림없이 한국 독자들의 오해를 받게 될 것이라 생각했다. 하지만 동시에 이렇게도 느꼈다. 만약 그러한 '오해'를 피하려고, 단지 그 이유만으로 지레 말투를 바꾼다면 내가 한국의 독자들을 향해 말하고자 하는 무언가가 사라져버린다. 그리고 그 '무언가'를 놓치지 않음으로써, 나의 글은 바로 이 '오해받을 위험'을 대가로 해서 가까스로 가장 깊고 정확한 이해를 요구할 수 있는 권리를 손에 넣는 것은 아닐까 생각했다. 오해를 피하려 들면 아무래도 조심스런 말투가 된다. 조심스런 말투 그 자체가 나쁠 것은 없다. 다만 그 이유가 '오해를 피하'기 위해서라면 곤란하다. 조심스런 말투를 쓰는 동기가 이러한 '대외적 배려' 차원에 머물게 된다.[20]

그가 계속해서 주장하는 것은 "나는 상관없어"처럼 자신으로부터 시작한 말투가 아니라면, 내용이 무엇이건 간에 자신이 가정해둔 올바름의 영역 안에서 말하는 것이라서 공동성을 벗어나지 못한다는 것이다. 나는 그가 강조하는 '논 모럴'이나 '비아냥거리는 말투'의 중요성을 곧이곧대로 승인할 생각은 없다. 하지만 그것이 어떤 문제들을 파생하는가에 따라서는 귀 기울일 가치가 있다고 생각한다. 하나는 감정의 문제다. 일상감각에 이르지 못한 지식은 감정을 살해한다(물론 반대의 진술도 중요하다. 사상과 맺어지지 않는 감정은 굳어버린다). 이것은 한층 복잡한 문제로 나아가는데, 보편성을 지향하는 이론은 자칫 내적 동질성을 지향하는 심정적 호소와 대립하게 된다. 그렇게 심정의 영역이 보수파에 넘어가면 진보적 지식인은 그들의 영향력을 감퇴하지 못하고

---

20 「한국어판 서문」, 『사죄와 망언』 6면.

그 공백지대에 카또오와 같은 입장이 들어선다. '카또오와 같은 입장'이란 좌와 우, 선과 악이라는 가치판단 바깥에서 일본인들의 감정을 담겠다는 입장을 말한다. 이 주름진 영역을 타까하시의 '철저조작'과 '정의에의 호소'로 감당할 수 있을까. 다시 말하지만 이것은 카또오가 옳기 때문도, 타까하시가 옳지 않기 때문도 아니다. '옳다/그르다' 바깥에 놓인 현실에서 벌어지는 일이다.

따라서 논쟁의 사고에는 '이기다/지다' 말고도 보다 섬세한 감각이 요구된다. 논쟁에 대한 개입이 편가르기로 끝나지 않으려면 자신이 가진 입장과 전제하는 올바름도 스스로 비판의 대상으로 삼아야 한다. 비판은 무엇을 기준 삼느냐에 따라 생산성이 달라진다. 이론적 결론의 올바름을 지키려는 비판은 그다지 생산성이 높지 못하다. 때로는 자신이 고수하는 개념이나 이론이 논쟁상황으로 진입하려는 시도를 오히려 방해한다. 그 까닭에 역사주체논쟁은 다소 불모하다고 해야 할 내셔널리즘 논쟁이 되어버린 것이다.

2) 내셔널리즘이라는 말

내셔널리즘이 아니냐는 질문을 받으면 가토 씨나 그의 지지자들은 내셔널리즘은 아니라고 대답합니다. 다시 말씀드리지만 가토 씨는 분명 배외주의적·부정론적 내셔널리스트는 아닐 것입니다. 가토 씨가 자신은 내셔널리스트가 아니라고 말할 때, 그것은 전통적인 보수파 내셔널리스트나 자유주의 사관류의 내셔널리스트는 아니라는 의미입니다. 그러나 주의하기 바랍니다. 그는 실제로는 내셔널리스트입니다.[21]

---

21 다카하시 데쓰야 「일본의 네오내셔널리즘 2」, 앞의 책 178면.

이것은 타까시 테쯔야의 말이다. 내셔널리즘, 내셔널리스트라는 표현이 반복되다가 결국 카또오 노리히로는 내셔널리스트라는 말로 끝맺고 있다. 타까시는 물론 역사주체논쟁에 참가하며 여러 생산적 논점을 제시했고, 인용문의 발언이 결코 그가 말한 핵심은 아니다. 그러나 카또오 노리히로에 대한 비판만큼은 여기서 시작하고 매듭을 짓는다. 타까시 테쯔야만이 아니었다. 카또오 노리히로에게는 '새로운 내셔널리즘' '새로운 의장의 내셔널리즘' '세련된 내셔널리즘'이라는 레테르가 따랐고, 이는 "결국은 내셔널리즘이다"라는 뜻이었다. 카또오의 응수는 이렇다.

전후 일본에 피침략국인들의 규탄을 받아들일 주체가 없다는 사실, 그것이 전후 일본인의 근원적인 도덕적 결함을 의미할 수 있다는 것이 이 책의 일관된 주장이다. 여기서 나는 말하자면 사죄의 주체가 구축되어야 한다고 했고 그 주장은 내셔널리즘으로의 회귀로 이어지는 것이 아닌가라는 비판을 받았는데, 내가 이해하기로는 비판이 이러한 응수로 나타난다는 데 문제가 있다. 이 주장이 내셔널리즘에 연결되는지 어떤지는 말하자면 사상을 대(對)사회적인 의미에서 측정할 경우의 관점인데, 그것은 사상이 사상으로서 살아 있는 경우, 그것을 전제로 의미를 갖는 파생적인 관점의 하나에 불과하다. 하지만 여기서 내가 말하는 것은 사상이 살아남기 위한 필요조건이다. 이러한 규탄을 정면으로 받아들일 주체로서의 입장 이외에 전후 일본인이 사물을 근원적으로 생각할 수 있는 입장은 없다. 이러한 위치에 서는 것을 회피하고 원점에서부터 사물을 사고하는 것은 불가능하다. (…) 내셔널리즘이 되지 않으려면 어떻게 해야 하는가라는 사고방식은 사물을 생각하는 데 있어 거꾸로 뒤집혀진 것

이다.[22]

이 대목만큼은 카또오가 맞다고 생각한다. 내셔널리즘과 이어지는지 아닌지는 여러 관점 가운데 하나일 뿐이다. 하지만 이것이 문제를 다루는 만능의 전제가 되어버리면 그 "파생적인 관점"이 다른 관점들을 압도한다. 역사주체논쟁은 내셔널리즘 논의로 번졌고, 그 추이를 좇다보면 내셔널리즘이라는 말은 한순간 번뜩임을 주었지만 이내 지루함을 풍겼다. 이것은 경박한 표현이다. 하지만 실감이었기에 그대로 토로하자면, '한순간의 번뜩임'은 내셔널리즘이라는 말을 보고는 "나도 이해할 수 있는 이야기잖아" 싶어 개입 여지가 있지 않을까라고 기웃거리게 만든 번뜩임이었고, 이후 찾아온 지루함이란 내셔널리즘이라는 말이 오히려 사고를 진전하지 못하도록 붙들고 있다고 느껴진 데서 오는 지루함이었다.

내친김에 말하자면 타까하시 테쯔야의 『일본의 전후책임을 묻는다』 한국어판 서문은 「내셔널리즘을 넘어서」다. 'OOO을 넘어서'는 근래에 자주 보게 되는 표현인데, 'OOO을 넘어서'는 목적어에 해당하는 말보다 가볍지 않은가라는 인상을 받는다. 'OOO을 넘어서'는 힘든 시도이고 필요한 시도이나, 넘어서려고 할 때면 이미 거기에는 목적어에 대한 가치판단과 함께 단순화가 동반된다. 특히 'OOO을 넘어서'가 '내셔널리즘'이라는 말을 만날 때 그런 인상이 짙다. 이렇게 생각해볼 수는 없을까. '내셔널리즘'과 같이 실체적 색채로 물든 관념에서조차 역전된 요소를 발견하는 것 말이다. 하나의 말이 현실에서 무게를 지닌다면 그 말에는 하나의 조명으로는 비출 수 없는 복잡한 결이 있을 것이다. 그

---

22 「한국어판 서문」, 『사죄와 망언』 9면.

412 제3부 비평의 장소

사실을 무시하는 곳에 올바른 사상의 실패가 있다.

　물론 타까하시를 비롯한 논자들이 내셔널리즘을 일방적으로 부정한 것은 아니었다. 그들은 침략이나 식민지배로 고통받은 이들의 '저항적 내셔널리즘'은 섣불리 부정할 수 없다고 강조한다. 내셔널리즘은 네이션의 일체성·동질성으로 기울어 타자를 배제하지만, 이 경우라면 타자가 제국(내지 패권국)이기 때문이다. 하지만 여기까지다. 그렇다면 일본인의 내셔널리즘은 어디서도 머물 자리를 찾을 수 없다. 일본사회에서도 아시아에서도 다수적 위치에 있기 때문이다. 그러나 내셔널리즘에서 배타성 이외의 다른 요소를 건져낼 수는 없을까. 내셔널리즘은 선악 판단에 앞서 기본적으로 자기인식이며, 자기에게는 타자의 흔적이 각인되어 있기 때문에 타자인식이기도 하다. 더구나 그것은 한 사회에 존재하는 다수 성원의 심리적 근저를 이룬다. 따라서 한 시대가 지니는 하중을 다수 성원과 나눌 수 있는 계기를 내셔널리즘은 내장하고 있는 것이다.

　내셔널리즘을 긍정하자는 말은 아니다. 다만 내셔널리즘에 접근하는 제1보가 옳은지 그른지의 판단이어서는 안 된다는 뜻이다. 메이지 이래 일본에서의 패권주의와 침략의식도 내셔널리즘에서 자라났지만, 거기에 맞선 성찰과 아시아와의 연대의식도 내셔널리즘 안에서 움트지 않았던가. 내셔널리즘이 제국주의로 전화하고 그렇게 응결된 채 패전으로 기울어간 이후 시작된 전후의 담론공간에서 내셔널리즘을 한 덩어리로 다뤄 내치지 않고 그것을 분해해 역전된 요소를 끄집어내는 일은 불가능할 것인가. 전후 서구에서 들여온 근대주의적 사유는 전시의 악몽을 머금고 있다는 이유에서 내셔널리즘을 내쳤지만, 일본인의 아이덴티티는 부정적 비판만으로는 쉽사리 바뀌지 않는다. 내셔널리즘을 몰아낸 그 공백지대에 어떤 재구축의 형태나 사상의 가능성을 부여하지 않는다면, 내셔널리즘은 경직된 형태로 회귀할 것이다. 더욱이 내셔널리즘을 사회개혁의 중요 계기로 인정하지 않고 외면한다면, 그것은 전환기에 우파의 이데올로기와 결합하여 돌연 파괴적인 형태로 분출할지 모른다.

내셔널리즘에 대한 논의는 결코 무용하지 않다. 그러나 그것은 전제나 결론이 아니라 현실상황에 한층 복잡한 입체감을 부여하는 하나의 시각으로 의미가 있을 뿐이다. '내셔널리즘 긍정이냐 부정이냐'는 이미 그 질문 자체가 복잡한 현실을 내셔널리즘의 징후로 축소하고 만다. 내셔널리즘에 관한 올바른 이론이 현실의 입체감을 소거해 현실을 평면으로 만들려 들면, 바로 그 이유에서 올바른 이론은 현실로부터 튕겨나올지 모를 일이다. 가령 그 현실의 한 측면에는 이런 문제가 놓여 있다. '일본인으로서의 책임'을 거론하는 것 자체도 '일본인'으로서의 동일성을 전제하고 있으니 내셔널리즘이라는 시각마저 있어, 카또오 노리히로를 내셔널리즘적이라고 비판한 타까시 역시 내셔널리즘적이라고 비판받기도 했다. 또한 논리적으로만 따진다면 과거 식민지였던 측에서 제국이었던 국가에 식민지배에 관한 책임을 요구할 때, 이것은 상대에게 한때는 제국이라는 형태로 자신을 착취했던 그 네이션을 지금은 인정하라는 요구가 될 수도 있다. 물론 이것들은 이론적으로 가공된 '거짓' 문제들이다. 다만 여기서도 환기되듯 중요한 것은 '내셔널리즘인가 아닌가'가 아니라 그 말로 무엇이 전달되는가, 어떠한 상황이 전개되는가다.

내셔널리즘이라는 말은 결코 무용하지 않다. 그러나 그 말의 유용성은 그 말을 자명한 것으로 간주할 때가 아니라, 그 말 안에 끊임없이 적확한 리얼리티를 담으려는 노력에 의해서만 발생한다. 그때야 내셔널리즘이라는 말은 여러 겹으로 분화하는 현실로 우리를 이끌어줄 것이다.

3) 여전한 서구라는 척도

내셔널리즘 비판이 대개 서구이론을 들여와 그것을 운용하는 식으로 전개되었음을 감안한다면, 내셔널리즘을 둘러싼 논의가 불모로 남은 이유는 서양이 논쟁과정에서 옳고 그름을 판단하는 척도로 기능했다는 사실과도 연관될 것이다. 카또오는 바깥을 향한 자기와 안을 향한 자기가 분열된 데서 일본사회의 인격분열을 읽어냈다. 달리 표현하면, 서구의 시선으로는 포착할 수 없는 일본 내부의 실상이 엄연히 존재한다는 것이다. 이 지적은 논쟁에서 무엇이 상황을 비추는 준거로 채택되었는지를 떠올린다면 얼마간 타당하다고 여겨진다.

애초 일본의 근대와 제국주의 경험이 서구산 가치를 수용하고 뒤쫓다가 빚어진 문제라면, 그 역사적 경위를 반성할 때 서구이론을 응용하는 방식에 관한 고민이 필요하지 않을까. 하지만 역사주체논쟁에서는 내셔널리즘 비판이론이 여과 없이 일본사회 비판으로 사용된 흔적이 보인다. 먼저 입론의 방식에서 그런 문제점이 드러났다. 타까하시가 발표한 글들을 보면 글머리에는 '추세'가 언급된다. 일본사회 비판의 이유도 여기서 구하곤 하는데, 가령 '회개와 화해의 세계화'가 진행 중인데 일본은 뒤처졌다는 것이다. 그리고 일본사회가 지체된 부분은 독일과의 비교를 통해 부각된다. 물론 추축국 독일과의 비교를 통해 독일이 유럽지역에서 기울인 노력을 일본이 아시아 사회에서 결여하고(결여라기보다는 뒷걸음질 치고) 있는 행태는 지적해 마땅하다. 지금 일본의 보수파는 제2차 세계대전에서 일본이 보여준 파괴적 행위를 당시 제국주의 국가들도 다 그랬다며 통례화하고 있다. 그러면서 아시아를 향해 저지른 만행을 아직까지 흘려넘기고 있다. 전전의 침략행위를 책임지는 일에서는 당시 제국주의였던 어떤 국가와도 비교할 수 없을 만큼 무책임하다.

그럼에도 불구하고 서구의 잣대로 판단한다면 역시 몇가지 문제지점이 남는다. 첫째, 서구의 내셔널리즘 논의로 비추지 못하는 구석자리가 남는다. 둘째, 바깥의 시선, 특히 서구의 시선을 통해 문제를 해결하려 든다면, 그 논리는 자기 안으로부터 끌어낸 것이 아니어서 주체성의 문제를 남긴다. 이 두가지 문제는 앞서 지적했으니 부연 설명은 하지 않겠다. 셋째, '일본은 독일에 비해서 늦다. 서구사회에서 한 일을 일본은 하지 않았다'는 비판은 전쟁과 식민지 문제를 처리해야 할 이유를 다시 '지체'에서 찾도록 만든다. '지체 극복'은 제국주의에 이르는 근대화에서 일본이 내세운 가장 중요한 모토였다. 물론 그 내실은 크게 다르지만 사죄문제에서 '지체 극복'을 강조한다면 이번에도 아시아가 아닌 서구로 일본인의 시선을 돌리게 만들지 모른다. 이에 더해 문제를 해결하기 위한 감수성을 자기 안에서 길러내지 못하고 만다. 넷째, 이런 비판의 효과로 서구라는 상황은 원전(原典)의 지위에 오른다. 적어도 사태를 파악하는 가장 권위 있는 참조축이 된다. '세계적 추세'가 서구상황을 탈맥락화해 정치적 올바름을 보증하는 척도가 되는 것이다. 여기서 카또오의 논리는 고개를 치켜든다.

앞서 언급했듯이 카또오는 「전후후론」에서 메이지 이후 반복된 '정치와 문학'이라는 구도를 제시했다. 그것은 보편성과 이론 대 특수성과 심정이라는 구도이기도 했다. 하지만 이러한 문제제기는 거의 수용되지 않았다. 타까하시는 카또오를 내셔널리스트라며 비판할 때 그 논거를 특히 유럽 철학자(그들은 유럽의 '주변'적 철학자라고 불러야 할지도 모른다)에게서 끌어왔고, 타까하시와 카또오의 이론적 논쟁은 대개가 독일역사가논쟁에 대한 독해, 아렌트의 『예루살렘의 아이히만』에 관

한 독해, 레비나스, 후설, 데리다에 대한 이해에서 벌어졌다. 올바른 지적 전거가 없으면 논의는 진전될 수 없다는 전제와 이 문제들에 관한 정확한 독해와 이해가 상대를 공략하는 방법이었다는 점에서 카또오와 타까하시의 태도는 그다지 달라 보이지 않는다. 여기에는 물론 카또오 노리히로가 프랑스문학을, 타까하시 테쯔야가 프랑스철학을 전공으로 삼고 있다는 점, 타까하시 테쯔야는 『데리다: 탈구축』(デリダ―脱構築, 講談社 2003)을 출판할 정도로 정밀한 독해에 심혈을 기울이지만 카또오 노리히로는 독창적 혹은 자의적이라고 해야 할 독해방식으로 텍스트를 활용했다는 점도 문제상황에 반영되었을 것이다. 아무튼 둘의 논의에서 서구는 (상황과 텍스트로서) 이곳을 조명하는 광원의 자리를 차지했다. 말하고 싶은 것은 이것이다. 거기에는 아시아가 빠져 있다. 이것은 다음 절에서 다루겠다.

역사주체논쟁과 시기를 같이 했던 역사교과서논쟁에서 자유주의사관의 논자들은 일본민족을 영웅주의적으로 치켜세우고, 일본 근대의 역사를 자기연민적으로 보듬으며 문화적 일체화를 꾀했다. 그리고 그들은 서양중심론의 가치체계를 따져물으며 부정된 자기인식을 회복하겠다고 나섰다. 자유주의사관의 발상은 오리엔탈리즘에서 결코 벗어나 있지 못하며, 서양발 근대주의 도식에도 물들어 있지만, 현실에서는 서구의 사상적 자원을 활용하는 지식인들의 일본 내셔널리즘 비판과 대비되며 힘을 획득했다.

자유주의사관이 만들어낸 거짓 대립, 즉 동서 대립, 일본적인 것과 서구적인 것 사이의 대립을 불식하기 위해서라도 일본의 상황을 성찰할 때 서구의 이론적 자원을 어떻게 활용할 것인지는 좀더 면밀히 고찰되어야 한다. 서구의 식민지가 되지 않으려 나섰던 길에서 아시아의 식민자가 되고, 식민자에서 벗어나자마자 다시 미국의 (준)식민지가 되었다는 전전과 전후의 일본적 맥락. 패전으로 승자의 피식민 상황에 놓이면서도 그것을 부정할 도덕적 정당성을 상실했다는 일본적 상황. 자신이 따라온 서구산 가치판단에 의해 자신이 고발당했다는 일본에서의 물음. 그것이 서구라는 망령과의 꼼짝달싹할 수 없는 거리를 낳았다면, 오히려 그 역사적 조건을 일본만이 지닐 수 있는 사유의 조건으로 삼을 수는 없을까. 유럽산 가치판단이 일그러져갔던 자신의 경험 속에서 유럽이란 척도나 준거까지도 역사화할 수는 없을까. 그것은 보편성과의 선부른 화해도 아니며 '보통화'의 길도 아닐 것이다.

4) 무의미함과 아시아

안을 향한 자기와 바깥을 향한 자기. 쉽게 공략할 수 없는 카또오의 이 구도를 따라서 여기까지 왔다. 이제 그 안과 바깥의 의미를 마지막으로 한번 더 묻고자 한다. 카또오가 틀렸지만 힘을 갖는 까닭은 바깥으로부터는 열리지 않는 곳에 자신의 자리를 마련했기 때문이다. 그의 진술처럼 보수파가 안을 향한 심정에 호소하고 진보적 지식인이 바깥에서 이론을 끌고들어온다면, 그 사이의 공백지대를 카또오는 자신의 자리로 삼는다. 그런데 그때 안과 바깥이 일본과 서구로 갈린다면 그 어느 곳에도 속하지 않는 영역이 있다. 바로 아시아다.

서경식은 전후 일본사회가 아시아라는 관점을 결여하고 있다고 지적한다. 일본의 전후는 태평양전쟁의 패배로부터 시작되었는데, 일본인은 미국 등 서방국가에 무릎을 꿇었다고 여겼을 뿐 중국 등 아시아의 저항으로 패배했다는 자각은 하지 못했다. 그래서 전후에 지식인 다수는 패전의 원인을 선진국, 특히 미국과의 기술적 격차에서 찾았고 이는 일본사회에서 공감대를 넓혀갔다. 따라서 일본이 고도성장을 이루자 미국 등 서양에 대한 열등감은 엷어졌으나 아시아를 향한 멸시는 그대로 남아 패전의 기억은 어디론지 사라졌다는 것이다. 그래서 1990년대에 들어 아시아에서 제기되는 비판에 직면하면, 그것이 반전되어 자기긍정으로 흘러간다.[23]

역사주체논쟁에서도 아시아라는 관점은 빈자리로 드러났다. 타까하시는 아시아를 향한 사죄의 이유를 서구, 특히 독일과의 비교에서 도출해냈다. 물론 그는 아시아에 대한 일본제국의 착취와 만행의 역사를 잊지 않는다. 그는 일본의 어느 지식인보다도 위안부와 자이니찌 문제에 민감하며, 일본사회를 각성시켜 아시아와 온전한 관계를 맺고자 온힘으로 활동한다. 다만 그의 논의에서 아시아는 사과받아야 할 대상이다. 즉 아시아는 그의 사유가 시작되는 곳보다는 사유의 결론 무렵에 나온다. 따라서 아시아는 수동적이다. 지금 일본의 상황을 비추는 빛을 뿌리는 곳, 광원은 되지 않는다. 오히려 서구라는 광원으로 아시아는 윤곽을 그린다. 물론 아시아 연대에 정력적으로 나서고 있는 타까하시에게 이런 평가는 가혹한 것이다. 특히 카또오와 비교하자면 가혹하다.

카또오 노리히로는 아시아를 향한 사죄를 거론하지만, 그 사죄는 자국 사망자에 대한 애도를 도출해내기 위한 사전작업이라는 인상이다. 애초 전쟁에 관한 그의 이미지에서 일본은 미국과 유럽에 패배했을 뿐 아시아는 그 안에 들어가 있지 않다. 2절에서 확인했듯이 그가 '일본인'을 하나의 인격으로 구축하고자 실감을 들먹일 때도 그 실감은 대등한 상대(미국과 유럽)와의 관계 속에서 도출된 것이지, 자기 발에 짓눌린 존재(아시아 식민지)와의 관계 속에서 나온 것이 아니다. 그는 진보적 지식인을 추궁할 때 수사적 차원에서 아시아를 들먹인다. 가령 그는 「이 시대의 사는 법」에서 이렇게 적는다. "왜 우리는 아시아의 사망자나

---

23 서경식·다카하시 데쓰야, 앞의 책 126~27면.

조선인 위안부들을 대변하는 형태로 이루어지는 일본인의 일본 규탄에서 뭔가 싫은 느낌을 받는 것일까? 이유는 그런 대변에서 우리의 자기기기만을 직감하기 때문이다."[24] 여기서 핵심어는 '대변'이 아닌 '일본 규탄'일 것이다. 자유주의사관 논자들이 아시아 연대를 시도하는 지식인들을 자학적이라고 말한다면, 카또오는 자기기만적이라고 표현하는 차이가 있을 뿐이다. 카또오에게 안과 바깥은 일본과 서구로 갈릴 뿐, 아시아는 사각지대다.

다만 여기서 그가 제시한 논점 한가지는 마저 다뤄야 한다. '무의미함'이다. 그 '무의미함'은 태평양전쟁에서 죽어간 자국의 전몰자를 어루만져야 하지만 긍정적으로 기술할 수 없다는 무의미함이자, 전후의 잣대를 전전의 사상에 들이밀 수 없다는 무의미함이었다. 그리고 서구로부터 온 빛으로는 일본 내부의 실감을 비출 수 없다는 무의미함이기도 했다. 여기서 다시 '무의미함'의 문제로 우회하자. 그 끝에서 비로소 아시아를 만날 수 있으리라는 기대 때문이다. 현학적 표현이 되고 말지만, 아시아는 그 무의미함 속에서 부재함으로써 존재하고 있다.

카또오는 「전후후론」에서 전전과 전후의 비틀림을 살아냈던 문학가들을 다뤘다. 그에게 문학이 바깥에서 주어지는 올바름에 맞서는 영위라고는 앞서 밝힌 바다. 그래서 그는 다자이 오사무(太宰治)를 주목한다. 그가 다자이의 작품 「박명(薄明)」을 풀이한 한 대목을 인용해본다.

8월 15일로 모든 것이 극적으로 변했다. 다들 그렇게 말한다. 하지만 정말로 그럴까. 변한 것은 눈앞의 풍경이고, 동시에 그보다 그것을 보는 우리의 시각이 아닐까. (…) 그에게는 소위 말하는 원점이니 전기니 하는

24 加藤典洋 『この時代の生き方』, 東京: 講談社 1995, 197면.

것들이 아무래도 받아들여지지 않는다. 그 내부에는 눈이 보이지 않는 아이가 하나 있어 그가 돌아보면서 미소 짓는다. "봐, 나라가 타버렸지?" 하면 "응, 타버렸네." 열린 눈을 들어 그저 편하게 미소 짓는다.

여기 있는 것, 여기 지극히 비밀스럽게 걸려 있는 것은 무엇일까.

수문을 열어도 물은 움직이지 않는 것.

그렇게 자신을 유지하는 것.

그는 이 8월 15일에 영향받는 것에서 자기 문학의 패배를 본다. (…) 그에게 문학이란 전후에 의해 시험당하는 어떤 것을 의미하지 않는다. 예술적 저항이라는 문학관은 전후라는 리트머스지로 문학을 보는 관점이지만 그는 오히려 자신의 문학을 리트머스지 삼아 거꾸로 그 전후를 시험하려 드는 것이다.[25]

이런 독해에는 확실히 깊은 구석이 있다. 이 문장을 처음 접했을 때 나는 카또오가 분명히 무언가를 보았으며, 따라서 한 삽으로 쉽게 뜰 수 있는 상대가 아니라고 여겼다. 다자이 오사무가 8월 15일에 영향받기를 거부한다는 것은 전후의 관점에서 전전을 채색하기를 거부한다는 뜻이다. 그래서 다자이는 남들이 8월 15일을 두고 "원점이니 전기니"라고 말해도 믿지 않는다. 시대가 바뀌었다지만 "수문을 열어도 물은 움직이지 않"도록 버틴다. '수문'은 전전과 전후 사이에 있다. 수문을 열면 높은 쪽에서 물이 흘러내려오기 마련이지만, 다자이는 수문이 열렸는데도 자신의 수위를 유지한다. 자기 아닌 것에 영향받지 않는다. 전후라는 시대적 추세로 전전 사상의 가치를 재단하지 않는다. 따라서 다자이에게 8월 15일은 무의미하다. 전전 쪽으로부터도 전후 쪽으로부터도 의미

---

25 「전후후론」, 『사죄와 망언』 139~40면.

를 부여할 수 없기 때문이다. 그에게 8월 15일은 이쪽과 저쪽의 수위 차이로, 그 수위 차이를 버티는 긴장감으로 남는다. 그래서 전후랍시고 쉽사리 변해가는 세태를 곁눈질하며 제자리를 지킨다. 그 태도가 다자이의 문학을 떠받치고 있다.

카또오는 여기서 자유주의사관에도 혁신파에도 없는 논점을 제시한 것이다. 전전은 전후로 잴 수 없다. 다자이에게 8월 15일은 전전 쪽에서도 전후 쪽에서도 잴 수 없기에 무의미하다. 무의미함은 의미화할 수 없기 때문이다. 카또오가 「전후후론」에서 문학을 두고 제시한 '무의미함'은 이런 것이었다.

그런데 이것이 「패전후론」에 나오는 사망자의 '무의미함'과 같은 의미냐고 한다면 그래 보이진 않는다. 태평양전쟁으로 사람들이 무의미하게 죽어갔다고 말할 때, 무의미함을 무의미함대로 애도하자고 말할 때, 그때 무의미함은 의미를 가늠할 수 없다는 뜻의 무의미함이라기보다 '헛되다'의 무의미함에 가깝다. 즉 무익하게 죽었다는 것이다. 그리고 그가 내놓는 애도는 바로 그 헛된 죽음에 의미를 부여하는 일이다. 그래서 그가 말하는 '무의미한 애도'는 형용모순이다.

하지만 또다른 무의미한 죽음이 있다. 그것은 류준필이 지적하고 있다. 앞서 인용했듯이 카또오 노리히로는 「패전후론」이 정치론, 「전후후론」이 문학론이라고 밝혔지만 그의 정치론과 문학론은 그가 말하는 정치와 문학의 대립처럼 도무지 잘 연결되지 않는다. 「전후후론」이 의미에 저항하는 무의미함을 다룬다면 「패전후론」은 다시 의미에 이끌리고 있다. 그가 말하는 애도는 무의미한 죽음에 의미를 부여해 전전과 전후의 비틀림을 극복하는 것, 수문을 열어 전전과 전후의 수위를 맞추는 것이다. 더구나 실패하는 방식으로.

여기서 류준필은 식민지의 위치를 끌어들인다. 즉 "전쟁은 '식민지–

제국' 일본의 전쟁이었지, 식민지를 배제한 일본만의 전쟁이 아니었다."[26] 그 전쟁에는 전후에 등장하는 국가의 이름으로는 회수되지 않는 죽음이 있고, 따라서 진정 '무의미한 죽음'이 있다면 그것은 카또오가 말하는 자국 전사자의 헛된 죽음이 아니라 누구도 '자국의 전사자'라 부를 수 없는 식민지 인민이자 동시에 제국의 군인이었던 이들의 죽음이라는 것이다.

물론 태평양전쟁에 식민지 인민들이 끌려갔다는 지적을 류준필만 하는 것은 아니다. 타까하시도 같은 사실을 지적한다. 차이는 타까하시는 전후의 일본이 전전의 일본에 대해서도 책임져야 한다는 것이고, 류준필은 전전의 일본은 전후에서는 쉽게 헤아릴 수 없는 세계인 만큼 이에 대한 성찰로부터 전후의 사상이 재고되어야 한다는 것이다. 여기서 류준필은 카또오가 말한 사후적 판단 불가에는 동의하지만, 그가 보기에 카또오는 결국 전후의 시점, 즉 패전과 피점령을 근거로 자신을 피해당한 위치에 두며 전전을 말해버렸다. 그러나 "전후에서 전전으로 거슬러 오르려면, 전후의 '일본 국민'이라는 위치를 내려놓아야 한다."[27] 따라서 일본이 진정 전몰자의 '무의미한 죽음'과 대면하려면 전전의 식민지와 만나야 한다.

바로 이런 지적 속에서야말로 카또오 논리의 한계가 노출되지 않을까. 카또오의 자리는 서구이론의 자명성과 마주했을 때도, 일본 진보적 지식인의 논리적 비판에 부딪혔을 때도 좀처럼 깨져나가지 않았다. 하지만 그가 사고하지 못하는 곳이 있다. 그에게 바깥도 아니고 안도 아니지만 바깥이기도 안이기도 한 곳, 그래서 사고되지 않는 곳. 바로 아시

---

26 柳浚弼「'東アジア'を問うということ」, 孫歌·陳光興·白永瑞 編 『ポスト'東アジア'』, 東京: 作品社 2006, 156면.

27 같은 책 157면.

아가 아닐까. 그때의 아시아는 지리적 개념이 아니다. 일본/서구의 구도로 잡히지 않는 곳이며, 그래서 일본에서의 사고가 한계를 만나는 바로 그곳이다. 이곳은 무의미하고, 무의미하기에 전후에 만들어진 많은 의미들이 이곳으로 스러져 그 자명함을 잃는다. 바깥에서 들여온 이론도, 안에서 생겨난 심정도 말이다.

5. 어디로 진입할 것인가

이제 결론에 이르렀다. 어떻게 마무리해야 할까. 흔히 타국 사상계의 문제상황을 들추는 글들은 결론 무렵에서는 한국에도 그런 문제가 있으니 타국의 상황을 귀감으로 삼아야 한다며 마무리되곤 한다. 즉 윤리적 등가물을 내비치는 것이다. 그러나 그렇게 교환되는 등가물이야말로 그 타국과 이곳을 구분된 실체로 만들어버린다. 만약 그렇게 결론을 쓴다면 애써 진입하려고 했던 일본의 논쟁상황으로부터 밀려나오는 느낌을 받을 것 같다.

나는 글을 시작하면서 거리감이 주는 불편함을 토로했다. 그 불편함은 아직 사라지지 않았다. 그리고 아직도 "그래서?"라는 자기물음이 남아 있다. 이 글의 결론이 무엇일 수 있단 말인가. 끝맺음할 말이 떠오르지 않는다. 결론을 못 내릴 바에야 차라리 물음을 하나 더 던지고 싶다. 역사주체논쟁에 참여했던 논자들과는 다른 세대에 속한 사람으로서, 다른 사회를 살아가는 사람으로서 그 논쟁에 진입해도 될 근거는 어디서 구할 수 있는가라는 물음 말이다.

논쟁의 사고를 다루는 일은 개별 저작을 다루는 일과 다르다. 논쟁은 지식이 현실과 가장 긴장 어리게 조우하는 방식이며, 따라서 논쟁을 다루려면 이론적 정합성만을 따져서는 안 되고 다른 감각들이 필요하다. 특히 기성 입장에 기대어 방관자의 위치에서 논자들의 가격을 매긴다면 그 논쟁이 당시 현실과 맺었던 관계에 대한 천착은 고사하고 그 논쟁 상황에 진입할 수조차 없다. 펀드는 일을 멈추고 복잡한 논쟁상황에서 사상의 자원을 건져내고, 논쟁 속에 잠재하던 기능성을 활성화해야 한다. 논쟁되지 않았거나 사유되지 않은 대목을 주목해 그 논쟁에 새로운 입체감을 부여해야 한다. 그렇다면 그 논쟁은 남의 나라, 다른 시기의 것일지라도 지금 되살려낼 수 있다. 나는 그렇게 믿고 있다.

그러나 거꾸로 이런 느낌도 있다. 역사주체논쟁을 두고 내가 지금 어떻게 발언하든지 당시 그 논쟁에 참여했던 논자들이 꺼낸 발언의 무게감에는 못 미친다. 그것은 아무리 당시의 텍스트를 섭렵해본들 그 논쟁이 벌어진 시기의 사회적 긴장감은 결코 내가 경험할 수 없다는 사실에서 비롯된다. 그래서 물음은 되돌아온다. 나는 무엇에 근거해 그 논쟁에 진입할 수 있는가.

이 물음에 답하기 위해 잠시 돌아서 가기로 하자. 역사주체논쟁은 짧은 기간이었지만 한국에서도 회자되었다. 앞서도 밝혔지만 카또오 노리히로와 타까하시 테쯔야의 저작은 1999년과 2000년에 비교적 빨리 한국에 번역되었다. 다만 카또오의 책은 『사죄와 망언 사이에서』라는 제목으로 번역되었는데, 거기에 담긴 논문이 「패전후론」 「전후후론」 「말투의 문제」라는 사실을 감안한다면 책제목이 논지를 다소 축소했다는 인상이다. 한국어판 제목은 정치적 결론에 해당되는 일부 쟁점만을 취했으며, 이것만이 다뤄진다면 역사주체논쟁의 입체감은 소거되어버리지 않을까라는 우려가 드는 것이다. 어쨌거나 그 책의 「한국어판 서문」에는 카또오가 한국 지식인의 반응을 두고 적은 대목이 있다. 인용해보자.

그들은 말하자면 타자의 입장을 대변하는 자로서, 나의 책에 대해 타자인 피침략자 측을 모독하는 것이라고 비난한 것인데 그러한 비난의 한복판에서 그 타자 자신이 ─라기보다는 타자 중의 예외적인 부분이─ 아니, 이건 재밌군 하고 말한 것이다. 이 책의 번역은 그런 의미에서, 일본과 한국 사이에서 지금까지 그다지 명시되지 못한 지식인들 간의 인식 균열의 산물인 셈이다.[28]

여기서 인용구 제일 앞에 나오는 "그들"은 전후책임을 강조해온 일본의 양심적 지식인을 가리킨다. 가령 카라따니 코오진은 이렇게 말한 적이 있다. "카또오의 논문이나 니시따니와의 대담을 읽고 생각한 것은 그의 논의가 완전히 일본 내부를 향하고 있다는 사실입니다. 외국인이 읽을 수도 있으며 혹은 읽게 하겠다는 생각을 전혀 하지 않습니다. 이건 역사교과서를 재검토하라는 무리와 똑같습니다. 과연 그들은 같은 얘기를 한국에 가서 할 수 있을까요. 아니면 말해보려 한 적이나 있을까요."[29]

하지만 1년 뒤 카라따니 코오진은 한국에서 뜻밖의 상황에 처해야 했다. 같은 잡지에서 한국 지식인들과 공동토의를 꾸렸는데, 이때 카라따니 코오진은 카또오 노리히로를 화제로 꺼내면서 인격분열에 관한 카또오의 발상을 두고 "분열인 채로 머물러 있는 것이 장래의 가능성을 갖는 방법이다"라고 비판했다. 그런데 백낙청은 그 발언을 이렇게 되받았다.

---

28 「한국어판 서문」, 『사죄와 망언』 5면.

29 高橋哲哉·西谷修·淺田彰·柄谷行人 「共同討議: 責任と主體をめぐって」, 『批評空間』 II–13(1997) 22면.

카또오 노리히로 씨에 대해 말씀드리자면, 실은 올해 늦게나마 화제가 된 그의 논문 「패전후론」을 읽을 기회가 있었습니다. 저는 그가 말하는 많은 사실들이 맞는 얘기인지, 일본의 맥락에서 그의 주장이 어떤 현실적 의미를 갖는지 비판할 입장이 아닙니다. 하지만 인상적인 대목이 있었습니다. 그것은 카또오 씨가 '분열감정'을 청산하려 하기보다는 '분열의 증후'에 불과한 현상의 본질을 간파해 그것을 뛰어넘으려고 시도했다는 점입니다. 일본 전사자를 향한 애도를 앞세우는 그의 주장이 복잡한 논의를 낳는 모양입니다만, 한국인인 제가 이렇게 얘기하면 의외일지도 모르겠네요. 아니, 카라타니 선생은 저의 논지와 카또오 씨 입장의 유사성을 지적하셨으니 그다지 의외가 아닐지도 모르죠. 어쨌든 저는 오히려 신선하다고 느꼈습니다. 애도의 선후관계가 아니라 인간 마음의 작용을 기준으로 말한다면, 역시 헛되이 죽어간 혈족을 향한 아픔이 먼저 일지 않는 상태에서 어떻게 다른 사람을 향한 속죄의 마음이 나오겠습니까? 그 경우 그들의 죽음이 결국은 그릇된 전쟁에 바쳐진 무의미한 죽음이었다는, 그 '아픔'이 핵심이 되어야 하는 것은 물론입니다. 일본에서 그 논의가 어떻게 전개되는지는 여유가 있으시다면 두분(카라따니 코오진과 우까이 사또시)께 상세히 듣고 싶습니다만, 카라따니 선생의 원칙에 동조하면서도, 카또오 씨의 문제의식도 그 원칙에서 크게 벗어나지는 않은 것 같다는 다소 '외교적인' 입장을 취해야겠네요.(웃음)[30]

좌담회는 이윽고 마무리되었고 카또오에 관한 논의는 더이상 진전되

---

30 白樂晴·崔元植·鵜飼哲·柄谷行人「共同討議: 韓國の批評空間」,『批評空間』 II−17(1998) 23면.

지 않았다. 하지만 여기서는 카또오 노리히로에 관해서가 아니라 카라따니 코오진의 태도에서 짚고 넘어가야 할 대목이 있다. 1년 전 카라따니 코오진은 카또오 노리히로를 향해 "그 말을 한국에 가서도 할 수 있겠느냐"고 말했다. 당연히도 말하기 어렵다는 뜻이었다. 결과적으로 백낙청의 발언을 통해 그 말이 섣불렀음이 드러났는데, 이 좌담회가 아니었어도 카라따니 코오진의 저 발언은 몇가지 문제를 지닌 것이었다. 첫번째는 한국을 단수의 공간으로 뭉뚱그리고 한국에서 한가지 양상의 반응이 나오리라고 예견했다는 점, 두번째는 타자와의 만남이 성사되는지 여부를 상대가 껄끄럽게 여기느냐 그렇지 않으냐, 즉 자신의 입장에 동의해주는가로 판단했다는 점이다. 이것은 카라따니 코오진이 『탐구』에서 내놓은 타자론과도 어긋난다. 타자는 자신에게 공감해주는 존재가 아니다. 만남은 불협화음 없는 상태가 아니다. 이렇듯 카라따니 코오진이 다소 탈맥락적인 철학 논의를 전개할 때와 구체적인 현실관계를 논할 때 생기는 간극도 '아시아에서 사상을 한다'라는 주제와 관련해 숙고할 여지가 있는 대목이지만 이것은 넘어가기로 하자.

여기서 이 장면을 소개한 이유는 카라따니 코오진을 비판하기 위해서가 아니다. 오히려 나는 그가 스물여섯에 발표한 첫번째 평론 「사상은 어떻게 가능한가」에서 내놓은 다음의 구절을 기억하고 있다. "사상과 사상이 격투한다고 보일 때도, 실상은 각자의 사상적 절대성과 각자의 현실적 상대성이 모순되는 지점에서 은밀히 행해지는 연기에 지나지 않는다. 서로 다른 사상이 각자의 절대성을 주장하는 곳에서 결전이 이루어진 예는 한번도 없다."[31] 카라따니 코오진의 이 말은 논쟁의 사고로 진입할 때 내게 기본적 방향을 시사해주었다. 논쟁에서 보이는 결전

---

31 柄谷行人「思想はいかに可能か」,『柄谷行人初期論文集』, 東京: 批評空間 2002, 7면.

은 일종의 역할극이며, 따라서 진정 논쟁으로 진입하려면 대치하는 입장 가운데서 하나를 고를 것이 아니라 그렇게 대치하는 조건 자체를 해부해야 한다.

이 장면을 소개하는 까닭은 만약 그 좌담회 자리에 있었다면 나는 무엇을 말할 수 있었을까를 생각해보았지만 도무지 답을 찾지 못해, 그것을 마지막 물음으로 간직하고 싶어서다. 역사주체논쟁과 관련해 일본의 지식인들을 만난다면 나는 무엇에 근거해 발언하고 판단하고 개입할 수 있을까. 역사주체논쟁은 일본의 식민지였던 한국의 역사경험과 동떨어진 논의가 아니었다. 그렇다면 거기서 발화의 단서를 찾을 수 있을 것인가. '한국인'이라는 사실은 내게 발화해도 좋을 근거를 마련해주는가.

맺음말을 자꾸 미루게 된다. 한가지 신변의 일화만을 더 꺼내고 싶다. 일본에서 열린 광주민중항쟁에 관한 연구모임에 참석한 적이 있다. 그 모임의 술자리였다. 여섯명이 있었는데, 그때 한 사람이 갑자기 "○○씨는 위안부 문제에 대해 어떻게 생각해요?"라고 물었다. 그 질문을 한 사람은 한국인 유학생으로 여성이었고, 그 질문을 받은 사람은 일본인 남성이었다. 그 질문으로 인해 거기 있던 사람들의 국적과 성별을 꼽아보았다. 그 자리에는 질문을 한 한국인 여성 한명, 질문을 받은 일본인 남성 한명, 그리고 일본인 여성 세명과 내가 있었다. 그 질문이 나온 순간 무척 긴장했다. 혹시 같은 질문을 내게도 하지 않을까가 긴장한 이유였다. 먼저 질문자와 나 사이의 성별의 차이가 걸렸다. 또한, 질문을 받은 그 일본인의 답변과 혹시 내게도 같은 질문이 왔을 때 내 답변이 비슷하면 그것은 무슨 의미인지를 생각하게 되었다. 그때는 국적의 차이가 걸렸다. 긴장한 두번째 이유다.

질문을 받은 그 사람은 "어려운 문제네요"라고 답했고, 아니 답하기를 회피했고, 내게는 질문이 오지 않았다. 그 사람이 답할 수 없었던 것은 질문이 위안부 문제에 대한 정치적 입장보다는 실감을 향했기 때문일 것이다. 일본에서 함께 광주민중항쟁을 공부했던 그에게 위안부 문제에 관한 정치적 입장이 없지는 않았을 것이다. 다만 그 물음을 감당할 실감이 그에게는 없었으리라. 그리고 그것은 내게도 없다. 그날 하지 못한 답변은 할 수 없었다는 이유로 이후 더 깊은 고민을 안겼다. 위안부 문제, 그리고 식민지의 '역사적' 경험에 대해 나는 무얼 말할 수 있는가. 말해도 되는가.

　역사주체논쟁에 나는 발언권을 가져도 될 것 같다. 왜냐하면 나는 과거 일본의 식민지였던 한국의 일원이기 때문이다(그런데 정확히는 식민지 조선이고 나는 조선의 일원은 아니다). 하지만 구체적으로, 아주 구체적으로 식민지 경험은 대체 얼마만큼 나의 것인가. 위안부 문제에 그토록 헌신적인 노력을 기울이는 타카하시 테쯔야에게 그것은 나의 문제라며 감히 말할 수 있을까. 대체 무엇에 근거해서? 식민지와 위안부 문제에 대해 관조하겠다는 뜻은 결코 아니다. 다만 그 문제들은 내게 소여(所與)가 아니며, 그 문제에 관한 발언의 근거를 구하려면 나라는 개체에게는 그 문제에 진입하려는 별도의 노력이 요구된다는 것을 깨달았음을 적어두고 싶다.

　식민지에 대한 사죄, 일본의 내셔널리즘 등의 문제로 불거진 역사주체논쟁은 한국인인 나를 발화할 수 있는 위치로 데려다줄 것만 같다. 하지만 그것은 착각이다. 식민지에 대한 사죄건 일본의 내셔널리즘 문제건 간에 거기로 진입하려면 내게는 개체로서의 노력이 요구된다. 역사주체논쟁에 진입하려던 시도에서 배운 것은 이 자각이다. 그 논쟁으로 진입할 수 있는 창구는 아직 마련되지 않았다. 그 자각을 계속 간직하려는 노력만이 내게 창구가 되어줄 것이다.

제1부

1장 사상의 원점: 루쉰을 단서로『다케우치 요시미 선집』의 옮긴이 해제로 작성했으나 분량이 길어 수록하지 못했다. 일부 내용을 '다케우치 요시미 사상의 원점'이라는 제목으로『한국학연구』26집(2012)에 발표했다.

2장 내재하는 중국: 타께우찌 요시미에게 중국연구란 무엇이었나 2008년 5월 리쯔메이깐대학에서 개최된 차세대연구자 포럼에서 '동아시아론과 지식의 윤리성'이라는 제목으로 발표한 이후 보완해『역사비평』87호(2009)에 지금의 제목으로 발표했다.

3장 사상이 살아가는 법: 쑨 거의 동아시아 사유를 이해하기 위하여『오늘의 문예비평』77호(2010)에 발표했다.

제2부

4장 동아시아라는 물음 2005년 10월 토오꾜오대학에서 개최된 UT-SNU JOINT FORUM에서 '東アジアという問い'라는 제목으로 발표한 이후 대폭 수정해『황해문화』69호(2010)에 지금의 제목으로 발표했다.

5장 방법으로서의 동아시아『오늘의 문예비평』79호(2010)에 발표했다.

6장 동아시아라는 번역공간 2010년 10월 서울대학교에서 개최된 비판사회학대회에서「동아시아론의 지식사회학적 의의」로 발표한 이후 수정해『경제와사회』93호(2012)에 지금의 제목으로 발표했다. 이후『article』2013년 1월호에 재록되었다.

제3부

7장 비평의 장소: 카라따니 코오진을 매개로『황해문화』63호(2009)에 발표했다.

8장 틀렸다. 하지만 어디가 얼마나? 그래서?: 역사주체논쟁에서 논쟁되지 않은 것들『역사비평』82호(2008)에 발표했다.

사상의 원점

동아시아에서 동아시아를 생각하다

초판 1쇄 발행/2014년 5월 23일

지은이/윤여일
펴낸이/강일우
책임편집/정편집실
펴낸곳/(주)창비
등록/1986년 8월 5일 제85호
주소/413-120 경기도 파주시 회동길 184
전화/031-955-3333
팩시밀리/영업 031-955-3399 편집 031-955-3400
홈페이지/www.changbi.com
전자우편/human@changbi.com

ⓒ 윤여일 2014
ISBN 978-89-364-8587-0 93300